美育经典导读

Selected Readings for Aesthetic Education

郑萼　主编

王德胜　副主编

高等教育出版社·北京

内容简介

本书立足于倡导美育、推行美育和落实美育，围绕美育性质、美育理想、美育方法和美育途径等，分别选取中外不同时期四十多位杰出思想家、教育家、美学家和艺术家的相关代表性论述，力图在多侧面反映中外美育思想的历史样态的同时，为当代大学生认识美育价值、开展美育实践提供经典理论资源。针对大学生的学习需要和特点，为每篇选文逐一撰有学习导读，通过对选文的基本思想描述、主要观点阐释、整体架构分析、理论意义揭示等，以期辅助学习、促进理解、引导思考，使大学生由先贤思想中收获思想启发与实践指引，深化对美育问题的具体理解，进而促进自主学习和扩展阅读。

本书注重大学生学习特点，面向实际教学活动，可供高校各年级学生作为美育理论学习的基础教材，同时可满足高校美育教学对学习资源的基本需要。此外，为向学生和教师提供一定的课程学习、课堂教学的示范性案例，本书专门制作了10节网络教学微课，读者可通过扫描二维码进行使用。

图书在版编目（CIP）数据

美育经典导读/郑莼主编. --北京：高等教育出版社，2021.8

ISBN 978-7-04-056453-2

Ⅰ. ①美… Ⅱ. ①郑… Ⅲ. ①美育-高等学校-教材 Ⅳ. ①G40-014

中国版本图书馆 CIP 数据核字（2021）第 148982 号

美育经典导读

Meiyu Jingdian Daodu

策划编辑 罗 京　　责任编辑 刘新英 罗 京　　封面设计 张雨微　　版式设计 杜微言

责任校对 王 雨　　责任印制 耿 轩

出版发行	高等教育出版社	网　　址	http://www.hep.edu.cn
社　　址	北京市西城区德外大街4号		http://www.hep.com.cn
邮政编码	100120	网上订购	http://www.hepmall.com.cn
印　　刷	固安县铭成印刷有限公司		http://www.hepmall.com
开　　本	787 mm×960 mm 1/16		http://www.hepmall.cn
印　　张	20.25		
字　　数	370 千字	版　　次	2021 年 8 月第 1 版
购书热线	010-58581118	印　　次	2021 年 8 月第 1 次印刷
咨询电话	400-810-0598	定　　价	38.90 元

物 料 号 56453-00

前　言

2018年9月，习近平总书记在全国教育大会上的重要讲话中明确指出，教育要“以凝聚人心、完善人格、开发人力、培育人才、造福人民为工作目标，培养德智体美劳全面发展的社会主义建设者和接班人”，“要全面加强和改进学校美育，坚持以美育人、以文化人，提高学生审美和人文素养”。讲话从培养社会主义强国建设者和接班人的高度确立了“美育”的重要地位，深刻揭示了美育在促进人的全面发展中的积极作用，凸显了“以美育人、以美化人、以美培元”的美育实践与人的综合素质养成之间的关系。在给中央美术学院老教授的回信中，习近平总书记进一步强调：“做好美育工作，要坚持立德树人，扎根时代生活，遵循美育特点，弘扬中华美育精神，让祖国青年一代身心都健康成长。”这就为我们在新时代倡导美育、推行美育、落实美育指明了具体的方向。

回顾历史，早在一百多年前，蔡元培先生在《对于教育方针之意见》中曾经倡言：“世界观教育，非可以旦旦而聒之也。且其与现象世界之关系，又非可以枯槁单简之言说袭而取之也。然则何道之由？曰：由美感之教育”，“教育家欲由现象世界而引以到达于实体世界之观念，不可不用美感之教育。”概言之，教育的根本旨趣不是以实利态度将人引向对现世生活的最大化占有，也不是经验性地停留在直观现象的苦乐悲欢，而要引导人的个体生命成长不断从实际生活欲求满足的有限性中抽离出来，去深刻经历和体会世界生命的广大与深邃，进而完成人的整体塑造与全面发展。而这种真正意义上的人的教育，除了智力、品德和身体方面的培养，终不能不具体借助审美的培养——人的美育（美感之教育）途径。

应该说，在人的社会化发展中，美育的特殊功能就在于：通过直接或间接的生活实践过程，不断丰富人的生命成长中不可缺少的情感滋养；通过人生亲历的观察与积累，不断深化人的个体自觉的价值体悟；通过包括艺术在内的多元创造活动，不断扩大人的生命升华的精神空间。这就意味着，作为一种人的教育方式，美育指向了人之“成其为人”的生命发展方向及其全面实现，因而它同时也是人的生命成长过程中的引导方式。在这个意义上，美育之于人和人的发展，充分体现了其内在的实践性特质：一方面凸显了美育本身作为人的教育方式的过程性追求，即美育与其对象之间不是处在一种“接受”与“被接受”的关系之中，而是构成了一种与人的生命发展相伴相随的内化关系，并由此不断展开为一个持续性的人的发展方式；另一方面通过具体化的实践形态而具体化了美育的现实存在，即它不是或主要不是体现为知识性力量的积聚，而是致力于在以审美方式所展开的特定实践中体现人的生命发展追求。

作为一种实践性存在，美育有其自身内在的价值理性。它不仅体现为促发和推动美育实践的生命信仰与发展追求，也在整体上构造了美育的观念系统，并以此规定着美育的实践方式和实践方向。而人类历史上不断形成和发展丰富的美育思想，正是这种价值理性的具体形态。中西方美育思想的发展和演变，无论是对美育价值的本体认识，或者各时代、各文化之于美育功能及其实践目标的理论自觉，它们实际上无不是在不同的理解方式、表现形态中揭示并深化着美育内在的价值理性。因此，对于我们来说，以理论掌握的方式来直接面对各种历史形成的美育观念与思想，既是在历史层面认真探寻人类美育思想发展历程的必然要求，也是在现实层面持续深化和充分践行美育价值理性的思想前提——一定现实中的美育实践总是积极地呈现着人类思想历史的光辉。

本书选取的四十多位中西方历史上杰出的思想家、教育家、美学家和艺术家，他们对于美育性质、美育理想、美育方法和美育途径等的具体论述，在体现美育价值理性的深刻认识之际，也历史地表达了人类对于实现自我生命完善发展的高度自觉。从中不仅可以多侧面地发现中西美育思想的历史样态及其永恒魅力，更能够为今天的美育实践寻获积极的思想启迪和有效的实践引导。

本着由先贤思想而获得认识启发、由先贤思想而获得实践引导的宗旨，本书中所选取的各个篇章，或短或长，或言概意深或思理缜密，它们既是中西方美育思想发展不同阶段的理论文本，同时也充分反映了中西方美育思想所达到的历史高度，而这种思想的历史高度正可以指点今天的美育实践。

由于篇幅限制，本书在选文方面重点突出了两方面考虑：一是所选人物和所选篇章在中西美育思想史上的代表性、经典性；二是着眼于引导学生进行自主学习和扩展阅读，选取或节选有关篇章时尽可能做到内容相对完整。与选文相应，书中每篇选文后还撰有专门的导读文字，以描述基本思想、阐释主要概念与理论观点等形式，对所选人物及选文内容进行概要介绍，以辅助学习、促进理解、引导思考。

本书选文及编写过程中参考了诸多相关文献材料与研究成果，也得到了许多专家的指点与帮助，在此一并致以谢忱。同时，衷心感谢本书选文的著译者或其亲属同意授权使用相关内容。

2020年5月于北京

目　录

上　篇　美育与人的发展　/ 1

下 篇 艺术与美育 / 171

上　篇

美育与人的发展

道德经（节选）

老子

天下皆知美之为美，斯恶已；皆知善之为善，斯不善已。有无相生，难易相成，长短相形，高下相盈，音声相和，前后相随，恒也。是以圣人处无为之事，行不言之教；万物作而弗始，生而弗有，为而弗恃，功成而弗居。夫唯弗居，是以不去。（二章）

上善若水。水善利万物而不争，处众人之所恶，故几于道。居善地，心善渊，与善仁，言善信，政善治，事善能，动善时。夫唯不争，故无尤。（八章）

三十辐，共一毂，当其无，有车之用。埏埴以为器，当其无，有器之用。凿户牖以为室，当其无，有室之用。故有之以为利，无之以为用。（十一章）

五色令人目盲；五音令人耳聋；五味令人口爽；驰骋畋猎，令人心发狂；难得之货，令人行妨。是以圣人为腹不为目，故去彼取此。（十二章）

致虚极，守静笃。万物并作，吾以观复。夫物芸芸，各复归其根。归根曰静，静曰复命。复命曰常，知常曰明。不知常，妄作凶。知常容，容乃公，公乃全，全乃天，天乃道，道乃久，没身不殆。（十六章）

绝圣弃智，民利百倍；绝仁弃义，民复孝慈；绝巧弃利，盗贼无有。此三者以为文不足。故令有所属：见素抱朴，少私寡欲，绝学无忧。（十九章）

曲则全，枉则直，洼则盈，敝则新，少则得，多则惑。是以圣人抱一为天下式。不自见，故明；不自是，故彰；不自伐，故有功；不自矜，故长。夫唯不争，故天下莫能与之争。古之所谓"曲则全"者，岂虚言哉！诚全而归之。（二十二章）

知其雄，守其雌，为天下溪。为天下溪，常德不离，复归于婴儿。知其白，守其黑，为天下式。为天下式，常德不忒，复归于无极。知其荣，守其辱，为天下谷。为天下谷，常德乃足，复归于朴。朴散则为器，圣人用之，则为官长，故大制不割。（二十八章）

执大象，天下往。往而不害，安平太。乐与饵，过客止。"道"之出口，淡乎

其无味，视之不足见，听之不足闻，用之不足既。（三十五章）

为无为，事无事，味无味。大小多少，抱怨以德。图难于其易，为大于其细；天下难事，必作于易；天下大事，必作于细。是以圣人终不为大，故能成其大。夫轻诺必寡信，多易必多难。是以圣人犹难之，故终无难矣。（六十三章）

信言不美，美言不信。善者不辩，辩者不善。知者不博，博者不知。圣人不积，既以为人己愈有，既以与人己愈多。天之道，利而不害。人之道，为而不争。（八十一章）

——选自《诸子集成·老子注》，王弼注，中华书局 1954 年版。参校陈鼓应：《老子注译及评介》，中华书局 1984 年版

【导读】

老子，姓李，名耳，字聃，生卒年月已不可确考。《史记》称其为春秋末期楚国苦县厉乡曲仁里（今河南鹿邑县东）人，所著《道德经》又名《老子》。

在老子思想中，“道”是宇宙世界的本源和本体，“道法自然”。而所谓“自然”即本来如此，也就是宇宙世界的本然状态，同时又意味着“无为”，“道常无为而无不为”。可以说，自然无为之道是老子对宇宙世界根本法则的领悟和阐释，既有一定的客观依据，同时又是一种理想性预设。世界的自然状态被认为是最完满的，而人类的一切过失皆缘自对此本然和谐状态的破坏。这种道论实为人生理论的张本，老子希冀人以“道”的自然来解除人生种种累赘与重负，止息人们对物的占有欲和贪念。

老子的美育思想始终围绕着“体道”这一目标来展开。在老子看来，世人惯以区分的眼光看世界，形成各种对立，继而依据偏爱进行选择并竭力追求。但老子认为，对立双方是相互依存的，有“美”就有“恶”（丑），有“善”就有“不善”，因此建立在区分、偏爱之上的攀竞行为皆属徒劳。他反对追求与“恶”相对的“美”，而指引人去欣赏、守护无差别、无人为的本然世界之美。这个本然世界是道的体现，是和谐的，并具有无限生机，超出了“美”“丑”的人为之别，后来的道家称其为“大美”（《庄子·知北游》）。

道无形无声，难以用词语言说。“‘道’之出口，淡乎其无味。”作为道之体现的本然世界的美，也是平淡、朴素的。老子要求人摆脱声色诱惑（“五色令人目盲；五音令人耳聋”），去欣赏平淡、朴素的美（“见素抱朴”“复归于朴”“味无味”）。这一观念体现在语言方面，就是“信言不美，美言不信”，其如机心、贪欲、成见会导致人生朴素真意的丧失，华丽虚浮和诡辩之词也会丧失真实可信的

内容。

为培养欣赏世界本然之美的能力，老子提出了“涤除玄览”的工夫。“览”字在马王堆汉墓帛书乙本作“监”（古“鉴”字），“览”“鉴”古通用。“玄览”喻指心灵在涤除贪欲、成见和机心之后明澈如镜，可以真切地照见万物，欣赏世界的本然之美。它与“致虚极，守静笃”一样，都是复归清静本性（“复命”）的工夫。但这并不意味着绝物离人，而是以廓然大公（“公”）之心，毫无偏蔽地包容（“容”）、彻照万物。

老子还强调培养欣赏“无”的能力。道是有无的统一，具体事物亦复如是。“故有之以为利，无之以为用。”有的便利，只有在与无相配合时才能实现。世人往往在意具体事物的有而忽略无，老子却注意到无的重要性，并对中国古代意境理论产生深刻影响。中国古代美育思想就非常重视引导欣赏者去把握对象的“虚”和“无”。当然，老子没有否定“有”的意义，因为有总包含着无，而无总是有的无。这就意味着，审美应由实索虚，对虚、无的把握要以实、有为依据，而非任意驰思。

老子美育思想还涉及人格美的塑造。老子崇尚谦下，主张“行不言之教”，强调非强迫性的、具有潜移默化作用的人格审美的重要性。“专气致柔，能如婴儿乎？”（《道德经》第十章）他希望人聚集精气以致柔顺，塑造出以谦卑和“柔弱”为主要特征的人格美。而道的“无为”“自然”落实于人格，就是谦下与柔弱。“圣人后其身而身先”（《道德经》第七章），“知其雄，守其雌，为天下溪”。在老子看来，“水”正是谦下、柔弱人格精神的象征。“上善若水。水善利万物而不争，处众人之所恶”，“天下莫柔弱于水”。圣人的人格精神是“光而不耀”的。“光”与“身先”“天下式”均说明此人格精神所具有的审美效应及感染人的魅力，“不耀”则表明它不会对人造成盛气凌人的心理压力。不过，谦卑、柔弱不等于软弱无力、萎靡颓废。相反，它比刚强更富持久生命力。“人之生也柔弱，其死也坚强”，“柔弱胜刚强”。如果说，道家与儒家在人格精神方面都主张“和”，那么，在遵守“和”的前提下，老子偏重阴柔的人格美，儒家则偏重阳刚的人格美。

老子美育思想的根本意图在于通过培养人的审美能力，保持虚静澄澈的赤子之心，从而去欣赏、持守宇宙世界的本然和谐。它对于警惕人心向外驱驰的后果，有着重要的文化调节功能。（左剑峰 撰写）

论语（节选）

孔子

泰　伯

子曰："泰伯，其可谓至德也已矣。三以天下让，民无得而称焉。"

子曰："恭而无礼则劳，慎而无礼则葸，勇而无礼则乱，直而无礼则绞。君子笃于亲，则民兴于仁；故旧不遗，则民不偷。"

曾子有疾，召门弟子曰："启予足！启予手！诗云：'战战兢兢，如临深渊，如履薄冰。'而今而后，吾知免夫！小子！"

曾子有疾，孟敬子问之。曾子言曰："鸟之将死，其鸣也哀；人之将死，其言也善。君子所贵乎道者三：动容貌，斯远暴慢矣；正颜色，斯近信矣；出辞气，斯远鄙倍矣。笾豆之事，则有司存。"

曾子曰："以能问于不能，以多问于寡；有若无，实若虚，犯而不校。昔者吾友尝从事于斯矣。"

曾子曰："可以托六尺之孤，可以寄百里之命，临大节而不可夺也。君子人与？君子人也。"

曾子曰："士不可以不弘毅，任重而道远。仁以为己任，不亦重乎？死而后已，不亦远乎？"

子曰："兴于诗，立于礼，成于乐。"

子曰："民可使由之，不可使知之。"

子曰："好勇疾贫，乱也。人而不仁，疾之已甚，乱也。"

子曰："如有周公之才之美，使骄且吝，其余不足观也已。"

子曰："三年学，不至于谷，不易得也。"

子曰："笃信好学，守死善道。危邦不入，乱邦不居。天下有道则见，无道则隐。邦有道，贫且贱焉，耻也；邦无道，富且贵焉，耻也。”

子曰：“不在其位，不谋其政。”

子曰：“师挚之始，关雎之乱，洋洋乎盈耳哉！”

子曰：“狂而不直，侗而不愿，悾悾而不信，吾不知之矣。”

子曰：“学如不及，犹恐失之。”

子曰：“巍巍乎，舜、禹之有天下也，而不与焉！”

子曰：“大哉！尧之为君也。巍巍乎！唯天为大，唯尧则之。荡荡乎！民无能名焉。巍巍乎！其有成功也。焕乎！其有文章。”

舜有臣五人而天下治。武王曰：“予有乱十人。”孔子曰：“才难，不其然乎？唐、虞之际，于斯为盛。有妇人焉，九人而已。三分天下有其二，以服事殷。周之德，其可谓至德也已矣。”

子曰：“禹，吾无间然矣。菲饮食，而致孝乎鬼神；恶衣服，而致美乎黻冕；卑宫室，而尽力乎沟洫。禹，吾无间然矣。”

——选自《诸子集成·论语正义》，刘宝楠撰，中华书局1954年版。参校《十三经清人注疏：论语正义》，刘宝楠撰，高流水点校，中华书局1990年版

【导读】

孔子（前551—前479），名丘，字仲尼，春秋时期鲁国陬邑（今山东省曲阜市）人，中国古代伟大的思想家、杰出的教育家、儒家学派的创始人。其思想对中国和世界都具有深远的影响，被联合国教科文组织评为“世界十大文化名人”之一。

相传孔子有弟子三千，其中贤人七十二。《论语》是孔子去世后，其弟子及再传弟子将孔子及其弟子的言行和思想记录下来，整理编成的语录体文献。它是我国古代儒家经典著作之一，也是研究孔子和儒家思想的主要资料。

在中国教育史上，孔子最早提倡美育，构建了具有中国古典特色的广义的美育思想体系，其中所包含的丰富美育思想资源，对于以后中国美育的发展产生了非常重要的影响。同时，孔子不仅是美育思想理论的开创者，而且是美育的实践者。

《论语·泰伯》明确提出的“兴于诗，立于礼，成于乐”这一综合美育观，集中体现孔子以礼乐为途径来寻求人格完善的美育思想。可以说，孔子继承并发展了周朝的礼乐文化，在教育内容上特别重视诗教、乐教和礼教的作用。在他看来，教育应该首先从学《诗》开始。《诗》即《诗经》，是孔子亲自编审删定的，分为《风》《雅》《颂》三类。孔子强调，“不学诗，无以言”，诗可以通过具体的形象引起人们丰富的联想，从而有着艺术感染和教育的作用。因此，诗教在孔子的教育内容中排在首位，占据着不可替代的位置。乐教则是与诗教相并列的另一个重要的教育内容。孔子毕生喜爱音乐，对音乐有着深厚的感情和深入的研究，并且还擅长操琴鼓瑟，有着相当高的音乐素养。孔子曾在齐国闻《韶》乐竟至“三月不知肉味”。而在周游列国时，面对断粮绝食、饥饿困顿的艰难处境，他也依然以音乐为精神食粮与激励方式，从而渡过难关。孔子认为，音乐具有巨大的教育作用，它一方面能够陶冶人的情操，净化人的心灵，另一方面又可以移风易俗、治国安邦。同时，礼教也是孔子美育思想中的重要方面。孔子尊崇周礼，认为周礼集夏商周三代之大成，内容丰富美好，值得遵从并加以推广。他一改西周时期将礼教限定于贵族阶层的传统，不仅要求治贵族以礼，而且主张以礼治贫民百姓，强调礼能很好地规范和修饰人的外在行为，使人的行为举止文雅得体，成为“文质彬彬”的君子。

孔子的美育思想与其德育思想紧密相连。在孔子那里，美与善虽然已有所区分，但美并不是独立于善、高于善的精神境界，它只有以善为内容并与善有机地统一起来，才能成为真正意义上的美。这样，在孔子的美育思想中，便体现了一种以善统美的倾向。他在谈论《韶》乐和《武》乐时便指出，《韶》乐曲调节奏优美，内容符合仁的原则，因而其风格典雅庄重，可谓尽善尽美；《武》乐虽然曲调优美，但因关涉征伐而内容未能尽善，故而其虽尽美却未能尽善。由此，孔子更推崇韶乐，认为只有美与善达到高度和谐统一即“美善相乐”，才是我们应该追求的至高境界。

对于孔子来说，美育在本质上以培养人的审美素质、塑造完善人格为目标，所以必须注重多方面的艺术修养和潜移默化的审美熏陶。为此，他极力反对只重视技巧层面而不重视审美素质培养的片面做法。可以说，孔子所强调的美育，是一种德育、智育、美育兼综的大美育，不仅涉及社会政治、法律、伦理道德、文学、艺术等多个方面和领域，而且与人们的日常生活息息相关；不仅是对三代以来美育思想的理论总结，也是对人自身生活实践和人生感悟的理性化提升。

孔子美育思想以其至高的哲学境界、中和的审美标准、丰富的人生内容，深刻影响着中华民族的审美旨趣与审美取向，启发人们更加全面、系统、深入地发现并增益美育的意义和价值。对于当代美育建设来说，孔子美育思想同样有着重要的借鉴意义。无论是美育理论建构抑或美育实践展开，都应在深入理解孔子美育思想内在精神的基础上，对其予以创造性继承和创新性发展，以使传统美育思想在现代人的全面发展中发挥重要的作用。（陶悦 撰写）

《论语》中的美育思想（李雷 讲授）

庄子(节选)

庄子

知北游

知北游于玄水之上，登隐弅之丘，而适遭无为谓焉。知谓无为谓曰："予欲有问乎若：何思何虑则知道？何处何服则安道？何从何道则得道？"三问而无为谓不答也，非不答，不知答也。

知不得问，反于白水之南，登狐阕之上，而睹狂屈焉。知以之言也问乎狂屈。狂屈曰："唉！予知之，将语若。"中欲言而忘其所欲言。

知不得问，反于帝宫，见黄帝而问焉。黄帝曰："无思无虑始知道，无处无服始安道，无从无道始得道。"

知问黄帝曰："我与若知之，彼与彼不知也，其孰是邪？"

黄帝曰："彼无为谓真是也，狂屈似之；我与汝终不近也。夫知者不言，言者不知，故圣人行不言之教。道不可致，德不可至。仁可为也，义可亏也，礼相伪也。故曰，'失道而后德，失德而后仁，失仁而后义，失义而后礼。礼者，道之华，而乱之首也。'故曰，'为道者日损，损之又损之以至于无为，无为而无不为也。'今已为物也，欲复归根，不亦难乎！其易也，其唯大人乎！

"生也死之徒，死也生之始，孰知其纪！人之生，气之聚也；聚则为生，散则为死。若死生为徒，吾又何患！故万物一也，是其所美者为神奇，其所恶者为臭腐；臭腐复化为神奇，神奇复化为臭腐。故曰'通天下一气耳。'圣人故贵一。"

知谓黄帝曰："吾问无为谓，无为谓不应我，非不我应，不知应我也。吾问狂屈，狂屈中欲告我而不我告，非不我告，中欲告而忘之也。今予问乎若，若知之，奚故不近？"

黄帝曰："彼其真是也，以其不知也；此其似之也，以其忘之也；予与若终不近也，以其知之也。"

狂屈闻之，以黄帝为知言。

天地有大美而不言，四时有明法而不议，万物有成理而不说。圣人者，原天地之美，而达万物之理，是故至人无为，大圣不作，观于天地之谓也。

今彼神明至精，与彼百化，物已死生方圆，莫知其根也，扁然而万物自古以固存。六合为巨，未离其内；秋豪为小，待之成体。天下莫不沉浮，终身不故；阴阳四时运行，各得其序。惛然若亡而存，油然不形而神，万物畜而不知。此之谓本根，可以观于天矣。

啮缺问道乎被衣，被衣曰："若正汝形，一汝视，天和将至；摄汝知，一汝度，神将来舍。德将为汝美，道将为汝居，汝瞳焉如新生之犊而无求其故！"

言未卒，啮缺睡寐。被衣大说，行歌而去之，曰："形若槁骸，心若死灰，真其实知，不以故自持。媒媒晦晦，无心而不可与谋。彼何人哉！"

舜问乎丞曰："道可得而有乎？"

曰："汝身非汝有也，汝何得有夫道？"

舜曰："吾身非吾有也，孰有之哉？"

曰："是天地之委形也；生非汝有，是天地之委和也；性命非汝有，是天地之委顺也；孙子非汝有，是天地之委蜕也。故行不知所往，处不知所持，食不知所味。天地之强阳气也，又胡可得而有邪！"

孔子问于老聃曰："今日晏闲，敢问至道。"

老聃曰："汝齐戒，疏瀹而心，澡雪而精神，掊击而知！夫道，窅然难言哉！将为汝言其崖略。

"夫昭昭生于冥冥，有伦生于无形，精神生于道，形本生于精，而万物以形相生，故九窍者胎生，八窍者卵生。其来无迹，其往无崖，无门无房，四达之皇皇也。邀于此者，四肢强，思虑恂达，耳目聪明，其用心不劳，其应物无方。天不得不高，地不得不广，日月不得不行，万物不得不昌，此其道与！

"且夫博之不必知，辩之不必慧，圣人以断之矣。若夫益之而不加益，损之而不加损者，圣人之所保也。渊渊乎其若海，魏魏乎其终则复始也，运量万物而不匮。则君子之道，彼其外与！万物皆往资焉而不匮，此其道与！

"中国有人焉，非阴非阳，处于天地之间，直且为人，将反于宗。自本观之，生者，喑醷物也。虽有寿夭，相去几何？须臾之说也。奚足以为尧桀之是非！果蓏有理，人伦虽难，所以相齿。圣人遭之而不违，过之而不守。调而应之，德也；偶尔应之，道也；帝之所兴，王之所起也。

"人生天地之间，若白驹之过郤，忽然而已。注然勃然，莫不出焉；油然漻然，莫之入焉。已化而生，又化而死，生物哀之，人类悲之。解其天弢，堕其天帙，纷乎宛乎，魂魄将往，乃身从之，乃大归乎！不形之形，形之不形，是人之所同知也，非将至之所务也，此众人之所同论也。彼至则不论，论则不至。明见无值，辩不若默。道不可闻，闻不若塞。此之谓大得。"

——选自《诸子集成·庄子集释》，郭庆藩撰，中华书局 1954 年版。参校《新编诸子集成·庄子集释》，王孝鱼点校，中华书局 1961 年版

【导读】

庄子，名周，生卒年月已不可确考，大致生活于战国中期，是杰出的思想家、哲学家和文学家，在中国思想史和文学史上都占有极其重要的地位。

面对诸侯混战、争霸天下的社会局势，庄子不愿与统治者同流合污。其虽曾有步入上层社会的机会，却断然拒绝了。更由于疏远政治、淡泊名利的缘故，庄子虽在当时有一定的社会名声，但实际生活境况非常清贫，甚至窘迫，不过这没有影响庄子拥有逍遥自由的人生境界，并通过从事教育活动体现自身的社会参与和现实关切。

在学术上，庄子既承继老子，又以独特的理论进路而发扬光大了老子思想。《庄子》一书作为庄子主要思想的集中体现，通过生动的寓言故事来揭示深刻的哲理，其艺术风格、语言运用、创作手法等都达到了非常高的水平，是中国古代典籍中的瑰宝。

庄子美育思想有着自身鲜明的独特性。不同于儒家美育高度重视"诗教""礼教""乐教"的特点，庄子对礼乐教化的美育传统和儒家美育观始终持着一种批判甚至完全否定的态度。他从人的精神解放和心灵自由入手，追求超拔于世俗社会之上的理想人格，其思想中不仅蕴含了深刻的艺术精神，而且以自身个性化的观点主张丰富、拓展了传统美育思想，在中国美育思想发展史上独树一帜。

《庄子·知北游》比较集中地体现了庄子以体道方式追求"至美"的生命美育思想。与儒家常常将美与善关联在一起不同，庄子将美与真联系起来，强调真是美的基础，美是真的体现。不过，庄子所强调的真，不是认识论意义上的真实、

真理，而是指自然、本然，是未经人为改造和雕琢过的本真。在此基础上，庄子通过突出"道"的"自然无为""无为而无不为"的根本特征，由真与美的合一转化为道与美的合一，而"道"即是"天地之大美"。

通过"道"，庄子树立了一种独立自足、绝对自由的理想人格典范，亦即以"道"为原则的理想人格。他将老子提出的"道"延展至价值层面和生活层面，并提升到一种美学观照的领域。在庄子看来，这个"道"的境界就是人生臻于完美的至高境界；同时，"道"又遍及万物，赋予万物以无限生机与美感，由此启发人们依道而行、顺任自然，通过对"道"的体验来达到一种"至美至乐"的生命境界。在这种境界中，主客体对立的局面被打破，物不再是作为异己的、疏离的、冷漠的对象而存在，而是成为与人的生命感受与心灵体验息息相关的存在。这个体验中的世界，就是超越的精神自由的境界，也就是审美的境界。

庄子又用"游"字来表达这样一种生命境界。他经常使用的"游"这一概念，主要指一种精神的自由活动或安适状态。庄子认为，最佳的生命状态不是离群索居的"出世"状态，而是既立足现实世界而又超拔于世俗生活的"游世"状态。而庄子所言的"生命"，也是指一种自然、本然的生命，即"天性"。他认为，人不能因世俗的纷争和困扰而扭曲自己的天性，即不可"为物所役"。人只有从生理欲望的驱使、是非得失的思虑、外在规范的束缚中解脱出来，达到心灵"虚静"的状态，即通过"离形""去知""心斋""坐忘"等环节，才能真正体会到"道"的自由性、无限性及整体性。这便是"游"的状态。在这种状态中，生命的内涵将得到拓展，生命的层级也将得到提升。

庄子的美育思想不仅开拓了一种自由开阔的全新精神境界，而且提供了美育实践中独特的途径和方法。他将人的生存方式的选择、人生苦恼的解脱和生命质量的追求等，都提升到了一种超越现实的审美层面之上，为人们在物欲横流的现实世界之外找到了一个宁静的心灵港湾，为人们实现自我的心灵解放和自由指明了方向。（陶悦 撰写）

孟子(节选)

孟子

公孙丑上

公孙丑问曰:“夫子当路于齐,管仲、晏子之功,可复许乎?”

孟子曰:“子诚齐人也,知管仲、晏子而已矣。或问乎曾西曰:‘吾子与子路孰贤?’曾西蹴然曰:‘吾先子之所畏也。’曰:‘然则吾子与管仲孰贤?’曾西艴然不悦,曰:‘尔何曾比予于管仲?管仲得君如彼其专也,行乎国政如彼其久也,功烈如彼其卑也;尔何曾比予于是?’”曰:“管仲,曾西之所不为也,而子为我愿之乎?”

曰:“管仲以其君霸,晏子以其君显。管仲、晏子犹不足为与?”

曰:“以齐王,由反手也。”

曰:“若是,则弟子之惑滋甚。且以文王之德,百年而后崩,犹未洽于天下;武王、周公继之,然后大行。今言王若易然,则文王不足法与?”

曰:“文王何可当也?由汤至于武丁,贤圣之君六七作,天下归殷久矣,久则难变也。武丁朝诸侯,有天下,犹运之掌也。纣之去武丁未久也,其故家遗俗,流风善政,犹有存者;又有微子、微仲、王子比干、箕子、胶鬲,皆贤人也,相与辅相之,故久而后失之也。尺地,莫非其有也;一民,莫非其臣也;然而文王犹方百里起,是以难也。齐人有言曰:‘虽有智慧,不如乘势;虽有镃基,不如待时。’今时则易然也。夏后、殷、周之盛,地未有过千里者也,而齐有其地矣;鸡鸣狗吠相闻,而达乎四境,而齐有其民矣。地不改辟矣,民不改聚矣,行仁政而王,莫之能御也。且王者之不作,未有疏于此时者也;民之憔悴于虐政,未有甚于此时者也。饥者易为食,渴者易为饮。孔子曰:‘德之流行,速于置邮而传命。’当今之时,万乘之国行仁政,民之悦之,犹解倒悬也。故事半古之人,功必倍之,惟此时为然。”

公孙丑问曰:“夫子加齐之卿相,得行道焉,虽由此霸王,不异矣。如此,则动心否乎?”

孟子曰:“否;我四十不动心。”

曰："若是，则夫子过孟贲远矣。"

曰："是不难，告子先我不动心。"

曰："不动心有道乎？"

曰："有。北宫黝之养勇也：不肤桡，不目逃，思以一豪挫于人，若挞之于市朝；不受于褐宽博，亦不受于万乘之君；视刺万乘之君，若刺褐夫；无严诸侯，恶声至，必反之。孟施舍之所养勇也，曰：'视不胜犹胜也；量敌而后进，虑胜而后会，是畏三军者也。舍岂能为必胜哉？能无惧而已矣。'孟施舍似曾子，北宫黝似子夏。夫二子之勇，未知其孰贤，然而孟施舍守约也。昔者曾子谓子襄曰：'子好勇乎？吾尝闻大勇于夫子矣：自反而不缩，虽褐宽博，吾不惴焉；自反而缩，虽千万人，吾往矣。'孟施舍之守气，又不如曾子之守约也。"

曰："敢问夫子之不动心与告子之不动心，可得闻与？"

"告子曰：'不得于言，勿求于心；不得于心，勿求于气。'不得于心，勿求于气，可；不得于言，勿求于心，不可。夫志，气之帅也；气，体之充也。夫志至焉，气次焉；故曰：'持其志，无暴其气。'"

"既曰，'志至焉，气次焉。'又曰，'持其志，无暴其气'者，何也？"

曰："志壹则动气，气壹则动志也，今夫蹶者趋者，是气也，而反动其心。"

"敢问夫子恶乎长？"

曰："我知言，我善养吾浩然之气。"

"敢问何谓浩然之气？"

曰："难言也。其为气也，至大至刚，以直养而无害，则塞于天地之间。其为气也，配义与道；无是，馁也。是集义所生者，非义袭而取之也。行有不慊于心，则馁矣。我故曰，告子未尝知义，以其外之也。必有事焉，而勿正，心勿忘，勿助长也。无若宋人然：宋人有闵其苗之不长而揠之者，芒芒然归，谓其人曰：'今日病矣！予助苗长矣！'其子趋而往视之，苗则槁矣。天下之不助苗长者寡矣。以为无益而舍之者，不耘苗者也；助之长者，揠苗者也。非徒无益，而又害之。"

"何谓知言？"

曰："诐辞知其所蔽，淫辞知其所陷，邪辞知其所离，遁辞知其所穷。生于其心，害于其政；发于其政，害于其事。圣人复起，必从吾言矣。"

"宰我、子贡，善为说辞，冉牛、闵子、颜渊善言德行。孔子兼之，曰：'我于辞命，则不能也。'然则夫子既圣矣乎？"

曰："恶！是何言也？昔者子贡问于孔子曰：'夫子圣矣乎？'孔子曰：'圣则吾不能，我学不厌而教不倦也。'子贡曰：'学不厌，智也；教不倦，仁也。仁且智，夫子既圣矣。'夫圣，孔子不居。是何言也？"

"昔者窃闻之：子夏、子游、子张，皆有圣人之一体；冉牛、闵子、颜渊则具体而微。敢问所安。"

曰："姑舍是。"

曰："伯夷、伊尹何如？"

曰："不同道。非其君不事，非其民不使；治则进，乱则退，伯夷也。何事非君，何使非民；治亦进，乱亦进，伊尹也。可以仕则仕，可以止则止，可以久则久，可以速则速，孔子也。皆古圣人也，吾未能有行焉；乃所愿，则学孔子也。"

"伯夷、伊尹于孔子，若是班乎？"

曰："否；自有生民以来，未有孔子也。"

曰："然则有同与？"

曰："有。得百里之地而君之，皆能以朝诸侯，有天下；行一不义，杀一不辜，而得天下，皆不为也。是则同。"

曰："敢问其所以异。"

曰："宰我、子贡、有若，智足以知圣人，污不至阿其所好。宰我曰：'以予观于夫子，贤于尧、舜远矣。'子贡曰：'见其礼而知其政，闻其乐而知其德，由百世之后，等百世之王，莫之能违也。自生民以来，未有夫子也。'有若曰：'岂惟民哉？麒麟之于走兽，凤凰之于飞鸟，泰山之于丘垤，河海之于行潦，类也。圣人之于民，亦类也。出于其类，拔乎其萃，自生民以来，未有盛于孔子也。"

孟子曰:“以力假仁者霸,霸必有大国;以德行仁者王,王不待大,汤以七十里,文王以百里。以力服人者,非心服也,力不赡也;以德服人者,中心悦而诚服也,如七十子之服孔子也。《诗》云:‘自西自东,自南自北,无思不服。’此之谓也。”

孟子曰:“仁则荣,不仁则辱;今恶辱而居不仁,是犹恶湿而居下也。如恶之,莫如贵德而尊士,贤者在位,能者在职;国家闲暇,及是时,明其政刑。虽大国,必畏之矣。《诗》云:‘迨天之未阴雨,彻彼桑土,绸缪牖户。今此下民,或敢侮予?’孔子曰:‘为此诗者,其知道乎!能治其国家,谁敢侮之?’今国家闲暇,及是时,般乐怠敖,是自求祸也。祸福无不自己求之者。《诗》云:‘永言配命,自求多福。’《太甲》曰:‘天作孽,犹可违;自作孽,不可活。’此之谓也。”

孟子曰:“尊贤使能,俊杰在位,则天下之士皆悦,而愿立于其朝矣;市,廛而不征,法而不廛,则天下之商皆悦,而愿藏于其市矣;关,讥而不征,则天下之旅皆悦,而愿出于其路矣;耕者,助而不税,则天下之农皆悦,而愿耕其于其野矣;廛,无夫里之布,则天下之民皆悦,而愿为之氓矣。信能行此五者,则邻国之民仰之若父母矣。率其子弟,攻其父母,自生民以来未有能济者也。如此,则无敌于天下。无敌于天下者,天吏也。然而不王者,未之有也。”

孟子曰:“人皆有不忍人之心。先王有不忍人之心,斯有不忍人之政矣。以不忍人之心,行不忍人之政,治天下可运之掌上。所以谓人皆有不忍人之心者,今人乍见孺子将入于井,皆有怵惕恻隐之心,非所以内交于孺子之父母也,非所以要誉于乡党朋友也,非恶其声而然也。由是观之,无恻隐之心,非人也;无羞恶之心,非人也;无辞让之心,非人也;无是非之心,非人也。恻隐之心,仁之端也;羞恶之心,义之端也;辞让之心,礼之端也;是非之心,智之端也。人之有是四端也,犹其有四体也。有是四端而自谓不能者,自贼者也;谓其君不能者,贼其君者也。凡有四端于我者,知皆扩而充之矣,若火之始然,泉之始达。苟能充之,足以保四海;苟不充之,不足以事父母。”

孟子曰:“矢人岂不仁于函人哉?矢人唯恐不伤人,函人唯恐伤人。巫匠亦然。故术不可不慎也。孔子曰:‘里仁为美。择不处仁,焉得智?’夫仁,天之尊爵也,人之安宅也。莫之御而不仁,是不智也。不仁、不智,无礼、无义,人役也。人役而耻为役,由弓人而耻为弓,矢人而耻为矢也。如耻之,莫如为仁。仁者如射:射者正已而后发;发而不中,不怨胜己者,反求诸已而已矣。”

孟子曰："子路，人告之以有过，则喜。禹闻善言，则拜。大舜有大焉，善与人同，舍己从人，乐取于人以为善。自耕稼、陶、渔以至为帝，无非取于人者。取诸人以为善，是与人为善者也。故君子莫大乎与人为善。"

孟子曰："伯夷，非其君，不事；非其友，不友。不立于恶人之朝，不与恶人言；立于恶人之朝，与恶人言，如以朝衣朝冠坐于涂炭。推恶恶之心，思与乡人立，其冠不正，望望然去之，若将浼焉。是故诸侯虽有善其辞命而至者，不受也。不受也者，是亦不屑就已。柳下惠不羞污君，不卑小官；进不隐贤，必以其道；遗佚而不怨，阨穷而不悯。故曰：'尔为尔，我为我，虽袒裼裸裎于我侧，尔焉能浼我哉？'故由由然与之偕而不自失焉，援而止之而止。援而止之而止者，是亦不屑去已。"孟子曰："伯夷隘，柳下惠不恭。隘与不恭，君子不由也。"

尽　心　上

孟子曰："尽其心者，知其性也。知其性，则知天矣。存其心，养其性，所以事天也。殀寿不贰，修身以俟之，所以立命也。"

孟子曰："莫非命也，顺受其正；是故知命者不立乎岩墙之下。尽其道而死者，正命也；桎梏死者，非正命也。"

孟子曰："求则得之，舍则失之，是求有益于得也，求在我者也。求之有道，得之有命，是求无益于得也，求在外者也。"

孟子曰："万物皆备于我矣。反身而诚，乐莫大焉。强恕而行，求仁莫近焉。"

孟子曰："行之而不著焉，习矣而不察焉，终身由之而不知其道者，众也。"

孟子曰："人不可以无耻，无耻之耻，无耻矣。"

孟子曰："耻之于人大矣，为机变之巧者，无所用耻焉。不耻不若人，何若人有？"

孟子曰："古之贤王好善而忘势；古之贤士何独不然？乐其道而忘人之势，故王公不致敬尽礼，则不得亟见之。见且由不得亟，而况得而臣之乎？"

孟子谓宋勾践曰："子好游乎？吾语子游。人知之，亦嚣嚣；人不知，亦嚣嚣。"

曰："何如斯可以嚣嚣矣？"

曰："尊德乐义，则可以嚣嚣矣。故士穷不失义，达不离道。穷不失义，故士得己焉；达不离道，故民不失望焉。古之人，得志，泽加于民；不得志，修身见于世。穷则独善其身，达则兼善天下。"

孟子曰："待文王而后兴者，凡民也。若夫豪杰之士，虽无文王犹兴。"

孟子曰："附之以韩魏之家，如其自视欿然，则过人远矣。"

孟子曰："以佚道使民，虽劳不怨。以生道杀民，虽死不怨杀者。"

孟子曰："霸者之民欢虞如也，王者之民皞皞如也。杀之而不怨，利之而不庸，民日迁善而不知为之者。夫君子所过者化，所存者神，上下与天地同流，岂曰小补之哉？"

孟子曰："仁言不如仁声之入人深也，善政不如善教之得民也。善政，民畏之；善教，民爱之。善政得民财，善教得民心。"

孟子曰："人之所不学而能者，其良能也；所不虑而知者，其良知也。孩提之童无不知爱其亲者，及其长也，无不知敬其兄也。亲亲，仁也；敬长，义也；无他，达之天下也。"

孟子曰："舜之居深山之中，与木石居，与鹿豕游，其所以异于深山之野人者几希。及其闻一善言，见一善行，若决江河，沛然莫之能御也。"

孟子曰："无为其所不为，无欲其所不欲，如此而已矣。"

孟子曰："人之有德慧术知者，恒存乎疢疾。独孤臣孽子，其操心也危，其虑患也深，故达。"

孟子曰："有事君人者，事是君则为容悦者也；有安社稷臣者，以安社稷为悦者也；有天民者，达可行于天下而后行之者也；有大人者，正己而物正者也。"

孟子曰："君子有三乐，而王天下不与存焉。父母俱存，兄弟无故，一乐也；仰不愧于天，俯不怍于人，二乐也；得天下英才而教育之，三乐也。君子有三乐，而王天下不与存焉。"

孟子曰："广土众民，君子欲之，所乐不存焉；中天下而立，定四海之民，君子乐之，所性不存焉。君子所性，虽大行不加焉，虽穷居不损焉，分定故也。君子所性，仁义礼智根于心，其生色也睟然，见于面，盎于背，施于四体，四体不言而喻。"

孟子曰："伯夷辟纣，居北海之滨，闻文王作，兴曰：'盍归乎来，吾闻西伯善养老者。'太公辟纣，居东海之滨，闻文王作，兴曰：'盍归乎来，吾闻西伯善养老者。'天下有善养老，则仁人以为己归矣。五亩之宅，树墙下以桑，匹妇蚕之，则老者足以衣帛矣。五母鸡，二母彘，无失其时，老者足以无失肉矣。百亩之田，匹夫耕之，八口之家足以无饥矣。所谓西伯善养老者，制其田里，教之树畜，导其妻子，使养其老。五十非帛不暖，七十非肉不饱。不暖不饱，谓之冻馁。文王之民无冻馁之老者，此之谓也。"

孟子曰："易其田畴，薄其税敛，民可使富也。食之以时，用之以礼，财不可胜用也。民非水火不生活，昏暮叩人之门户求水火，无弗与者，至足矣。圣人治天下，使有菽粟如水火。菽粟如水火，而民焉有不仁者乎？"

孟子曰："孔子登东山而小鲁，登泰山而小天下，故观于海者难为水，游于圣人之门者难为言。观水有术，必观其澜。日月有明，容光必照焉。流水之为物也，不盈科不行；君子之志于道也，不成章不达。"

孟子曰："鸡鸣而起，孳孳为善者，舜之徒也；鸡鸣而起，孳孳为利者，跖之徒也。欲知舜与跖之分，无他，利与善之间也。"

孟子曰："杨子取为我，拔一毛而利天下，不为也。墨子兼爱，摩顶放踵利天下，为之。子莫执中。执中为近之。执中无权，犹执一也。所恶执一者，为其贼道也，举一而废百也。"

孟子曰："饥者甘食，渴者甘饮，是未得饮食之正也，饥渴害之也。岂惟口腹有饥渴之害？人心亦皆有害。人能无以饥渴之害为心害，则不及人不为忧矣。"

孟子曰："柳下惠不以三公易其介。"

孟子曰："有为者辟若掘井，掘井九仞而不及泉，犹为弃井也。"

孟子曰："尧舜，性之也；汤武，身之也；五霸，假之也。久假而不归，恶知其非有也？"

公孙丑曰："伊尹曰：'予不狎于不顺。放太甲于桐，民大悦。太甲贤，又反之，民大悦。'贤者之为人臣也，其君不贤，则固可放与？"

孟子曰："有伊尹之志，则可；无伊尹之志，则篡也。"

公孙丑曰："《诗》曰：'不素餐兮。'君子之不耕而食，何也？"

孟子曰："君子居是国也，其君用之，则安富尊荣；其子弟从之，则孝悌忠信。'不素餐兮'，孰大于是？"

王子垫问曰："士何事？"

孟子曰："尚志。"

曰："何谓尚志？"

曰："仁义而已矣。杀一无罪非仁也，非其有而取之非义也。居恶在？仁是也；路恶在？义是也。居仁由义，大人之事备矣。"

孟子曰："仲子，不义与之齐国而弗受，人皆信之，是舍箪食豆羹之义也。人莫大焉亡亲戚君臣上下。以其小者信其大者，奚可哉？"

桃应问曰："舜为天子，皋陶为士，瞽瞍杀人，则如之何？"

孟子曰："执之而已矣。"

"然则舜不禁与？"

曰："夫舜恶得而禁之？夫有所受之也。"

"然则舜如之何？"

曰："舜视弃天下犹弃敝蹝也。窃负而逃，遵海滨而处，终身欣然，乐而忘天下。"

孟子自范之齐，望见齐王之子，喟然叹曰："居移气，养移体，大哉居乎！夫非尽人之子与？"

孟子曰："王子宫室、车马、衣服多与人同，而王子若彼者，其居使之然也；况居天下之广居者乎？鲁君之宋，呼于垤泽之门。守者曰：'此非吾君也，何其声之似我君也？'此无他，居相似也。"

孟子曰："食而弗爱，豕交之也；爱而不敬，兽畜之也。恭敬者，币之未将者也。恭敬而无实，君子不可虚拘。"

孟子曰："形色，天性也；惟圣人然后可以践形。"

齐宣王欲短丧。公孙丑曰："为期之丧，犹愈于已乎？"

孟子曰："是犹或紾其兄之臂，子谓之姑徐徐云尔，亦教之孝悌而已矣。"

王子有其母死者，其傅为之请数月之丧。公孙丑曰："若此者何如也？"

曰："是欲终之而不可得也。虽加一日愈于已，谓夫莫之禁而弗为者也。"

孟子曰："君子之所以教者五：有如时雨化之者，有成德者，有达财者，有答问者，有私淑艾者。此五者，君子之所以教也。"

公孙丑曰："道则高矣，美矣，宜若登天然，似不可及也；何不使彼为可几及而日孳孳也？"

孟子曰："大匠不为拙工改废绳墨，羿不为拙射变其彀率。君子引而不发，跃如也。中道而立，能者从之。"

孟子曰："天下有道，以道殉身；天下无道，以身殉道；未闻以道殉乎人者也。"

公都子曰："滕更之在门也，若在所礼，而不答，何也？"

孟子曰："挟贵而问，挟贤而问，挟长而问，挟有勋劳而问，挟故而问，皆所不答也。滕更有二焉。"

孟子曰："于不可已而已者，无所不已。于所厚者薄，无所不薄也。其进锐者，其退速。"

孟子曰："君子之于物也，爱之而弗仁；于民也，仁之而弗亲。亲亲而仁民，仁民而爱物。"

孟子曰："知者无不知也，当务之为急；仁者无不爱也，急亲贤之为务。尧舜之知而不遍物，急先务也；尧舜之仁不遍爱人，急亲贤也。不能三年之丧，而缌、小功之察；放饭流歠，而问无齿决，是之谓不知务。"

——选自《诸子集成·孟子正义》，焦循撰，中华书局1954年版。参校《孟子译注》，杨伯峻译注，中华书局1960年版

【导读】

孟子（约前372—约前289），名轲，战国中期邹国（今山东邹县）人。《孟子》一书由孟子本人及其弟子共同完成。以性善论为基础的道德学说是孟子思想的核心，强调政治、道德延伸（发挥"不忍人之心"而为"不忍人之政"），不重制度建设而重道德修养。而孟子的美育思想同样服务于道德主体的建立，主要涉及人格审美问题。

孟子认为，人的德性由内发外，"生色也睟然""见于面""盎于背""施于四体"，便形成了人格美。"四体不言而喻"，说明这种人格美虽可在颜色神情、身体四肢方面见出，但它们总是人的内在德性的表征，不同于纯然外在的人体美。孟子将人格修养分为"善""信""美""大""圣""神"六种境界："善"指以仁义（即"可欲"的对象）为志向；不仅追求仁义，而且以实际行动去践行（"有诸己"），就是"信"；不仅以现实行动，而且容貌神态乃至周身皆被德性仁义所"充实"，就是"美"；"大"是在"美"的基础上，又具有吸引人、感染人的"光辉"魅力；"圣"不仅具有人格魅力，而且能实际地教化、改造他人；"神"则指这种教化、改造所能达到的神妙莫测（"不可知之"）的境界。六种境界形成一个由低到高、由内往外、由己及人的发展链条，其中"信"与"美"都具有人格美的意义，它们以"善"为基础，以"大""圣""神"为影响目标。

孟子明确提出性善的主张，并以"今人乍见孺子将入于井"时产生的"四心（端）"（即"恻隐之心""羞恶之心""辞让之心"和"是非之心"）推证"性善"，认为人有"四心"如有四肢一样，而"四心"产生的根据在"性"。可以说，孟子的人格美塑造方法就是以性善论为基础的。善性为人格美的形成提供了先天条件，但不会自动发展为人格美。人格美的形成离不开人的自觉努力：首先要存心养性，勿使"四心"放失。由善性生"四心"之际，欲望也随现实情境的诱发而起，甚至可能遮蔽善性，扰乱、减损"四心"的力量。此时，人的内心为保持平衡、逃避良知的监察和拷问，理智又会编造种种理由以自欺。"诚者，天之道也。"（《离娄上》）天道无欺，而人却可能自欺欺人，故存心养性需要"思诚"来抗拒诱惑，"养心莫善于寡欲"（《尽心下》）。同时，存心养性、抗拒诱惑又需到现实生活中去经

受考验，“故天将降大任于斯人也，必先苦其心志，劳其筋骨，饿其体肤，空乏其身，行拂乱其所为，所以动心忍性，曾益其所不能”（《告子下》）。在经历一番艰苦磨砺后培植出“大丈夫”精神。孟子还提出“养气”的工夫。“气，体之充也。”身体的生理血气应受心志引导，“持其志，无暴其气”。居仁由义，长期不懈地直道而行，终将孕育出“至大至刚”的“浩然之气”。这样，单纯的生理血气被赋予道德的价值内涵；道德也不只是一种精神意识，而且包含着生理血气之力。可见，人格美的塑造方法其实就是发挥善性，培壅大丈夫精神和浩然之气。它们通过外在的容貌、神情、身体、举止表现出来，构成了人格美。孟子还特别提到内在精神对眼睛的影响，认为“胸中正，则眸子瞭焉”。这种由大丈夫精神和至大至刚的浩然之气所铸就的人格美，是偏于阳刚的壮美。

孟子注重教化，反对统治者以强力、权势使人被迫服从。“善政，不如善教之得民也。”只有“善教”才能得民心，才能让人“中心悦服”。而在教育中，美育又有着特殊的意义。“仁言，不如仁声之入人深也。”美育能够对人心产生深远的影响，“夫君子所过者化，所存者神”。圣人所经之地，生民得到教化，其居留之处的作用更是神妙莫测。“至诚而不动者，未之有也”（《离娄上》），无论圣人的神奇教化还是至诚者的撼动人心，都包含着人格审美的作用。而“大”“圣”“神”建立在“信”与“美”的基础之上，是极力发挥人格审美效应的结果，也是人格审美效应的伸展方向。这种人格审美既非取消欣赏者自身主体性而一味拜倒在偶像脚下，亦非仅仅迷恋其外在光鲜和受人瞩目的地位，而是指向对象最可贵的人格精神，对其产生认同。人格审美实际是通过欣赏他人来激励自身，发现自身的可能性。因此，“人皆可为尧舜”（《告子下》），正是孟子以人格美来化人的终极目标。（左剑峰 撰写）

荀子（节选）
荀子

乐 论

夫乐者，乐也，人情之所必不免也，故人不能无乐。乐则必发于声音，形于动静，而人之道，声音、动静、性术之变尽是矣。故人不能不乐，乐则不能无形，形而不为道，则不能无乱。先王恶其乱也，故制雅、颂之声以道之，使其声足以乐而不流，使其文足以辨而不諰，使其曲直、繁省、廉肉、节奏足以感动人之善心，使夫邪污之气无由得接焉。是先王立乐之方也，而墨子非之，奈何！

故乐在宗庙之中，君臣上下同听之，则莫不和敬；闺门之内，父子兄弟同听之，则莫不和亲；乡里族长之中，长少同听之，则莫不和顺。故乐者，审一以定和者也，比物以饰节者也，合奏以成文者也，足以率一道，足以治万变。是先王立乐之术也，而墨子非之，奈何！

故听其雅、颂之声，而志意得广焉；执其干戚，习其俯仰屈伸，而容貌得庄焉；行其缀兆，要其节奏，而行列得正焉，进退得齐焉。故乐者，出所以征诛也，入所以揖让也。征诛揖让，其义一也。出所以征诛，则莫不听从；入所以揖让，则莫不从服。故乐者，天下之大齐也，中和之纪也，人情之所必不免也。是先王立乐之术也，而墨子非之，奈何！

且乐者，先王之所以饰喜也；军旅鈇钺者，先王之所以饰怒也。先王喜怒皆得其齐焉。是故喜而天下和之，怒而暴乱畏之。先王之道，礼乐正其盛者也，而墨子非之。故曰：墨子之于道也，犹瞽之于白黑也，犹聋之于清浊也，犹欲之楚而北求之也。

夫声乐之入人也深，其化人也速，故先王谨为之文。乐中平则民和而不流，乐肃庄则民齐而不乱。民和齐则兵劲城固，敌国不敢婴也。如是，则百姓莫不安其处，乐其乡，以至足其上矣。然后名声于是白，光辉于是大，四海之民莫不愿得以为师。是王者之始也。乐姚冶以险，则民流僈鄙贱矣。流僈则乱，鄙贱则争。乱争则兵弱城犯，敌国危之。如是，则百姓不安其处，不乐其乡，不足其上矣。故礼乐废而邪音起者，危削侮辱之本也。故先王贵礼乐而贱邪音。其在序官也，曰：“修宪命，审诛赏，禁淫声，以时顺修，使夷俗邪音不敢乱雅，太师之事也。”

墨子曰："乐者，圣王之所非也，而儒者为之，过也。"君子以为不然。乐者，圣人之所乐也，而可以善民心，其感人深，其移风易俗，故先王导之以礼乐而民和睦。夫民有好恶之情而无喜怒之应则乱。先王恶其乱也，故修其行，正其乐，而天下顺焉。故齐衰之服，哭泣之声，使人之心悲；带甲婴胄，歌于行伍，使人之心伤；姚冶之容，郑、卫之音，使人之心淫；绅端章甫，舞韶歌武，使人之心庄。故君子耳不听淫声，目不视女色，口不出恶言。此三者，君子慎之。

凡奸声感人而逆气应之，逆气成象而乱生焉；正声感人而顺气应之，顺气成象而治生焉。唱和有应，善恶相象，故君子慎其所去就也。君子以钟鼓道志，以琴瑟乐心，动以干戚，饰以羽旄，从以磬管。故其清明象天，其广大象地，其俯仰周旋有似于四时。故乐行而志清，礼修而行成，耳目聪明，血气和平，移风易俗，天下皆宁，美善相乐。故曰：乐者，乐也。君子乐得其道，小人乐得其欲。以道制欲，则乐而不乱；以欲忘道，则惑而不乐。故乐者，所以道乐也，金石丝竹，所以道德也。乐行而民乡方矣。故乐者，治人之盛者也，而墨子非之。

且乐也者，和之不可变者也；礼也者，理之不可易者也。乐合同，礼别异。礼乐之统，管乎人心矣。穷本极变，乐之情也；着诚去伪，礼之经也。墨子非之，几遇刑也。明王已没，莫之正也。愚者学之，危其身也。君子明乐，乃其德也。乱世恶善，不此听也。于乎哀哉！不得成也。弟子勉学，无所营也。

声乐之象：鼓大丽，钟统实，磬廉制，竽笙箫和，筦钥发猛，埙篪翁博，瑟易良，琴妇好，歌清尽，舞意天道兼。鼓，其乐之君邪！故鼓似天，钟似地，磬似水，竽笙、箫和、筦钥似星辰日月，鞉、柷、拊、鞷、椌、楬似万物。曷以知舞之意？曰：目不自见，耳不自闻也，然而治俯仰、诎信、进退、迟速莫不廉制，尽筋骨之力，以要钟鼓俯会之节，而靡有悖逆者，众积意谔谔乎！

吾观于乡，而知王道之易易也。主人亲速宾及介，而众宾皆从之。至于门外，主人拜宾及介而众宾皆入，贵贱之义别矣。三揖至于阶，三让以宾升。拜至，献酬，辞让之节繁。及介省矣。至于众宾，升受，坐祭，立饮，不酢而降。隆杀之义辨矣。工入，升歌三终，主人献之；笙入三终，主人献之；间歌三终，合乐三终，工告乐备，遂出。二人扬觯，乃立司正。焉知其能和乐而不流也。宾酬主人，主人酬介，介酬众宾，少长以齿，终于沃洗者焉。知其能弟长而无遗也。降，说屦，升坐，修爵无数。饮酒之节，朝不废朝，莫不废夕。宾出，主人拜送，节文终遂。焉知其能安燕而不乱也。贵贱明，隆杀辨，和乐而不流，弟长而无遗，安燕而不乱：此五行者，是足以正身安国矣。彼国安而天下安。故曰：吾观于乡，而知王道之易易也。

乱世之征：其服组，其容妇，其俗淫，其志利，其行杂，其声乐险，其文章匿而采，其养生无度，其送死瘠墨，贱礼义而贵勇力，贫则为盗，富则为贼。治世反是也。

——选自《新编诸子集成·荀子集解》，王先谦撰，沈啸寰、王星贤点校，中华书局1988年版

【导读】

荀子（约前313—前238），名况，字卿，亦称孙卿，赵国（今山西安泽）人，战国末期著名思想家、政治家、文学家，先后三次在齐国稷下学宫担任祭酒，最终到楚国担任兰陵令。作为儒家思想的集大成者，荀子的思想以“性恶论”为中心，具有极为鲜明的个性色彩。

本书所选《乐论》，系《荀子》卷第十四，集中反映了建立在“性恶论”基础上的荀子乐教思想，其中既有承继孔孟乐教观念的一面，又有其个人独到之处，同时也更成体系。

在荀子看来，人的本性是邪恶的，必须用外在的礼义法度加以约束。而“乐”对人的影响十分深刻，“足以率一道，足以治万变”，是改善民心、移风易俗的重要手段。他首先肯定了“乐”所具有的美感和娱乐作用，认为它不仅能使人快乐，也是人在生活中对于自身情感需求的满足。当然，荀子所说的“乐”并不完全等同于今天的“音乐”，而是指歌唱、乐舞、器乐等组合而成的综合艺术形式，人在实际生活中的各种情感变化都可以通过声音、动作的变化而得到体现。这种令人喜闻乐见的形式能在潜移默化中影响人的内心世界，因而是完善人的自身修为的重要手段。

“乐”若要能够更好地引导人们积极向善，就必须符合一定的规定和表现形式，即符合一定的标准。荀子大力提倡“雅、颂之声”，认为先王制乐的目的就是为了改善混乱的场面。这种合乎标准的“乐”，让人快乐又不至放纵，层次分明又不至花哨，演奏中各种曲折、平直的变化足以感动并引发人们内心向上的意志。只有这样，那些污浊的东西才不能影响人的生活。而进一步把这种符合规定的“乐”放入宗庙、闺门等不同场合，它就能够发挥自己相应的作用，使人们相互尊敬和亲近，实现和谐相处。

荀子强调，“乐”的不同表现也会给社会带来不同的影响：表现得适中、平稳，人们之间相处起来就会更加和睦而不会散漫。值得注意的是，不同于孔子反

对将“乐”与征伐场面联系在一起的观点，荀子以为“乐”具有对内、对外不同的作用。对外，“乐”可以起到征伐讨逆的作用，“故乐者，出所以征诛也”；对内则可以起到改善民心、促进团结、养成谦让的作用，即“入所以揖让也”。可见，对于荀子来说，“乐”从内外两方面都有助于实现移风易俗的社会作用，有助于使整个社会的政治秩序更加稳定。

在荀子的教化思想中，“乐”不仅占有重要的地位，而且常常与“礼”配合使用。依照荀子的看法，“乐”的作用在于探索人的内心世界变化，“礼”却是最有条理而不易变化的。也就是说，“乐”在潜移默化中深入人的内心世界，“礼”则通过一系列外在规范来约束人的行为，它们两者相互配合而各自发挥着不同的作用。显然，对于荀子来说，“乐”始终与社会生活紧密联系在一起。他从“人性本恶”出发，看到如果每个人都只想着满足自身的欲望而不受外在的束缚，那社会就一定会产生冲突和争抢。而“乐”则既能满足人们“耳目之欲”，又能潜移默化地改善人们邪恶的本性，在完善人的自身品性修为基础上进一步促成社会秩序的稳定。在这里，“性恶论”的观念为荀子推行乐教提供了有力的依据。（司冰琳 撰写）

乐记(节选)
佚名

凡音之起,由人心生也。人心之动,物使之然也。感于物而动,故形于声。声相应,故生变。变成方,谓之音。比音而乐之,及干、戚、羽、旄,谓之乐。乐者,音之所由生也,其本在人心之感于物也。是故其哀心感者,其声噍以杀;其乐心感者,其声啴以缓;其喜心感者,其声发以散;其怒心感者,其声粗以厉;其敬心感者,其声直以廉;其爱心感者,其声和以柔。六者非性也,感于物而后动。是故先王慎所以感之者。

故礼以道其志,乐以和其声,政以一其行,刑以防其奸:礼、乐、刑、政,其极一也,所以同民心而出治道也。

凡音者,生人心者也。情动于中,故形于声。声成文,谓之音。是故治世之音安以乐,其政和;乱世之音怨以怒,其政乖;亡国之音哀以思,其民困:声音之道,与政通矣。(《乐本篇》)

乐者为同;礼者为异。同则相亲;异则相恭。乐胜则流;礼胜则离。合情饰貌者,礼、乐之事也。

礼义立,则贵贱等矣;乐文同,则上下和矣;好恶著,则贤不肖别矣;刑禁暴,爵举贤,则政均矣;仁以爱之,义以正之:如此则民治行矣。

乐由中出;礼自外作。乐由中出,故静;礼自外作,故文。大乐必易;大礼必简。

乐至则无怨;礼至则不争。揖让而治天下者,礼、乐之谓也。

…………

乐者,天地之和也;礼者,天地之序也。和故百物皆化;序故群物皆别。乐由天作;礼以地制。过制则乱;过作则暴。明于天地,然后能兴礼、乐也。(《乐论篇》)

王者功成作乐,治定制礼。其功大者其乐备;其治辩者其礼具。干戚之舞,非备乐也；孰亨而祀，非达礼也。五帝殊时，不相沿乐；三王异世，不相袭礼。乐极则忧；礼粗则偏矣。及夫敦乐而无忧，礼备而不偏者，其唯大圣乎。

天高地下，万物散殊，而礼制行矣。流而不息，合同而化，而乐兴焉。春作、夏长，仁也；秋敛、冬藏，义也。仁近于乐，义近于礼。

乐者敦和，率神而从天；礼者别宜，居鬼而从地。故圣人作乐以应天；制礼以配地。礼乐明备，天地官矣。（《乐礼篇》）

乐也者，圣人之所乐也，而可以善民心，其感人深，其移风易俗，故先王著其教焉。（《乐施篇》）

德者，性之端也；乐者，德之华也；金石丝竹，乐之器也。诗，言其志也；歌，咏其声也；舞，动其荣也；三者本于心，然后乐器从之。

是故情深而文明，气盛而化神，和顺积中，而英华发外。唯乐不可以为伪。（《乐象篇》）

乐者，非谓黄钟、大吕、弦歌、干扬也，乐之末节也，故童者舞之。铺筵席，陈尊俎，列笾豆，以升降为礼者，礼之末节也，故有司掌之。乐师辨乎声诗，故北面而弦。宗祝辨乎宗庙之礼，故后尸。商祝辨乎丧礼，故后主人。

是故德成而上，艺成而下，行成而先，事成而后。是故先王有上有下，有先有后，然后可以有制于天下也。（《乐情篇》）

夫乐者，乐也，人情之所不能免也。乐必发于声音，形于动静，人之道也。声音动静，性术之变尽于此矣。

故人不耐无乐；乐不耐无形；形而不为道，不耐无乱。先王耻其乱，故制雅颂之声以道之，使其声足乐而不流，使其文足论而不息，使其曲直，繁瘠，廉肉，节奏，足以感动人之善心而已矣，不使放心邪气得接焉。是先王立乐之方也。（《乐化篇》）

——选自《礼记》，叶绍钧选注，商务印书馆 1926 年版

【导读】

《乐记》是中国最早一部具有完整体系的音乐理论著作，旧传 23 篇，现存前

11篇，包括《乐本篇》《乐论篇》《乐礼篇》《乐施篇》《乐情篇》《乐言篇》《乐象篇》《乐化篇》《魏文侯篇》《宾牟贾篇》和《师乙篇》，在《礼记》和《史记》中都有保存。学术界对《乐记》作者及其成书年代历来存在分歧，目前多数学者认为其成书于西汉，但其中思想则来源于先秦诸子言乐事者。

围绕“礼”和“乐”的社会功能及其相互关系，《乐记》第一次对儒家礼乐思想进行了全面系统的理论总结，成为论述周代社会礼乐文化体系最具价值的篇章。其中，“乐”兼指诗、歌、舞三者。《乐记》强调，音乐是表达感情的艺术。它通过声音表现情感，而人的情感则来自现实生活的反映；不同的情感可以从不同的音乐中表现出来。“其哀心感者，其声噍以杀；其乐心感者，其声啴以缓；其喜心感者，其声发以散；其怒心感者，其声粗以厉；其敬心感者，其声直以廉；其爱心感者，其声和以柔。”哀、乐、喜、怒、敬、爱六种情感，会产生相应的六种声音变化，表明不同的情感会以不同的声调表现出来。

针对音乐与政治的关系，《乐记》主张音乐与社会时政之间相互联通，“声音之道，与政通矣”。音乐所表达的思想感情与人们所处的社会政治状况紧密相联，可以反映出一个国家社会政治的盛衰得失。“治世之音安以乐，其政和；乱世之音怨以怒，其政乖；亡国之音哀以思，其民困。”治世的音乐和平安宁而且快乐，表明其政治太平和谐；乱世的乐声悲怨而且愤怒，表明其世政动乱而不协调；将要亡国的乐音悲哀而又伤心，体现了人民生活的困苦。有什么样的世道，就会有什么样的音乐，所以“审音以知乐，审乐以知政，而治道备矣”。由此，《乐记》把音乐的和谐视为宇宙万物和谐规律的体现，将音乐与道德、法律、政治同等看待，“礼、乐、刑、政，其极一也”，强调音乐作为国家治理不可缺少的手段，能够发挥促进政治清明、社会稳定的巨大社会作用。

关于乐教的功能，《乐记》着重强调了音乐与伦理道德的相通关系，认为音乐是人之德性的真实表现。“德者，性之端也；乐者，德之华也；金石丝竹，乐之器也。”音乐是真诚的、自然而非人为表现的，一个人内在的道德光彩可以从音乐中得到反映。“乐也者，圣人之所乐也，而可以善民心，其感人深，其移风易俗，故先王著其教焉。”正因为音乐能够感化人心，改善社会风俗，因此先王设置专门的官吏来施行乐教。

《乐记》还对“礼”与“乐”的联系和区别作了深入阐述，指出礼、乐相辅相成，互为补充，乐教的实施须与礼教相结合。具体来说，“乐”发于内心，以情感人，以德化人；“礼”从外在行为、制度上规范人。“礼节民心，乐和民声”，“大乐与天地同和，大礼与天地同节”。质言之，“礼”的功能在于规范人的等级、节制人的行为，“乐”的作用在于陶冶人的情操、提升人的境界。一个人如果只有“礼教”而缺乏“乐教”，就会变得呆板拘束；如果只有“乐教”而缺乏“礼教”，则会变得放荡不羁。进一步来看，由于“乐者为同，礼者为异。同则相亲，异则相恭”，因而“乐”强调同，“礼”强调异，“乐者，天地之和也；礼者，天地之序也。和，故百物皆化；序，故群物皆别”，它们各有其本质、特点和作用，同时又互相联系、不可偏废。由此，《乐记》其实对于礼乐关系有着十分辩证的把握。

作为先秦儒家音乐美学思想的集大成者，《乐记》对中国古代音乐发展有着深刻的影响，同时也对我们今天理解先秦礼乐思想及其音乐功能观，进而深入认识中国礼乐文化，都有着重要的意义。尤其是，它有关乐教问题的具体论述，为我们今天推进音乐审美教育、丰富青年的人文精神培养，提供了值得重视的经典思想材料。（司冰琳 撰写）

世说新语（节选）
刘义庆

周子居常云："吾时月不见黄叔度，则鄙吝之心已复生矣！"（《德行》）

管宁、华歆共园中锄菜，见地有片金，管挥锄与瓦石不异，华捉而掷去之。又尝同席读书，有乘轩冕过门者，宁读如故，歆废书出看。宁割席分坐曰："子非吾友也。"（《德行》）

卫洗马初欲渡江，形神惨悴，语左右云："见此芒芒，不觉百端交集。苟未免有情，亦复谁能遣此！"（《言语》）

桓公北征经金城，见前为琅邪时种柳，皆已十围，慨然曰："木犹如此，人何以堪！"攀枝执条，泫然流泪。（《言语》）

支公好鹤，住剡东岇山。有人遗其双鹤，少时翅长欲飞。支意惜之，乃铩其翮。鹤轩翥不复能飞，乃反顾翅，垂头，视之如有懊丧意。林曰："既有陵霄之姿，何肯为人作耳目近玩？"养令翮成，置使飞去。（《言语》）

嵇中散临刑东市，神气不变，索琴弹之，奏《广陵散》。曲终，曰："袁孝尼尝请学此散，吾靳固不与，《广陵散》于今绝矣！"太学生三千人上书，请以为师，不许。文王亦寻悔焉。（《雅量》）

世目李元礼"谡谡如劲松下风"。（《赏誉》）

王公目太尉："岩岩清峙，壁立千仞。"（《赏誉》）

世目周侯"嶷如断山"。（《赏誉》）

王丞相云："见谢仁祖，恒令人得上。"与何次道语，唯举手指地曰："正自尔馨。"（《品藻》）

桓公少与殷侯齐名，常有竞心。桓问殷："卿何如我？"殷云："我与我周旋久，宁作我。"（《品藻》）

桓玄问刘太常曰："我何如谢太傅？"刘答曰："公高，太傅深。"又曰："何如贤舅子敬？"答曰："楂梨橘柚，各有其美。"（《品藻》）

何平叔美姿仪，面至白。魏明帝疑其傅粉，正夏月，与热汤饼，既啖，大汗出，以朱衣自拭，色转皎然。（《容止》）

魏明帝使后弟毛曾与夏侯玄共坐，时人谓"蒹葭倚玉树"。（《容止》）

时人目夏侯太初"朗朗如日月之入怀"，李安国"颓唐如玉山之将崩"。（《容止》）

嵇康身长七尺八寸，风姿特秀。见者叹曰："萧萧肃肃，爽朗清举。"或云："肃肃如松下风，高而徐引。"山公曰："嵇叔夜之为人也，岩岩若孤松之独立；其醉也，傀俄若玉山之将崩。"（《容止》）

潘岳妙有姿容，好神情。少时挟弹出洛阳道，妇人遇者，莫不连手共萦之。左太冲绝丑，亦复效岳游遨，于是群妪齐共乱唾之，委顿而返。（《容止》）

潘安仁、夏侯湛并有美容，喜同行，时人谓之"连璧"。（《容止》）

裴令公有俊容仪，脱冠冕，粗服乱头皆好，时人以为玉人。见者曰："见裴叔则，如玉山上行，光映照人。"（《容止》）

骠骑王武子是卫玠之舅，俊爽有风姿。见玠，辄叹曰："珠玉在侧，觉我形秽！"（《容止》）

有人诣王太尉，遇安丰、大将军、丞相在坐。往别屋，见季胤、平子。还，语人曰："今日之行，触目见琳琅珠玉。"（《容止》）

海西时，诸公每朝，朝堂犹暗，唯会稽王来，轩轩如朝霞举。（《容止》）

有人叹王恭形茂者，云："濯濯如春月柳。"（《容止》）

王戎丧儿万子，山简往省之。王悲不自胜，简曰："孩抱中物，何至于此？"王曰："圣人忘情，最下不及情。情之所钟，正在我辈。"简服其言，更为之恸。（《伤逝》）

庾文康亡，何扬州临葬，云："埋玉树著土中，使人情何能已已！"（《伤逝》）

阮公邻家妇有美色，当垆酤酒。阮与王安丰常从妇饮酒，阮醉，便眠其妇侧。夫始殊疑之，伺察终无他意。（《任诞》）

阮籍当葬母，蒸一肥豚，饮酒二斗，然后临诀，直言“穷矣”！都得一号，因吐血，废顿良久。（《任诞》）

张季鹰纵任不拘，时人号为“江东步兵”。或谓之曰：“卿乃可纵适一时，独不为身后名邪？”答曰：“使我有身后名，不如即时一杯酒。”（《任诞》）

毕茂世云：“一手持蟹螯，一手持酒杯，拍浮酒池中，便足了一生。”（《任诞》）

王子猷尝暂寄人空宅住，便令种竹。或问：“暂住何烦尔？”王啸咏良久，直指竹曰：“何可一日无此君！”（《任诞》）

王子猷居山阴，夜大雪，眠觉，开室，命酌酒，四望皎然，因起仿偟，咏左思《招隐诗》。忽忆戴安道。时戴在剡，即便夜乘小船就之，经宿方至，造门不前而返。人问其故，王曰：“吾本乘兴而行，兴尽而返，何必见戴？”（《任诞》）

王长史登茅山，大恸哭曰：“琅邪王伯舆，终当为情死！”（《任诞》）

晋文王功德盛大，坐席严敬，拟于王者。唯阮籍在坐，箕踞啸歌，酣放自若。（《简傲》）

——参校《世说新语校释》，刘孝标注，龚斌校释，上海古籍出版社 2011 年版

【导读】

刘义庆（403—444），彭城（今江苏徐州）人，南朝宋武帝刘裕之侄，袭封临川王。其所著《世说新语》是一部内容涉及广泛的志人笔记小说集，分德行、言语、政事、文学等三十六门，所记之言多为片言只语，所写之事多琐事细行，但颇富言外之意，呈现了东汉末年至东晋末年的士人精神风貌，也反映了魏晋时代人物审美的特定风尚，即：率性而为、放诞不羁、蔑视礼法、饮酒服药、寄情丘壑的背后，既有个体生命意识的觉醒，有对短暂人生的执着留恋，有权力斗争下的惶恐，也有追求超然玄远的意绪，有对世俗享乐的沉湎……

《世说新语》的美育思想主要体现为对中国古代人物审美内涵的拓展与丰富。书中常以自然事象比拟人物姿容与风神，如“谡谡如劲松下风”“岩岩清峙，

壁立千仞”“巍如断山”等，其中叠加自然审美感受成为丰富人物审美的一个具体途径。同时，《世说新语》中崇尚光明莹洁之美，如以“轩轩如朝霞举”“朗朗如日月之入怀”及“濯濯如春月柳”等形容人物之美。而珠玉之喻更俯拾即是，如将单个人拟为“玉树”“玉山”，将二人同行拟为“连璧”，多人则被形容为“琳琅珠玉”。在庄子笔下，“肌肤若冰雪，绰约若处子”的“神人”是人物光明莹洁之美的原型，借此光明纯净意象描绘了蕴含超凡脱俗精神的人格美，而《世说新语》则拓展了它所形容的对象，除人格美外，还包括了身体姿容之美。

不过，就总体而言，《世说新语》重视的并非身体美，而主要是人格美及其所体现的精神内容。这种人格审美是对人的内在精神的欣赏和认同。在中国古代美学中，这种内在精神通过外在身体因素体现出来，便是“神”或“气韵”，它可以被感性的方式(“目”)所领会。《世说新语》中人格美所体现出的精神内容，包括才能、情感、敏慧、见识、度量等，其中最能体现魏晋时代精神的则是人的个性、超脱与心灵深情。魏晋时期战争连年，权力斗争残酷，赫赫战功、荣华富贵均可顷刻丧落，个体生命价值问题因此凸显。士人在怀疑中沉思、追寻，个体不再只是背负社会角色所分派的责任和义务的人。而个人觉醒在人格审美中的反映，便是追求个性之美。殷浩不与他人相竞，只求做自己(“宁作我”)；刘瑾谓人格个性之美如“楂梨橘柚，各有其美”；王子猷“乘兴而行，兴尽而返”，率性适意的行为本身也是一种个性美的体现。同时，这种个性之美还表现为破除礼法的桎梏。阮籍放言“礼岂为我辈设也?”(《任诞》)他醉后睡倒在邻居美妻身侧，在司马昭面前“箕踞啸歌，酣放自若”，这些横决礼教的行为中体现了个性追求的自由与傲骨。

颠沛流离的乱世中，魏晋士人痛感生命短促、人世无常，在哲学上持有“以无为本”的思想，视一切外在功业和实有之物为有限，只有本体之无才不可穷尽。本体之无落实在人生态度上，则是超逸脱俗的高情远致。其如支道林所谓“既有陵霄之姿，何肯为人作耳目近玩”，便是将超逸人格投射于鹤的形象之上。而管宁与华歆友情破灭的故事，道出了管宁不为财货、权贵所动的超迈与高洁。至于王戎所谓“与嵇康居二十年，未见其喜愠之色”(《德行》)则强调了嵇康襟怀之纯净，甚至在死亡面前仍手挥五弦、神闲气定，可谓精神超脱之极致。

魏晋士人虽有洒脱一面，但其内心又是矛盾的，对有限人生和生命仍持有深挚之爱。在政治恐怖与生命威胁下，这种对人生的执着热爱使他们内心变得极度敏感，动辄陷入悲伤与苦闷之中。卫玠将过江，“见此茫茫，不觉百端交集”。桓温见从前所种柳树今粗细已十围，不禁喟叹“木犹如此，人何以堪”。“情之所钟，正在我辈”“人情何能已已”“终当为情死”，这些都是士人们对内心深情的体察和反思。阮籍将葬母，蒸肥豚并饮酒，放任背礼。但在向母亲遗体诀别时，却口吐鲜血，神情萎顿。魏晋士人常以内心的真挚情感来反抗虚伪名教，以狷狂姿态宣示对礼法社会的疏离。

个性、超脱与心灵深情是“魏晋风流”的三个面相。从文化渊源上讲，超脱、个性来自庄子，心灵深情来自屈原。有了这些精神内涵，人格审美便可积极发挥其提升人的精神境界的作用。所以周乘深切感受到，几个月不见黄宪“则鄙吝之心已复生矣”。而王导也说，每见谢仁祖，常使人超拔向上。（左剑峰 撰写）

与元九书

白居易

月日，居易白，微之足下：自足下谪江陵至于今，凡所赠答诗仅百篇。每诗来，或辱序，或辱书，冠于卷首，皆所以陈古今歌诗之义，且自序为文因缘，与年月之远近也。仆既受足下诗，又谕足下此意，常欲承答来旨，粗论歌诗大端，并自述为文之意，总为一书致足下前。累岁已来，牵故少暇。间有容隙，或欲为之；又自思所陈亦无出足下之见。临纸复罢者数四，卒不能成就其志，以至于今。今俟罪浔阳，除盥栉食寝外，无余事，因览足下去通州日所留新旧文二十六轴，开卷得意，忽如会面。心所蓄者，便欲快言，往往自疑，不知相去万里也。既而愤悱之气思有所泄，遂追就前志，勉为此书。足下幸试为仆留意一省。夫文尚矣！三才各有文。天之文三光首之，地之文五材首之，人之文《六经》首之。就《六经》言，《诗》又首之。何者？圣人感人心而天下和平。感人心者莫先乎情，莫始乎言，莫切乎声，莫深乎义。诗者，根情，苗言，华声，实义。上自圣贤，下至愚騃，微及豚鱼，幽及鬼神，群分而气同，形异而情一。未有声入而不应，情交而不感者。圣人知其然，因其言，经之以六义；缘其声，纬之以五音。音有韵，义有类。韵协则言顺，言顺则声易入；类举则情见，情见则感易交。于是乎孕大含深，贯微洞密。上下通而一气泰，忧乐合而百志熙。五帝、三皇所以直道而行，垂拱而理者，揭此以为大柄，决此以为大宝也。故闻“元首明，股肱良”之歌，则知虞道昌矣。闻“五子洛汭”之歌，则知夏政荒矣。言者无罪，闻者足戒，言者闻者，莫不两尽其心焉。洎周衰秦兴，采诗官废，上不以诗补察时政，下不以歌泄导人情。乃至于谄成之风动，救失之道缺。于时六义始刓矣。《国风》变为骚辞，五言始于苏、李。苏、李骚人，皆不遇者，各系其志，发而为文。故河梁之句，止于伤别；泽畔之吟，归于怨思。彷徨抑郁，不暇及他耳。然去《诗》未远，梗概尚存。故兴离别，则引双凫一雁为喻；讽君子小人，则引香草恶鸟为比。虽义类不具，犹得风人之什二三焉。于时六义始缺矣。晋、宋已还，得者盖寡。以康乐之奥博，多溺于山水。以渊明之高古，偏放于田园。江、鲍之流，又狭于此。如梁鸿《五噫》之例者，百无一二焉。于时六义浸微矣！陵夷至于梁、陈间，率不过嘲风雪、弄花草而已。噫！风雪花草之物，《三百篇》中岂舍之乎？顾所用何如耳。设如“北风其凉”，假风以刺威虐也。“雨雪霏霏”，因雪以悯征役也。“棠棣之华”，感华以讽兄弟也。“采采芣苢”，美草以乐有子也。皆兴发于此，而义归于彼。反是者可乎哉？然则"余霞散成绮，澄江净如练"、"离花先委露，别叶乍辞风"之什，丽则丽矣，吾不知其所讽焉。故仆所谓嘲风雪、弄花草而已。于时六义尽去矣。唐兴二百年，其间诗人不可胜数。所可举者，陈子昂有《感遇诗》二十首，鲍防有《感兴诗》十五首。又诗之豪者，世称李、杜，李之作才矣奇矣，人不逮矣。索其风雅比兴，十无一焉。杜诗最多，可传者千余篇，至于贯穿古今，覙缕格律，尽工尽善，又过于李。然撮其《新安吏》、《石壕吏》、《潼关吏》、《塞芦子》、《留花门》之章，"朱门酒肉臭，路有冻死骨"之句，亦不过三四十首。杜尚如此，况不逮杜者乎？仆常痛诗道崩坏，忽忽愤发，或食辍哺，夜辍寝，不量才力，欲扶起之。嗟乎！事有大谬者，又不可一二而言，然亦不能不粗陈于左右。仆始生六七月时，乳母抱弄于书屏下，有指"无"字"之"字示仆者，仆虽口未能言，心已默识。后有问此二字者，虽百十其试，而指之不差。则知仆宿习之缘，已在文字中矣。及五六岁便学为诗，九岁谙识声韵。十五六始知有进士，苦节读书。二十已来，昼课赋，夜课书，间又课诗，不遑寝息矣。以至于口舌成疮，手肘成胝，既壮而肤革不丰盈，未老而齿发早衰白，瞥瞥然如飞蝇垂珠在眸子中也，动以万数。盖以苦学力文所致，又自悲矣。家贫多故，二十七方从乡赋。既第之后，虽专于科试，亦不废诗。及授校书郎时，已盈三四百首。或出示交友如足下辈，见皆谓之工，其实未窥作者之域耳。自登朝来，年齿渐长，阅事渐多。每与人言，多询时务，每读书史，多求理道。始知文章合为时而著，歌诗合为事而作。是时皇帝初即位，宰府有正人，屡降玺书，访人急病。仆当此日，擢在翰林，身是谏官，月请谏纸，启奏之外，有可以救济人病，裨补时阙，而难于指言者，辄咏歌之。欲稍稍递进闻于上。上以广宸聪，副忧勤；次以酬恩奖，塞言责；下以复吾平生之志。岂图志未就而悔已生，言未闻而谤已成矣！又请为左右终言之。凡闻仆《贺雨》诗，而众口籍籍，已谓非宜矣。闻仆《哭孔戡》诗，众面脉脉，尽不悦矣。闻《秦中吟》，则权豪贵近者相目而变色矣。闻《乐游园》寄足下诗，则执政柄者扼腕矣。闻《宿紫阁村》诗，则握军要者切齿矣。大率如此，不可遍举。不相与者，号为沽名，号为诋讦，号为讪谤。苟相与者，则如牛僧孺之戒焉。乃至骨肉妻孥皆以我为非也。其不我非者，举世不过三两人。有邓鲂者，见仆诗而喜，无何而鲂死。有唐衢者，见仆诗而泣，未几而衢死。其余即足下，足下又十年来困踬若此。呜呼！岂六义四始之风，天将破坏不可支持耶？抑又不知天意，不欲使下人之病苦闻于上耶？不然，何有志于诗者不利若此之甚也。然仆又自思，关东一男子耳。除读书属文外，其他懵然无知。乃至书画棋博可以接群居之欢者，一无通晓，即其愚拙可知矣。初应进士时，中朝无缌麻之亲，达官无半面之旧。策蹇步于利足之途，张空拳于战文之场。十年之间，三登科第。名入众耳，迹升清贯。出交贤俊，入侍冕旒。始得名于文章，终得罪于文章，亦其宜也。日者又闻亲友间说，礼吏部举选人，多以仆私试赋判传为准的。其余诗句，亦往往在人口中。仆恧然自愧，不之信也。及再来长安，又闻有军使高霞寓者，欲聘倡妓。妓大夸曰：我诵得白学士《长恨歌》，岂同他妓哉？由是增价。又足下书云：到通州日，见江馆柱间有题仆诗者，复何人哉？又昨过汉南日，适遇主人集众乐娱他宾，诸妓见仆来，指而相顾曰：此是《秦中吟》、《长恨歌》主耳。自长安抵江西三四千里，凡乡校、佛寺、逆旅、行舟之中，往往有题仆诗者。士庶、僧徒、孀妇、处女之口，每每有咏仆诗者。此诚雕虫之戏，不足为多，然今时俗所重，正在此耳。虽前贤如渊、云者，前辈如李、杜者，亦未能忘情于其间哉！古人云："名者公器，不可以多取。"仆是何者？窃时之名已多。既窃时名，又欲窃时之富贵，使己为造物者，肯兼与之乎？今之迍穷，理固然也。况诗人多蹇，如陈子昂、杜甫，各授一拾遗，而迍剥至死。李白、孟浩然辈不及一命，穷悴终身。近日孟郊六十，终试协律。张籍五十，未离一太祝。彼何人哉，彼何人哉！况仆之才又不逮彼。今虽谪佐远郡，而官品至第五，月俸四五万，寒有衣，饥有食，给身之外，施及家人，亦可谓不负白氏子矣。微之，微之！勿念我哉！仆数月来，检讨囊帙中，得新旧诗各以类分，分为卷目。自拾遗来，凡所遇所感，关于美刺兴比者，又自武德讫元和，因事立题，题为《新乐府》者，共一百五十首，谓之讽谕诗。又或退公独处，或移病闲居，知足保和，吟玩性情者一百首，谓之闲适诗。又有事物牵于外，情理动于内，随感遇而形于叹咏者一百首，谓之感伤诗。又有五言七言长句绝句，自一韵至两韵者四百余首，谓之杂律诗。凡为十五卷，约八百首。异时相见，当尽致于执事。微之！古人云："穷则独善其身，达则兼济天下。"仆虽不肖，常师此语。大丈夫所守者道，所待者时。时之来也，为云龙，为风鹏，勃然突然，陈力以出。时之不来也，为雾豹，为冥鸿，寂兮寥兮，奉身而退。进退出处，何往而不自得哉？故仆志在兼济，行在独善。奉而始终之则为道，言而发明之则为诗。谓之讽谕诗，兼济之志也。谓之闲适诗，独善之义也。故览仆诗，知仆之道焉。其余杂律诗，或诱于一时一物，发于一笑一吟，率然成章，非平生所尚者，但以亲朋合散之际，取其释恨佐欢。今铨次之间，未能删去，他时有为我编集斯文者，略之可也。微之！夫贵耳贱目，荣古陋今，人之大情也。仆不能远征古旧，如近岁韦苏州歌行，才丽之外，颇近兴讽。其五言诗又高雅闲淡，自成一家之体，今之秉笔者谁能及之？然当苏州在时，人亦未甚爱重，必待身后，然人贵之。今仆之诗，人所爱者，悉不过杂律诗与《长恨歌》已下耳。时之所重，仆之所轻。至于讽谕者，意激而言质；闲适者，思澹而词迂。以质合迂，宜人之不爱也。今所爱者，并世而生，独足下耳。然千百年后，安知复无如足下者出而知爱我诗哉？故自八九年来，与足下小通则以诗相戒，小穷则以诗相勉，索居则以诗相慰，同处则以诗相娱。知吾最要，率以诗也。如今年春游城南时，与足下马上相戏，因各诵新艳小律，不杂他篇。自皇子陂归昭国里,迭吟递唱,不绝声者二十里余,樊、李在傍,无所措口。知我者以为诗仙,不知我者以为诗魔。何则?劳心灵,役声气,连朝接夕,不自知其苦。非魔而何?偶同人当美景,或花时宴罢,或月夜酒酣,一咏一吟,不觉老之将至。虽骖鸾鹤游蓬、瀛者之适,无以加于此焉,又非仙而何?微之,微之!此吾所以与足下外形骸,脱踪迹,傲轩鼎,轻人寰者,又以此也。当此之时,足下兴有余力,且欲与仆悉索还往中诗,取其尤长者,如张十八古乐府,李二十新歌行,卢、杨二秘书律诗,窦七、元八绝句,博搜精缀,编而次之,号《元白往还诗集》。众君子得拟议于此者,莫不踊跃欣喜,以为盛事。嗟乎!言未终而足下左转,不数月而仆又继行。心期索然,何日成就?又可为之太息矣。又仆常语足下:凡人为文,私于自是,不忍于割截,或失于繁多。其间妍媸,益又自惑。必待交友有公鉴无姑息者,讨论而削夺之,然后繁简当否,得其中矣。况仆与足下为文尤患其多。己尚病之,况他人乎?今且各纂诗笔,粗为卷第。待与足下相见日,各出所有,终前志焉。又不知相遇是何年?相见在何地?溘然而至,则如之何?微之,微之!知我心哉!浔阳腊月,江风苦寒,岁暮鲜欢,夜长无睡。引笔铺纸,悄然灯前。有念则书,言无次第。勿以繁杂为倦,且以代一夕之话也。微之,微之!知我心哉!乐天再拜。

——选自白居易:《白氏长庆集》,文学古籍刊行社 1955 年影印版。参校《白居易集笺校》,朱金城笺校,上海古籍出版社 1988 年版

【导读】

白居易(772—846),字乐天,号香山居士,又号醉吟先生。先祖太原人,后迁下邽(今陕西渭南东北)。唐贞元进士,授秘书省校书郎。元和年间任左拾遗及左赞善大夫,后贬为江州司马。长庆初年任杭州刺史,宝历初年任苏州刺史,官至刑部尚书。著有《白氏长庆集》。

作为新乐府运动的倡导者,白居易明确主张,“诗者,根情,苗言,华声,实义”。诗歌吟咏情性、抒情诉志,其“兴于嗟叹,发于吟咏”(《策林·六十九》),是创作者因所见所感而创作出来的,所以抒发情感是诗歌创作的本质特征。而诗歌创作的目的则在于“补察时政”,起着反映社会风气、匡政讽政的政教作用。在白居易看来,诗歌所表达的内容和思想感情与人们所处的社会状况紧密相连,社会时政对诗歌创作有着决定性影响,因而诗歌创作便应从民生社稷出发,反映民生疾苦,揭露社会弊失,“但伤民病痛,不识时忌讳”(《伤唐衢二首》其二),发挥“救济人病,裨补时阙”的政治功用,以使统治者对百姓生活有所了解和认识,从而革除弊端、推行仁政。他“痛诗道崩坏,忽忽愤发”,通过分析历代诗歌的发

展及其得失，批评梁、陈诗作“六义尽去”“率不过嘲风雪、弄花草而已”，热情呼唤具有现实意义的诗歌创作。在白居易看来，远古圣人充分运用了诗歌“美刺比兴”的社会作用，辅以治理天下，才构建出上下相通、忧乐与共、国泰民安、社会太平的政治面貌。故而真正的诗歌就应像《诗经》那样真切反映实际民生，实现“惟歌生民病，愿得天子知”（《寄唐生》）的政治作用。

为此，白居易鲜明地提倡“文章合为时而著，歌诗合为事而作”，强调诗歌“为时”“为事”而作，“欲开壅蔽达人情，先向歌诗求讽刺”（《采诗官》）。通过讽谕诗而达到“救济人病，裨补时阙”的作用，这是白居易诗歌主张的核心，它突出了文艺与社会的关系，强调文艺创作要从实际社会状况出发，能够具体针对现实问题，为改善百姓生活状况发挥应有的作用。在《与元九书》中，白居易回忆自己任翰林谏官时，“启奏之外，有可以救济人病，裨补时阙，而难于指言者，辄咏歌之，欲稍稍递进闻于上。上以广宸聪，副忧勤；次以酬恩奖，塞言责；下以复吾平生之志”，把诗歌当作济世经邦的重要工具，用讽谕诗这一形式巧妙地向统治者进谏，以图朝廷改革弊政，施行开明政治。班固《汉书·艺文志》有云：“古有采诗之官，王者所以观风俗，知得失，自考正也。”统治者通过诗歌可以知晓民风习俗之盛衰，更重要的是可以了解到政治上的得失，从而进行自我考察和修正。白居易十分认同这一观点，在《策林·六十九·采诗以补察时政》中便指出：“故国风之盛衰，由斯而见也；王政之得失，由斯而闻也；人情之哀乐，由斯而知也。”白居易主张建立采诗制度，仿效古制设采诗之官。在采集诗歌之后，“君臣亲览而斟酌焉。政之废者修之，阙者补之；人之忧者乐之，劳者逸之”。这一主张与白居易对诗歌的社会政治功能的认识是联系在一起的。在他看来，秦以后，正是由于废除采诗官，才失去了上达民情、“补察时政”的渠道，导致“谄成之风动，救失之道缺”。没有了诗歌，统治者就无法直接了解民生国情，无法判断政治得失。所以，通过采诗来“观风俗”，知晓政治上的兴废得失，从而调整政策，缓和社会矛盾，对于促进社会发展，维护国家长治久安是十分重要的。

白居易曾把自己的诗歌创作分为讽谕、闲适、感伤以及杂律四类，并在其中更重视讽谕诗和闲适诗，因为讽谕诗表达了他践行始终的“兼济之志”，能够反映民生国情，起着“补察时政”“泄导人情”的政教作用，而闲适诗则体现了其个人的“独善之道”。可以说，白居易在继承自国风至陈子昂、杜甫开拓的现实主义诗歌创作传统的基础上，通过将自己耳闻目睹的现实民生诉诸笔端，创作了一批以新乐府为代表的诗歌作品。这些作品不仅在思想性、艺术性方面都有新的发展，同时也深刻揭露了当时社会的苦难与黑暗，体现了白居易本人忧国忧民的伟大情怀。（司冰琳 撰写）

童心说

李贽

龙洞山农叙《西厢》，末语云："知者勿谓我尚有童心可也。"夫童心者，真心也。若以童心为不可，是以真心为不可也。夫童心者，绝假纯真，最初一念之本心也。若失却童心，便失却真心；失却真心，便失却真人。人而非真，全不复有初矣。

童子者，人之初也；童心者，心之初也。夫心之初，曷可失也！然童心胡然而遽失也？盖方其始也，有闻见从耳目而入，而以为主于其内而童心失。其长也，有道理从闻见而入，而以为主于其内而童心失。其久也，道理闻见日以益多，则所知所觉日以益广，于是焉又知美名之可好也，而务欲以扬之而童心失；知不美之名之可丑也，而务欲以掩之而童心失。夫道理闻见，皆自多读书识义理而来也。古之圣人，曷尝不读书哉！然纵不读书，童心固自在也；纵多读书，亦以护此童心而使之勿失焉耳，非若学者反以多读书识义理而反障之也。夫学者既以多读书识义理障其童心矣，圣人又何用多著书立言以障学人为耶？童心既障，于是发而为言语，则言语不由衷；见而为政事，则政事无根柢；著而为文辞，则文辞不能达。非内含以章美也，非笃实生辉光也，欲求一句有德之言，卒不可得。所以者何？以童心既障，而以从外入者闻见道理为之心也。

夫既以闻见道理为心矣，则所言者皆闻见道理之言，非童心自出之言也。言虽工，于我何与？岂非以假人言假言，而事假事文假文乎？盖其人既假，则无所不假矣。由是而以假言与假人言，则假人喜；以假事与假人道，则假人喜；以假文与假人谈，则假人喜。无所不假，则无所不喜。满场是假，矮人何辩也？然则虽有天下之至文，其湮灭于假人而不尽见于后世者，又岂少哉！何也？天下之至文，未有不出于童心焉者也。苟童心常存，则道理不行，闻见不立，无时不文，无人不文，无一样创制体格文字而非文者。诗何必古选，文何必先秦。降而为六朝，变而为近体；又变而为传奇，变而为院本，为杂剧，为《西厢曲》，为《水浒传》，为今之举子业，皆古今至文，不可得而时势先后论也。故吾因是而有感于童心者之自文也，更说甚么《六经》，更说甚么《语》、《孟》乎？

夫六经、《语》、《孟》，非其史官过为褒崇之词，则其臣子极为赞美之语，又不然，则其迂阔门徒，懵懂弟子，记忆师说，有头无尾，得后遗前，随其所见，笔之于书。后学不察，便谓出自圣人之口也，决定目之为经矣，孰知其大半非圣人之言乎？纵出自圣人，要亦有为而发，不过因病发药，随时处方，以救此一等懵懂弟子，迂阔门徒云耳。医药假病，方难定执，是岂可遽以为万世之至论乎？然则六经、《语》、《孟》，乃道学之口实，假人之渊薮也，断断乎其不可以语于童心之言明矣。呜呼！吾又安得真正大圣人童心未曾失者而与之一言文哉！

——选自李贽：《焚书》卷三，中华书局 1961 年版

【导读】

李贽（1527—1602），字宏甫，号卓吾，又号温陵居士，泉州府晋江（今属福建）人，是明代中晚期杰出的思想家、文学家。由于深受王阳明心学后学泰州学派的影响，李贽公开以"异端"自居，尖锐批判以程朱理学为代表的儒家学说，否认儒家经典"为万世之至论"，在当时产生了很大的社会影响，并因此受到攻击和迫害。万历三十年，李贽以"敢倡乱道，惑世诬民"的罪名被逮捕入狱，在狱中自刎而死。

李贽一生著述极多，最重要的有《焚书》《续焚书》《藏书》《续藏书》《初谭集》等。《童心说》载于《焚书》之中，是集中代表李贽文艺和美学思想的一篇重要论文。在文中，李贽着力强调"夫童心者，真心也"，"夫童心者，绝假纯真，最初一念之本心也"，"童心者，心之初也"。这显然是把"童心"视为人的原初的、真实的自然本性，而"童心"的最大价值就在于使人成其为人，"若失却童心，便失却真心；失却真心，便失却真人。人而非真，全不复有初矣"。

李贽的"童心"，可能受孟子"夫大人者，不失其赤子之心者也"（《孟子·离娄下》）的影响，而其更深的渊源则应是老子的"常德不离，复归于婴儿"（《老子·二十八章》）。他以弘扬、护持人的纯真完美的自然本性为宗旨，激烈批判所谓"闻见""道理"对"童心"的障蔽，"方其始也，有闻见从耳目而入，而以为主于其内而童心失；其长也，有道理从闻见而入，而以为主于其内而童心失"。李贽认为，"夫道理闻见，皆自多读书识义理而来"。"读书识义理"本应"以护此童心而使之勿失"，实际上却成为对"童心"的最大障蔽。可以看到，在当时，"读书识义理"的对象主要是儒家经典和程朱理学，而在李贽看来，"六经、《语》、《孟》""大半非圣人之言"，并非"万世之至论"，因而不仅"不可以语于童心之言"，甚至成为"道学之口实，假人之渊薮"。

李贽深刻地揭露了"闻见道理"障蔽"童心"的危害，指出"童心既障，于是发而为言语，则言语不由衷；见而为政事，则政事无根柢；著而为文辞，则文辞不能

达”。“闻见道理”使人丧失“童心”“真心”，使人成为“假人”，使其“所言者皆闻见道理之言，非童心自出之言”，因此是“假言”“假文”，“非内含以章美也，非笃实生辉光也，欲求一句有德之言，卒不可得”，“盖其人既假，则无所不假矣”。这样，李贽以“童心说”作为理论基础，对明初以来以前后七子为代表、倡言“文必秦汉，诗必盛唐”的复古文学观进行了颠覆性的批判，认为这种文学观实际使“天下之至文”“湮灭于假人而不尽见于后世”。李贽把“童心”看作真善美的根源，强调“天下之至文，未有不出于童心焉者也。苟童心常存，则道理不行，闻见不立，无时不文，无人不文，无一样创制体格文字而非文者也”。同样，“童心”也是评论文艺作品是否有价值的标准，只要是“童心者之自文”，便都同样是有价值的，既“不可得而时势先后论”，也不应以“体格”分高下，“诗何必古选，文何必先秦。降而为六朝，变而为近体；又变而为传奇，变而为院本，为杂剧，为《西厢记》，为《水浒传》”。由此，李贽以“童心”为审美理想，不仅突破了明代复古文论厚古薄今的倾向，而且赋予“传奇”“院本”“杂剧”等被正统文人所鄙视的戏曲小说，以和诗歌、古文同等的地位，《西厢记》《水浒传》等不再是“诲淫”“诲盗”之作，而是“天下之至文”的“化工”（《焚书·杂说》）之作。

李贽以“童心说”为核心的文艺和美学思想，以弘扬人的“绝假纯真”的自然本性为宗旨，成为复古气氛弥漫的明代文坛平地骤起的旋风，给当时正统、保守的文艺和美学观念以强力冲荡，极大地影响了明代中后期如汤显祖的戏剧创作、公安派三袁的诗文创作，具有积极的近代启蒙意义。（祁海文 撰写）

以美育代宗教说

蔡元培

兄弟于学问界未曾为系统的研究，在学会中本无可以表示之意见。惟既承学会诸君子责以讲演，则以无可如何中，择一于我国有研究价值问题为到会诸君一言，即“以美育代宗教”之说是也。

夫宗教之为物，在彼欧西各国，已为过去问题。盖宗教之内容，现皆经学者以科学的研究解决之矣。吾人游历欧洲，虽见教堂棋布，一般人民亦多入堂礼拜，此则一种历史上之习惯。譬如前清时代之袍褂，在民国本不适用，然因其存积甚多，毁之可惜，则定为乙种礼服而沿用之，未尝不可。又如祝寿、会葬之仪，在学理上了无价值，然戚友中既以请帖、讣闻相招，势不能不循例参加，借通情愫。欧人之沿习宗教仪式，亦犹是耳。所可怪者，我中国既无欧人此种特别之习惯，乃以彼邦过去之事实作为新知，竟有多人提出讨论。此则由于留学外国之学生，见彼国社会之进化，而误听教士之言，一切归功于宗教，遂欲以基督教劝导国人。而一部分之沿习旧思想者，则承前说而稍变之，以孔子为我国之基督，遂欲组织孔教，奔走呼号，视为今日重要问题。

自兄弟观之，宗教之原始，不外因吾人精神之作用构成。吾人精神上之作用，普通分为三种：一曰知识；二曰意志；三曰感情。最早之宗教，常兼此三作用而有之。盖以吾人当未开化时代，脑力简单，视吾人一身与世界万物，均为一种不可思议之事。生自何来？死将何往？创造之者何人？管理之者何术？凡此种种，皆当时之人所提出之问题，以求解答者也。于是有宗教家勉强解答之。如基督教推本于上帝，印度旧教则归之梵天，我国神话则归之盘古。其他各种现象，亦皆以神道为惟一之理由。此知识作用之附丽于宗教者也。且吾人生而有生存之欲望，由此欲望而发生一种利己之心。其初以为非损人不能利己，故恃强凌弱，掠夺攫取之事，所在多有。其后经验稍多，知利人之不可少，于是有宗教家提倡利他主义。此意志作用之附丽于宗教者也。又如跳舞、唱歌，虽野蛮人亦皆乐此不疲。而对于居室、雕刻、图画等事，虽石器时代之遗迹，皆足以考见其爱美之思想。此皆人情之常，而宗教家利用之以为诱人信仰之方法。于是未开化人之美术，无一不与宗教相关联。此又情感作用之附丽于宗教者也。天演之例，由浑而昼。当时精神作用至为浑沌，遂结合而为宗教。又并无他种学术与之对，故宗教在社会上遂具有特别之势力焉。

迨后社会文化日渐进步，科学发达，学者遂举古人所谓不可思议者，皆一一解释之以科学。日星之现象，地球之缘起，动植物之分布，人种之差别，皆得以理化、博物、人种、古物诸科学证明之。而宗教家所谓吾人为上帝所创造者，从生物进化论观之，吾人最初之始祖实为一种极小之动物，后始日渐进化为人耳。此知识作用离宗教而独立之证也。宗教家对于人群之规则，以为神之所定，可以永远不变。然希腊诡辩家，因巡游各地之故，知各民族之所谓道德，往往互相抵触，已怀疑于一成不变之原则。近世学者据生理学、心理学、社会学之公例，以应用于伦理，则知具体之道德不能不随时随地而变迁；而道德之原理则可由种种不同之具体者而归纳以得之；而宗教家之演绎法，全不适用。此意志作用离宗教而独立之证也。

知识、意志两作用，既皆脱离宗教以外，于是宗教所最有密切关系者，惟有情感作用，即所谓美感。凡宗教之建筑，多择山水最胜之处，吾国人所谓天下名山僧占多，即其例也。其间恒有古木名花，传播于诗人之笔，是皆利用自然之美以感人者。其建筑也，恒有峻秀之塔，崇闳幽邃之殿堂，饰以精致之造像，瑰丽之壁画，构成黯淡之光线，佐以微妙之音乐。赞美者必有著名之歌词，演说者必有雄辩之素养，凡此种种，皆为美术作用，故能引人入胜。苟举以上种种设施而屏弃之，恐无能为役矣。然而美术之进化史，实亦有脱离宗教之趋势。例如吾国南北朝著名之建筑则伽蓝耳，其雕刻则造像耳，图画则佛像及地狱变相之属为多；文学之一部分，亦与佛教为缘。而唐以后诗文，遂多以风景人情世事为对象；宋元以后之图画，多写山水花鸟等自然之美。周以前之鼎彝，皆用诸祭祀。汉唐之吉金，宋元以来之名瓷，则专供把玩。野蛮时代之跳舞，专以娱神，而今则以之自娱。欧洲中古时代留遗之建筑，其最著者率为教堂，其雕刻图画之资料，多取诸新旧约；其音乐，则附丽于赞美歌；其演剧，亦排演耶稣故事，与我国旧剧“目莲救母”相类。及文艺复兴以后，各种美术，渐离宗教而尚人文。至于今日，宏丽之建筑，多为学校、剧院、博物院。而新设之教堂，有美学上价值者，几无可指数。其他美术，亦多取资于自然现象及社会状态。于是以美育论，已有与宗教分合之两派。以此两派相较，美育之附丽于宗教者，常受宗教之累，失其陶养之作用，而转以激刺感情。盖无论何等宗教，无不有扩张己教、攻击异教之条件。回教之谟罕默德，左手持《可兰经》，而右手持剑，不从其教者杀之。基督教与回教冲突，而有十字军之战，几及百年。基督教中又有新旧教之战，亦亘数十年之久。至佛教之圆通，非他教所能及。而学佛者苟有拘牵教义之成见，则崇拜舍利受持经忏之陋习，虽通人亦肯为之。甚至为护法起见，不惜于共和时代，附和帝制。宗教之为累，一至于此，皆激刺感情之作用为之也。

鉴激刺感情之弊，而专尚陶养感情之术，则莫如舍宗教而易以纯粹之美育。纯粹之美育，所以陶养吾人之感情，使有高尚纯洁之习惯，而使人我之见、利己损人之思念，以渐消沮者也。盖以美为普遍性，决无人我差别之见能参入其中。食物之入我口者，不能兼果他人之腹；衣服之在我身者，不能兼供他人之温，以其非普遍性也。美则不然。即如北京左近之西山，我游之，人亦游之；我无损于人，人亦无损于我也。隔千里兮共明月，我与人均不得而私之。中央公园之花石，农事试验场之水木，人人得而赏之。埃及之金字塔，希腊之神祠，罗马之剧场，瞻望赏叹者若干人，且历若干年，而价值如故。各国之博物院，无不公开者，即私人收藏之珍品，亦时供同志之赏览。各地方之音乐会、演剧场，均以容多数人为快。所谓独乐乐不如人乐乐，与寡乐乐不如与众乐乐，以齐宣王之惛，尚能承认之。美之为普遍性可知矣。且美之批评，虽间亦因人而异，然不曰是于我为美，而曰是为美，是亦以普遍性为标准之一证也。

美以普遍性之故，不复有人我之关系，遂亦不能有利害之关系。马牛，人之所利用者，而戴嵩所画之牛，韩干所画之马，决无对之而作服乘之想者。狮虎，人之所畏也，而芦沟桥之石狮，神虎桥之石虎，决无对之而生搏噬之恐者。植物之花，所以成实也，而吾人赏花，决非作果实可食之想。善歌之鸟，恒非食品。灿烂之蛇，多含毒液。而以审美之观念对之，其价值自若。美色，人之所好也，对希腊之裸像，决不敢作龙阳之想；对拉飞尔若鲁滨司之裸体画，决不敢有周昉秘戏图之想。盖美之超绝实际也如是。且于普通之美以外，就特别之美而观察之，则其义益显。例如崇闳之美，有至大至刚两种。至大者如吾人在大海中，惟见天水相连，茫无涯涘。又如夜中仰数恒星，知一星为一世界，而不能得其止境，顿觉吾身之小虽微尘不足以喻，而不知何者为所有。其至刚者，如疾风震霆，覆舟倾屋，洪水横流，火山喷薄，虽拔山盖世之气力，亦无所施，而不知何者为好胜。夫所谓大也，刚也，皆对待之名也。今既自以为无大之可言，无刚之可恃，则且忽然超出乎对待之境，而与前所谓至大至刚者肸合而为一体，其愉快遂无限量。当斯时也，又岂尚有利害得丧之见能参入其间耶！其他美育中，如悲剧之美，以其能破除吾人贪恋幸福之思想。《小雅》之怨悱，屈子之离忧，均能特别感人。《西厢记》若终于崔、张团圆，则平淡无奇；惟如原本之终于草桥一梦，始足发人深省。《石头记》若如《红楼后梦》等，必使宝、黛成婚，则此书可以不作；原本之所以动人者，正以宝、黛之结果一死一亡，与吾人之所谓幸福全然相反也。又如滑稽之美，以不与事实相应为条件。如人物之状态，各部分互有比例。而滑稽画中之人物，则故使一部分特别长大或特别短小。作诗则故为不谐之声调，用字则取资于同音异义者。方朔割肉以遗细君，不自责而反自夸。优旃谏漆城，不言其无益，而反谓漆城荡荡，寇来不得上，皆与实际不相容，故令人失笑耳。要之，美学之中，其大别为都丽之美，崇闳之美（日本人译言优美、壮美）。而附丽于崇闳之悲剧，附丽于都丽之滑稽，皆足以破人我之见，去利害得失之计较，则其所以陶养性灵，使之日进于高尚者，固已足矣。又何取乎侈言阴骘、攻击异派之宗教，以激刺人心，而使之渐丧其纯粹之美感为耶。

——原刊 1917 年 8 月《新青年》3 卷 6 号，选自《蔡元培全集》第 3 卷，浙江教育出版社 1997 年版

【导读】

蔡元培（1868—1940），字鹤卿，号孑民，浙江绍兴人，现代中国著名教育家、政治家、学者，是引领中国近世启蒙主义思想新风和精神潮流的一代宗师，也是推动我国教育和科研现代化、开创现代学术体制的文化巨匠。其一生奉行“教育救国”“科学救国”，大力倡导美育，影响深广而延传至今。

《以美育代宗教说》是蔡元培于 1917 年 4 月 8 日在北京神州学会的演说词。而在此之前，蔡元培在 1901 年的《哲学总论》一文中，便已经首次使用“美育”一词并一直沿用。他在以“民主”“科学”为旗帜的新文化运动如火如荼开展之际，疾声呼喊“文化运动不要忘了美育”，并将“以陶养感情为目的”的美育与科学教育看作通达人道主义理想的两条根本途径。不过，在蔡元培看来，美育与科学教育的理性启蒙具有不同性质，它昭示了一种审美启蒙的旨趣，即通过情感陶养来推进个体道德心性和精神世界的整体改造，以此重建中国人的价值观和信仰体系，并最终为中国社会现代化提供必要的人性条件。

值得注意的是，蔡元培所说的美育绝不止于狭隘的艺术教育和学校教育，而是发生在不同生活场域、贯穿了人的整个生命历程的各种审美体验、审美感悟或审美享受，可谓处处是美育、无时不美育。这种“大美育”观无疑是相当超前的。特别是蔡元培凭借作为文化领袖和学术领导者的特殊身份，将自己的美育思想付诸教育实践，推动美育切实参与中国现代思想文化的建设，这一点是同时代其他教育家无法企及的。

在蔡元培提出的诸多极富价值的美育思想中，“以美育代宗教”显然是最具原创性和影响力的话语。“以美育代宗教”这一命题本身有着丰富的理论内涵，而它的提出则更有着当时社会的现实针对性。近代以来，尤其是辛亥革命后，绵

延两千多年的儒家价值观逐渐走向解体，随之而来的道德危机和信仰危机及由此产生的严重社会政治问题，促使现代中国的知识分子急切地寻找重建中国价值体系的文化资源。他们中的一部分人在分析西方社会发达进步的原因时，认为基督教在其中发挥了根本性作用，进而提倡“宗教救国论”，甚而主张重建“孔教”。蔡元培立足启蒙理性立场和社会进化论视角，坚决反对宗教救国论调，指出宗教虽在人类文明早期兼摄人的认知、意志、情感三种精神作用，但随着科学发展和文明进步，知识和道德脱离宗教而走向独立，唯有情感与宗教的结合最为紧密，而各种宗教也正是通过引人入胜的艺术之美来感化人心，使人养成对神祇的虔敬、崇拜之情。他认为，这种依附于宗教的美育并无“陶养之作用，而转以激刺感情”，而脱离宗教的“纯粹之美育”才是文明发展的必然。

在蔡元培那里，这种“纯粹之美育”不只是停留在情感层面，它更是重建以道德和信仰为主要内涵的现代中国价值体系的重要途径。他相信，教育“以德育为中心”，而道德的行动力则系于情感，所以美育可以以陶养情感为手段，“以图德育之完成”。同时，蔡元培根据源自康德哲学并加以改造后的二元论观念，认为审美是连接现象世界与实体世界的桥梁，个体在审美经验中能够获得生命意义的终极体悟，而美育正是培养这种体悟能力和超越精神的一种信仰教育。

显然，蔡元培视宗教为落后的前现代的意识形态和观念形式，其精神特征在于“强制”“保守”和“有界”，这显然不符合正处在现代性进程中的中国价值重建要求。与此相对，美育则被赋予“自由”“进步”“普及”的思想品格，体现了现代文明的发展方向。同时，蔡元培坚信，中国文化向来与宗教无关联，也没有引入宗教的必要。他还指出了孔子精神生活的两个特点，即“一是毫无宗教的迷信，二是利用美术的陶养”。由此，蔡元培便为“以美育代宗教”找到了本土思想依据。而对于成长和受教于传统文化并对之抱有深切情感的蔡元培来说，这种本土渊源是至关重要的。

“以美育代宗教说”作为一种原创性的中国现代美育理论，自它诞生之日起，便引发了广泛的讨论，产生了远远超出其自身所限的历史影响，它的内在思想价值值得我们进一步加以发扬和光大。(潘黎勇 撰写)

蔡元培的“以美育代宗教说”(李雷 讲授)

趣味教育与教育趣味

梁启超

一

假如有人问我："你信仰的什么主义?"我便答道："我信仰的是趣味主义。"有人问我："你的人生观拿什么做根柢?"我便答道："拿趣味做根柢。"我生平对于自己所做的事,总是做得津津有味,而且兴会淋漓;什么悲观咧厌世咧这种字面,我所用的字典里头,可以说完全没有。我所做的事,常常失败——严格的可以说没有一件不失败——然而我总是一面失败一面做。因为我不但在成功里头感觉趣味,就在失败里头也感觉趣味。我每天除了睡觉外,没有一分钟一秒钟不是积极的活动。然而我绝不觉得疲倦,而且很少生病。因为我每天的活动有趣得很,精神上的快乐,补得过物质上的消耗而有余。

趣味的反面,是干瘪,是萧索。晋朝有位殷仲文,晚年常郁郁不乐,指着院子里头的大槐树叹气,说道："此树婆娑,生意尽矣。"一棵新栽的树,欣欣向荣,何等可爱！到老了之后,表面上虽然很婆娑,骨子里生意已尽,算是这一期的生活完结了。殷仲文这两句话,是用很好的文学技能,表出那种颓唐落寞的情绪。我以为这种情绪,是再坏没有的了。无论一个人或一个社会,倘若被这种情绪侵入弥漫,这个人或这个社会算是完了,再不会有长进。何止没长进？什么坏事,都要从此产育出来。总而言之,趣味是活动的源泉。趣味干竭,活动便跟着停止。好像机器房里没有燃料,发不出蒸汽来,任凭你多大的机器,总要停摆。停摆过后,机器还要生锈,产生许多毒害的物质哩。人类若到把趣味丧失掉的时候,老实说,便是生活得不耐烦,那人虽然勉强留在世间,也不过行尸走肉。倘若全个社会如此,那社会便是痨病的社会,早已被医生宣告死刑。

二

"趣味教育"这个名词,并不是我所创造,近代欧美教育界早已通行了。但他们还是拿趣味当手段,我想进一步,拿趣味当目的。请简单说一说我的意见。

第一,趣味是生活的原动力,趣味丧掉,生活便成了无意义。这是不错。但趣味的性质,不见得都是好的。譬如好嫖好赌,何尝不是趣味？但从教育的眼光看来,这种趣味的性质,当然是不好。所谓好不好,并不必拿严酷的道德论做标准。既已主张趣味,便要求趣味的贯彻。倘若以有趣始以没趣终,那么趣味主义的精神，算完全崩落了。《世说新语》记一段故事："祖约性好钱，阮孚性好屐，世未判其得失。有诣约，见正料量财物，客至屏当不尽，余两小簏，以著背后，倾身障之，意未能平。诣孚，正见自蜡屐，因叹曰：'未知一生当着几緉屐。'意甚闲畅，于是优劣始分。"这段话，很可以作为选择趣味的标准。凡一种趣味事项，倘或是要瞒人的，或是拿别人的苦痛换自己的快乐，或是快乐和烦恼相间相续的，这等统名为下等趣味。严格说起来，他就根本不能做趣味的主体。因为认这类事当趣味的人，常常遇着败兴，而且结果必至于俗语说的"没兴一齐来"而后已，所以我们讲趣味主义的人，绝不承认此等为趣味。人生在幼年青年期，趣味是最浓的，成天价乱碰乱迸；若不引他到高等趣味的路上，他们便非流入下等趣味不可。没有受过教育的人，固然容易如此。教育教得不如法，学生在学校里头找不出趣味，然而他们的趣味是压不住的，自然会从校课以外乃至校课反对的方向去找他的下等趣味，结果，他们的趣味是不能贯彻的，整个变成没趣的人生完事。我们主张趣味教育的人，是要趁儿童或青年趣味正浓而方向未决定的时候，给他们一种可以终身受用的趣味。这种教育办得圆满，能够令全社会整个永久是有趣的。

第二，既然如此，那么教育的方法，自然也跟着解决了。教育家无论多大能力，总不能把某种学问教通了学生，只能令受教的学生当着某种学问的趣味，或者学生对于某种学问原有趣味，教育家把他加深加厚。所以教育事业，从积极方面说，全在唤起趣味，从消极方面说，要十分注意不可以摧残趣味。摧残趣味有几条路。头一件是注射式的教育。教师把课本里头的东西叫学生强记。好像嚼饭给小孩子吃，那饭已经是一点儿滋味没有了，还要叫他照样的嚼几口，仍旧吐出来看。那么，假令我是个小孩子，当然会认吃饭是一件苦不可言的事了。这种教育法，从前教八股完全是如此，现在学校里形式虽变，精神却还是大同小异，这样教下去，只怕永远教不出人才来。第二件是课目太多。为培养常识起见，学堂课目固然不能太少。为恢复疲劳起见，每日的课目固然不能不参错掉换。但这种理论，只能为程度的适用，若用得过分，毛病便会发生。趣味的性质，是越引越深。想引得深，总要时间和精力比较的集中才可。若在一个时期内，同时做十来种的功课，走马看花，应接不暇，初时或者惹起多方面的趣味，结果任何方面的趣味都不能养成。那么，教育效率，可以等于零。为什么呢？因为受教育受了好些时，件件都是在大门口一望便了，完全和自己的生活不发生关系，这教育不是白费吗？第三件是拿教育的事项当手段。从前我们学八股，大家有句通行话说他是敲门砖，门敲开了自然把砖也抛却，再不会有人和那块砖头发生起恋爱来。我们若是拿学问当作敲门砖看待，断乎不能有深入而且持久的趣味。我们为什么学数学，因为数学有趣所以学数学；为什么学历史，因为历史有趣所以学历史；为什么学画画，学打球，因为画画有趣、打球有趣所以学画画、学打球。人生的状态，本来是如此，教育的最大效能，也只是如此。各人选择他趣味最浓的事项做职业，自然一切劳作，都是目的，不是手段，越劳作越发有趣。反过来，若是学法政用来作做官的手段，官做不成怎么样呢？学经济用来做发财的手段，财发不成怎么样呢？结果必至于把趣味完全送掉。所以教育家最要紧教学生知道是为学问而学问，为活动而活动。所有学问，所有活动，都是目的，不是手段。学生能领会得这个见解，他的趣味，自然终身不衰了。

三

以上所说，是我主张趣味教育的要旨。既然如此，那么在教育界立身的人，应该以教育为唯一的趣味，更不消说了。一个人若是在教育上不感觉有趣味，我劝他立刻改行，何必在此受苦？既已打算拿教育做职业，便要认真享乐，不辜负了这里头的妙味。

孟子说："君子有三乐，而王天下不与存焉。"那第三种就是："得天下英才而教育之。"他的意思是说教育家比皇帝还要快乐。他这话绝不是替教育家吹空气，实际情形，确是如此。我常想，我们对于自然界的趣味，莫过于种花。自然界的美，像山水风月等等，虽然能移我情，但我和他没有特殊密切的关系，他的美妙处，我有时便领略不出。我自己手种的花，他的生命和我的生命简直并合为一，所以我对着他，有说不出来的无上妙味。凡人工所做的事，那失败和成功的程度都不能预料，独有种花，你只要用一分心力，自然有一分效果还你，而且效果是日日不同，一日比一日进步。教育事业正和种花一样。教育者与被教育者的生命是并合为一的。教育者所用的心力，真是俗语说的"一分钱一分货"，丝毫不会枉费。所以我们要选择趣味最真而最长的职业，再没有别样比得上教育。

现在的中国，政治方面，经济方面，没有哪件说起来不令人头痛。但回到我们教育的本行，便有一条光明大路，摆在我们前面。从前国家托命，靠一个皇帝，皇帝不行，就望太子，所以许多政论家——像贾长沙一流都最注重太子的教育。如今国家托命是在人民，现在的人民不行，就望将来的人民。现在学校里的儿童青年，个个都是"太子"，教育家便是"太子太傅"。据我看，我们这一代的太子，真是"富于春秋，典学光明"，这些当太傅的，只要"鞠躬尽瘁"，好生把他培养出来，不愁不眼见中兴大业。所以别方面的趣味，或者难得保持，因为到处挂着"此路不通"的牌子，容易把人的兴头打断；教育家却全然不受这种限制。

教育家还有一种特别便宜的事，因为“教学相长”的关系，教人和自己研究学问是分离不开的，自己对于自己所好的学问，能有机会终身研究，是人生最快乐的事，这种快乐，也是绝对自由，一点不受恶社会的限制。做别的职业的人，虽然未尝不可以研究学问，但学问总成了副业了。从事教育职业的人，一面教育，一面学问，两件事完全打成一片。所以别的职业是一重趣味，教育家是两重趣味。

孔子屡屡说：“学而不厌，诲人不倦。”他的门生赞美他说：“正唯弟子不能及也。”一个人谁也不学，谁也不诲人，所难者确在不厌不倦。问他为什么能不厌不倦呢？只是领略得个中趣味，当然不能自已。你想：一面学，一面诲人，人也教得进步了，自己所好的学问也进步了，天下还有比他再快活的事吗？人生在世数十年，终不能一刻不活动，别的活动，都不免常常陷在烦恼里头，独有好学和好诲人，真是可以无入而不自得，若真能在这里得了趣味，还会厌吗？还会倦吗？孔子又说：“知之者不如好之者，好之者不如乐之者。”诸君都是在教育界立身的人，我希望更从教育的可好可乐之点，切实体验，那么，不惟诸君本身得无限受用，我们全教育界也增加许多活气了。

——选自梁启超：《饮冰室合集》第5册，中华书局1989年版

【导读】

梁启超（1873—1929），字卓如，一字任甫，号任公，笔名饮冰室主人，广东新会人。作为中国近代杰出的政治家、思想家、教育家和文学家，梁启超是19世纪末20世纪初推动中国社会变革和文化转型的关键人物，其政治实践、文章著述和人格操行不仅强烈地影响和感染了他的时代，更深刻塑造了中国现代学术传统和文化精神。

梁启超一生所思所行有其不变的根本意图，那就是为民族寻出路，为国家谋发展，通过以开民智、新民德为内容的思想启蒙和公民教育，为现代中国社会政治的革新再造奠定精神基础。在他围绕“新民”和文化重建所展开的一系列学术探索中，美学与美育研究有着特殊重要的意义。一般认为，梁启超美学、美育思想的发展分为前后两个阶段：第一阶段（从维新变法时期到1917年）以倡导诗界革命、文界革命、小说界革命为思想标识，热切宣扬文艺的政治功能和教化意义。后一阶段（从1918年至去世）淡化政治功利主义取向，较为注重探讨审美本质、审美价值、审美规律等本体问题，更从哲学存在论高度将审美、艺术和人生加以关联，建构了颇具特色的人生论美学与美育观，而“趣味”正是贯穿其中

的核心范畴，故又可称之为趣味主义美学或趣味主义美育观。

《趣味教育与教育趣味》根据1922年4月10日梁启超在直隶教育联合研究会上的讲演整理而成，是他阐发趣味主义思想的重要文献。文中主要涉及三个问题：趣味是什么？为何要开展趣味教育？教育者应抱持何种职业精神？首先，对于梁启超来说，趣味不只是一个审美问题，更是就人的具体生活和生命活动而言的。他曾经指出："趣味是生活的原动力，趣味丧掉，生活便成了无意义"，无趣味的生活是"挤得紧紧的没有丝毫开拓余地"的"石缝的生活"，是"没有一毫润泽……没有一点血色"的"沙漠的生活"。显然，梁启超所谓趣味，其实就是一种汩汩不息的生命活力，以及基于这个活力所表现出来的锐意进取、自由创造的生命精神。因此，只有趣味才能造就有意义的生活；生活于趣味之中，才是人生的应然之态。就此，梁启超直截明快地表明了自己的人生信仰——趣味主义。

其次，梁启超倡导的趣味主义，是直接针对当时国民狭隘、枯槁、萎靡的文化生活和精神状态所寻求的一种解决方案，也是中国社会现代化对国民素养提出的必然要求。梁启超把"唤起趣味"确立为现代教育的宗旨，据此批判当时教育中存在的强制灌输、过分注重课目数量、拿教育当手段等诸多病症，强调这些病症与趣味主义的自由、专注、无功利性价值旨趣完全相悖，这种病态教育既不能为国家培养合格人才，也无法塑造健康的国民人格，而趣味教育正是疗治这些教育病症的良方。可以说，梁启超所揭示的教育问题不仅属于过去，而且对于今天的教育现实仍不失深刻的警示。

最后，趣味教育需要由对教育充满热忱和情怀的教师来实施，因而便联系着"教育趣味"问题。很难想象一个缺乏趣味的教师能够培养出有趣味的学生。而教师的趣味之所寄，首先就在他的职业。用梁启超的话说，教书育人就像用心血培育花朵，教育者的生命与被教育者的生命是合并为一的，教育者能从中获得无穷的精神满足和人生乐趣。面对当时中国迷茫的前途，梁启超认定教育是"一条光明大路"。他把国家希望寄托于"将来的人民"，而如何培育"将来的人民"，责任便落在教育家的身上。可见，教育趣味实际是梁启超基于中国现实、立足趣味主义美育观所提出的教师职业精神的本质要求，它不是一种外在的强制规范，而是在情理交融、主客合一的自由人性中获得实现。这一点不仅是教育趣味所要求的职业境界，也是趣味教育要达成的教育目标。

趣味教育观表达了梁启超对情感丰富、心灵自由、充满创造力的国民人格的企望，是其人生理想、社会理想和教育理想的综合体现，对于中国教育现代化进程与文化现代性建构有着深刻的启示作用和参照意义。（潘黎勇 撰写）

孔子之美育主义

王国维

诗云:“世短意常多,斯人乐久生。”岂不悲哉！人之所以朝夕营营者,安归乎？归于一己之利害而已。人有生矣,则不能无欲;有欲矣,则不能无求;有求矣,不能无生得失;得则淫,失则戚:此人人之所同也。世之所谓道德者,有不为此嗜欲之羽翼者乎？所谓聪明者,有不为嗜欲之耳目者乎？避苦而就乐,喜得而恶丧,怯让而勇争:此又人人之所同也。于是,内之发于人心也,则为苦痛;外之见于社会也,则为罪恶。然世终无可以除此利害之念,而泯人己之别者欤？将社会之罪恶固不可以稍减,而人心之苦痛遂长此终古欤？曰:有,所谓“美”者是已。

美之为物,不关于吾人之利害者也。吾人观美时,亦不知有一己之利害。德意志之大哲人汗德,以美之快乐为不关利害之快乐(Disinterested Pleasure)。至叔本华而分析观美之状态为二原质:(一)被观之对象,非特别之物,而此物之种类之形式;(二)观者之意识,非特别之我,而纯粹无欲之我也(《意志及观念之世界》第一册,二百五十三页。按指英译本)。何则？由叔氏之说,人之根本在生活之欲,而欲常起于空乏。既偿此欲,则此欲以终;然欲之被偿者一,而不偿者十百;一欲既终,他欲随之:故究竟之慰藉终不可得。苟吾人之意识而充以嗜欲乎？吾人而为嗜欲之我乎？则亦长此辗转于空乏、希望与恐怖之中而已,欲求福祉与宁静,岂可得哉！然吾人一旦因他故,而脱此嗜欲之网,则吾人之知识已不为嗜欲之奴隶,于是得所谓无欲之我。无欲故无空乏,无希望,无恐怖;其视外物也,不以为与我有利害之关系,而但视为纯粹之外物。此境界唯观美时有之。苏子瞻所谓“寓意于物”(《宝绘堂记》);邵子曰:“圣人所以能一万物之情者,谓其能反观也。所以谓之反观者,不以我观物也。不以我观物者,以物观物之谓也。既能以物观物,又安有有我于其间哉?”(《皇极经世·观物内篇》七)此之谓也。其咏之于诗者,则如陶渊明云:“采菊东篱下,悠然见南山。山气日夕佳,飞鸟相与还。此中有真意,欲辨已忘言。”谢灵运云:“昏旦变气候,山水含清晖。清晖能娱人,游子澹忘归。”或如白伊龙云:

I Live not in myself, but I become Portion of that around me; and to me High mountains are a feeling.

皆善咏此者也。

夫岂独天然之美而已，人工之美亦有之。宫观之瑰杰，雕刻之优美雄丽，图画之简淡冲远，诗歌音乐之直诉人之肺腑，皆使人达于无欲之境界。故秦西自雅里大德勒以后，皆以美育为德育之助。至近世，谑夫志培利、赫启孙等皆从之。乃德意志之大诗人希尔列尔出，而大成其说，谓人日与美相接，则其感情日益高，而暴慢鄙倍之心自益远。故美术者科学与道德之生产地也。又谓审美之境界乃不关利害之境界，故气质之欲灭，而道德之欲得由之以生。故审美之境界乃物质之境界与道德之境界之津梁也。于物质之境界中，人受制于天然之势力；于审美之境界则远离之；于道德之境界则统御之（希氏《论人类美育之书简》）。由上所说，则审美之位置犹居于道德之次。然希氏后日更进而说美之无上之价值，曰："如人必以道德之欲克制气质之欲，则人性之两部犹未能调和也。于物质之境界及道德之境界中，人性之一部，必克制之以扩充其他部；然人之所以为人，在息此内界之争斗，而使卑劣之感跻于高尚之感觉。如汗德之严肃论中气质与义务对立，犹非道德上最高之理想也。最高之理想存于美丽之心（Beautiful Soul），其为性质也，高尚纯洁，不知有内界之争斗，而唯乐于守道德之法则，此性质唯可由美育得之。"（芬特尔朋《哲学史》第六百页）此希氏最后之说也。顾无论美之与善，其位置孰为高下，而美育与德育之不可离，昭昭然矣。

今转而观我孔子之学说。其审美学上之理论虽不可得而知，然其教人也，则始于美育，终于美育。《论语》曰："小子何莫学夫诗。诗可以兴，可以观，可以群，可以怨。迩之事父，远之事君。多识于鸟兽草木之名。"又曰："兴于诗，立于礼，成于乐。"其在古昔，则胄子之教，典于后夔；大学之事，董于乐正（《周礼·大司乐》、《礼记·王制》）。然则以音乐为教育之一科，不自孔子始矣。荀子说其效曰："乐者，圣人之所乐也，而可以善民心。其感人深，其移风易俗……故乐行而志清，礼修而行成，耳目聪明，血气和平，移风易俗，天下皆宁。"（《乐论》）此之谓也。故"子在齐闻《韶》"，则"三月不知肉味"。而《韶》乐之作，虽挈壶之童子，其视精，其行端。音乐之感人，其效有如此者。

且孔子之教人，于诗乐外，尤使人玩天然之美。故习礼于树下，言志于农山，游于舞雩，叹于川上，使门弟子言志，独与曾点。点之言曰："莫春者，春服既成，冠者五六人，童子六七人，浴乎沂，风乎舞雩，咏而归。"由此观之，则平日所以涵养其审美之情者可知矣。之人也，之境也，固将磅礴万物以为一，我即宇宙，宇宙即我也。光风霁月不足以喻其明，泰山华岳不足以语其高，南溟渤澥不足以比其大。邵子所谓"反观"者非欤？叔本华所谓"无欲之我"、希尔列尔所谓"美丽之心”者非欤？此时之境界：无希望，无恐怖，无内界之争斗，无利无害，无人无我，不随绳墨而自合于道德之法则。一人如此，则优入圣域；社会如此，则成华胥之国。孔子所谓“安而行之”，与希尔列尔所谓“乐于守道德之法则”者，舍美育无由矣。

呜呼！我中国非美术之国也！一切学业，以利用之大宗旨贯注之。治一学，必质其有用与否；为一事，必问其有益与否。美之为物，为世人所不顾久矣！故我国建筑、雕刻之术，无可言者。至图画一技，宋元以后，生面特开，其淡远幽雅实有非西人所能梦见者。诗词亦代有作者。而世之贱儒辄援“玩物丧志”之说相诋。故一切美术皆不能达完全之域。美之为物，为世人所不顾久矣！庸讵知无用之用，有胜于有用之用者乎？以我国人审美之趣味之缺乏如此，则其朝夕营营，逐一己之利害而不知返者，安足怪哉！安足怪哉！庸讵知吾国所尊为“大圣”者，其教育固异于彼贱儒之所为乎？故备举孔子美育之说，且诠其所以然之理。世之言教育者，可以观焉。

——原刊 1904 年 2 月《教育世界》69 号，选自《王国维文集》第 3 卷，中国文史出版社 1997 年版

【导读】

王国维(1877—1927)，字静安，又字伯隅，号观堂，浙江海宁人，学贯中西、融通古今，在哲学、美学、史学、古文字学、甲骨学、考古学等领域成就卓著并有着许多独创性贡献，其广博精深的思想遗产启益了一代又一代中国学者。

1902 年，王国维在翻译日本学者牧濑五一郎《教育学教科书》和桑木严翼《哲学概论》这两部书中，开始较频繁地使用“美学”“美感”“审美”“美育”等现代美学词汇，加之其此后几年撰写的一系列相关文章，为近现代中国学界构造了初步的美学、美育概念体系。而他宣扬、倡导美育，又显然与他那一代知识分子对中国社会文化问题的思考方式是紧密相关的。因为在王国维看来，中国落后的原因不只在器物制度层面，更要追溯到思想文化以及由其涵育的国民精神之上。在他看来，社会政治进步须以人性改良和意识革新为前提，而这只能通过教育的途径。为此，他在《论教育之宗旨》中明确提出，教育的宗旨就在于“使人为完全之人物”，而所谓“完全之人物”又可以从两方面看：一是身心兼备，身体能力(“体育”)和精神能力(“心育”)同时发达；二是单就精神来说，完整的人性必须具备知、意、情三种心理能力和真、善、美的品德，所以有赖于智育、德育和美育。王国维在“三育”中尤重美育，这既是基于他对国人道德心性的深刻判断，

也来自他对现代美学思想要义的准确把握。他感叹中国人过于讲求现实功利，一切事物都“以利用之大宗旨贯注之”，连文学、艺术也是这样。而王国维却相信，审美的无利害性正可用于超拔世俗精神、疗治国民的功利心，这也构成了王国维美育思想的逻辑起点。

《孔子之美育主义》同样遵循了上述思想逻辑来展开阐释。该文作于1904年，正值王国维频繁援用西方哲学、美学来解说中国文学和文化问题的学术探索期。文中首次运用西方理论阐证中国传统思想的现代价值，将多种中西思想并置而论、比证互释，展现了开阔的跨文化视野和融通创新的理论能力。

王国维首先依据叔本华哲学给出了一个关于人性的基本判断，即每个人都有计较苦乐得失的利害心，它根源于人的欲望。欲望使个体充满痛苦，也给社会带来罪恶。所以，要想解除痛苦和罪恶，只有消灭欲望以实现“纯粹无欲之我”，才是治本之法。王国维坚信，由于“美之为物，不关于吾人之利害”，“吾人观美时，亦不知有一己之利害”，因而“无欲之我”只有在审美活动中才能获得（“此境界唯观美时有之”）。在审美活动中，审美对象是一种与主体没有利害关系的纯粹形式，主体对纯粹形式的直观产生了一种不掺杂世俗欲望的无利害的精神愉悦，个体因此便能挣脱“嗜欲之网”而获得心灵的宁静。不过，在叔本华哲学的影响下，王国维虽然将欲望视为普遍的人性内涵，从而使之构成了个体解脱的人性前提，但立足当时中国社会现实，“欲望”之义实际也指涉“朝夕营营，逐一己之利害而不知返”的国民心性，因而带有一定的文化批判意味。

如果说，审美能解脱人的欲望而给人带来“究竟之慰藉”，那么，审美境界自然应是人生追求的最高境界。但是，王国维敏锐地看到，自古希腊以来，西方思想中一直把审美当作道德的附庸，美育总是从属于德育，这种矛盾在席勒（希尔列尔）美育思想中表现得尤其突出。王国维指出，席勒承袭了康德美学，将审美视作连接物质世界与道德世界的桥梁，但同时又认为人在审美状态中能够同时摆脱物质的束缚和道德的强制，实现心灵的自由解放，审美的人因此成为人性的最高理想。王国维更赞同后一种看法。他借用席勒学说来阐发孔子的美育思想，强调孔子提倡的诗乐之教及其欣悦的自然之乐都是“始于美育，终于美育”，其所追求的人生境界本质上就是一种审美境界。这种境界与席勒的“美丽之心”、叔本华的“无欲之我”都是一致的。可见，尽管王国维不满于当时中国人的精神现状，但他并不否认传统文化本有的那种高尚、超越的审美精神，所以他要直探本源，在深处严重价值危机的世纪之交的中国社会里，通过宣扬孔子的美育思想来唤醒中国文化的审美精神。这既是为了疗治人性的疾病，也能证明传统文化的现代价值。（潘黎勇 撰写）

谈美感教育

朱光潜

世间事物有真善美三种不同的价值，人类心理有知情意三种不同的活动。这三种心理活动恰和三种事物价值相当：真关于知，善关于意，美关于情。人能知，就有好奇心，就要求知，就要辨别真伪，寻求真理。人能发意志，就要想好，就要趋善避恶，造就人生幸福。人能动情感，就爱美，就欢喜创造艺术，欣赏人生自然中的美妙境界。求知、想好、爱美，三者都是人类天性；人生来就有真善美的需要，真善美具备，人生才完美。

教育的功用就在顺应人类求知、想好、爱美的天性，使一个人在这三方面得到最大限度的调和的发展，以达到完美的生活。"教育"一词在西文为education，是从拉丁动词 educare 来的，原义是"抽出"，所谓"抽出"就是"启发"。教育的目的在"启发"人性中所固有的求知、想好、爱美的本能，使它们尽量生展。中国儒家的最高的人生理想是"尽性"。他们说："能尽人之性则能尽物之性，能尽物之性则可以赞天地之化育。"教育的目的可以说就是使人"尽性"，"发挥性之所固有"。

物有真善美三面，心有知情意三面，教育求在这三方面同时发展，于是有智育、德育、美育三节目。智育叫人研究学问，求知识，寻真理；德育叫人培养良善品格，学做人处世的方法和道理；美育叫人创造艺术，欣赏艺术与自然，在人生世相中寻出丰富的兴趣。三育对于人生本有同等的重要，但是在流行教育中，只有智育被人看重，德育在理论上的重要性也还没有人否认，至于美育则在实施与理论方面都很少有人顾及。二十年前蔡孑民先生一度提倡过"美育代宗教"，他的主张似没有发生多大的影响。还有一派人不但忽略美育，而且根本仇视美育。他们仿佛觉得艺术有几分不道德，美育对于德育有妨碍。希腊大哲学家柏拉图就以为诗和艺术是说谎的，逢迎人类卑劣情感的，多受诗和艺术的熏染，人就会失去理智的控制而变成情感的奴隶，所以他对诗人和艺术家说了一番客气话之后，就把他们逐出"理想国"的境外。中世纪耶稣教徒的态度很类似。他们以倡苦行主义求来世的解脱，文艺是现世中一种快乐，所以被看成一种罪孽。近代哲学家中卢梭是平等自由说的倡导者，照理应该能看得宽远一点，但是他仍是怀疑文艺，因为他把文艺和文化都看成朴素天真的腐化剂。托尔斯泰对近代西方艺术的攻击更丝毫不留情面,他以为文艺常传染不道德的情感,对于世道人心影响极坏。他在《艺术论》里说:"每个有理性有道德的人应该跟着柏拉图以及耶回教师,把这问题从新这样决定:宁可不要艺术,也莫再让现在流行的腐化的虚伪的艺术继续下去。"

这些哲学家和宗教家的根本错误在认定情感是恶的,理性是善的,人要能以理性镇压感情,才达到至善。这种观念何以是错误的呢?人是一种有机体,情感和理性既都是天性固有的,就不容易拆开。造物不浪费,给我们一份家当就有一份的用处。无论情感是否可以用理性压抑下去,纵是压抑下去,也是一种损耗,一种残废。人好比一棵花草,要根茎枝叶花实都得到平均的和谐的发展,才长得繁茂有生气。有些园丁不知道尽草木之性,用人工去歪曲自然,使某一部分发达到超出常态,另一部分则受压抑摧残。这种畸形发展是不健康的状态,在草木如此,在人也是如此。理想的教育不是摧残一部分天性而去培养另一部分天性,以致造成畸形的发展,理想的教育是让天性中所有的潜蓄力量都得尽量发挥,所有的本能都得平均调和发展,以造成一个全人。所谓"全人"除体格强壮以外,心理方面真善美的需要必都得到满足。只顾求知而不顾其他的人是书虫,只讲道德而不顾其他的人是枯燥迂腐的清教徒,只顾爱美而不顾其他的人是颓废的享乐主义者。这三种人都不是全人而是畸形人,精神方面的驼子、跛子。养成精神方面的驼子、跛子的教育是无可辩护的。

美感教育是一种情感教育。它的重要我们的古代儒家是知道的。孺家教育特重诗,以为它可以兴观群怨;又特重礼乐,以为"礼以制其宜,乐以导其和"。《论语》有一段话总述儒家教育宗旨说:"兴于诗,立与礼,成于乐。"诗、礼、乐三项可以说都属于美感教育。诗与乐相关,目的在怡情养性,养成内心的和谐(harmony);礼重仪节,目的在使行为仪表就规范,养成生活上的秩序(order)。蕴于中的是性情,受诗与乐的陶冶而达到和谐;发于外的是行为仪表,受礼的调节而进到秩序。内具和谐而外具秩序的生活,从伦理观点看,是最善的;从美感观点看,也是最美的。儒家教育出来的人要在伦理和美感观点都可以看得过去。

这是儒家教育思想中最值得注意的一点。他们的着重点无疑地是在道德方面,德育是他们的最后鹄的,这是他们与西方哲学家、宗教家柏拉图和托尔斯泰诸人相同的。不过他们高于柏拉图和托尔斯泰诸人,因为柏拉图和托尔斯泰诸人误认美育可以妨碍德育,而儒家则认定美育为德育的必由之径。道德并非陈腐条文的遵守,而是至性真情的流露。所以德育从根本做起,必须怡情养性。美感教育的功用就在怡情养性,所以是德育的基础工夫。严格地说,善与美不但不相冲突，而且到最高境界根本是一回事，它们的必有条件同是和谐与秩序。从伦理观点看，美是一种善；从美感观点看，善也是一种美。所以在古希腊文与近代德文中，美善只有一个字，在中文和其他近代语文中，“善”与“美”二字虽分开，仍可互相替用。真正的善人对于生活不苟且，犹如艺术家对于作品不苟且一样。过一世生活好比做一篇文章，文章求惬心贵当，生活也须求惬心贵当。我们嫌恶行为上的鄙卑龌龊，不仅因其不善，也因其丑，我们赞赏行为上的光明磊落，不仅因其善，也因其美，一个真正有美感修养的人必定同时也有道德修养。

美育为德育的基础，英国诗人雪莱在《诗的辩护》里也说得透辟。他说：

> 道德的大原在仁爱，在脱离小我，去体验我以外的思想行为和体态的美妙。一个人如果真正做善人，必须能深广地想象，必须能设身处地替旁人想，人类的忧喜苦乐变成他的忧喜苦乐。要达到道德上的善，最大的途径是想象；诗从这根本上做工夫，所以能发生道德的影响。

换句话说，道德起于仁爱，仁爱就是同情，同情起于想象。比如你哀怜一个乞丐，你必定先能设身处地想象他的痛苦。诗和艺术对于主观的情境必能“出乎其外”，对于客观的情境必能“入乎其中”，在想象中领略它、玩索它，所以能扩大想象，培养同情。这种看法也与儒家学说暗合。儒家在诸德中特重“仁”，“仁”近于耶稣教的“爱”、佛教的“慈悲”，是一种天性，也是一种修养。仁的修养就在诗。儒家有一句很简赅深刻的话：“温柔敦厚诗教也。”诗教就是美育，温柔敦厚就是仁的表现。

美育不但不妨害德育而且是德育的基础，如上所述。不过美育的价值还不仅在此。西方人有一句恒言说：“艺术是解放的，给人自由的。”(Art is liberative)这句话最能见出艺术的功用，也最能见出美育的功用。现在我们就在这句话的意义上发挥。从哪几方面看，艺术和美育是“解放的，给人自由的”呢？

第一，是本能冲动和情感的解放。人类生来有许多本能冲动和附带的情感，如性欲、生存欲、占有欲、爱、恶、怜、惧之类。本自然倾向，它们都需要活动，需要发泄。但是在实际生活中，它们不但常彼此互相冲突，而且与文明社会的种种约束如道德、宗教、法律、习俗之类不相容。我们每个人都知道，本能冲动和欲望是无穷的，而实际上有机会实现的却寥寥有数。我们有时察觉到本能冲动和欲望不大体面，不免起羞恶之心，硬把它们压抑下去；有时自己对它们虽不羞恶而社会的压力过大，不容它们赤裸裸地暴露，也还是被压抑下去。性欲是一个最显著的例。从前哲学家、宗教家大半以为这些本能冲动和情感都是卑劣的、不道德的、危险的，承认压抑是最好的处置。他们的整部道德信条有时只在理智镇压情欲。我们在上文指出这种看法的不合理，说它违背平均发展的原则，容易造成畸形发展。其实它的祸害还不仅此。弗洛伊德(Freud)派心理学告诉我们，本能冲动和附带的情感仅可暂时压抑而不可永远消灭，它们理应有自由活动的机会，如果勉强被压抑下去，表面上像是消灭了，实际上在隐意识里凝聚成精神上的疮疖，为种种变态心理和精神病的根源。依弗洛伊德看，我们现代文明社会中人因受道德、宗教、法律、习俗的裁制，本能冲动和情感常难得正常的发泄，大半都有些"被压抑的欲望"所凝成的"情意综"(complexes)。这些情意综潜蓄着极强烈的捣乱力，一旦爆发，就成精神上种种病态。但是这种潜力可以藉文艺而发泄，因为文艺所给的是想象世界，不受现实世界的束缚和冲突，在这想象世界中，欲望可以用"望梅止渴"的办法得到满足。文艺还把带有野蛮性的本能冲动和情感提到一个较高尚较纯洁的境界去活动，所以有升华作用(sublimation)。有了文艺，本能冲动和情感才得自由发泄，不致凝成疮疖酿精神病，它的功用有如机器方面的"安全瓣"(safety volve)。弗洛伊德的心理学有时近于怪诞，但实含有一部分真理。文艺和其他美感活动给本能冲动和情感以自由发泄的机会，在日常经验中也可以得到证明。我们每当愁苦无聊时，费一点工夫来欣赏艺术作品或自然风景，满腹的牢骚就马上烟消云散了。读古人痛快淋漓的文章，我们常有"先得我心"的感觉。看过一部戏或是读过一部小说之后，我们觉得曾经紧张了一阵是一件痛快事。这些快感都起于本能冲动和情感在想象世界中得解放。最好的例子是歌德著《少年维特之烦恼》的经过。他少时爱过一个已经许人的女子，心里痛苦已极，想自杀以了一切。有一天他听到一位朋友失恋自杀的消息，想到这事和他自己的境遇相似，可以写成一部小说。他埋头两礼拜，写成《少年维特之烦恼》，把自己心中怨慕愁苦的情绪一齐倾泻到书里，书成了，他的烦恼便去了，自杀的念头也消了。从这实例看，文艺确有解放情感的功用，而解放情感对于心理健康也确有极大的裨益，我们通常说一个人情感要有所寄托，才不致苦恼烦闷，文艺是大家公认为寄托情感的最好的处所。所谓"情感有所寄托"还是说它要有地方可以活动，可得解放。

其次，是眼界的解放。宇宙生命时时刻刻在变动进展中，希腊哲人有"濯足急流，抽足再入，已非前水"的譬喻，所以在这种变动进展的过程中每一时每一境都是个别的、新鲜的、有趣的。美感经验并无深文奥义，它只在人生世相中见出某一时某一境特别新鲜有趣而加以流连玩味，或者把它描写出来。这句话中"见"字最紧要。我们一般人对于本来在那里的新鲜有趣的东西不容易"见"着。

这是什么缘故呢？不能“见”必有所蔽。我们通常把自己囿在习惯所画成的狭小圈套里，让它把眼界“蔽”着，使我们对它以外的世界都视而不见、听而不闻。比如我们如果囿于饮食男女，饮食男女以外的事物就见不着；囿于奔走钻营，奔走以外的事就见不着。有人向海边农夫称赞他的门前海景美，他很羞涩地指着屋后菜园说：“海没有什么，屋后的一园菜倒还不差。”一园菜囿住了他，使他不能见到海景美。我们每个人都有所囿，有所蔽，许多东西都不能见，所见到的天地是非常狭小、陈腐的、枯燥的。诗人和艺术家所以超过我们一般人者就在情感比较真挚、感觉比较锐敏、观察比较深刻、想象比较丰富。我们“见”不着的他们“见”得着，并且他们“见”得到就说得出，我们本来“见”不着的他们“见”着说出来了，就使我们也可以“见”着。像一位英国诗人所说的，他们“借他们的眼睛给我们看”(They lend their eyes for us to see)。中国人爱好自然风景的趣味是陶、谢、王、韦诸诗人所传染的。在 Turner 和 Whistler 以前，英国人就没有注意到泰晤士河上有雾。Byron 以前，欧洲人很少赞美威尼斯。前一世纪的人崇拜自然，常咒骂城市生活和工商业文化，但是现代美国、俄国的文学家有时把城市生活和工商业文化写得也很有趣。人生的罪孽灾害通常只引起忿恨，悲剧却教我们于罪孽灾祸中见出伟大庄严；丑陋乖讹通常只引起嫌恶，喜剧却教我们在丑陋乖讹中见出新鲜的趣味。Rembrandt 画过一些疲癃残疾的老人以后，我们见出丑中也还有美。象征诗人出来以后，许多一纵即逝的情调使我们觉得精细微妙，特别值得留恋。文艺逐渐向前伸展，我们的眼界也逐渐放大，人生世相越显得丰富华严。这种眼界的解放给我们不少的生命力量，我们觉得人生有意义、有价值，值得活下去。许多人嫌生活干燥，烦闷无聊，原因就在缺乏美感修养，见不着人生世相的新鲜有趣。这种人最容易堕落颓废，因为生命对于他们失去意义与价值。

“哀莫大于心死”，所谓“心死”就是对于人生世相失去解悟与留恋，就是不能以美感态度去观照事物。美感教育不是替有闲阶级增加一件奢侈，而是使人在丰富华严的世界中随处吸收支持生命和推展生命的活力。朱子有一首诗说：“半亩方塘一鉴开，天光云影共徘徊。问渠那得清如许？为有源头活水来。”这诗所写的是一种修养的胜境。美感教育给我们的就是“源头活水”。

第三，是自然限制的解放。这是德国唯心派哲学家康德、席勒、叔本华、尼采诸人所最着重的一点，现在我们用浅近语来说明它。自然世界是有限的，受因果律支配的，其中毫末细故都有它的必然性，因果线索命定它如此，它就丝毫移动不得。社会由历史铸就，人由遗传和环境造成。人的活动寸步离不开物质生存条件的支配，没有翅膀就不能飞，绝饮食就会饿死。由此类推，人在自然中是极不自由的。动植物和非生物一味顺从自然，接受它的限制，没有过分希冀，也就没有失望和痛苦。人却不同，他有心灵，有不可压的欲望，对于无翅不飞、绝食饿死之类事实总觉有些歉然。人可以说是两重奴隶，第一服从自然的限制，其次要受自己的欲望驱使。以无穷欲望处有限自然，人便觉得处处不如意、不自由，烦闷苦恼都由此起。专就物质说，人在自然面前是很渺小的，它的力量抵不住自然的力量，无论你有如何大的成就，到头终不免一死，而且科学告诉我们，人类一切成就到最后都要和诸星球同归于毁灭，在自然圈套中求征服自然是不可能的，好比孙悟空跳来跳去，终跳不出如来佛的掌心。但是在精神方面，人可以跳开自然的圈套而征服自然，他可以在自然世界之外另在想象中造出较能合理慰情的世界。这就是艺术的创造。在艺术创造中可以把自然拿在手里来玩弄，剪裁它、锤炼它，重新给以生命与形式。每一部文艺杰作以至于每人在人生自然中所欣赏到的美妙境界都是这样创造出来的。美感活动是人在有限中所挣扎得来的无限，在奴属中所挣扎得来的自由。在服从自然限制而汲汲于饮食男女的寻求时，人是自然的奴隶；在超脱自然限制而创造欣赏艺术境界时，人是自然的主宰，换句话说，就是上帝。多受些美感教育，就是多学会如何从自然限制中解放出来，由奴隶变成上帝，充分地感觉人的尊严。

爱美是人类天性，凡是天性中所固有的必须趁适当时机去培养，否则像花草不及时下种及时培植一样，就会凋残萎谢。达尔文在自传里懊悔他一生专在科学上做工夫，没有把他年轻时对于诗和音乐的兴趣保持住，到老来他想用诗和音乐来调剂生活的枯燥，就抓不回年轻时那种兴趣，觉得从前所爱好的诗和音乐都索然无味。他自己说这是一部分天性的麻木，这是一个很好的前车之鉴。美育必须从年轻时就下手，年纪愈大，外务日纷繁，习惯的牢笼愈坚固，感觉愈迟钝，心里愈复杂，欣赏艺术力也就愈薄弱。我时常想，无论学哪一科专门学问，干哪一行职业，每个人都应该会听音乐，不断地读文学作品，偶尔有欣赏图画、雕刻的机会。在西方社会中这些美感活动是每个受教育者的日常生活中的重要节目。我们中国人除专习文学艺术者以外，一般人对于艺术都漠不关心，这是最可惋惜的事，它多少表示民族生命力的低降与精神的颓靡。从历史看，一个民族在最兴旺的时候，艺术成就必伟大，美育必发达。史诗悲剧时代的希腊、文艺复兴时代的意大利、莎士比亚时代的英国、歌德和贝多芬时代的德国都可以为证。我们中国人古代对于诗乐舞的嗜好也极普遍。《诗经》、《礼记》、《左传》诸书所记载的歌乐舞的盛况常使人觉得仿佛是置身近代欧洲社会。孔子处周衰之际，特置慨于诗亡乐坏，也是见到美育与民族兴衰的关系密切。现在我们要想复兴民族，必须恢复周以前歌乐舞的盛况，这就是说，必须提倡普及的美感教育。

——选自《朱光潜全集》（新编增订本）第1卷，中华书局2012年版

【导读】

朱光潜（1897—1986），笔名孟实，安徽桐城人。早年公派就读于香港大学，后赴欧洲留学，先后在爱丁堡大学、伦敦大学、巴黎大学、斯特拉斯堡大学求学八年，主攻文学、哲学、心理学、欧洲古代史和艺术史等，获博士学位。1933年后长期在北京大学执教。

朱光潜是现代中国最具代表性的美学家之一，也是重要的美育倡导者。他一生著述丰富，先后出版了《文艺心理学》《悲剧心理学》《诗论》《谈美》《西方美学史》及《谈美书简》等著作，并翻译了柏拉图、莱辛、维科、歌德、黑格尔、克罗齐、考德威尔等西方重要美学家的著作。

“人生艺术化”是朱光潜美学的核心，而围绕审美、艺术和人生，追寻真善美高度融合的境界，则是其思想的总体特征。同样，从人生论出发而阐明审美与艺术的价值，实现人生的艺术化、情趣化与超脱化，进而培育出全面自由发展的个体，是朱光潜倡导美育的愿景所在。他从《给青年的十二封信》开始，在《文艺心理学》《谈美》《谈修养》《谈文学》等一系列著作中，通过讨论文艺与艺术欣赏问题，将理论的落脚点放在美育之上，如朱自清所评价的，“孟实先生也主张‘人生的艺术化’”，而“这种艺术的态度便是‘美育’的目标所在”（《文艺心理学·序》）。可以说，“人生艺术化”的美学旨归，也是朱光潜在美育问题上的最终理想。他分析美学现象，往往是从社会与人生问题入手，在美学、社会、文化与教育的统一整体中凸显有关美育的独特理解和看法。尤其是，在朱光潜美育思想中，情感与趣味扮演了重要的角色。他在社会普遍强调工具理性的氛围下，通过阐扬叔本华、尼采、柏格森、克罗齐等人思想，深刻反省唯理智主义的弊端，力图从“人生艺术化”“艺术情趣化”的层面弥补人性的枯失，更在人生趣味、人生理想与个体全面自由发展的追求中彰显其美育思想的时代价值。

《谈美感教育》在朱光潜美育思想体系中较具代表性。该文从真善美、知情意的关系出发，在智育、德育和美育层面上，对美育与文艺创造、美育与德育等的关系问题进行了深入探讨，指出了“理性压抑情感”这一“情感恶”的思维以及“美育妨碍德育”这一“历史观”的错误倾向。朱光潜认为，教育的目的在于使人“尽兴”，而“理想的教育是让天性中所有的潜蓄力量都得尽量发挥，所有的本能都得平均调和发展，以造成一个全人”。这一“尽兴全人”社会理想的实现途径

就是美感教育，亦即情感教育。美育不仅不妨碍德育，而且它作为一种“情感教育”还构成了德育的基础，在人的怡情养性、道德修养、美感修养方面起着重要的作用，而这一点在“温柔敦厚”的中国古代诗教传统中同样有着集中的体现。同时，美育是德育的基础，但美育的价值却不限于此，它更能给人以自由，使人性得以解放。为此，朱光潜从三个维度着重阐明了艺术和美育在“解放的，给人自由的”层面上的重要意义：一是“本能冲动和情感的解放”。朱光潜受弗洛伊德学说的影响，认为人都有冲动和欲望，它们因社会道德法律与习俗的制约而被压抑，容易造成精神的病态。而文艺作为“寄托情感的最好的处所”，其所具有的情感发泄与情感解放的功用，对于人的心理健康大有裨益。二是“眼界的解放”。朱光潜强调，美感教育作为一种修养的胜境，能防止人生世相的堕落颓废并支撑生命的活力，发现生命的力量，增进对生命的热爱，进而重拾人生在世的意义和价值，所以是人生修养的“源头活水”。三是“自然限制的解放”。朱光潜指出，人在自然世界中受因果规律支配而并不自由，尤其在无限的欲望和有限的自然面前，人感觉自己渺小、烦闷和苦恼。人通过接受美感教育，在艺术创造和艺术审美活动中可超越自然的限制并享受无限的自由，因而人便可以学会“如何从自然限制中解放出来，由奴隶变成上帝，充分地感觉人的尊严”，实现人的生命与精神的统一。此外，朱光潜还将美育与“民族兴衰”并举，不仅提出“美育必须从年轻时就下手”，还强调美育表征着民族生命力及其精神，因为“一个民族在最兴旺的时候，艺术成就必伟大，美育必发达”。这些倡导普及美育的观点，凸显了美育“尽兴全人”与改造社会的价值和功能，极具启示意义。

以人生论为基础，以情感论为核心，以人性自由解放为旨趣，朱光潜在中国本土问题的思考中提出了一条实现情感陶养、人的解放的新路径。他的美育观有着清晰的目标指向和践行途径。特别是，他有关美育与德育、智育的关系以及美育对日常生活和社会改造的意义的一系列认识，为我们进一步探讨美育与民族精神复兴的关系、推动深化当代美育实践，提供了可资借鉴的理论参考。（李圣传 撰写）

朱光潜的美育思想（李圣传 讲授）

文艺对话集(节选)

柏拉图

……厄里什马克的话是这样:

“我看泡赛尼阿斯的话开头很好,收尾却不很相称,所以我必得对他的话作一点补充。他的两种爱情的区别在我看是很妥当的,但是医学告诉我,这种区别并不仅适用于人类心灵,也不仅限于美少年的爱,而且还可以适用于许多其他事物,其他范围,适用于一切动物的身体,一切在大地上生长的东西,总之,适用于万事万物。这是我从医学观点所得到的结论,爱神的威力对于人和神的一切事情都是伟大而普遍的。

“为着敬重我自己行业,我想就先从医学出发。我们身体的自然机构就寓有这两种爱情的道理。因为在身体方面,健康和疾病是两种不同的状态,这是大家公认的。凡是不同的东西所希求的喜爱的对象也就不同。因此。健康状态的爱情和疾病状态的爱情是两回事。正如泡赛尼阿斯刚才所说的,爱好人是美事,爱坏人是丑事,对付身体也是同样的道理,好的健康的部分须加以爱护培养,我们所谓医学所管的正是这件事,坏的不健康的部分须加以防止,如果你是一个好医生。概括地说,医学可以说是研究爱情的科学,对象是身体方面的各种爱情现象,关于补和散(塞满和排除)两种手续的。医道高明的人就能区别好的爱情和坏的爱情,诊断在某种情形之下某种爱情是好还是坏。若是一个医生能施转变的手术,取这种爱情代替那种爱情,引起身体中本应发达而却还不存在的爱情,消除身体中本不应有而有的爱情,那么,他无疑地就是一个本领很大的医生了。医生还要能使本来在身体中相恶相仇的因素变成相亲相爱。最相恶相仇的因素就是那些相反的品质,例如冷与热,苦与甜,燥与湿之类。我们的医祖埃斯库勒普之所以成为医学创始人,像这里两位诗人[①]所说的而我自己所相信的,就是因为他能使相反相仇的东西和谐一致。

“不仅医学完全受爱神统治,像我刚才所说的,就是健身术和农业也是如此。至于音乐受爱神的统治更为明显,任何人不用费力思索也可以看出。赫拉

---

① 两位诗人指在座的阿理斯托芬和阿伽通。

克立特说过一句含糊费解的话，也许就是指这个意思。他说：‘一与它本身相反，复与它本身相协，正如弓弦和竖琴。’[①]说和谐就是相反，或是和谐是由还在相反的因素形成的。当然是极端荒谬的。赫拉克立特的意思也许是说，由于本来相反的高音和低音现在调协了，于是音乐的艺术才创造出和谐。如果高音和低音仍然相反，它们就决不能有和谐，因为和谐是声音调协，而调协是一种互相融合，两种因素如果仍然相反，就不可能互相融合；相反的因素在还没有互相融合的时候也就不可能有和谐。由于同样理由，节奏起于快慢，也是本来相反而后来互相融合。在这一切事例中，造成协调融合的是音乐，它正如上文所说的医学，在相反因素中引生相亲相爱。所以音乐也可以说就是研究和谐与节奏范围之内的爱情现象的科学。在和谐与节奏的组织本身上，我们固然不难看出这些爱情现象，它们还见不出爱情的两重性；可是到了应用和谐与节奏于实际人生的时候，无论是创造乐调（这就是所谓制曲），还是演奏已经制成的曲调（这就靠所谓音乐教育），这就不是易事，就需要高明的音乐技术了。就是在这个时候，我们要应用上文的结论了，就要区别天上爱神与人世爱神了，爱的对象应该是品格端正的人，以及小有缺陷而肯努力上进的人，这才是应该保持的爱情，才是起于天上爱神的那种高尚优美的爱情。至于起于人世爱神的那种杂音的凡俗的爱情却须加以谨慎防闲，免得使他的快感养成了淫荡。这正如我们的医学很重视食欲的正确运用，享受珍肴的滋味而却不致生病。从此可知，在音乐，医学，以及其他一切人和神的事情之中，我们都要尽量细心窥测这种爱神，因为他们是普遍存在的。

“再看一年四季的推移，也充满着这两种爱情。我刚才所说的冷与热、燥与湿那些性质如果有一种有节制的爱情把它们约束在一起，使相反者相成，产生一种恰到适合节度的和谐，于是风调雨顺，人畜草木都健康繁殖，不发生任何灾害。反之，在季节的推移中，如果没有节制的爱情占了优势，就会有各种灾害，牲畜草木就发生瘟疫或其他各种疾病，凡是霜雹霉之类都是由于天文学所研究的爱情范围之中起了反常失调的现象。天文学的对象就是星辰的变动和季节的推移。

“不仅此，占卜术所管的那些祭祀典礼，那些人与神的互相交通，也都只有一个目的，就是爱情的保持和治疗。凡是对神不敬是怎样起来的？它是由于在处理对父母（无论存亡）和对神祇的职责上，所信奉崇敬的不是有节制的爱情而

① 赫拉克立特这段引语见《零星遗著》第 45 节。宇宙之团成一体，是由于两种相反的力量互持，正如弓弦和竖琴依靠松紧两种力量的调协。一生多，多复归于一。这意思含有辩证发展的道理。

是另一种爱情。占卜术的功用就是督察和治疗这两种爱情,所以占卜术是调节人神友谊的一种艺术,因为它能辨别在人类中哪些爱情倾向才符合敬天畏神的道理。”

…………

据亚里斯脱顿说,此后苏格拉底就这样开始:

苏:亲爱的阿伽通,你的颂辞开端就声明先要说明爱神的本质,然后再陈述他的功劳,这的确很妥当。你的这段开端我十分钦佩。你把爱神的本质说得非常美妙高华,我还想请问你一句:爱是有对象,还是没有对象呢?我的意思并非要问爱情是否就是对父亲或母亲的爱,这样问题当然很荒谬可笑。但是假如关于父亲,我提出这样一个问题:一个父亲还是某某人的父亲,还是不是什么人的父亲呢?这问题倒和我刚才所提出的那个问题相类似。如果你想答得妥当,你当然会说:父亲是儿女的父亲。是不是?

阿:当然。

苏:母亲也是儿女的母亲?

阿:是。

苏:那么,再请回答几个问题,好使你把我的意思懂得更清楚一点。假如我这样问你:一个弟兄,就其为弟兄而言,他是不是某某人的弟兄?比如说,弟或妹的兄?

阿:不错。

苏:现在就请你把这道理应用到爱情上:爱情还是某某对象的爱,还是不是什么对象的爱呢?

阿:它当然是某某对象的爱。

苏:请紧记着这一点,爱情的对象是什么。现在暂请问:钟爱者对于所爱的对象有没有欲望呢?(是否想他呢?)

阿:无疑地有欲望。

苏:在爱他想他的时候,钟爱者是否已经得到了(占有了)那个对象?

阿:大概说来,他还没有得到那个对象。

苏:不是什么“大概”,要的是确定不移。请想一想,一个人在想一个东西,是否就必然还没有那件东西,有了它是否就必然不再想它?在我看,这是确定不移的。阿伽通,你看如何?

阿:我和你的看法是一致的。

苏:很好。已经大的人就不再想大,已经强的人就不再想强,是不是?

阿:就我们已经承认的话来说,这是不可能的。

苏:我想这是因为他既然有了这类品质,就不再需要它们。

阿:你说得对。

苏:假如强者还想强,捷者还想捷,健康还想健康……也许有人会说,凡是已经有了某某品质的人还是可以想有那些品质。为了免得受他们的蒙混,阿伽通,我得这样说:请你想一想,这些人既然有了这些品质,这“有”是必然的,无论他们愿不愿有它们,他们都必得有,他们怎样还能想有他们所已有的呢?假如有人向我们说:“我本来康健,可是还在想康健;我本来富有,可是还在想富有;我就是想有我所已有的。”我们就该这样回答他:“我的好人,你现在想富有,想康健,想强壮,是为了将来而想它们,现在你不管想不想它们,你都已经有它们了。你说:‘我想有我所已有的,’请想一想,你这句话是不是说:‘现在我所已有的东西,我想将来仍旧有它们?’阿伽通,他会不会承认这话呢?”

阿:他该承认。

苏:爱情不恰恰也是这样?一个人既然爱一件东西,就还没有那件东西;他想它,就是想现在有它,或者将来永远有它。

阿:当然。

苏:所以总结起来,在这个情形和在一般情形之下,所想的对象,对于想的人来说,是他所缺乏的,还没有到手的,总之,还不是他所占有的,就是这种东西才是他的欲望和爱情的对象。

阿:的确如此。

苏:现在我们且回看一下上文所说的话,看我们在哪几点上已经得到一致意见。头一层,爱情是针对着某某对象的;其次,这种对象是现在还没有得到的。是不是?

阿:是。

苏:既然如此,就请你回想一下在你的颂辞里,你把哪些东西看作爱情的对象。我可以提醒你,你所说的大致是这样:由于对于美的事物的爱,神们才在他们的世界里奠定了秩序,丑的事物不是爱情的对象,你是否是这样说的?

阿:不错,我说的确是这样。

苏:你说得很妥当,朋友。既然如此,爱情的对象就该是美而不是丑了?

阿:对。

苏:我们不是也承认过:一个人所爱的是他所缺乏的,现在还没有的吗?

阿:不错。

苏:那么,美就是爱情所缺乏的,还没有得到的?

阿:这是必然的。

苏:缺乏美的,还没有美的东西你能叫它美吗?

阿:当然不能。

苏:既然如此,你还能说爱神是美的吗?

阿:苏格拉底,恐怕当初我只是信口开河,对于所说的那一套道理根本没有懂得。

苏:你的词藻却是实在美丽,阿伽通。但是我还要请问一点:你是否以为善的东西同时也是美的?

阿:对,我是这样想。

苏：爱神既然缺乏美的东西，而善的东西既然同时也是美的，他也就该缺乏善的东西了。

阿：我看不出有什么方法可以反驳你，苏格拉底，就承认它是像你所说的吧。

苏：亲爱的阿伽通，你所不能反驳的是真理不是苏格拉底，反驳苏格拉底倒是很容易的事。

好，我现在不再麻烦你了，且谈一谈我从前从一位曼提尼亚国的女人，叫做第俄提玛的，所听来的关于爱情的一番话。这位女人对爱情问题，对许多其他问题，都有真知灼见。就是她，从前劝过雅典人祭神禳疫，因此把那次瘟疫延迟了十年；也就是她，传授给我许多关于爱情的道理。我现在就按照刚才阿伽通和我所已达到协议的论点，尽我的能力，把她教给我的话重述一番。阿伽通，就依你的办法，我先说爱神的本质，然后再说他的功劳。我看最好的办法就是按照那位异方女人怎样考问我的次序来谈。当时我向第俄提玛所说的话也正和阿伽通今晚向我所说的一模一样，我说过爱神是一位伟大的神，说他的对象是美。她反驳我的话也正和我反驳阿伽通的一样，说爱神既不美，又不善。往下我就和她作如下的对话：

苏：你这话怎样讲，第俄提玛，爱神是丑的恶的吗？

第：别说谩神的话！你以为凡是不美的就必然丑吗？

苏：当然。

第：凡是没有真知的人就必然无知吗？真知与无知之中有一个中间情况，你没有想到吗？

苏：那是什么？

第：有正确见解而不能说出道理，知其然而不知其所以然，这还不能算是真知，因为未经推理的认识怎么能算是真知呢？但是也不能算是无知，因为碰巧看得很正确，怎么能算是无知呢？所以我以为像正确见解就是介乎真知与无知之中的一种东西。

苏：你说的很对。

第:那么,你就不能硬说凡是不美的就必然是丑的,凡是不善的就必然是恶的。爱神也是如此,你既然承认了他不善不美,别就以为他必恶必丑,他是介乎二者之间的。

…………

苏:他究竟是什么,第俄提玛?

第:他是一种大精灵,凡是精灵都介乎人神之间。

苏:精灵有什么功用?

第:他们是人和神之间的传语者和翻译者,把祈祷祭礼由下界传给神,把意旨报应由上界传给人;既然居于神和人的中间,把缺空填起,所以把大乾坤联系成一体。他们感发了一切占卜术和司祭术,一切关于祭礼,祭仪,咒语,预言和巫术的活动。神不和人混杂,但是由于这些精灵做媒介,人和神之中才有来往交际,在醒时或是在梦中。凡是通这些法术的人都是受精灵感通的人,至于通一切其他技艺行业的人只是寻常的工匠。这些精灵有多种多样,爱神就是其中之一。

苏:他的父母是谁呢?

第:说起来话很长,但是我还是不妨替你讲一讲。当初阿佛洛狄忒诞生时,神们设筵庆祝,在场的有丰富神,聪明神的儿子。他们饮宴刚完,贫乏神照例来行乞,在门口徘徊。丰富神多饮了几杯琼浆——当时还没有酒——喝醉了,走到宙斯的花园里,头昏沉沉地就睡下去了,贫乏神所缺乏的就是丰富,心里想和丰富神生一个孩子,就跑去睡在他的旁边,于是就怀了孕,怀的就是爱神。爱神成了阿佛洛狄忒的仆从,就是因为这个缘故,因为他是在阿佛洛狄忒的生日投胎的,因为他生性爱美,而阿佛洛狄忒长得顶美。[①]

因为他是贫乏神和丰富神配合所生的儿子,爱神就处在一种特殊的境遇。头一层,他永远是贫乏的,一般人以为他又文雅又美,其实满不是那么一回事,他实在粗鲁丑陋,赤着脚,无家可归,常是露天睡在地上、路旁,或是人家门楼下,没有床褥。总之,像他的母亲一样,他永远在贫乏中过活。但是他也像他的父亲,

---

① 这段神话不见经传,是虚构的,这里所谓"丰富"和"贫乏"都不仅在经济方面,同时也在思想智慧方面。依第俄提玛看,爱是这两种相反者的统一。

常在想法追求凡是美的和善的，因为他勇敢，肯上前冲，而且百折不挠。他是一个本领很大的猎人，常在设诡计，爱追求智慧，门道多，终身在玩哲学，是一位特出的魔术家，幻术家和诡辩家。在本质上他既不是一个凡人，也不是一个神。在同一天之内，他时而茂盛，时而萎谢，时而重新活过来，由于从父亲性格所得来的力量。可是丰富的资源不断地来，也不断地流走，所以他永远是既不穷，又不富。

其次，他也介乎有知与无知之间。情形是这样：凡是神都不从事于哲学，也无意于求知，因为他们已经有哲学和知识了，凡是已经知道的人也都不再去探求。但是无知的人们也不从事于哲学，也无意于求知，因为无知的毛病正在于尽管不美不善不聪明，却沾沾自满。凡是不觉得自己有欠缺的人就不想弥补他根本不觉得的欠缺。

苏：既然如此，第俄提玛，哪些人才从事于哲学呢？既然有知者和无知者都不算在内？

第：这是很明白的，连小孩也看得出，他们就是介乎有知与无知之间的，爱神就是其中之一。因为智慧是事物中最美的，而爱神以美为他的爱的对象，所以爱神必定是爱智慧的哲学家，并且就其为哲学家而言，是介乎有知与无知之间的。他的这种性格也还是由于他的出身，他的父亲确是聪明富有，他的母亲却愚笨贫穷。亲爱的苏格拉底，这个精灵的本质就是如此。你原来对于爱神有另样的看法，这也并不足怪。因为照你自己的话来看，你以为爱神是爱人而不是情人，是被爱者而不是钟爱者。你把爱神看成绝美，就是因为这个缘故。其实可爱者倒真是美，娇嫩，完善，有福分；但是钟爱者的本质却完全不同，如我所说明的。

苏：很好，外方客人，你说的顶好。爱神的本质既然是如你所说的，他对于人类有什么功用呢？

第：这正是我要启发你的第二个问题，苏格拉底。爱神的本质和出身既然像我所说过的，而他的对象是美的事物，你也承认了。假如有人这样问我们："苏格拉底和第俄提玛，对于美的事物的爱究竟是什么呢？或是说得更明白一点，'凡是爱美者所爱的究竟是什么？'"

苏：他爱那些美的事物终于归他所有。

第：但是你的答案引起了另一问题："那些美的事物既然归他所有之后，他又怎么样呢？"

苏:这问题我还不能立刻回答。

第:好,假如换个题目,问的不是美而是善:“请问,苏格拉底,凡是爱善者所爱的究竟是什么?”

苏:他爱那些善的事物终于归他所有。

第:那些善的事物既然归他所有之后,他又怎么样呢?

苏:这个问题倒比较容易回答,我可以说:他就会快乐。

第:对,快乐人之所以快乐,就由于有了善的事物。我们不必再追问他为什么希望快乐,你的答案似乎达到终点了。

苏:你说的很对。

第:依你看,这种欲望或爱是不是全人类所公有的呢?是否人人都希望善的事物常归他所有呢?你怎样说?

苏:是这样,它是全人类所公有的。

第:那么,既然一切人都永远一律爱同样的事物,我们为什么不说一切人都在爱,而说某些人在爱,某些人不在爱呢?

苏:我也觉得奇怪。

第:并没有什么奇怪。因为我们把某一种爱单提出来,把全体的名称加在它上面,把它叫作“爱”。旁的名称也有这样误用的。

苏:请举一个例。

第:就拿这个例子来说,你知道创作[①]的意义是极广泛的。无论什么东西从无到有中间所经过的手续都是创作。所以一切技艺的制造都是创作,一切手艺人都是创作家。

---

① 原文是 poēsie,其实就是“诗”,“诗”在希腊文中的意义就是“创作”。有些译本就用“诗”字来译。下文“一切手艺人都是创作家”就译成“一切手艺人都是诗人”。这里从罗本的译法。

苏:你说的不错。

第:可是你知道,我们并不把一切手艺人都叫做创作家,却给他们各种不同的名称;我们在全体创作范围之中,单提有关音律的一种出来,把它叫做“创作”或“诗”。只是诗这一种创作才叫做“创作”,从事于这种创作的人才叫做“创作家”或“诗人”。

苏:你说的对。

第:爱这个字也是如此。就它的最广义来说,凡是对于善的事物的希冀,凡是对于快乐的向往,都是爱,强大而普遍的爱。但是在其他方面企图满足这种欲望的人们,无论是求财谋利,好运动,或是爱哲学,都不叫做“情人们”或“钟爱者们”,我们也不说他们在恋爱。只有追求某一种爱的人们才独占全体的名称,我们说他们在恋爱,把他们叫做“情人”或“钟爱者”。

…………

第:待我说明。一切人都有生殖力,苏格拉底,都有身体的生殖力和心灵的生殖力。到了一定的年龄,他们本性中就起一种迫不及待的欲望,要生殖。这种生殖不能播种于丑,只能播种于美。男女的结合其实就是生殖。这孕育和生殖是一件神圣的事,可朽的人具有不朽的性质,就是靠着孕育和生殖。但是生育不能在不相调和的事物中实现。凡是丑的事物都和凡是神圣的不相调和,只有美的事物才和神圣的相调和。所以美就是主宰生育的定命神和送子娘娘。就是因为这个道理,凡是有生殖力的人一旦遇到一个美的对象,马上就感到欢欣鼓舞,精神焕发起来,于是就凭这对象生殖。如果遇到丑的对象,他就索然寡兴,蜷身退避,不肯生殖,宁可忍痛怀着沉重的种子。所以一个人孕育种子到快要生殖的时候,遇到美的对象,就欣喜若狂,因为得到了它,才可解除自己生殖的痛苦。照这样看来,爱情的目的并不在美,如你所想象的。

苏:然则它在什么呢?

第:爱情的目的在凭美来孕育生殖。

苏:就依你那么说吧。

第:这是不容置疑的。为什么要生殖呢?因为通过生殖,凡人的生命才能绵延不朽。根据我们已经断定的话来看,我们所迫切希求的不仅是好的东西,而且还要加上不朽,因为我们说过,爱情就是想凡是好的东西永远归自己所有那一个欲望。所以追求不朽也必然是爱情的一个目的。

苏格拉底说:“我多次听她谈爱情问题,所听到的教义大体如此。还有一次,她向我提出这样的问题:”

第:依你看,苏格拉底,这爱情和这欲望的原因在哪里?你注意到一切动物在想生殖的时候那种奇怪的心情没有?无论是在地上走的,还是在空中飞的,在那时候都害着恋爱的病,第一步要互相配合,第二步要哺育婴儿。为着保卫婴儿,它们不怕以最弱者和最强者搏斗,甚至不惜牺牲性命;只要能养活婴儿,自己挨饥饿,受各种痛苦,都在所不辞。人这样做,我们还可以说是因为他受理性的指使。但是动物也都有这种现象,那是什么原因呢?你能不能告诉我?

苏:我不知道那是什么原因。

第:连这道理都不知道,你还想精通爱情的学问吗?

苏:我老早就向你说过,正因为不知道,我才来向你求教。请你告诉我,这些结果以及有关爱情的其他结果,都是由于什么原因。

第:如果你相信爱情在本质上确如我们屡次所断定的那样,你就不会再惊疑了。现在这个事例在原则上还是和我们从前所谈过的一样,就是可朽者尽量设法追求不朽。怎样才能达到不朽呢?那就全凭生殖,继续不断地以后一代接替前一代,以新的接替旧的。就拿个体生命来说,道理也是一样。我们通常以为每一个动物在它的一生中前后只同是一个东西,比如说,一个人从小到老,都只是他那一个人。可是他虽然始终用同一个名字,在性格上他在任何一个时刻里都不是他原来那个人。他继续不断地在变成新人,也继续不断地在让原来那个人死灭,比如他的发肉骨血乃至于全身都在变化中。不仅是身体,心灵也是如此。他的心情,性格,见解,欲望,快乐,苦痛和恐惧也都不是常住不变的,有些在生,有些在灭。还有一个更奇怪的事实:就是我们的知识全部也不但有些在生,有些在灭,使我们在知识方面前后从来不是同样的人,而且其中每一种知识也常在生灭流转中。我们所谓“回忆”就假定知识可以离去;遗忘就是知识的离去,回忆就是唤起一个新的观念来代替那个离去的观念,这样就把前后的知识维系住,使它看来好像始终如一。凡是可朽者都是依这个方式去绵延他们的生命,他们不能像神灵的东西那样永久前后如一不变,而是老朽者消逝之后都留下新的个体,与原有者相类似。苏格拉底,凡是可朽者在身体方面或其他方面之所以能分享不朽，就是依这个方式，依旁的方式都不可能。因此，一切生物都有珍视自己后裔的本性，并无足怪，一切人和物之所以有这种热忱和爱情，都由于有追求不朽的欲望。

苏格拉底说："听到她的这番话之后，我非常惊怪，就问她：'真的就是这样吗，最渊博的第俄提玛？'于是她以一个十足的诡辩大师的气派回答我："

第：不用怀疑，苏格拉底，你只须放眼看一看世间人的雄心大志。你会觉得它毫无理性，除非你彻底了解了我所说过的话，想通了他们那样奇怪地欲望熏心，是为着要成名，要"流芳百世"。为着名声，还有甚于为着儿女，他们不怕冒尽危险，倾家荡产，忍痛受苦，甚至不惜牺牲性命。你以为阿尔刻提斯会做她丈夫阿德墨托斯的替死鬼，阿喀琉斯会跟着帕特洛克罗斯死，或是你们自己的科德洛斯会舍身救国，为后人建立忠义的模范吗①？如果他们不想博得"不朽的英名"，现在我们还在纪念的英名？没有那回事！我相信凡是肯这样特立独行的人都在想以不朽的功绩来博取不朽的荣誉。他们品格愈高，也就愈要这样做。他们所爱的都是不朽。

凡是在身体方面生殖力旺盛的人都宁愿接近女人，他们的爱的方式是求生育子女，因此使自己得到不朽，得到名字的久传，而且依他们自己想，得到后世无穷的福气。但是凡是在心灵方面生殖力旺盛的人却不然。世间有些人在心灵方面比在身体方面还更富于生殖力，长于孕育心灵所特宜孕育的东西。这是什么呢？它就是思想智慧以及其他心灵的美质。一切诗人以及各行技艺中的发明人都属于这类生殖者。但是最高最美的思想智慧是用于齐家治国的，它的品质通常叫做中和与正义。这类生殖者是近于神明的，从幼小的时期起，心灵就孕育着这些美质，到了成年时期，也就起了要生殖的欲望。这时候，我想，他也要四处寻访，找一个美的对象来寄托生殖的种子，因为他永不会借丑的对象来生殖。美本来是他所孕育的一个品质，因此，他对于身体美的对象比对于身体丑的对象较易钟情。如果他碰见一个美好高尚而资禀优异的心灵，他对于这样一个身心调和的整体就会五体投地去爱慕。对着这样一个对象，他就会马上有丰富的思想源源而来，可以津津谈论品德以及善人所应有的性格和所应做的事业。总之，他就对他的爱人进行教育。常和这美的对象交往接触，他就把孕育许久的东西种下

---

① 科德洛斯是雅典国王。雅典和多里斯战争，德尔斐预言告诉他们，如果雅典国王战死，雅典就会胜利。多里斯人下令要保全科德洛斯的生命。他乔装樵夫和多里斯人挑战，故意送死，因此使雅典得到胜利。

种子，让它生育出来。无论是住得近或隔得远，他随时随地都一心一意地念着他的爱人。到了婴儿出世之后，他们就同心协力，抚养他们的公共果实。这样两个人的恩爱情分比起一般夫妻中的还要深厚得多，因为他们所生育的子女比寻常肉体子女更美更长寿。每个人都宁愿与其生育寻常肉体子女，倒不如生育这样心灵子女，如果他放眼看一看荷马，赫西奥德以及其他大诗人，欣羡他们所留下的一群子女，自身既不朽，又替他们的父母留下不朽的荣名。再看莱科勾在斯巴达所留下的子女不仅替斯巴达造福，而且可以说，替全希腊造福。在你们雅典人中间，梭伦也备受崇敬，因为他生育了你们的法律。此外，还有许多例证，无论在希腊或在外夷，凡是产生伟大作品和孕育无穷功德的人们都永远受人爱戴。因为他们留下这样好的心灵子女，后人替他们建筑了许多庙宇供馨香祷祝，至于寻常肉体子女却从来不曾替父母博得这样大的荣誉。

以上这些关于爱情的教义，苏格拉底，你或许还可以领会。不过对于知道依正路前进的人，这些教义还只是达到最深密教的门径，我就不敢说你有能力参证了①。我尽力替你宣说，你须专心静听。

凡是想依正路达到这深密境界的人应从幼年起，就倾心向往美的形体②。如果他依向导引入正路，他第一步应从只爱某一个美形体开始，凭这一个美形体孕育美妙的道理③。第二步他就应学会了解此一形体或彼一形体的美与一切其他形体的美是贯通的。这就是要在许多个别美形体中见出形体美的形式④。假定是这样，那就只有大愚不解的人才会不明白一切形体的美都只是同一个美了。想通了这个道理，他就应该把他的爱推广到一切美的形体，而不再把过烈的热情专注于某一个美的形体，就要把它看得渺乎其小。再进一步，他应该学会把心灵的美看得比形体的美更可珍贵，如果遇见一个美的心灵，纵然他在形体上不甚美观，也应该对他起爱慕，凭他来孕育最适宜于使青年人得益的道理。从此再进一步，他应学会见到行为和制度的美，看出这种美也是到处贯通的，因此就把形体的美看得比较微末。从此再进一步，他应该受向导的指引，进到各种学问知识，看出它们的美。于是放眼一看这已经走过的广大的美的领域，他从此就不再像

---

① 柏拉图把最高的爱情学问——即哲学——看作一种玄秘的宗教，所以假托一个神秘的女巫来说，用的字常带有宗教术语的意味。所以译文借用了一些佛典中的术语。

② 原文只是“身体”，不过西文中“身体”常指一般物体，用“形体”译似较妥。形体是感觉的对象，与下文所说的那些理解的对象相对立。

③ 原文 logos 有“言辞”“文章”“道理”等义。

④ 这里所谓“形式”就是“理式”“共相”或“概念”。

一个卑微的奴隶，把爱情专注于某一个个别的美的对象上，某一个孩子，某一个成年人，或是某一种行为上。这时他凭临美的汪洋大海，凝神观照，心中起无限欣喜，于是孕育无量数的优美崇高的道理，得到丰富的哲学收获。如此精力弥满之后，他终于一旦豁然贯通唯一的涵盖一切的学问，以美为对象的学问。

说到这里，你得尽力专心听了。一个人如果随着向导，学习爱情的深密教义，顺着正确次序，逐一观照个别的美的事物，直到对爱情学问登峰造极了，他就会突然看见一种奇妙无比的美。他的以往一切辛苦探求都是为着这个最终目的。这种美是永恒的，无始无终，不生不灭，不增不减的。它不是在此点美，在另一点丑；在此时美，在另一时不美；在此方面美，在另一方面丑；它也不是随人而异，对某些人美，对另一些人就丑。还不仅此，这种美并不是表现于某一个面孔，某一双手，或是身体的某一其他部分；它也不是存在于某一篇文章，某一种学问，或是任何某一个别物体，例如动物、大地或天空之类；它只是永恒地自存自在，以形式的整一永与它自身同一[①]；一切美的事物都以它为泉源，有了它那一切美的事物才成其为美，但是那些美的事物时而生，时而灭，而它却毫不因之有所增，有所减。总之，一个人从人世间的个别事例出发，由于对于少年人的爱情有正确的观念，逐渐循阶上升，一直到观照我所说的这种美，他对于爱情的深密教义也就算近于登峰造极了。这就是参悟爱情道理的正确道路，自己走也好，由向导引着走也好。先从人世间个别的美的事物开始，逐渐提升到最高境界的美，好像升梯，逐步上进，从一个美形体到两个美形体，从两个美形体到全体的美形体；再从美的形体到美的行为制度，从美的行为制度到美的学问知识，最后再从各种美的学问知识一直到只以美本身为对象的那种学问，彻悟美的本体。

亲爱的苏格拉底，这种美本身的观照是一个人最值得过的生活境界，比其他一切都强。如果你将来有一天看到了这种境界，你就会知道比起它来，你们的黄金，华装艳服，娇童和美少年——这一切使你和许多人醉心迷眼，不惜废寝忘餐，以求常看着而且常守着的心爱物——都卑卑不足道。请想一想，如果一个人有运气看到那美本身，那如其本然，精纯不杂的美，不是凡人皮肉色泽之类凡俗的美，而是那神圣的纯然一体的美，你想这样一个人的心情会像什么样呢？朝这境界看，以适当的方法凝视它，和它契合无间，浑然一体，你想，这对于一个凡人是一种可怜的生活么？只有循这条路径，一个人才能通过可由视觉见到的东西窥见美本身，所产生的不是幻相而是真实本体，因为他所接触的不是幻相而是真实

---

① 这就是所谓“绝对美”，它涵盖一切，独一无对无待。

本体,你没有想到这个道理吗?只有这样生育真实功德的人才能邀神的宠爱,如果凡人能不朽,也只像有他这样才可以不朽。

——选自柏拉图:《文艺对话集》,朱光潜译,人民文学出版社 1963 年版

【导读】

柏拉图(Plato,前 427—前 347),古希腊著名哲学家,西方美学和美育思想的重要源头之一。其研究领域广泛,流传下来的许多作品如《菲多篇》《伊翁篇》《大西庇阿斯篇》《会饮篇》《巴门尼德篇》《理想国》等,主要以对话形式记载下来,其中许多是以苏格拉底之名进行的谈话。

“理念”(“forms” or “ ideas”)是柏拉图思想的基石。在柏拉图看来,世界是由实体构成的,实体即理念,世间万事万物因“分有”理念才得以存在;理念是最真实的,现实是对理念的摹仿(分有),而艺术则是对现实的摹仿,所以艺术是“摹仿的摹仿”。他从巩固理想国政权的角度,提出了以艺术教育(美育)为核心的效用说,强调诗(泛指艺术)的教育目的就是要培养城邦的保卫者。为此,柏拉图对艺术教育(美育)作了严格的取舍,提出了要把诗人逐出理想国的著名论断。但同时,他在回答诗与哲学的古老论争时,又充分肯定了诗所具有的教化人心的魔力,认为只要起到好的教育作用,理想国还是欢迎诗人回归的。至于什么才是起到好的教育作用的诗,柏拉图以为只有那些描写善的东西和美的东西的诗人和其他艺术家才是好的诗人和艺术家。在此基础上,柏拉图提出了心灵的审美教育问题,指出“最美的境界”就是“心灵的优美与身体的优美和谐一致,融成一个整体”,这种和谐一致正体现了希腊人对美、健康和善的理解,而凡是能够让人们“知道”(懂得)这种和谐一致的艺术就是好的艺术。在柏拉图看来,这恰恰也是对理念与现实之“分有”关系的实现。

“会饮篇”作为柏拉图最著名的对话录之一,充分体现了上述基本观念。这篇对话与柏拉图的其他对话有着显著不同,它更像剧本,有着意味深长的场景和人物描写,而且苏格拉底在其中也不是唯一的主角;相反,它通过层层转述以及轮流发表颂词的方式,削弱了苏格拉底的权威性,从而更像一个百家争鸣的座谈会,其中凸显了柏拉图思想的某种复杂性。在选文中,厄里什马克紧接着泡赛尼阿斯关于“高尚爱神”和“凡俗爱神”(“天上的阿佛洛狄忒”和“地上的阿佛洛狄忒”)的说法,在赞同其所作区分的同时,扩大了这种区分的应用范围,认为万事万物都适用于这种爱的二分法,而医学(即希腊人的健康观念)就在于使这二分的敌对双方能够和谐共处,在相反的因素中引申出相亲相爱,就像弓与琴弦那样看似矛盾,实则相辅相成,能够奏出动人的乐音。这种相亲相爱的和谐本身就是

合乎节度、健康、正义和美德的。甚至，在厄里什马克看来，经由这两种爱的和谐关系，也能理解人与神的关系，并能够通过这种二分来衡量人的种种行为是否美好、是否存在得失。而就苏格拉底的发言来看，虽然苏格拉底看似并未遵从这种二分，但通过转述第俄提玛关于爱神作为丰富神与贫乏神的孩子这一身世，作为介乎人与神之间的精灵，它本身就是二分的综合。而且，通过对爱的目的在于生殖而不在于美的对象的讨论，苏格拉底成功地把爱从专注某一美的形体，引向了作为通向普遍美的阶梯，从迷恋形体美引向了欲求心灵美的道理，并从人的有死性引向了通过繁育（尤其是心灵的繁育）而达致不死的可能。显然，对于柏拉图来说，参悟爱情的正确道路就是从爱美的形体开始，然后从种种制度和行为中辨别出美的制度和美的行为，最后再从各种对美的知识（理解）中真正彻悟美本身，进而达致纯然一体的美的境界。只有这样，才是真正掌握了有关美的学问（哲学）。

实际上，柏拉图继厄里什马克之后，从另一个角度称颂了爱作为沟通特殊与普遍（多与一）、分有（可见之物）与理念（可知之物）、身体与灵魂、有死与不死（人与神）的中介功能，强调了这种中介功能对于培养一个人的审美境界的特殊作用，甚至是一种哲学修为的作用。显然，柏拉图描述的这条对美的知识的逐步上升与培养路径，也正是其美育观念的核心所在。（叶磊蕾 撰写）

柏拉图的艺术教育功能观（叶磊蕾 讲授）

大教学论(节选)

夸美纽斯

假如要去形成一个人,那便必需由教育去形成

一　我们已经知道,知识、德行与虔信的种子是天生在我们身上的;但是实际的知识、德行和虔信却没有这样给我们。这是应该从祈祷,从教育,从行动去获得的。有人说,人是一个"可教的动物",这是一个不坏的定义。实际上,只有受过一种合适的教育之后,人才能成为一个人。

二　因为,如果我们从知识方面去着想,我们就可以知道,只有上帝才有一种特性,能借一份简单的直觉去知万物,没有原始,没有进程,也没有终结。这在人与天使是不可能的,因为他们没有无穷与永生,这就是说,没有神性。他们只需具有充分的知力,能够领悟上帝的作品,能从它们收聚丰富的知识,已就够了。至于天使,他们当然也从知觉去学习("彼得前书",第一章,十二;"以弗所书",第三章,十;"列王记上",第二十二章,二十;"约伯记",第一章,六)他们的知识也与我们的知识一样,是从经验得来的。

三　所以,倘若一个人没有学会照着一个人的样子去动作,即是,没在组成一个人的因素上受到训练,那是谁也不能相信他能真正成为一个人的。这从一切造物的例证可以看明白,因为它们虽然注定了要为人所用,但是不经人手的安排是不合于人的使用的。比如,石头是给我们当作建造房屋、塔宇、墙壁和栋梁等等的材料的;但是它们在没凿好,没被我们放在它们所应放置的地位以前,它们是没有用处的。珍珠与宝石注定了要给人做装饰品,也需加以雕凿与琢磨。五金是在日常生活上面最有用处的,它们也得有人去采掘,提炼,熔化,并以各种方式去铸造,去锤打。在此以前,它们的用处还赶不上普通的泥土。

我们从植物身上取得食品、饮料与药品,但是我们先得把菜蔬与谷类给种好,锄好,收好,筛好,磨好;我们先得把树木栽好,修剪好,加好肥料,并把果实采下,弄干;假如其中有要用作药品的,或者作为建造之用的,准备的工作便更多。动物的特性是生命与动作,它们看去好像是自给自足的了,但是假如你要按照合于它们的用途去用它们,那便还要一些训练。比如,马是天生合于作战用的,牛是合于拖物用的,驴是合于负重用的,犬是合于守护与狩猎用的,鹰是合于捕鸟用的;但是我们若还没有训练它们,使它们习惯于它们的工作,它们便都没有多

少用处。

四　人的身体生成是要劳动的；但是我们知道，人生来只有学习劳动的能量。他要受到教导，然后才能坐，才能站，才能走，才能用他的手。然则我们哪能希望我们的心理一来便已完全发展，事先一点准备都不需要呢？因为一切造物在它们的质料方面，在它们的发展的进程方面，全是从“无”到有的，全是逐渐地自己发展的。我们在上一章已经说过，并且大家也都知道，天使的完善的程度和上帝相差不远，但是他们也并不是无所不知的，他们对于上帝的稀有的智慧的知识也是逐渐地得到的。

五　大家也明白，人在亚当作恶以前，天国便已为他开了一个学校，使他逐渐得到进步。因为最初造出的人虽在造出以后，便不缺乏直立走路的能力，不缺乏言语，不缺乏理智，但是从夏娃与蛇的谈话可以明白，从经验中得来的关于事物的知识却是完全缺乏的。因为夏娃的经验倘若多一点，她就会知道蛇是不能说话的，她便会知道其中必有一些诡计。

所以，在这种堕落的状况之下，我们更需多从经验去学习，因为我们的悟性只是一个虚空的形式，如同一块没字碑似的，并且我们也不善于做事、说话，或去知道任何事物；因为这种种能力都只潜伏地存在着，需要加以发展。事实上，这在现在做来，较之在一种完美的状况之下去做更加困难，因为现在不独事物晦涩，而且语文也很混乱（假如有人为了学问之故，要与各种现存的与古代的人民相交接，他便不只要学一种语文，而得学习好些种语文了）；而且国语也变复杂了，我们生来是一点没有国语的知识的。

六　有些例证告诉我们，凡是从小被野兽攫去，在野兽群中长大的人，他们的智力都没有超过野兽的水准，他们倘若不是重新回到了人类的社会里来，他们用舌，用手，用脚的程度也不会超过野兽所能的。我可以举出几个例子。大约在1540年的时候，有一个名叫哈西阿（Hassia）的村落，座落在一座森林的当中，村里有个三岁的孩子，因为父母的疏忽给丢失了。过了几年，乡里人看见一只奇怪的动物在和豺狼一道奔驰，它和豺狼的形状不同，有四只脚，可是有一副人类的面孔。这种传说到处一散布，地方官便叫农人们把它活捉来，带到他的跟前去。农人们果然这么办了，最后，那动物便送到了卡塞尔（Cassel）方伯那里。

到了堡里以后，它便躲在凳下，凶狠地望着追赶的人，骇人地咆哮着。方伯给他受教育，让他不断地和人在一道，他受了这种影响，他的野蛮的习惯方才逐渐地变文明;他开始用后脚,像一只两足动物一样地走路,最后,他便能够聪明地说话,他的行为便像一个人了。那时他才尽力说明,他是怎样被狼攫去,被狼养大,怎样习于和狼一道去狩猎的。这个故事见于德累斯(M. Dresser)的“古代与现代的教育”(Ancient and Modern Education),卡美拉利乌斯(Camerarius)在他的“时间”(Hours)一书上也说到这件事情和另一件同类的事(见第一册,第七十五章)。

古拉迪阿斯(Gulartius)也(在“现代的奇迹”Marvels of our Age上)说,一千五百六十三年法国发生过这么一件事:有些贵族到外面去打猎,他们打死了十二只豺狼,最后,他们用网捉住了一只东西,像个裸体的孩子,大约有了七岁左右,皮肤是黄的,毛发是卷曲的。他的指甲弯曲得像鹰爪一样,他不能说话,只会发出一些狂野的呼声。当他被带到堡内的时候,他非常凶猛地挣扎,差不多脚镣都不能安上去;但是饿过几天之后,他便变得柔顺一些了,过了几个月,他便开始能够说话了。他的主人把他带到好些城市去展览,挣了不少的钱。最后,一个贫苦的妇人承认他是她的儿子。所以柏拉图说得真对,他说(“法律论”Laws,第一,六):“人若受过真正的教育,他就是个最温良、最神圣的生物;但是他若没受教育,或者受了错误的教育,他就是一个世间最难驾驭的东西。”

七　教育确乎是人人所必需的,我们倘若想想不同程度的能力,我们就可以明白这一点。愚蠢的人需得受教导,好使他们去掉他们的本性中的愚蠢,这是无可怀疑的。其实聪明人更加需要受教育,因为一个活泼的心理如果不去忙着有用的事情,它便会去忙着无用的、稀奇的、有害的事情;正如田地愈肥沃,蒺藜便愈茂盛一样,一个绝顶聪明的心理如果不去布下智慧与德行的种子,它便会充满着幻异的观念;又如磨磨石的时候如果不撒下麦子,磨石便会磨出声音、磨损,以致于常常磨碎一样,一个活泼的心理如果没有正经的事情可做,它便会被无益的,稀奇的和有害的思想所困扰,会成为自己毁灭的原因。

八　富人没有智慧岂不是等于吃饱了糠麸的猪仔?贫人不懂事岂不等于负重的驴子?美貌无知的人岂不只是一只具有羽毛之美的鹦鹉,或是一把藏着钝刀的金鞘?

九　具有权力的人们、国王、亲王、官卖、牧师与教师,他们要有智慧,正如向导要有眼睛;舌人要能说话,喇叭要出声音,或者刀要有刃是一样的。同样,地位较低的人也要受教育,他们才能聪明地、谨慎地服从他们的长上,不是出于强迫,如同一只驴子的服从一般,而是出于他们的自愿,出于他们的爱好秩序的心思。

因为一个理性的动物不应当受呼唤、禁锢与鞭笞等的领导，应受理智的领导。其他方法都是对于根据自己的形象去造人的上帝的一种侮辱，是使人事中充满着强暴与不安的。

十 我们由此可以知道，凡是生而为人的人都有受教育的必要，因为他们既然是人，他们就不应当变成野兽，不应当变成死板的木头。并且由此可见，一个人愈是多受教导，他便愈能按着恰切的比例胜过别人。我们可以用“智者”（Wise Man）所说的话结束这一章，他说：“凡是以为智慧与纪律没有用处的人就会得祸；他没有（达到他的愿望）希望，他的劳力不会有结果，他的工作会成白费”（“智慧书”，第三章，十一）。

改良学校是可能的

一 医治根深蒂固的疾病是困难的，几乎常常是不可能的。但是假如有人贡献了一种有效的医治的方法，病人会不会拒绝他的服务呢？他是不是宁愿得到帮助，愈快愈好呢？如果他觉得医生不是纯凭臆测，而是具有可靠的理由的，他是不是更会如此呢？无论如何，我们在这件事情上面已经达到了一个境界，必得说明(1)我们实际所应许的是什么，(2)我们打算根据什么原则去进行。

二 我们所应许的教育体系是这样的：

1. 所有青年都能受到教育（除了上帝没有给予悟性的是例外。）

2. 所有青年可以学到一切可以使人变得有智慧，有德行，能虔信的科目。

3. 教育是生活的预备，一个人能在成年以前完全受到这种教育。

4. 实施这种教育的时候不用鞭笞，无需严酷，也不用强迫，它可以实施得尽量和缓快乐，尽量自然（正同生物的体格长大，丝毫不需勉强或强迫肢体去伸展一样；因为如果合适地得到食物、照料和运用，身体是会逐渐地、不知不觉地自然生长，并且变强壮的。同样，我主张把养料、照顾和运用谨慎地供给心理，把它自然而然地导向智慧、德行与虔信）。

5. 这种教育不是虚伪的，而是真实的，不是表面的，而是彻底的；这就是说，人类这个理性的动物不要由别人的心智去领导，要由他自己的心智去领导；他不只是读书，知道别人的见解，掌握书里的意义，或者呆记死背，他要亲自探求事物的根源，获得一种真能了解、真能利用所学的事物的习惯。

6. 这种教育不是吃力的，而是非常容易的。教室里每天只有四小时的教导，一个先生同时可以教几百个学生，所受的辛苦要比现在教一个学生所花的少十倍。

三　但是在没有亲眼看见这种事情以前，谁肯相信这种事情呢？人类有一种明显的特性，当一个非凡的发现没有发现以前，他们是怀疑它的可能的，可是一到发现出来以后，他们又觉得惊奇，认为为什么早不发现出来。阿几米得当初答应为海挨罗王(King Hiero)只手把一艘一百人都移不动的大船移到海里去的时候，他的建议所得到的是讥笑，可是成功以后，大家都为之大吃一惊。

四　哥伦布当初疑心西部还有新的岛屿的时候，除了卡斯提尔王(King of Castille)以外，谁也不肯相信他，谁也不肯帮助他去实验。据说他在航程中的伴侣屡次失望之后，也差不多要把他掷到海里，没有把事情作完就回去。但是，不管怎样，新大陆终于被发现了，我们现在又都觉得稀奇，觉得它为什么过了这么长久的日子没有被人知道。哥伦布的一个有名的笑话说明了同一问题。有一次在一个宴会上，有些西班牙人发生了忌妒的心思，觉得这种发现的光荣为什么要被一个意大利人得去呢，他们于是讥笑他，侮辱地说，那一个半球的发现不是由于什么本事，而是由于机遇，谁也可以同样轻易地发现它的，那时他便提出一个巧妙的问题。他问："一个鸡蛋不加支持怎样才能靠着一端立住不倒呢？"每个人都试过了，没有做成功，他便把蛋壳轻轻地在桌上敲一敲，把它打破，就是这样使它站住了。别人都大笑，说他们也会做。"你们现在已经看见了这是怎样做成功的，你们当然会做了啊"，他说，"但是为什么在我以前谁也不会这样做呢？"

五　我相信，假如印刷术的发明者缶斯特(John Faust)告诉过大家：他有一种方法，可以使一个人在一星期以内所抄的书比平常十个最快的抄写者在一年以内所抄的还多；抄出的比平常的书好；一切抄本从头到尾完全是一般无二；如果其中有一本校正过了以后其余便都绝对不会出错；我相信他所遇到的情形也会一样。谁会相信他？谁不会认为这是一个谜，或是一种自诩的、愚蠢的夸张？但是到了现在每个儿童都知道这是一个毫不夸张的事实了。

六　假如短枪的发明者什发兹(Berthold Schwartz)曾经向弓箭手说："你们的弓，你们的弩，你们的投石器全都没有多少价值。我可以给你们一种武器，它不必借助任何人力，只凭火做媒介，它就可以射出石头和铁，而且还可以把它们射得更远，射得更有把握，它们可以击中，连根拔起，或者打倒挡住它们的一切事物。"那时他们谁不会报之一笑呢？习俗是要这样把一切新鲜的事物看做神奇、不可置信的。

七　美洲的印第安人不懂得一个人为什么不用言语，不用递信的人，仅仅寄出一张纸条就能够把他的心思告诉别人。但是在我们，哪怕一个智力最低的人也是懂得这个道理的。

所以，一个时代的惶惑是可以成为下一个时代的笑谈的。

八　我很知道，在我这件新事业上也会遇到这种情形；事实上我是已经经验到了的。有些人看见有人在通行的学校、书本和方法上面找出了缺点，敢于应许一些非常的、特异的事情，他们准会要生气的。

九　我很容易要求把我的结果当作我的最可靠的证人（我是这样信任上帝的）。但是我写这些文字的目的，为的既然不是一般没有受过教育的群众，而是受过教育的人们，我当然应该拿出证明出来，证明我们能使一切青年得到知识、德行和虔信，而不至遭受教员和学生们在旧制度下所不断地体验到的苦恼与困难。

十　有一个充分的论证是，一切个别的创造物不但容易被领导到与它本性相投的方向去，而且实际上还是不能不走向向往中的目标去的，如果中途受了阻碍，它便感到痛苦。

十一　一只鸟儿学着飞行，一条鱼儿学着游泳，一匹野兽学着奔跑，都不需要任何强迫。它们一旦觉得自己的肢体够强健了，它们便立刻自动地去做这些事情。水是自动地从山上流下来的，同样，有了燃料和流通的空气，火便自动地烧起来；一颗圆石头会滚下山去，一块方石头便会停住不滚，有了充分的光亮，眼睛和镜子便能接收事物的印象，种子的环境如果温暖潮湿合适，种子便会发芽。事实上，这种种东西都在各自努力去实践它的生来的职分，如果得到帮助，无论帮助如何微弱，它的职分便实践得更圆满。

十二　我们在第五章说过，知识、德行和虔信的种子存在一切人类的身上（除了畸形的人不算），可见，他们所需要的只是一种和缓的推动和谨慎的指导而已。

十三　但是反对的人说，不是每一块木头都可以雕成一个麦叩利神（Mercury）的，我的答复是：只要没有完全毁坏，每一个人都是可以成为一个人的。

十四　但是有人又会说，我们的内心的力量是被亚当的罪恶给弄脆弱了的。我的答复是：是的，被弄脆弱了，但是并没有被消灭。即以我们的体力而论，假如情况不佳，它也是可以用散步、奔跑和人为的运动方式去恢复它的天然的精力的。因为，虽则最初的创造物在造成之后立刻就能走路，说话，用思想，我们却非经过练习便不能够。我们也并不因此就认为学习这些事情一定不能免于困惑、劳苦与无把握。因为，身体上的机能，如同吃饭、饮水、走路、跳跃之类，假如我们学着去实践的时候没有很大的困难，那么，假如经过合适的教导，我们为什么不能同样容易地学着去实践心理上的机能呢？并且，一个驯马的人花几个月工夫就能够教会一匹马在一个圈子里面急走、跳跃、奔跑，看了马鞭所给的指示便会操演；一个纯粹的马戏表演者能够教一匹熊去跳舞，教一只兔子去打鼓，教一只狗去耕田，去角力，或是去占卦；一个衰弱的老妇人能够教她的鹦鹉，她的喜鹊，或是她的老鸦去模仿一个人的声音，或是一支曲调；这种种事情虽然与天性相反，但是都能够在一个短时期内教会。那么，那些为天性所督促、所驱使一个人去做的事情，姑且不说它所容许，或所领导他去做的，他却不易学会吗？如果有人正经地提出这种论辩，他是会见笑于训练动物的人们的。

——选自夸美纽斯：《大教学论》，傅任敢译，人民教育出版社1957年版

【导读】

扬·阿姆斯·夸美纽斯（Johann Amos Comenius，1592—1670），17世纪捷克著名教育理论家，西方近现代教育理论的奠基人，被誉为“现代教育之父”。代表作有《母育学校》《语言和科学入门》《世界图解》等。《大教学论》是其最重要的教育理论著作，对后世中西方教育理论的发展都产生了重大影响。

以“泛智论”和“教育适应自然”为基础的泛智教育观，是夸美纽斯思想的核心，主张“一切知识教授给一切人”。在夸美纽斯看来，无论男女都有受教育的权利，“人人均应受教育”，“人人必须学习一切”。他在西方教育学史上首先提出“终身教育”设想，认为应根据人生不同阶段的特点进行有针对性的分阶段教育，并且第一次提出了统一学制、班级授课制等教学组织方案，以及直观教学和“便易性”“彻底性”“简明性与迅速性”等教学方法原则。

尽管在夸美纽斯的时代，“美育”概念尚不存在，但其教育理论中已经存在较为丰富的有关美育的思想。他在《大教学论》一书开篇“致意读者”中就开宗明义指出，伟大的教学法是“一种把一切事物教给一切人类的全部艺术，这是一

种教得准有把握的艺术，结果一定不能不来到；并且它又是一种教来使人感到愉快的艺术，这就是说，它不会使得教员感到烦扰，或使学生发生厌恶的心情，它能使得教员与学生都得到最大的快乐；此外，它又是一种教得彻底，不肤浅，不铺张，却能使人获得真实的知识，高尚的行谊，和最深刻的虔信的艺术”。秉承文艺复兴的人文主义精神，他将教育提升到“艺术”高度看待，强调教育应是愉快、彻底、全面和确定性的，只有这样的教育活动才是真正有效的。教育的最高境界就是“教育艺术”或艺术化的教育。显然，教育的“艺术化”正是后世美育理论的核心理念之一，在今天看来，夸美纽斯的“教育艺术”观其实就是一种较为典型的大美育观。

在知识论层面，夸美纽斯认同培根的新自然主义哲学和经验主义知识论。培根在《新工具论》中提出“知识就是力量”，而只有真正的知识才是具有力量的知识。这种“真正”的知识就是从人们自然“感知”出发并且最终能够得到“感知感觉”体验验证的知识。培根因此强调实验作为知识确立过程的必备环节。夸美纽斯则承接培根，强调“知识的开端永远是从感官来到的”，“科学的真实性与准确性，其所赖于感官证明的证明者较之其他一切事项都要多”；脱离了感觉，理解力就失去了根基，只有通过感官获得的知识才能永远保留在记忆里，感觉是记忆力“最可靠的仆人”。他以感觉论的知识观为立场，认为将一切事物尽可能地放在感觉面前，是教师的“金科玉律”。他十分注重教学中“直观”的作用，强调直观教学和感官教育。其直观教学法的核心，是将一切抽象的甚至某些难以直接诉诸感觉的知识设法转化为可以得到感觉直观的知识，如通过制作教学模型、教学演示和实验等。应该看到，作为一种特殊的感知方式，任何美感都首先是感性的和直观的，而在夸美纽斯的感觉论知识观及其直观教学法中，其实就已经蕴含着美感教育的基本内涵，从而成为审美教育的先声。

在具体教学实施方面，夸美纽斯倡导愉悦教育和艺术教育，认为应充分发挥游戏与图画、音乐、戏剧等在教学中的作用。在他看来，学校作为人性的“工场”应是一个快乐的场所。只有在教学中激发起学生对知识的兴趣，将愉悦与有用的知识结合起来，才能让学生集中注意力，阻止厌恶感的产生。这就是说，“寓教于乐”是实施教学活动的重要原则，而游戏和艺术是实现“寓教于乐”的重要手段。夸美纽斯反对视游戏为无用的消遣或“第三种课程”，主张用一定的时间让学生在有意义的游戏中熟悉各种行业，接触有用的知识。而在不同年龄段的教学活动中，不同艺术形式的特点则有助于开展有针对性的教学。他十分强调绘画、音乐在幼儿等早期教育中的作用，而在青少年教育中则突出强调了戏剧表演的重要性，认为通过观看和参加戏剧表演，学生可以熟悉社会人情世故，在模仿中增进智慧、加强记忆。

尽管夸美纽斯的教育思想具有强烈的宗教目的性，也没有形成系统的美育理论，其对审美和艺术的理解也存在较大的局限，但是，从理念到方法，夸美纽斯的教育思想已经较为广泛地触及了审美和艺术教育的基本内容，他本人也因此成为西方近现代美育思想的先行者。（杨光 撰写）

教育漫话(节选)

洛克

81. 我一提到对待孩子也要说理,人们也许会感到不解;但我却不能不认定这应是对待他们的真正方式。儿童一到使用语言之日,就是明了道理之时;如果我的观察不错,儿童之希望被看作是具有理性的生物,远比人们通常想象的年龄为早。他们这种自负的态度应当得到珍惜,我们也应尽量利用这种态度,将其作为支配儿童的重要工具。

不过我之所谓说理,必须以适合儿童的能力及理解力为限,不可引作他用。谁都知道,不可把一个 3 岁或 7 岁的孩子当作大人那样去和他辩论。长篇大论的说教和哲学意味甚浓的推理,最佳效果也无非是使儿童感到惊奇与迷惑而已,并不能提供真正的教导。我之所谓应以理性看待他们,其意是,你的举止应温和,即使惩罚儿童时,态度务必镇静,要使他们感到你的做法是合理的,对他们是有益且必须的;要使他们感到,你之所以吩咐或禁止他们去做某件事,并非出自心血来潮或胡思乱想。这是他们可以理解的;我认为,无论对于应在他们身上激发的德行,还是应远离的过错,无不可以用道理说服;不过所说的道理应符合他们的年龄及理解力,同时应以极少的简明扼要的措辞表达。至于责任的基础及是非的根源,对于那些不习惯于从通行的见解中抽象出自己思想的成人,打进他们的心扉也决非易事,至于儿童就更难了解虚无缥缈原理的推论了。冗长的演绎实难打动他们。倘若要用道理达到目的,那种道理便须明白流畅,符合他们的思想水平,而且应该能够(如果我能这样说的话)被接触到和被感觉到方可。不过,若是他们的年龄、性情以及性向能被充分考虑,这种可以说服他们的动力绝非难觅。倘若他们犯了任何值得注意的过错,而又缺乏其他特殊的动力可以利用,有一种方法常常可使他们醒悟,并有力量去阻止那种过错的发生,这就是使他们知道那种过错会使他们贻笑大方,蒙受羞辱,失掉你的欢心。

108. 倘若对儿童的这种训练能及早开始,使他们从小就惯于将自己的欲望藏在内心,而不发出任何声响,这种有益的习惯就会在他们身上确立起来;当他们渐长,做事更有分寸时,如果届时是他们的理智——而不是情感——出来说话,他们可以得到更多一些的自由。因为凡是理智的发言都应听取。不过如果他们说要某样特别的东西,除非你曾首先向他们提及,否则你还是决不能满足;

然而如果他们想知道某件事情，追问某条消息，希望被告之有关消息，你就任何时候都必须倾听，而且要公正、和蔼地予以回答。儿童的好奇心应小心地加以珍惜，就像其他嗜好应认真地予以抑制一样。

虽然一切嗜好的欲望都应严格制止，但有一种情形应允许儿童的嗜好(Fancy)有说话的机会，且应予以听取。娱乐与工作或食物一样，都是人生的必需之物。但由于娱乐不能脱离快乐，而快乐却并不总是根据理智，它根据嗜好的时候也许还要多些，所以儿童不仅要被允许去寻欢乐，而且应依据他们自己的方式去消遣，只要他们的娱乐方式是高尚的，不致对健康造成损害；因此在这件事上，如果儿童提到某种方式的娱乐，他们是不应遭到拒绝的。虽然我认为，在秩序井然的教育里，儿童很少用得着由自己去要求这种自由。

我们应该留意的是，凡是对儿童有益之事，都应使他们总是愉快地去完成；他们对于某件有益的事情尚未厌倦之前，便应及时变化，设法使他们改做其他有益的事情。但是如果未能令他们在这方面达到完善的程度，就可对娱乐做点改进，转换方式，你可强令他们去做他们原本极为喜好但颇为幼稚的游戏，就让他们玩得过量，以至厌烦，不想再玩下去才罢手；但是他们在进行有益的活动时，就必须总要在兴犹未尽之际就离开，至少也要在尚未疲倦、对事情不十分厌烦之前就撒手，并愿意回头重新开始，以便再次品尝娱乐的快感。

儿童在做值得称道的事情时，会感受到快乐；他们的身心轮番进行有益的练习，使得他们的生命与进步在一连串的消遣中变得充满乐趣，疲倦了的部分通常也能得到休息，重新抖擞精神；在此之前，你决不能认为他们已走上了正轨。至于这种境界是不是具有各种气质的人都能达到，教师与父母是否肯劳神费力，是否能深谋远虑及具有耐心，去使儿童达到这个境界，我并不知道；不过，如果采用一种正当的途径，激发儿童产生想要获得其他人的信任、尊重与赞许的愿望，则大多数儿童都能达到这个境地，对此我未曾感到丝毫怀疑。当他们有了这样丰富的真实生活时，就能对他们最感愉悦的话题进行自由交谈，并且得到指导，或得到宽松的待遇，这样他们就会明白，自己是在受到爱护与抚爱，教导他们的人并不是一味反对他们、不让他们得到满足的敌人。这种管理办法就可以使他们爱慕那些指导他们的人，爱慕那些被指点的德行。

使儿童在娱乐方面得到自由，此外还有一样好处，就是由此可以看出儿童的气质，揭示他们的倾向与才能，这就可以指导贤明的父母去为子女选择生活的道路以及安排适合的职业，同时，他们如果发现儿童的本性中具有任何错误的倾向，也就可以想出适当的补救办法。

148. 当他到了能够说话的时候，他就应该开始学习阅读。但是与此有关，我又要提到一件大家极易遗忘之事，再来叮嘱一下。这就是，你应该极力注意，决不可把读书当作他的一种工作，也不可使他把读书看成一项任务。我已经说过，我们甚至从摇篮时代起就是自然而然地爱好自由的，所以我们对于许多事情之所以感到憎恶，不为别的，只因那些事情均系强加于我们之故。我常发一种奇想：学习可以变成儿童的一种游戏、一项娱乐；觉得如果学习被儿童当作一件充满荣耀、名誉、快乐及娱乐意味的事情，或是把它当成作了某事的奖励；假如他们从未因为忽略了求学就受到责备或惩罚，他们是会向往求学受教的。有一件事情使我对这种意见更为深信不疑，这就是在葡萄牙人那里，儿童把学习读写视为一种时髦和竞赛，以至欲罢不能；他们相互学习，如此专心致志，好像有人禁止他们去学似的。我记得有一次我住在一个朋友家里，他的小儿子是一个穿童装的幼儿，要他读书十分困难（当时他是由他的母亲在家里教他读书的），于是我就劝他们换个方法，不要令其子将读书当作他的一种责任；我们有目的地谈论起来，并让他听见，但是对他毫不留意。我们说，当学生是嗣子与长兄的权利；说他们读了书就可以变成美好的绅士，得到每一个人的喜爱；至于其弟受教养，乃是对于他们的一种恩惠，教他们学习读、写，本是他们非分的获得，只要他们自己情愿，尽管可以去变成一些无知无识的村夫土佬儿。这种做法果然奏效，自那以后，那个孩子就自己要求受教了；他会自己走到他的母亲跟前去学习，他要女仆听他读书，否则就不让她安宁。我相信，对其他儿童也可以用这种类似的方法对待；一旦我们发现了他们的性情，就可以将某些想法注入他们的头脑，使他们自己去向往学习，把求学当成另外一种游戏或娱乐去追求。但是，如同我以前说过的，决不可把学习当作他们的一项任务，也不可变成他们的一种麻烦，我们可以在骰子和玩具上面粘上字母，在游戏时教儿童学习字母；此外还有许多适合他们特殊性情的方法，可以使他们把学习当作一种玩耍。

149. 照此情景，儿童是可以被诱导去学会有关字母的知识的，当他们学习阅读时，勿需正襟危坐，只觉得是一种玩耍，别人在皮鞭的淫威下才肯去学习的东西，他们在玩耍中就学会了。儿童不可把任何诸如工作或其他严肃的事情放到自己身上；这是他们的精神与身体都无法承受的，这会使他们的健康受到损害。我相信，之所以有许多人憎恶书本及学问，原因就是当他们在敌视一切此类约束的年龄，被迫束缚在书本中之故。这种情形正同暴饮暴食一样，饱食之后所生的憎恶是难以消除的。

150. 所以我觉得,倘若通常并没有加以利用的玩具能够适合达到教学的目的,我们就可以设法使儿童在他们以为是游戏的时候学习阅读。例如,假如我们仿照皇家橡树彩票抽奖所用之圆球,制作一个分作 32 面或是 24 面或 25 面的象牙球;然后在一些面上粘上一个 A 字,在另一些面上粘上一个 B 字,其余的面分别粘上 C 字和 D 字,你看如何?我主张在开始阶段,你不妨只粘这 4 个字母,甚至只粘 2 个,待他烂熟于心后,再酌情增加;一直到每面有一个字母,全部字母都在球上可以显示为止。我宁可由别的孩子在他的面前玩耍这个象牙球,玩的时候不妨采取打赌的形式,看谁先掷出一个 A 字或者 B 字,这同掷骰子的时候,看谁先掷出六点或七点如出一辙。这是你们的游戏,不要引诱他参加,免得你把它当作一种工作;因为我并不想让他认为这不过是成年人的一种游戏,我相信他自然就会喜欢这种游戏。为使儿童更有理由认为这是一种游戏,觉得是一种得到了别人的善意的认可才能加入的游戏,游戏完毕,就要将球收起,不要让他拿到,免得他将球长期占有,从而使球变得对他来说陈旧乏味。

151. 你要保持他的求知的热望,你就得使他觉得这是属于他们长辈的一种游戏;等到他用这种方法认识字母之后,你再将字母换成音节,他就可以不知不觉地学习读法,决不会因此受到责备或烦扰,也不会因为书本中有关拼写等的困难用法及由此造成的烦恼,而使他们把书本视若寇仇了。如果你对儿童留心观察,就会发现,他们常常花费很大的气力去学习几种游戏,那些游戏假如是由别人强加的,他们就会畏惧它们,就像畏惧任务与工作一样。我认识一个极有身份的人(其学问与德行较之其出身及显赫地位更为可敬),他将六个元音字母粘在一个骰子的六个面上(因为在我们的文字里面,Y 也是元音字母之一),而把其余十八个辅音字母分别粘在另外三个骰子上面,将此作为其子女的一种游戏,看谁一次用这四个骰子掷出的字数最多,谁就将获胜;他的长子那时还是一个穿着童装的幼儿,全身心地投入这项游戏,在玩耍中自己就学会了拼音,他从未被强迫向学,亦从未因此受过训斥。

152. 我曾见过一些小女孩,一连耗费几小时的时间,费尽气力,要把自己变成掷石子的专家。我在旁观看时不禁想到,可惜缺乏一种良好的设计,去使她们利用那种专注与努力,做别的对她们更为有益的工作;我觉得这完全是年长的人的差错及疏忽所致。儿童远不如成人爱偷懒;如果他们好动的性情未曾用到有益的事情上面,那是应该责备成年人的;如果成人愿意耗费哪怕一半的力气,去对儿童加以引导,那么这些小猴子一定会乐于追随,那些有益的事情通常也可以变得像儿童的游戏一样令他们感到快乐。我猜想,以前一定有些聪明的葡萄牙人，在本国儿童中，开创此风气（我曾在那儿被告知此事），正如我说过的那样，要阻止他们的儿童不去学习读、写竟是一件不可能的事；在法国的某些地方，儿童从很小的时候起也都互相学习唱歌与跳舞。

153. 粘在骰子或多边形物体上的字母，大小最好跟对折本的《圣经》上的字母相同，儿童开始学习时，全都不要用大写体；他一旦能读小写字体所印的东西之后，他就不会长期忽视大写体的；在他开始学习的时候不可变化太多，以免他困惑迷茫。你还可以把这种骰子当作皇家橡树一样的游戏去玩，这又是一种变化，在游戏时，可将樱桃或苹果等作为打赌之物。

154. 除此之外，凡是喜欢这种方法的人，只要他们愿意，很容易发明许多别的利用字母进行的游戏，去达此用途。不过，我觉得上面所说的四个骰子极便易、有用，要找到比它更好的颇为不易，因此也许不用淘神费力去找了。

155. 关于学习阅读，我说的已经很多，就是不要强迫他学习，也不要因此责备他；你要尽你可能地诱导他去阅读，但是不可将此作为他的一种任务。在儿童可以阅读之前，你宁可让他迟一年学会读书，不可使他因此对学习产生憎恶心理。如果你要与他辩驳，应局限于那些急切的、关系真理与善良的事情上面；但是不能把 ABC 当作任务强加于他。应该利用你的技巧，使其意志变柔顺，服从理智。你应教他爱好信用与赞誉；害怕被别人误解或小觑，尤其怕被你和他的母亲看不起，然后，其余一切都可轻而易举地发生作用了。不过，我觉得，如果你打算那样做，你就不可在无关紧要的事情上面定下许多规则，对他加以束缚，也不可为他的每一个微不足道的过错，或可能别人以为是大的过失，就去责备他；但是关于这一问题，我已说得够多了。

206. 当我将上述种种事情或其他类似的手艺练习称作消遣或娱乐时，请勿以为我犯了错误；因为娱乐与懒惰不可同日而语（这是人人都可以察觉的），娱乐只是换种工作，让身体疲倦的部分宽舒一下；凡是认为消遣不是艰辛劳动的人，他便是忘记了猎人的三更早起、马背颠簸、大汗淋漓，以及饥寒交迫等种种情形，然而打猎却被人们视为最伟大的人物所常用的娱乐。只要人们喜欢，掘土、种植、接木，以及诸如此类的有益的工作，也能成为远胜过任何风行的无聊游戏的娱乐；任何人在某一行当上一旦形成习惯，掌握了技能，就会迅速钟情于它。我相信有些人是因为受他人之邀，不便拒绝，才时时去打牌，或作别的游戏；那种娱乐与生活中任何最正经的事情相比较，他们定会对前者更为厌倦，虽然他们的天性并不憎恶那种游戏，有时也想玩玩，作为消遣。

207. 游戏是有身份之人尤其是贵妇们耗时甚多之事。我认为这就是一个明显的例子,表明人类并不能够完全地饱食终日,无所事事;他们总得找点事情做;否则他们怎能接连坐上许多个小时,不辞劳苦,去从事那些实行起来通常烦恼多过快乐的事情呢? 这一道理是显而易见的,嗜赌之人事后回想,赌博不会留下快感,也不会使身心获益;至于说到他们的财产,如果他们对此过于关切,那么,赌博便成了一种生意,而不是一种娱乐了,极少有人所拥有的财富,是通过赌博获取的;即使一个赌徒靠此发达了,充其量也不过是做了一桩可怜的买卖,他以牺牲名誉的代价,换得囊中的充盈。

凡是不务正业,未在其工作岗位上全身心投入并感到疲乏之人,娱乐是与他无缘的。须掌握的技巧是,在安排娱乐时间时,应使人身上操劳过的疲乏的部分得到松弛,并重新振作起来,同时还应做一些不仅可获得眼下的欢快、舒适,还可使将来获益的事情。只是由于自命不凡与炫耀财富的虚荣感及自负心理作祟,才导致无益的、乃至危险的(正如他们称呼的)"娱乐"成为时尚,并使人们误以为学习或是参与任何有益的事情乃是不适合于一个绅士的消遣。这就是世上流行搓牌、聚赌、酗酒的原因;许多人将闲暇的时间蹉跎在这些事情上,只是顺从习俗,以及缺乏别种较好的消遣方式之故,而不是觉得里面有什么真正的快乐。他们无法承受闲暇带来的重负,化解不了无事可干的难受心情;同时他们又从未学过任何值得赞美的手艺去使自己得到消遣,于是只好求助于种种愚蠢的或不良的方式去消磨时光,一个有理性的人,在他尚未被习俗毁掉之前,从这些活动中几乎毫无乐趣可言。

——选自约翰·洛克:《教育漫话》(全译·注释本),杨汉麟译,人民教育出版社 2006 年版

【导读】

约翰·洛克(John Locke,1632—1704),17 世纪英国著名哲学家、政治思想家和教育思想家,英国经验主义哲学的开创者,其政治思想对美国《独立宣言》的起草影响巨大。代表著作有《人类理解论》《政府论》《论宽容》等。

《教育漫话》原为洛克与友人爱德华·克拉克关于教育问题的通信,1693 年整理编辑出版。书中以儿童和家庭教育为主要对象,集中体现了反封建贵族教育和宗教教育中的天赋观的教育思想。洛克明确提出,人的才能和知识不是天赋的,而是后天通过教育形成的。洛克因此提倡世俗性的"绅士教育",认为教育的目的就是培养身体健康、有德行和学问的"绅士"。可以说,健康教育、德行

礼仪教育和思维能力教育构成了洛克教育思想的主要内容，形成了德智体全面发展的教育思想。尽管《教育漫话》中没有专门谈论美育，只是在讨论德育和智育时较多论及"快乐"和"兴趣"对于绅士的道德培养与学问养成的重要性，并涉及舞蹈、音乐、文学、绘画等在绅士教育中的作用，但其中存在着诸多美育的因素。

洛克的教育思想根植于其经验主义哲学观，强调人的知识和理性能力首先来源于感官所获得的关于外物的印象，而非理性主义哲学所认为的来源于"先天"理性。洛克明言，要将等待教育的儿童"看成是一张白纸或一块蜡，可以随心所欲地描画或铸造成时髦的式样"（《教育漫话·结束语》）。这也就是洛克著名的"白板说"。在他看来，外部世界首先通过作用人的自然感官，为这张心灵的白板画上最初的印象；感官获得的外部印象和经验是人"认识"世界的初始，感性能力构成了人类认识能力的第一环节，理性以此为基础才能生发出来。就此，洛克强调教育应当顺应儿童的自然本性，抽象理性知识和道德原则的传授不应脱离人的感知活动，而培养动手能力的实践教学则在教育中占有重要的地位。

在道德教育方面，洛克认为，道德教育必然涉及嗜好和欲望的节制与管理，而嗜好、欲望总是与愉悦、快乐联系在一起；虽然一切嗜好的欲望都应严格制止，但不应完全排斥"娱乐"这种嗜好的表达方式。娱乐和工作、食物一样是人类必需之物，而"将身心的训练交替变成一种娱乐，堪称教育上的最起码的诀窍"。当儿童提出娱乐要求时不应遭到拒绝，应该给他们提供各种合适的娱乐方式，使其在快乐的活动中得到教化。在德育中倡导基于自然天性的愉悦教育，体现了洛克对于德育与美育关系的辩证处理。

洛克讨论了舞蹈、文学、绘画、音乐等在绅士教育中的作用，认为舞蹈可以使一个人终生具有优雅的举止与超凡脱俗的阳刚之气，能使儿童变得自信；在适宜的年龄阶段可以让儿童学习舞蹈，但不必过度讲求细节和舞姿，因为这些与优雅举止的形成关系不大。对于文学，洛克既认为《列那狐的故事》《伊索寓言》等作品可以令儿童感到愉悦，非常适宜儿童阅读，同时又反对将诗歌纳入绅士教育，尤其是用拉丁文写作，认为"诗文之府的外观逗人喜爱，但却是一块不毛之地，世上极少有人从这块田地里获得了收成，去增加他们的遗产"。他承认绘画有时对绅士很有用处，但又认为不应过度追求绘画才能，"绘画乃是一种静坐的娱乐，劳心胜过劳力。一个绅士较为正经的工作是学习；学到需要松弛、振作之时，就应运动身体，使之精神宽舒，以确保健康与精力"（《教育漫话·技能教育及其他》）。洛克还彻底否定了音乐在绅士教育中的作用，以为音乐才能在所有的人类才能中只能居于末位，不值得花时间学习。显然，与现代美育理论积极看待并推广艺术教育的观点不同，洛克对于各类艺术在德育和智育中的作用的认识呈现出某种矛盾性。

总体上看，洛克一方面从经验主义立场出发，看到了愉悦和兴趣在教育中的重要性，合理阐释了德育、智育与美育的关系；另一方面又把美育放在从属于其他教育内容的位置上，讲究其实用性，在艺术教育问题上同样以德育和智育的实用性为标准进行取舍，忽视了艺术教育在培育“超越性”精神方面的重要价值。不过，洛克不主张过度追求艺术才能的精致和高超，而主张只要能起到培养兴趣的作用就足够了，这一观点至今仍有一定的警示意义。（杨光 撰写）

洛克《教育漫话》中的美育思想（杨光 讲授）

爱弥儿（节选）

卢梭

一个儿童跟一个成年人相比身量更加矮小，他既没有成人的体力也没有成人的理智，但他拥有和成年人一样好或者是几乎差不多好的视觉和听觉。一个儿童也拥有和成人一样好的味觉，他可以很好地分辨味道，但他没有这么挑剔讲究，也没有那么贪吃。我们最初形成并臻于完善的官能正是感官。这是我们需要培养的最初的能力，但也恰恰是最容易被遗忘以及经常被忽视的。

培养感官能力不仅仅是使用它，而是运用感官进行正确地判断，也可以说是学会去感受，因为在我们学会运用感官之前，我们并不了解自己的触觉，视觉和听觉能力。

有一些训练纯粹是机械自然的，只能用来增强体质而不能培养判断力，比如游泳、跑步、跳跃、抽陀螺和扔石子。这些运动都是很好的。但我们又不仅仅四肢发达，我们难道没有眼睛、耳朵吗？当我们锻炼四肢的时候这些器官难道是多余的吗？所以不要仅仅训练体力，也要培养所有支配四肢的感官。使每一个感官物尽其用并使所有感官产生的印象相互印证。要学会通过感官进行测量、计算、称重、比较，估算过阻力之后再出力。采取任何行动之前先运用感官估量一下结果。要引起儿童的注意，不要出力不足或用力过猛。如果您使他们养成习惯，在行动之前先预估结果，能够通过经验纠正错误，那岂不是他们行动的次数越多，判断力就越强吗？

…………

我们对于每种感官的把握能力并不相同。有这样一种官能，触觉，在我们醒着的时候，其运转就不曾中断过。它遍布我们全身，好像一个不知疲倦的哨兵，临近危险时及时提醒我们以便身体不被损害。不管是不是出于意愿，我们最早通过不断的训练进而积累经验所习得掌握的也正是这种官能。因此，我们的触觉能力也无需再进行特别的培养。然而我们发现，盲人的触觉比正常人更加灵敏，因为他们不能依赖视觉，就不得不学会通过触觉进行判断，就像我们依靠视觉一样。为什么我们不能像他们一样在黑暗中行走？以感知身体可以触及的地方，来判断我们周围的物品。简而言之，为什么在没有灯光的黑暗中，我们不能做这些盲人可以在白天做的事情呢？在白天有阳光的时候，我们比盲人更有优势；但在黑暗中，轮到他们当我们的向导。我们生命中一半时间是瞎的。但差异在于，真正的盲人永远知道如何行走，而我们在漆黑的夜晚一步也不敢迈。有人会说，“得点灯”。“什么！在你需要的时候总会有灯吗？对我而言，我更希望爱弥儿的手指尖儿长眼睛，而不是指望去烛台铺找寻光明。”

当你在深夜里被关在一栋房子里时，可以拍两下手，通过回声觉察这间屋子是大是小，以及你是处于屋子中央还是角落。在离墙半步的地方，远处更利于反射的空气使你脸上有了另一种感觉。你可以还站在原地转个圈儿，如果有一扇开着的门，吹进来的小风能使你判断门的位置。当你在一条小船上，通过微风打到脸上的感觉，你不仅能知道你在朝哪个方向行驶，还能判断水流使你行进得是快还是慢。这些以及其他无数类似的观察，只有在夜晚才能发生。当我们在白天留意这些事情的时候，视觉有可能会帮助我们，也可能会被分散注意力，从而遗漏这些观察。然而，我们既没用手也没有棍子。即便我们什么都不摸，这些视觉带来的知识也可以通过触觉得到。

…………

由于视觉是所有感官中我们最难以区别于心灵判断的，因此需要更多时间来学习观看。要长时间地比较视觉与触觉，才能积累视觉经验以便正确观察物体和距离之间的关系。如果没有触觉，没有前进的运动，即便是世上最敏锐的眼睛也不能判断空间的大小。整个宇宙对于一只牡蛎而言只是一个点。即便有人告知牡蛎，于它而言也是一文不值。只有通过不断地行走、触摸、计算和测量物体的尺寸，我们才能学会估量物体；然而，如果我们总是采用测量的方法，感官会依赖于仪器，而得不到精确的判断。也不应该让孩子们一下子就从测量的方式过渡到用感官估量；首先，遇到不能一下整体比较的物体，可以分解为各部分进行比较，得不到精确的数字先用模糊的数字代替，比起总是用手来测量，可以仅通过眼睛测量来积累经验。我们可以用实际测量来检验最初的几次估量，以便纠正其错误。如果发现用视觉估量有明显的误差，他就能调整自己的方法，以便得到更准确的判断。我们有一些天然的标尺，在任何地方都可以通用：人的脚步、胳膊的长度，他的身高。当一个儿童估量一层楼的高度时，可以把向导的身高当作标尺：如果他要估算一个钟楼的高度，可以把房屋当作标尺；如果他想知道一条道路有多长，可以根据行走的时间来估算；重点在于，所有这一切我们不能替他做，而需要他亲自尝试。

只有在认识物体的形体并能够将其模拟下来之后，我们才能更好地判断物体的体量和大小，因为模拟形体必须依据透视的法则来展现；如果我们对这个法则没有一些认知，我们就不能估量这些物体的大小。儿童作为最好的模仿者，尝试把一切都画下来：我想让我的学生也培养这门艺术能力，并不仅仅是为了绘画本身，而是为了让眼睛变得更精确，手指更灵活；一般来讲，他是否了解种种训练并不重要，只要获得良好的洞察力和通过这个训练得来的身体感觉就足够了。我将避免给我的学生找一位只教他临摹物体形状的老师，而且只让他照着画好的图画画。我希望他的老师既不是模型也不是物体，而是自然。我希望在他眼中呈现的是景物最初的样子，而不是纸上的临摹，我希望他照着一座房子画房子，照着一棵树画树，照着一个人画人，以便他养成良好的习惯，观察主体形态和外观，而不是将虚假刻板的临摹拿来当成真实的物体来画。如果临摹对象不在眼前，我不希望他根据记忆来重绘物体，而是通过不断地观察，将物体最真实的形象铭刻在脑海中，以防止用那些稀奇古怪的形象来代替物体的真实面貌，这样就会无法了解比例的作用并养成欣赏自然的审美品味。

…………

我谈到的这两个官能，一个能持续产生作用的即触觉，一个最重要的即视觉，都可以作为训练其他感官的范例。视觉与触觉也可以运用于处于休息或运动中的物体。但是，只有空气震动才能触动听觉，只有运动的物体才能发出声音。如果万物静止不动，则万籁俱寂，毫无声响。在夜间，我们只有在尽可能愿意的时候才会起身行动。让我们唯一感到害怕则是行动中的物体，必须要保持耳朵灵敏，通过听觉判断声音源是大是小，是远是近，并判断声音的震动是激烈还是轻微。声音回响的反射会引起空气震动，进而再产生回音，不断重复，使我们感觉发出声音的物体在别的地方而不是它所处的位置。在平原上和山谷中，如果我们把耳朵贴在地上，相比我们站立着，就会听到更加遥远的人声和马蹄声。

既然我们比较了视觉和触觉，有必要再比较一下听觉，以便了解这同一躯体产生的两种感官印象哪一个更早达到接收他的器官。当我们看到一门大炮的火光时，我们还可以马上躲避；但如果我们听到炮声再逃跑就来不及了，炮弹已经炸到眼前了。我们可以依据雷声与闪电之间的时间间隔来估量距离。要让儿童经历这些以便积累经验；在他们可理解的范畴之内积累经验，并举一反三，归纳出其他事物的发展规律，但与其直接由别人来告知他这一切，我更情愿他一无所知。

我们拥有一个对应听觉功能的器官,即发声器官;但并没有与视觉相匹配的器官。我们并不能像发出声音那样来表达颜色。这是另一种培养第一感官的方法,即相继训练主动器官和被动器官。

人有三种声音,说话或发声的声音、歌唱或有旋律性的声音、哀婉或着重强调的声音。最后这一种被当做表情达意的语言,可以使歌唱和言语更富有生气。儿童和成人一样拥有这三种声音,同样不了解如何结合运用这三者。儿童和我们一样也会笑、会喊、会抱怨、会欢呼、会呻吟,但他们不懂得把这些声音的抑扬顿挫和另外两种配合起来。最完美的音乐是将这三种声音巧妙地融合在一起的。但孩子们并不会制造这样的音乐,他们的歌声没有灵魂。同样,当他们说话的时候,他们的话语声音也没有升降起伏;他们胡乱喊叫却没有重点,就像他们的话语中没有重音一样,说出来的话没有精神。我们的学生说话语调平淡无奇,过于简单,因为他们的情感还没有被唤起,还不会在言语中灌注自己的情感。不要让他们背诵悲剧和戏剧角色的台词,也不要教他们用夸张的语调朗读。他们会为那些他们从没听说过的事情赋予过多的意义,或为那些没有经历过的情感赋予过多的阐释。

…………

我们现在对于外界物体与我们的关系已有所察觉,主要通过物体的重量、形状、颜色、硬度、体积、距离、温度、静止或运动的状态诸多因素来判断。我们已经知晓那些我们可以靠近或需要远离的物体,并了解应该采取何种方式来克服阻力,或者将某些物体排斥在外以免造成伤害,但这些还不够。我们的体力在不断消耗,需要不断补充。尽管我们有能力通过摄入能量对自身体力进行补充,也不能胡乱选择:并不是所有食物都可以供人食用。那些能吃的食物中,也要依据一个人的居住条件、气候环境、这个人的脾气秉性和他的生活方式而有所改变,有些更适宜,而有些不太适宜。

如果要等积累到足够的经验以便能够辨别选择适宜的食物再吃东西的话,那么我们就饿死或者被毒死了。仁慈的上帝乐于将脆弱的生灵当做保存人类生命的工具,并告知我们,可以依照味蕾的快感选择适合胃口的食物。一个人自己的胃口自然就是他最好的医生。即便回到人的初始状态,我也毫不怀疑他认为最可口的食物也一定是最健康的。

…………

在我们多种多样的官能中，味觉的影响是最大的。我们更乐于选择那些对身体有增益的食物，而不是放在我们手边的食物。从触觉、听觉和视觉角度来看，万事万物都是一样的，但是没有什么对味觉的影响是可以忽略不计的。

另外，味觉的活动完全是物理的和物质层面上的。这是唯一一种想象不出来的感觉。至少就我们的感觉而言，味觉的想象空间是最小的。相反，在其他官能所引起的感觉中，通常会夹杂着模仿和想象的作用。心肠柔软、纵情酒色、性情暴躁和过于敏感的人更易于受其他官能的影响，而对味觉比较淡漠。从这点上来看，我们将味觉置于所有官能感觉之下，并嗤之以鼻。但我所得到的结论却恰恰相反，引导一个孩子最恰当的方式就是通过饮食。贪吃总比虚荣好一点，因为前者是自然的欲望，是直接由感官决定的；而后者是观念的产物，是任性和贪婪的结果。贪吃是孩童时期的欲念，不能同其他欲望相比，贪吃一旦遇到其他欲望一定会败下阵来。哎，相信我吧！孩子没有多久就不再琢磨他想吃的东西。当他的心灵充实，他的嘴就会停下来了。当他长大以后，诸多狂热的情感都会改变他贪吃的习性，并激发他的虚荣心，因为唯独这种欲念能凭借别的欲念而滋生，并最终将其他吞噬。我有时曾观察那些注重美食的人，他们醒来就先考虑今天吃什么，并且精准详细地描述他们的一餐，就像波利毕之描述一场战争那样。我发现这些所谓的成年人不过是一群四十来说的孩子罢了。既没有精神也没有毅力，就是一群“徒耗体力的人”。贪吃是没有任何美好品质才能的人才有的恶习。贪吃的人把全部注意都放在他的嘴上，所做一切都是为了吃；他愚蠢无能，只有在饭桌上才有他的一席地位，他只懂得品评菜肴；我们大可把这项事业交给他，而不是别的，这对我们对他都有好处。

不必担心一个有本领的孩子会落下贪吃的恶习，这无非是见识短浅，杞人忧天。年幼时期，心里正想着吃；而少年时期，有太多事情要做，就不会留恋沉湎于食物了，所有食物都是美味的。然而，我并不希望大家把这样一个十分低级的动机加以曲解，也不希望把美食作为对良好行为的鼓励。我不明白的是，既然整个童年只是或者说应当是玩耍和嬉闹的时期，为什么纯粹的身体锻炼得不到明显的物质奖励。马召尔卡岛上的一个小孩看见树顶上挂着一只篮子，用弹弓把它打下来，不应当让他能得到什么适当的好处吗，比如吃一顿美味的午餐去补充他得到篮子所消耗的体力？一个年轻的斯巴达人冒着挨一百下鞭子的危险，狡猾地溜进厨房，偷了一个活生生的小狐狸，狐狸被藏在罩衫里，用爪子抓他、咬他，流出了血，然而这个年轻人因羞于被别人发现，即使痛得肝肠寸断也泰然自若，一言不发。他最终不应该享用他的虏获物，在被狐狸咬了一顿之后，把狐狸吃掉吗？不该把一顿盛宴当做回报，但这为什么不能成为准备这顿盛宴而花费的心力的犒赏呢？我放在石头上的那块蛋糕是给跑得快的人的奖励，但爱弥儿一眼也不会看，他知道要吃到这块蛋糕的唯一方法就是比别人先跑到石头那里。

…………

嗅觉之于味觉，正如视觉之于触觉，嗅觉先于味觉，如果有什么东西会产生影响，嗅觉会提前对味觉做出预警，以便提前找寻或躲避这个味道。我听说，野蛮人的嗅觉感受跟我们的嗅觉感受完全不同，他们对气味好坏的判断也跟我们完全不同。在我看来这种说法是可信的。气味本身是很微弱的，它触动的与其说是感官，还不如说是想象力。它使人闻到的味道，不如它使人尝到的味道的影响大。于是我们可以假定，如果有一群人的生活方式与我们完全不同，那么他们对味道的判断也会异于我们，从而，以嗅觉察觉到的气味也是截然相反的。一个鞑靼人嗅到一匹死马的一块臭肉，其愉快的心情，就像我们的猎人闻到一只半腐的松鸡。

我们稀松平常百无聊赖的感觉，就像花坛里馥郁芬芳的花儿一样，对于那些无心散步而行色匆匆的人没有意义，对于那些没有太多工作也不愿享受闲暇时光的人而言也没有意义。只有香味而不能吃的东西不能给那些总是挨饿的人带来满足。

嗅觉是想象的感觉。嗅觉会给神经带来强烈的影响，因此也会刺激大脑。正是由于这个缘故，嗅觉能让人兴奋。这种亢奋之情又会随之消散。气味在爱情中往往有着显著的效果。化妆室轻微的芳香并不是如我们想象那样的只是一个没有多大用处的诱饵；一个聪明却不敏感的男人如果对他情人胸前佩戴花朵的芬芳表示无动于衷，我不知道是该称赞他还是抱怨他。

因此，嗅觉在童年时期不应过于活跃，因为想象力还没有开始受到激情欲望的刺激，还不易受到情感的左右。儿童在这个时候还没有足够的经验以一种感官印象来推测另一种。这个结论已经很好地被观察所证实。大多数儿童的嗅觉还处于迟钝的状态。这并不是因为儿童的嗅觉没有成年人那么细微敏感，而是他们尚不能将气味与观念结合起来，还不能通过气味感受到快乐和痛苦，所以他们不会产生像我们一样的愉悦或伤害。我相信，不需要求助于解剖学来比较男女机体，我们就能轻而易举地想通为什么女性比男性更容易受到气味的影响。

…………

我在本书后续篇幅需要谈的是第六感的培养，也叫通感，并不是因为它是每个人都共有的感觉，而是因为它是其他五种感觉共同作用的结果，它可以通过事物各种各样此消彼长纷繁复杂的表象让我们看到事物的本质。因此，第六感并没有一个单独的器官，它只是存在于人的头脑中；这种感觉完全是内在的，可以被称为“知觉”或“观念”。正是通过这些观念的多寡，我们可以衡量知识面的广度：正是这些观念的清晰性与精确性塑造了思想的正确性。人的理性正是将这些观念进行比较的艺术。所以，当我说感性的理解或孩童的理解时，就是把几种感觉组合成简单的观念；当我说理性的理解或成人的理解时，就是把这几个简单的观念组合成复杂的观念。

假定我的方法符合自然的秩序，而且我的实践也没有差错，那我们已经把爱弥儿从感性的阶段带到了儿童理解的境地。我们迈出的这一步其实就是在迈向成人的理解。但是，在进入这个新的阶段之前，让我们回顾一下爱弥儿曾经走过的路。每一个年龄，每一个阶段，都可以追求尽善尽美，都有它特有的成熟时期。我们经常会听说一个完美的成人，我们也可以想象一个完美的孩子：这个说法对我们而言非常新奇的，也没有引起什么反感。

有限的生命存在是如此地短促狭隘，当我们只能看到眼下的情形时，生命毫无感动可言。这些由幻想美化的真实事物，如果想象力不为这些足以打动我们的现象注入魔力，我们从中所获取的贫瘠的快乐将只限于感官，而心灵依然麻木冰冷。秋天收获的珍宝装点着大地，展现出一片繁茂以供人欣赏：但是欣赏并不等于感动，这种欣赏更多地发端于思考而不是情感。春天田间一片荒凉，树木无荫，绿草吐新芽儿，心灵不觉为之感动。看着万物复苏，我们感到生命也在重新恢复生气，周围一片生机喜悦。欲望的伴侣，轻柔的眼泪，随时准备好融入细腻迷人的情感中，并已经涌上了我们的眼眶。但葡萄丰收的喜悦都是徒劳的，我们只是看着，内心无动于衷。

为什么会有这样的差异呢？春天的景色触动了我们的想象，当娇嫩的幼芽呈现在眼前，我们的想象力会为它添光加彩，添上花、果实、绿荫，以及些许的神秘色彩。所有的场景都集中在了一个瞬间，想象力所觉察到的，不是事物的将来发展的模样，而是它所希冀的样子，因为这一切是依靠想象力来凸显的。在秋天，情况则相反，我们只能看到自然呈现出来的景致。如果想要回到春天，冬天会阻挡我们的道路，将我们的想象力冰冻在霜天雪地之中逐渐消散。

当我们沉浸于对童年的回忆时，比到达一定成熟的年岁之后更容易找到这种迷人的魅力的源泉。何时才能在观察一个人的时候品味到喜悦之情？当我们回忆这个人并追溯他的一生时，他会在我们的眼中重返青春年华。如果我们还原成他现在的模样或者想象他年迈的容颜，我们的喜悦会被青春易逝的观念所驱散。看着一个人在大步流星地迈向墓穴，是没有丝毫愉悦的，死亡的形象丑化了一切。

但我想象到了一个孩子，十到十二岁之间，长得健康，精力充沛，在他的年龄层里发育得非常好。不论是现在还是将来，我都不会生出什么不好的想法：我看着他蹦蹦跳跳、无忧无虑、充满精神活力、诚如他所是的样子，享受着当下将要满溢的生命力。而我预见到他在另一个年岁，运用他与日俱增的感觉、思想和体力，并赋予每一个时刻新的标志。我注视着这个孩子，他使我欢欣喜悦；我想象他长大成人，我更加欣慰。他燃烧着的热血点燃了我，他的朝气蓬勃也使我重返青春。

——译自 Jean-Jacques Rousseau, *Émile ou De l' éducation*, dans *Œuvres complètes*(Tome II), Paris: A. Houssiaux, 1852. 吴湜珏珊译

【导读】

让-雅克·卢梭（Jean-Jacques Rousseau，1712—1778），18世纪法国思想家、哲学家、文学家和教育家，欧洲启蒙运动代表人物，主要著作有《论科学与艺术》《论人类不平等的起源和基础》《社会契约论》《新爱洛依丝》《爱弥儿·论教育》《忏悔录》等。

“人生而自由，又无往不在枷锁之中。”卢梭的这句名言精辟地揭示了“自由”的悖论，他的所有著作也都可以被视作寻求“自由”悖论问题的解决。《爱弥儿》也不例外。它是卢梭经历二十年思考并花三年时间写成的，1762年在法国出版。全书五卷和一个附录，用准小说形式描绘了男孩爱弥儿和女孩苏菲这两个虚构人物的培育过程，全面阐述了卢梭的启蒙教育观及其新教育建设方案，在近现代教育史上被誉为继柏拉图《理想国》之后最有价值的教育瑰宝。

卢梭以自然主义教育观和性善论为理论基础，反对宗教教育、贵族教育、资产阶级绅士教育对儿童自然天性的压制和戕害，强烈主张“将儿童看作儿童”的“消极教育”。在他看来，教育的目标就是自然的目标，应该顺应人的身心发展规律，把自然的教育、事物的教育和人的教育融为一体。卢梭把人的成长过程分

为婴幼儿期(0~2岁)、儿童期(2~12岁)、少年期(12~15岁)、青年期(15~20岁)四个阶段,并制定了相应的教学内容:婴幼儿期以身体健康教育为主,儿童期以感官教育为主,少年期在感官教育基础上实施智力教育,青年期则进入道德教育环节。在这个循序渐进的过程中,各个教育环节环环相扣,不能提前或滞后。卢梭详尽讨论了感官感性教育和情感教育的重要性和实施方法,强调形象性和游戏在未成年人教育中的重要作用,同时指出了绘画、音乐等的重要价值。很显然,卢梭的美育观与席勒《美育书简》所阐发的某些观点十分接近,其美育思想距离系统的美育理论的出现只有一步之遥。

根据卢梭的教育分期,从自然身体的感性训练出发逐步上升到社会性的理性与道德教育是一条主线。在卢梭看来,儿童对世界的理解以感性理解为主,因而在儿童成长的前两个阶段,针对身体感官和感性的教育应占据中心地位。视觉、听觉、触觉、味觉、嗅觉可以合作形成一种内在于头脑中的共通感觉——“第六感”。这是一种与感觉相关但又有所不同的“知觉”,从感性角度说是各个感官感觉的综合,从理性角度讲就是简单的观念。“知觉”之类简单观念再组合,则形成复杂的观念,即最一般意义上的“理性”。由此,卢梭在感性和理性的传统区分之间发现了一个重要的中间环节——“知觉”。它作为感官感觉的综合属于感性活动,作为(简单的)观念则属于低级的理性活动,可以构成一种“理解”。这样,感性活动同时也可以是一种理解活动。在美学上,卢梭所谓带有理解或判断能力的感性活动被定义为“审美”,即一种特殊的、包含理性因素的感性活动。因此,就认识论基础而言,感性教育在卢梭那里虽然没有审美教育之“名”,却有着审美教育之“实”。

卢梭提倡基于各种感知特点及其局限性来训练儿童的感官,同时十分强调在感性教育中使用双重感官或多重感官的教育,以实现儿童感官感觉的平衡发展。他详细讨论了2~12岁儿童期教育的五种感官感知特点,认为尽管触觉判断比其他感觉判断更粗糙、更不全面,但由于它在一切感觉中使用最多,最能给我们直接的知识。视觉同心灵判断难分,其作用范围广,但也容易发生错误,需要其他感官如触觉对它加以矫正。耳朵是被动器官,听觉训练要把主动器官(眼、手)和被动器官交互进行锻炼,如让儿童接触琴弦的颤动来感觉声音。嗅觉发育最迟且十分依赖于想象力来与某些观念发生联系,进而形成愉悦或痛苦的感觉。所以,尽管儿童想象力丰富,但由于很少有观念,所以其“嗅觉”总是迟钝的,在童年时期不应过分训练嗅觉。味觉则与嗅觉相反,是最不依赖想象的感觉。它和生理性的欲望直接相关,因而通过饮食对儿童进行教育是最合适的。

卢梭的感性教育思想是一种以感官感性活动为主体展开的美育思想。在他之前，尽管洛克等人已经看到感性教育的重要性，但远不如卢梭讨论得详尽系统。在他之后，席勒等人更强调美育在情感陶冶和超越性精神培育方面的意义，却相对忽视了更为基础的感官教育问题。因此，卢梭的思想尽管存在某些局限性，但仍不失其宝贵的指导意义。（杨光 撰写）

判断力批判（节选）
康德

论艺术一般

（1）艺术被区别于自然，就像制作（facere——实行）被区别于行为或一般的活动（agere——行动）一样。前者的产品，或者说结果，作为作品（opus——人工产品）被区别于后者的产品，即效果（effetus——产物）。

公正地说，只有通过自由而产生的产品，也就是通过一种以理性为其基础的任意的行动而产生的产品，才能称为艺术。因为虽然人们喜欢把蜜蜂的产品（合规律地建造成的蜂巢）称为一种艺术作品，这只是因为它们与艺术相似；只要我们想一想，蜜蜂的劳动根本没有真正的理性思考作为基础，然后就可以说，蜜蜂的产品是其天性（本能）的产品，作为艺术只能是创造者的作品。

如果像有时发生的那样，在探查一片沼泽时，我们偶然碰见一块砍削过的木片，我们不会说它是自然的产品，而是艺术（人工的）作品；产生这一木片的原因（创造者）曾设想过一种目的，木片的形式就是由这目的而来。此外，我们也在如下一切事物上见到艺术，这些事物是这样造成的：它们的形象必须在它们造成之前先行出现在它的原因（创造者）之中（甚至像在蜜蜂那里），虽然结果不一定被原因思考过。但是如果某物被绝对地称为艺术作品，以便把它与一种自然产品区别开，那么我们所理解的艺术就总是指人类的作品。

（2）艺术作为人类的技巧也被区别于科学（就像技能区别于认识），作为实践的能力区别于理论的能力，作为技术区别于理论（像土地测量术区别于几何学一样）。因此，只要人们知道应怎样做就能去做的东西，因而没有任何东西超过对于预想结果的足够知识，这种东西就不能称为艺术。只有那种东西，虽然人们对于它已认识得很透彻了，但并没有具备立刻来做这件东西的技巧，这种东西才属于艺术。坎佩尔[①]曾对如何做出最好的鞋有过详尽的描述，但他无疑不能

① 坎佩尔（Pieter Camper，1722—1789），荷兰解剖学家，著有《解剖病理学论》（Demonstrations anatomicopathologicae，Amsterdam 1760—1762）一书。——译者

亲手做出一只鞋来①。

(3) 艺术也被区别于手工业;前者称为自由的艺术,后者可以称为赚钱的技艺。人们把前者看做好像只是一种游戏,也就是一种因其自身而令人愉快的事业,能够合目的地得出结果(成功);后者则是一种劳动,是自身令人不愉快(困难的)的事业,也就是只能因其结果(例如工钱)而吸引人,因而可能是被迫从事的。在行会的等级表上钟表匠是否被认为是艺术家,铁匠是否相反地被认为是手工业者:这需要与我们这里所采取的观点不同的另一种评判观点,即作为这一或那一事业的基础的才能的比例。在所谓七种自由艺术中,是否有几种可算做科学,是否有几种与手工业相近,我在此还不想讨论。但是,在一切自由艺术里仍然需要某种强制,或者如人们所说,仍需要某种机械性的东西,如果没有这类机械性的东西,那在艺术中必须是自由的并使作品获得生气的精神就根本不能体现,从而完全散失殆尽;这一点是应该提醒读者注意的(例如在诗歌艺术中语言的正确性和丰富性都是必不可少的,此外还有诗体学和韵律学)。近来有些教育家相信,如果把自由的艺术从一切桎梏中解放出来,把它从劳动转变为单纯的游戏,那么自由的艺术就会得到最有力的促进。

关于美的艺术

没有关于美的科学(Wissenschaft des Schönen),只有对美的批判;也没有美的科学(schöne wissenschaft),只有美的艺术。因为说到关于美的科学,那么在其中就应该科学地亦即通过论证根据来解决某物是否被认为美的问题;如果关于美的判断属于科学,那么它就不再是鉴赏判断。至于美的科学,既然它是一种科学,又要是美丽的,那是极其荒谬的。因为如果把它当作科学来看待,我们就要追问其理由和证据,而人们就会用漂亮的词藻(妙语)来对付我们——至于是什么原因产生了通常所说的"美的科学"这么个术语,那无疑不是别的,如人们完全正确地注意到的那样,正是因为美的艺术在其全部完善性中需要很多科学的东西,例如,古代语言的知识,博览经典作家,历史,古代文物知识等等。因为这些历史知识构成了美的艺术所必需的准备和基础,部分地也因为有关美的艺术作品的知识(演说术和诗艺)也包括在其中,由于词语的混淆就出现了"美的科

① 在我居住的这个地区,一般人都说如果你交给一个普通人一个像哥伦布和他的蛋(哥伦布曾要他的水手们把鸡蛋立在桌子上,水手们没有一个能办到,而哥伦布把鸡蛋的一端敲成一个平面,就稳稳地立在桌子上了)那样的问题,他就会说,"这里没有艺术,那只是科学";也就是说,你知道怎样做你就能做;对于魔术师的一切所谓艺术他也这样说。反之,对于走钢丝的"艺术"他却毫不犹豫地给以艺术之名。——原注

学”这么个名称。

如果一种艺术与一个可能的对象的知识相适应，只是力求实现这一对象，并采取一切为实现这一目标所必须的行动，那么这种艺术就是机械的艺术。如果它的直接目的是愉快的情感，那么它就称为审美的艺术。这样的艺术或者是舒适的艺术，或者是美的艺术。如果它的目的是与被视为单纯感觉的表象相伴的愉快，它就是舒适的艺术；如果其目的是与被视为认识方式的表象相伴的愉快，它就是审美的艺术。

舒适的艺术是那些单纯以享乐为目的的艺术：一切魅力刺激都属于这一类，社交团体在宴席上就能得到这类享受：令人欢愉的叙说，以巧妙的方式引导合座进入无拘无束的轻松活泼的话题，以诙谐和玩笑造成欢乐的空气等。在这种场合，如人们所说，在觥筹交错之间可以无所不谈，谁也不为他说的话负责任，因为那只是为了一时的欢乐，不拘泥于一个需要思考和连续的话题。（属于这一类的还有为了享乐而安排筵席的艺术，在大型宴会上还有管弦乐队的演奏：这是一件奇怪的事情，这种音乐只是作为一种令人舒适的音响维持着欢乐的情绪，有助于邻座之间进行自由的交谈，没有一个人丝毫注意到演奏的是什么曲子）。另外一切游戏也都属于这一类，这类游戏除了使时间不知不觉地流逝过去之外没有任何其他目的。

与此相反，美的艺术是一种表现方式，这种表现方式以自身为目的，而且虽然没有目的，却仍然为了社会交际而促进心灵能力的陶冶。

一种愉快的普遍可传达性在其自身的概念中包含着这样一层含义：这种愉快不是来源于单纯感性的一种快乐，而必须是一种反思。因此审美的艺术，作为美的艺术，是以反思判断力而不是以官能感觉为准则的。

美的艺术是一种艺术，如果它同时显得好像是自然的话

在一件美的艺术作品上，我们必须意识到它是艺术而不是自然；但它的形式中的合目的性仍然必须显得自由而不受任何强制性规则的束缚，好像它是单纯自然的产品。在我们的认识能力的游戏——这种游戏同时又是合目的性的——中的自由情绪之上，建立着那种惟一不依赖概念而又普遍可传达的愉快。自然是美的，如果它同时看起来像是艺术；而艺术只有在如下情况下才能被称为美的，即我们意识到它是艺术，但它在我们面前又显得像自然。

因为，不管我们遇到的是自然美还是艺术美，我们都可以一般地说：美的东西是在单纯评判中（不是在感官感觉里，也不是通过一个概念）令人愉快的东西，而艺术却总有要产生出某物的确定的意图。但如果这个“某物”只是单纯的感觉（某种纯粹主观的东西），这种感觉趋向于与愉快相伴，那么这个产品在我们对它的评判中只能借助于感官感觉而令人愉快了。如果这种想要产生一个确定客体的意图实现了，那么，在这种意图是通过艺术来实现的情况下，这客体就只能借助于概念而使人愉快了。但在以上两种情况里，艺术都不是在单纯评判中，亦即不是作为美的艺术，而是作为机械的艺术而令人愉快的。

因此美的艺术作品中的合目的性虽然是有意图的，但仍然必须显得像是无目的的，也就是说，美的艺术必须看起来像是自然，尽管人们知道它是艺术。但一件艺术作品显得像是自然是通过如下情况实现的：虽然存在着与规则——只有按照这些规则那作品才能成为它应该成为的东西——相协调的一切准确性，却没有留下苦心经营的迹象，看不到生硬的教条形式，亦即没有露出一种痕迹，表明那些规则曾在艺术家眼前盘旋，给他的心灵带上枷锁。

美的艺术是天才的艺术

天才是给艺术以规则的才能（天赋的）。因为才能作为艺术家生而与俱的创造性的能力属于自然，所以我们也可以这样来表达：天才是生而与俱的心灵禀赋（ingneium——天性），自然通过它给艺术以规则。

不管这一定义有什么性质，不管是否只是随意拟定，也不管它是否和人们惯常与“天才”一词连在一起的概念相符（这将在下一节里讨论）；人们仍然能够预先证明，根据这里所设定的词义，美的艺术必须被视为天才的艺术。

因为每一种艺术都预先设定了一些规则，以它们为基础，一件应被称为艺术的作品才被设想为可能的。但美的艺术的概念却不允许把对于它的产品的美的判断从任何一条规则里推导出来，这种规则有一个概念为其规定根据，也就是以一个表示艺术如何可能的概念为基础。因此美的艺术自己不能想出据以制作作品的规则来。但尽管如此，由于没有先行的规则一件作品永不能称为艺术，因而主体内部的自然（并通过主体能力的和谐）就必须为艺术提供规则，这也就是说，美的艺术只有作为天才的作品才可能。

我们由此可以看出，天才是：(1) 一种才能，一种产生出没有任何确定的规则可供使用的产品的才能；不是对于能够按照一些规则学会的东西的技巧能力，因而独创性必须是它首要的特性;(2)由于它也可能创造出独创性的怪物,所以天才的作品必须同时是典范,也就是必须是示范性的;因此,它不是通过模仿而产生,而它对其他人却必须成为评判的标准或规则;(3)它如何创造出它的作品来甚至是不能描述的,也不能科学地说明,而是它作为自然要提供规则;因此一件靠天才制作出来的作品的创作者甚至都不知道关于那作品的诸多观念是怎样在他心中产生的,也不受他的支配,不能根据他的心愿或按计划构想出来,并把它们传达给其他人,让其他人也能制作出同样的作品来。(由此可以推测,"天才"这个词是由拉丁文 genius 转化而来的,这是作为特殊的守护和指导的精灵在一个人诞生时给予一个人的,在它的启示下就得到那些独创性的观念。)(4)自然通过天才不是为科学而是为艺术制定规则,而且只是在艺术应该是美的艺术时才是这样。

对于以上关于天才的说明的解释和论证

所有的人都同意,天才和模仿精神是完全对立的。因为学习不过是模仿,所以那最伟大的能力,作为博学的能力[①],仍然不能被认为是天才。即使一个人动用他自己的思想和幻想,而不是单纯接受别人已经想过的东西,甚至在艺术和科学方面有所发现:这仍不能构成正当的理由,让我们把一个这样的(常常是伟大的)头脑(与这样的头脑相反,那些除了单纯的学习和模仿之外别无所能的人要被称为笨人)称为天才。因为以这种方式完成的事情都是某种能够学会的(事情),因此仍然是走在按照规则来研究和反思的自然之路上,而且与经过勤奋努力能够由模仿而获得东西没有什么特别的差异。所以牛顿在他不朽的自然哲学著作中所陈述的一切——发现这些原理需要如此伟大的头脑——人们都完全能够学会;但人们却不能学会充满灵感地去写诗,尽管诗学的法则可能详细完备,诗歌的典范作品可能优越出色。之所以如此的原因是,牛顿把他从几何学最初的原理到他最伟大和深刻的发现所做的每一步,都不仅能对自己而且也能对每一个人直观地演示出来,并规定了仿效的方式。但不管是荷马还是魏兰德[②]都不能展示他们那些想象丰富而又富有思想的观念是如何出现并集中于头脑之中

① 博学的能力:这里的原文是 Gelehrigkeit(Capacirat) als Gelehrigkeit,康德用同一个词表达两个意思,前一个 Gelehrigkeit 后面的括号中注有 Capacirat 一词,义为"理解力、能力",后一个 Gelehrigkeit 是形容词 gelehrig(好学的)的名词化,应是博学、学文之义。英译为 aptness as a pupil(Capacity),可供参考。——译者

② 魏兰德(Chrisoph Martin Wieland,1733—1813),德国诗人、作家、翻译家,与歌德、席勒、赫尔德都有交往,是德国文学中罗可可风格的代表,主要作品有《约翰娜·格蓄夫人》等。——译者

的，因为他们自己也不知道，因而也不能教给其他任何人。在科学事业里，最伟大的发明家与最刻苦的模仿者和学徒之间只有程度上的差别，与此相反，他们与被自然赋予美的艺术的才能的人却有本质的区别，当然，在把这些伟大人物与那些因其对美的艺术的天赋而成为自然之骄子的人相比之时，没有丝毫轻蔑之意，对于科学的巨人，人类应深怀感激之情。那些人把他们的才能献给知识的不断进步的伟大完善以及与此相关的效用，并使别人学得这些知识，正是在这些行为中表现了科学家们对于那些获得天才称号的荣誉的人的更大的优越胜，因为天才达到某一点之后，艺术必然要出现停顿，好像有一个很可能早已达到却不能超越的极限。并且艺术的技巧也不能传授，而是每个人都直接得之于自然之手的赐予，因而也与人同时灭绝，直到自然有朝一日再一次把它赐给另外一个人，以便以同样的方式发挥他的才能，这个人只需要一个范例的启发。

艺术（作为美的艺术）的天赋必须提供法则，那么，这是一种什么样的法则呢？这种法则不能概括在一个公式里，因为否则对于美的判断就可能依据概念来决定了：这种法则必须从业绩中，也就是从作品中抽取出来，其他人可以在这作品上检验他自己的才能，以便使它成为一个典范，当然不是照样模仿，而是作为向导带路前行。这如可能却难以解释。如果自然给一个学徒配备了与其师傅类似的心灵能力的比例，艺术家师傅的观念就能激起他的学徒产生类似的观念。因此，美的艺术的典范是把艺术传给后继者的唯一的传递工具：这不是通过单纯的描述所能做到的（特别是在语言艺术中）；而且在这类艺术中，也只有用古代的，现已废止的，只为学者所用的语言所写的作品堪称典范。

虽然机械的艺术和美的艺术——前者是建立在单纯勤奋和学习上的艺术，后者是天才的艺术——互相之间有显著的差别，但仍然没有哪一件美的艺术品其中不含有某种机械性的成分，可以按照规则来掌握和遵从，因而也就是有某种教条式的东西构成了艺术的本质条件。因为在艺术里必须设想有某种作为目的的东西，否则人们就完全不能把它（艺术）的产品归属于艺术，于是也就成了纯粹偶然的产品了。但为了把一种目的放进作品中，就需要规定性的法规，我们不能挣脱这些法规。因为天资的独创性构成了天才特质的一个（不是唯一的）本质部分，有些浅薄的头脑就相信，他们是如花绽放的天才，如果他们从一切规则的学究气的桎梏下解放出来，就会有更出色的表现；他们还相信，他们骑在一匹性情暴烈的马上要比骑在一匹训练有素的马上显得更有精神。天才只为美的艺术作品提供丰富的素材，对这些素材的加工和与之相适应的形式需要一种经过学校训练的才能，以便运用这些素材，并经受判断力的检验。但如果一个人甚至在严密的理性研究的事业中也像一个天才那样说话和决断,那就十足可笑了。人们不知道,是否应该嘲笑这个骗子,他在自己周围散布了片片浓雾,让人什么也看不清,但却更能驰骋想象;或者是否应该嘲笑公众,他们天真地想象,他们没有能力认清和理解这种有见识的杰作,他们认为他们的这种无能是因为新的真理以一整块被抛在面前,而细节(通过对原理的精确解释和学术性的考察的细节)对他们来说却显得像是生产的拙劣产品。

——选自《康德美学文集》,曹俊峰译,北京师范大学出版社 2003 年版

【导读】

伊曼努尔·康德(Immanuel Kant,1724—1804),德国古典哲学创始人,近代欧洲两大哲学思潮——英国经验论和欧洲大陆理性论的调和者,也是西方最具影响力的思想家之一,著有《纯粹理性批判》《实践理性批判》《判断力批判》,世称“三大批判”。

划分不同的理性能力及其应用领域,即现象域与物自体域,是康德所做的开创性工作。在康德那里,所谓物自体(Thing-in-itself)是以自在之物的方式存在的东西,不能为我们所直接认知;我们能认识的是可以被认识的对象即现象(或称表象,presentation)。物自体虽然不是我们认识的对象,却是我们欲求的对象,因而它不能由经验来认识,只可由信仰来保证。形而上学的工作就是要给理性划定界域,以免误用范畴,发生理性与信仰的僭越,进而产生谬误。因此,康德把人的认识能力和欲望能力这两种心灵能力相应地归属两大领域:纯粹理性领域和实践理性领域。他的《纯粹理性批判》(第一批判)和《实践理性批判》(第二批判)就是对这两种理性能力的批判。但在两大批判之后,康德进一步反思,纯粹理性如何指导实践理性进行判断,实践理性又如何使人之自由概念来约束理性的僭越欲望,是一个无法回避的问题。他将此概括为:拥有认识能力的自然人与受到绝对律令规定的自由人之间的鸿沟和矛盾。在康德看来,只有对判断力本身进行再次反思,才能在这两者之间架起桥梁,从而彻底解决自然与自由、事实与价值的矛盾。其写作《判断力批判》(第三批判)的目的就在于此:用愉快或不愉快的情感能力来沟通经验的现象域和超验的规范(物自体)领域。

康德指出,判断力分为审美判断力和目的论判断力。前者与个人趣味有关,是在人的主观内心完成的;它不取决于概念,所以没有客观普遍性。但是,如果人通过自由的愉快感所感受到的美不能得到客观的支持,不能从中发现蕴藏着的合乎最终目的的客观基础,那么经验判断就无法过渡到价值领域,人也无法在价值领域做出正确的道德判断,价值就会落入到没有对错的相对主义和虚无主

义，知识（认识）便无法形成。而既然我们可以认识，那么审美判断力就必然具有主观普遍性即普遍赞同的必然性。它来自于一种先验的“共通感”。这种“共通感”使人在审美活动中为超验的自由（自在本身）找到了一个先天条件，通过追问这一条件（即情感上的先天综合判断如何可能）而完成从自然向自由、从经验向超验的过渡。

本选文出自《判断力批判》第 43 ~ 47 节论述纯粹审美判断的经验演绎部分，康德在此定义了美的艺术，认为美的艺术所产生的是一种无利害的愉悦，而美的艺术作为自由的产物，虽然看似自然天成，却不是自然的产物，它与自然只是相似而非等同。美的艺术虽然没有外在兴趣上的目的（或利益），却有着培养内心能力上的功能。至于它为什么有这样的功能？内心的能力又是什么？康德就此提出了“天才”，认为天才有着两方面特点：一是天才具有个别性和独创性，二是天才必须通过典范的普遍性为美的艺术建立规则。也就是说，天才能够通过依其自然本性（个别的独创性）的自由创作而达及普遍性，从而使得他的作品看上去像是自然天成的。因此，美的艺术（天才的艺术）并不是为了某些外在目的，而是以实现其自身为目的，其实现的可能性条件也完全内在于其自身。这样，美的艺术就是自律的而非他律的，其培养内心能力的功能是一种无目的的目的、合乎内在的目的。质言之，这种天才的能力就是康德所说的要培养的内心能力。

既然天才是个体的自然禀赋，为什么还需要培养？为什么能培养？康德认为，所有美的艺术都有某种合乎规则的东西来构成其本质条件，天才只能为美的艺术作品提供材料，但对材料的形式加工才能却需要学习和训练。这就是说，艺术虽无外在目的，却始终关乎内在目的；天才一方面自由发挥其个体自然本性而创造规则，另一方面则遵循规则。显然，在康德这里，自由不是无视一切规则，而是充分发挥其自然本性，以使才能的运用（创造）在理性判断面前能够经得起考验。因此，天才不仅为审美者提供审美对象（美的艺术作品），而且其本身就是有高度审美能力的。这种高度的审美能力成就为美的艺术品，成为他人的审美对象，置于其他人的审美判断之下并最终被认可为普遍的典范，为美的艺术提供普遍认可的规则。可见，就创造美的艺术对象来说，天才结合着自然和自由（无目的与目的）；就审美判断力角度来说，天才又结合着个体创造与普遍认同。由此，康德从经验演绎的角度，在审美判断力问题上完成了沟通自然与自由二分的工作。（叶磊蕾 撰写）

美育书简(节选)

席勒

第九封信

然而,这里不是构成了一个循环?理论的教养应该推动实际的教养,而实际的教养却是理论教养的前提条件?政治领域的一切改善都应该来自性格的高尚化——但是在一种野蛮的国家制度的支配之下,人的性格怎么能够高尚化呢?为此我们必须寻求一种国家没有为我们提供的工具,去打开不受一切政治腐化污染保持纯洁的源泉。

现在我达到了所有我至今的考察所致力于此的那一点。这一工具就是美的艺术,在艺术不朽的范例中打开了纯洁的泉源。艺术,像科学一样,摆脱了一切独断的和人的成见所产生的东西,两者都为绝对避免了人的恣意专横而感到欣慰。政治立法者可以封闭这两个领域,但却不能在这两个领域中支配一切。他可以驱逐真理之友,但真理却永在。他可以侮辱艺术家,但他却不能伪造艺术,没有什么东西比科学和艺术更忠于时代精神的了。创作者的审美趣味接受着批评家的审美趣味的法则。在性格变得严峻而僵化的地方,我们就可以看到,科学严守着它的疆界,艺术却陷入规则的沉重桎梏中。在性格软弱而松散的地方,科学就尽力去讨人喜欢,而艺术就尽力供人消遣。多少世纪以来哲学家和艺术家一直在努力,将真理和美灌输到普通人性的深处。他们淹没在时代的洪流中,而真理和美却以不可摧毁的生命力胜利地显现出来。

艺术家虽然是他的时代的儿子,但如果他同时是时代的门徒甚至是时代的宠臣,那对他就不幸了。慈善的神性把婴儿及时地由他母亲的胸前夺走,用更好的时代的乳汁来喂养他,并让他在遥远的希腊天空下达到成熟。当他成人以后,他以一种不同的姿态回到他的世纪。然而并不是由于他的出现使世纪高兴,而是像亚加米农①的儿子那样可怕,他是为了使时代纯洁化。艺术家的素材虽然是由现时代取得的,而他的形式却是从一个高贵的时代甚至由一切时代的彼岸取得,从他的本质的绝对不变的统一中取得。这里从他的世外的自然的纯净气氛中涌流出没有沾染转动在脚下昏暗旋涡中这代人和时代之腐化的美的清泉。

① 亚加米农为迈锡尼王,曾发动特洛伊战争,为希腊联军的统帅。——译者注

时代情绪可以沾污它的素材，也可以使素材高尚化。但是，纯洁的形式却可以避免这种变化。公元一世纪的罗马，当神的石像还竖立在那里的时候，人们已经长期屈从于他们的皇帝；当神灵早已成为笑柄时，寺庙在人们眼里依然是神圣的。尼录①和康茂德②的丑行使得为他们提供了遮盖的建筑物的高雅风格也感到羞辱。人性失去了它的尊严，但是艺术拯救了它，并把它保存在有意义的石料中。真理在虚构中永生，由复制品中又可以重新现出原型。正如高贵的艺术比高贵的自然活得更久，由灵感塑造和唤起的艺术也走在自然之前。在真理把它胜利的光亮投向心灵深处之前，形象创造力截获了它的光线，当湿润的夜色还笼罩着山谷，曙光就在人性的山峰上闪现了。

艺术家怎样在包围他的时代的堕落面前保护自己呢？就要蔑视时代的判断。他按照他的尊严和法则向上看，而不是按照运气和日常需求向下看。摆脱开意愿在短暂瞬间留下自己痕迹的无效的忙碌以及把绝对尺度用于时代贫乏的产物上的急不可待的狂热精神，他把现实的领域留给在这里本地成长的知性，而他致力于由可能性与必然性的结合中产生出理想。他把理想铭刻在虚构与真实中，铭刻到他的想象力的游戏里以及他的行动的真情实意中，铭刻在一切感性和精神的形式里并默默地把理想投入无限的时代中。

但是，不是每一个在心灵中燃起理想火花的人都能以创造的沉着和巨大的忍耐情绪把理想铭刻到沉寂的石料上或注入审慎的言词中，把理想委托给时代的忠实之手。用这种平和的手段把神性的创造冲动直接加到现时代和实际生活中，试图把无形式的素材转化为道德的世界，这样做是过分急躁了。对富于感受性的人说来，他可以更深切地体会到他的类（种族）的不幸和它的屈辱，燃烧起热情，炽烈的欲望在充满力量的心灵中急不可待地要求行动。但是他也要自问，道德世界的这种混乱是否冒犯了他的理性，或者是否使他的自爱之心感到痛苦？如果他还不知道答案，那么他将急于去了解，他怎样取得确定的和更快的效果。纯粹的道德冲动是指向绝对事物的，对于它说来时间不再存在，只要未来能由现在发展而来，未来就成为这种冲动的现在。在毫无限制的理性面前，有了方向也就有可能实现；只要选定途径，那么道路就一定可以畅通无阻。

我将回答从我这里了解有关真理和美的年轻朋友，正是他顶着自己世纪的

① 尼录（37—68），古罗马朱里亚·克劳狄王朝的暴君，于54—68年执政，后被迫自杀。——译者注

② 康茂德，古罗马安敦尼王朝最后一个皇帝，极端残暴，于180—192年执政，后被杀。——译者注

各种阻力去满足他胸中这种高贵的冲动。指出你为之奔波的世界走向善良的方向，从而使时代的平和的节奏得以发展。如果你通过教育把时代的思想提高到必然和永恒的事物，如果你通过行动或形象创造把必然和永恒的事物转化为时代冲动的对象，那么你就给世界指出了方向。迷惘和恣意专横的大厦就要倒塌，它必定要倒塌，只要你确信它已经倾斜了，那么它就要倒塌。它不仅从人的外部而且从人的内心中倒塌下去。你应该在你的朴素的心灵中抚育起决胜的真理，把它从你的心里显示到美的世界中去。这样不仅你的思想可以忠于它，而且你的感官也能爱抚地获取它的外观。当它在你的心灵中确立了理想的结果之前，不要让它与现实世界发生危险的交往，以免从现实世界接受你所要确立的榜样。你应该同自己的世纪一起生活，但不要成为它的产物。给予你的同时代人以他们所需要的东西，而不要给予他们所赞赏的东西。不要去分担他们的过错，而要以高贵的顺从去分担他们的困难，自由地屈身于他们所难以逃脱又难以承担的奴役。以你回绝他们所追求的幸福的那种坚毅的勇气去证明，并不是由于你的怯懦才去分担他们的苦恼。当你对他们施加影响时，你要按照他们应该的样子来设想，当你试图为了他们而去行动时，你要按照他们实际的样子来设想。通过他们的尊严去寻求他们的赞同；但是他们的幸福却是由于他们的无价值。因此，在前一种情况下用你自己的高贵去唤起他们的高贵，在后一种情况下他们的低下并不会泯灭你的目的。你的原则的严肃性会使他们对你感到畏惧，但是在游戏中他们就会默认这些原则。他们的鉴赏力比他们的心灵更纯洁，在审美趣味的世界里你必须抓住胆怯的逃兵。你将徒劳地攻击他们的准则，徒劳地指责他们的行动。但是你可以就他们的怠堕显示一下你创造形象的身手。你应该由他们的享乐中驱散任性、轻浮和粗俗，那么你就潜移默化地从他们的行动中并最终从他们的志向中驱除了这些劣根性。到那时你会发现，在他们周围充满着高贵、伟大和精神丰富的形式，到处环绕着优异的象征，最后直到外观战胜现实，艺术战胜自然。

第十五封信

我沿着一条沉闷的旅途把您引向我所接近了的目标。如果您愿意跟我继续迈出几步，就会展现出一个更加宽阔的视野，为了这一生动的前景也许是值得付出旅途辛劳的。

感性冲动的对象用一个普通的概念来说明，就是最广义的**生命**。这个概念指全部物质存在以及一切直接呈现于感官的东西。形式冲动的对象也用一个普通的概念来说明，就是同时用本义与引伸意义的**形象**，这个概念包括事物一切形式方面的性质以及它与各种思考力的关系。游戏冲动的对象用一个普通的概念来说明，可以叫做活的形象。这个概念指现象的一切审美性质，总之是指最广义的美。

按照这种解释，如果美是这样的话，那么它就既不扩大到整个生物界，也不只限于生物界。一块大理石，尽管是而且永远是无生命的，却能由建筑师和雕塑家把它变为活的形象。一个人尽管有生命和形象，却不因此就是活的形象。要成为活的形象，那就需要他的形象就是生命，而他的生命就是形象。只要我们只想到他的形象，那形象就还是无生命的，还是单纯的抽象；只要我们还只是感觉到他的生命，那生命就还没有形象，还只是单纯的印象。只有当他的形式活在我们的感觉里，他的生命在我们的知性中取得形式时，他才是活的形象。凡是我们判断人是美的时候，情况总是如此。

我们知道了在其结合中产生美的那些组成，但由此还不能说明美的产生。因为我们还需要懂得那种结合本身，这种结合对于我们正如在有限与无限之间的各种相互作用那样还缺乏研究。理性由先验的理由提出要求：在形式冲动与物质冲动之间应该存在某种联系即游戏冲动，因为只有实在与形式的统一、偶然性与必然性的统一、受动与自由的统一才完成了人性的概念。它必定提出这种要求，因为它就是理性——因为它就其本质说来要求完满和排除一切限制，这一种或另一种冲动的单独活动不能完成人性的完整，并会造成人性的一种限制。因此只要理性表明，人性应该存在，那么它就同样由此提出这一规律：应该有美存在。经验可以回答我们，美是否存在；只要理性告诉我们有人性存在，我们就知道有美存在。但美可能是怎样的，人性可能是怎样的，则不论是理性还是经验都不能告诉我们。

我们知道，人不只是物质，也不只是精神。所以作为人的人性的完美实现，美既不能像那些过分执着经验证据的敏感的观察家所认为的那样单纯只是生命，现时代的鉴赏力总是想把美降低到生命；也不能像那些远离经验的艺术家和在解释美时过分受艺术需要影响而爱玄想的艺术家所认为的那样只是形象[①]。美是这两种冲动的共同对象，也就是游戏冲动的对象。这个名称是完全符合语

① 柏克在《关于崇高与美的概念起源的哲学探讨》中把美变为单纯的生命。而独断论体系的拥护者就我所知却把美变为单纯的形象，他们排除了对这一对象的认识。这一点表现在艺术家拉菲尔·孟斯关于绘画鉴赏力的思想中。在这方面正如在其他方面一样，批判哲学为使经验回到原则、思辨回到经验敞开了道路。——作者原注

言习惯用法的，游戏这个名词通常说明凡是在主观和客观方面都不是偶然而同时又不受外在和内在强迫的事物。在美的直观中，心灵是处于规律与需要之间恰到好处的中点，正因为它介于这两者之间，它才避免了规律和需要的强制。物质冲动和形式冲动在它们的要求上都是真切的，因为在认识上前者关系到事物的实在性，后者关系到事物的必然性；而在行动上，前者旨在生命的维持，后者旨在尊严的维护，两者都旨在真实与完美。当尊严与生命混为一体时，生命就无足轻重了。只要爱好开始起作用，义务就不再是强制的了。同样地，只要事物的现实、物质的真理与形式的真理和必然性的规律相结合，心灵就更自由地、冷静地接受它们。只要直观能够伴随真理，就不再感到抽象不易接受了。总之，当与观念相结合时，所有现实的东西就失去了它的难度，因为它变小了；当与感觉相接触时，必然的东西就失去了它的难度，因为它变容易了。

但是，你可能早就想要反驳我，说我把美当成单纯的游戏，将它与“游戏”一词通常所指的那些轻薄对象等量齐观，这不是降低了美吗？如果我们把它局限为单纯的游戏，那不是与作为教养工具的美的理性概念和尊严相矛盾吗？那不和游戏的经验概念相矛盾吗？这种游戏可以排除开一切审美趣味而存在，还单纯限于美吗？

在人的各种状态下正是游戏，只有游戏，才能使人达到完美并同时发展人的双重天性，但为什么把它叫做单纯的游戏呢？按照您的概念，您把这看成是限制，但是按照我已经证明的概念，我却把这看作扩展。所以我倒宁可反过来说，只有对于愉快的、良好的和完整的东西，人才是认真的。但是对于美，人却和它游戏。当然，我们在这里不能想到现实生活中流行的那种游戏，它通常只是针对真正物质的对象。但是，我们在现实生活中去寻找这里所谈的美也是徒劳的。现实存在的美配得上现实存在的游戏冲动，但是理性提出的美的理想也给出了游戏冲动的理想：这种理想应该显现在人的一切游戏中。

如果人在满足他的游戏冲动的这条道路上去寻求人的美的理想，那么人是不会迷路的。希腊人是在奥林匹克运动会进行力量、速度、灵巧的非流血竞赛中以及才能的高尚竞技中才感到欢欣，而罗马人却对被杀死的角斗士或他的利比亚对手的决死角斗感到快慰，我们由这唯一特征就可以理解，为什么我们不从罗马那里寻求维纳斯、朱诺和阿波罗[①]的理想形象，而却要从希腊那里

① 维纳斯为罗马神话中爱与美的女神；朱诺为天后，主神丘必特的妻子；阿波罗为太阳神。——译者注

来寻求这些形象[①]。理性现在要说:美不应只是生命,也不应只是形象,而是活的形象。也就是说,只要美向人暗示出绝对形式性和绝对实在性的双重法则,美就存在。因此理性也在说:人应该同美一起只是游戏,人应该只同美一起游戏。

终于可以这样说,只有当人在充分意义上是人的时候,他才游戏;只有当人游戏的时候,他才是完整的人。这一命题暂时看来似乎不合情理,当我们把这一命题用于义务和命运这两种严肃事情时,它将获得巨大而深刻的意义。我可以向您担保,它将会支撑起审美艺术和更艰难的生活技艺的整个大厦。然而只有在科学中这一命题才是意想不到的,在艺术以及希腊人的情感中、在他们最优秀的大师们那里,这一命题早就存在并在起作用。只是他们把本来应该在人间实现的东西移到了奥林帕斯山上。由这一命题的真理所引导,他们不仅使世人面颊上由辛勤和劳作所增添的皱纹以及使空洞面孔上展现的轻浮笑靥从幸福神的额头消失,并且摆脱了各种目的、义务、烦恼的困扰而获得永恒的满足,使游手好闲和漫不经心成为诸神的令人羡慕的命运:只有更具有人性的名字才是最自由和崇高的存在。只要同时既消除了自然规律的物质强制又消除了道德法则的精神强制,在同时围绕这两个世界必然性的更高概念以及由两种必然性的统一中,他们才能获得真正的自由。在这种精神的鼓舞下,他们由自己理想的特征和爱好中同时去掉了意志的一切痕迹。更恰当地说,他们使这两者不能被分别见出,因为他们知道如何使两者结成紧密的联盟。由朱诺光辉容颜中告诉我们的,既不是优美也不是尊严,它不是单独的这两者,因为它同时是这两者。女神要求我们的景仰,而仙女般的女性则激起我们的爱。然而,当我们陶醉在天上的仁慈时,天上的自满自足又把我们吓住了。整个形象安息在自己本身之中,它是一个完整的创造物,当它在空间的彼岸时,没有屈从,没有反抗,它无需与各种力量相搏斗的能力,没有尘世所产生的弱点。通过优美不可抗拒的引诱以及通过尊严保持的距离,我们同时处于极大的安宁和激烈的运动状态中,它产生了那种令人惊异的激情。知性没有任何概念、语言没有任何名称可以用来表达这种激情。

第十六封信

我们已经看到,美是从两种对立冲动的相互作用中、从两种对立原则的结合中产生出来的,所以美的最高理想要在实在与形式的尽可能完善的结合与平衡

① 只要我们比较一下(只限于现代世界)伦敦的赛马、马德里的斗牛、昔日巴黎的壮观景象、威尼斯的平底船赛、维也纳的动物喂养以及罗马科尔索欢快诱人的生活,那就不难细致地区别这些不同民族的审美趣味。这些国家的民间游戏比他们国家上层社会的游戏更加丰富多彩,这就很容易解释了。——作者原注

里去寻找。这种平衡永远只是一种理想，它在现实中决不可能完全达到。在现实中总是某一种因素比另一种因素占优势，经验界所能达到的最高成就只是在这两个原则之间摇摆，时而实在占优势，时而形式占优势。因此，理想中的美永远是不可分割的、独特的，因为平衡只能有一个，而经验中的美却不然，它永远是双重的。因为在摇摆中会以两种方式破坏平衡，不是偏于这边就是偏于那边。

我在前面的信中已经指出，由上面的论述也能以严格的必然性得出，由美可以同时期待产生松弛和紧张两种作用。松弛的作用可以使感性冲动和形式冲动各自安分守己，紧张的作用可以使两种冲动都保持其力量。但是从概念上讲这两种作用应该根本上只是一种。它应该通过维持两种本性均匀的紧张去达到松弛，它也应该通过维持它们均匀的松弛去达到紧张。它是由两种冲动相互作用的概念中产生的。由于相互作用，这两种冲动彼此制约着对方并同时受对方的制约，其最纯粹的产物就是美。但是，经验界不能给我们提供这样完美的相互作用的范例，而是或多或少以一方的优势造成另一方的不足，或以一方的不足造成另一方的优势。所以，凡是在理想美中只是由想象区别开的东西，在经验美中以实际存在而彼此不同。理想的美，尽管是不可分割的和单一的，但在不同的关系中却显示出融合性和振奋性。在经验界中存在一种融合性的美和一种振奋性的美。凡是把绝对纳入时间的界限、把理性观念实现于人性之中的时候，情况就是如此，而且永远会是如此。因此，爱思索的人只在心里思索道德、真理和幸福，而爱行动的人却只去做道德的事，只运用真理，只享受幸福的生活。把后一种人引导回到前一种人——使道德代替道德行为、知识代替所知道的事物、幸福代替幸福的体验，这就是体育和德育的任务，由美的对象产生美，这就是美育的任务。

振奋性的美并不能使人抵制粗暴和僵化的某些残余，同样融合性的美也不能使人防止某种软弱和无能。因为前者的作用是使精神既适应物质方面也适应道德方面。并且为了加强它的敏捷性，以便轻而易举地减少气质和性格对感受印象的阻碍，使温良的人性也会受到一种只有粗野本性才应遇到的压抑，这种粗野本性也具有一种仅仅自由的人格才会有的力量，因此我们在力量和充实的时代发现了与巨大和奇异相联系的观念的真正伟大以及与热情的极大迸发相联系的志向的崇高，人们在规则和形式的时代发现了本性经常地受到支配和压抑以及被超越和凌辱。因为融合性的美的作用是使精神在道德领域以及自然领域都得到松弛，所以同样容易遇到这种情况，由于欲望的干扰而把情感的力量窒息了，使性格也受到只是情欲才会遇到的力量消耗。因此，在这种所谓有教养的时代，人们往往看到把温情变成柔弱，把坦率变成肤浅，把精确变成空虚，把自由性变成随意性，把敏捷变成轻浮，把安详变成冷漠，而最令人鄙视的讽刺画与最美好的人性直接相邻。对于在素材与形式两方面都受到强制的人需要融合性的美，因为在他对和谐与优美开始敏感之前，他早已为伟大和力量所激励。对于沉醉在审美趣味中的人，需要振奋性的美，因为他在有教养的状态很容易失去他由粗野状态所带来的力量。

我相信，这已经解释和回答了在人们对美的影响和审美价值的判断中经常遇到的矛盾。如果我们考虑到在经验中有两种美，美的整个类的这两个方面能够证明，每一个只是其中特殊的一种，那么这种矛盾就可以得到说明了。只要我们对于这两种美相对应的人性的两种需要加以区分，也就解决了这一矛盾。只有当人们在思想上所具有的那种美和那种人性的形式相互融洽时，它们才变得合理。

我将沿着自然在与人的审美关系方面开辟的道路继续我的探讨，并把各种美提高到美的类概念。我将检验融合性的美对紧张的人所产生的影响以及振奋性的美对松弛的人所产生的影响，以便最后把两种对立的美消融在理想美的统一体中，就像人性的那两种对立形式消融在理想的人的统一体中那样。

——选自席勒：《美育书简》，徐恒醇译，中国文联出版公司 1984 年版

【导读】

约翰·克里斯托夫·弗里德里希·席勒（Johann Christoph Friedrich von Schiller，1759—1805），德国伟大的诗人、剧作家和美学家，“狂飙突进运动”代表人物。

席勒生活在欧洲动荡的时代，当时的德国社会正处于分裂、落后、畸形的状态。他在 1773—1780 年间开始文学创作，积极投身“狂飙突进运动”，发表了《强盗》《阴谋与爱情》等文学作品。席勒于 1788 年任教于耶拿大学，1789 年法国大革命后接受巴黎议会授予的“法兰西共和国名誉市民”称号。此后转而研究哲学、美学和历史学，1794 年后在歌德的鼓励下重新开始文学创作。席勒的主要理论著述有《论悲剧艺术》（1792）、《美育书简》（1793—1794）、《论秀美与尊严》（1793）、《论朴素的诗与感伤的诗》（1795）等。

诗人海涅在《论浪漫派》一书中曾经称赞席勒“为伟大的革命思想而写作，他摧毁了精神上的巴士底狱，建造自由的庙堂”。席勒一生向往改变现实世界、推翻封建专制，建立平等自由的社会制度，但他同时又不满于暴力革命。在席勒的全部著作中，自由是贯穿于其中的核心思想。他从社会、时代和德国现实出

发，通过对抽象人性的先验分析，赋予了艺术和美育以实现自由平等社会的历史使命，提出人只有通过美育才能成为真正的人、真正实现人的自由这一著名命题，并在《美育书简》中对此做了最完整、最充分的阐述。

1790 年到 1794 年，是欧洲各国在法国资产阶级革命爆发后社会各阶层发生不同反应、思想意识产生巨变的时期，也是席勒哲学思辨时期。《美育书简》一书就是席勒哲学思辨时期最重要的著作之一，其产生与席勒对法国革命的看法密切相关。席勒在 1793—1794 年间给丹麦亲王奥古斯丁堡公爵写了一系列书信，后者资助了席勒的康德哲学、美学研究。这些信件最初汇总六封，后来总计二十七封，于 1795 年以《关于人的审美教育书简》（即《美育书简》）为题公开发表。席勒在这本著作中指出，近代的封建主义以及资本主义破坏了人性的和谐统一，人在现实中处于分裂状态，因而要复归完整的人性。而完整人性的复归，只有通过艺术与美育的途径。席勒继承了康德哲学的先验分析方法，认为感性冲动与形式冲动只能各自创造条件并提供法则；只有在游戏冲动中，感性与理性、内容与形式、主体与客体才能达到真正的统一。这个游戏冲动的对象就是美，换句话说，美使人恢复人性的完整，“必须通过审美教育的途径，因为正是通过美，人们才可以达到自由”（《美育书简》第二封信）。

在《第九封信》里，席勒认为，性格的高尚化只有通过艺术才能得以实现。艺术虽与时代有联系，但高尚的艺术却超越了时代的局限。艺术家不是以严峻的态度来对待他的同时代人，而是在游戏中通过美来净化人们，使人们在闲暇时得到娱乐，不知不觉地从他们的娱乐中排除任性、轻浮和粗野，再慢慢地从他们的行动乃至意志中逐步清除掉这些毛病，最后达到性格高尚化的目的。而在《第十五封信》中，席勒强调，感性冲动的对象是最广义的生命，形式冲动的对象是本义和转义的形象，而游戏冲动的对象则是活的形象，即最广义的美。游戏冲动作为感性冲动与形式冲动之间的集合体，是实在与形式、偶然与必然、受动与自由等的统一。这样的统一使人性得以圆满完成，使人的感性与理性的双重天性同时得到发挥，而人性的圆满完成就是美。这样的美是理性提出的要求，这个要求也只有当人游戏时才能完成。所以，人同美只是游戏，人只是同美游戏。只有当人是完全意义上的人时，他才游戏；只有当人游戏时，他才是完全意义上的人。席勒并且在《第十六封信》中提出，美是由两种对立的冲动相互作用而产生的，而理想美是实在与形式达到最完美平衡的产物。这样的平衡在现实中并不存在。在现实中，不是这一方占优势，就是那一方占优势，因而理想美只是一种观念。观念中的理想美是不可分割的单一的美，而经验中的美则是双重的美；观念中的理想美只显出有融合的和振奋的特性，在经验中就成为两种不同的美，即融合性的美和振奋性的美。它们各自的作用不同，所以在经验中美的作用是矛盾的。而把多种美变成一种美，这正是美育的任务。

尽管席勒所关注的只是18世纪末的欧洲社会，但他有关美育与人的全面实现的关系问题的认识及其一系列具体理论观点，对于我们今天的美育探索和实践依旧有着重要的思想价值。(孙士聪 撰写)

席勒的《美育书简》(李圣传 讲授)

美学（节选）
黑格尔

艺术美的理念或理想

关于第一第二两部分，为着便于了解下文，我们首先就要提醒一个事实：就艺术美来说的理念并不是专就理念本身来说的理念，即不是在哲学逻辑里作为绝对来了解的那种理念，而是化为符合现实的具体形象，而且与现实结合成为直接的妥帖的统一体的那种理念。因为就理念本身来说的理念虽是自在自为的真实，但是还只是有普遍性，而尚未化为具体对象的真实；作为艺术美的理念却不然，它一方面具有明确的定性，在本质上成为个别的现实，另一方面它也是现实的一种个别表现，具有一种定性，使它本身在本质上正好显现这理念。这就等于提出这样一个要求：理念和它的表现，即它的具体现实，应该配合得彼此完全符合。按照这样理解，理念就是符合理念本质而现为具体形象的现实，这种理念就是理想①。这种符合首先可能很形式地了解成为这样的意思：理念不拘哪一个都行，只要现实的形象（也不拘哪一个都行）恰好表现这个既定的理念，那就算是符合。如果是这样，理想所要求的真实就会与单纯的正确相混，所谓单纯的正确是指用适当的方式把任何意义内容表现出来，一看到形象就可以直接找到它的意义。理想是不能这样了解的。因为任何内容都可以按照它的本质的标准很适当地表现出来，但不因此就配称为理想的艺术美。比起理想美，这种情形就连在表现方面也显得有缺陷。关于这一点，我们先要提到一个到将来才能证明的道理：艺术作品的缺陷并不总是可以单归咎于主体方面的技巧不熟练，形式的缺陷总是起于内容的缺陷。例如中国、印度、埃及各民族的艺术形象，例如神像和偶像，都是无形式的，或是形式虽明确而却丑陋不真实，他们都不能达到真正的美，因为他们的神话观念，他们的艺术作品的内容和思想本身仍然是不明确的，或是虽明确而却低劣，不是本身就是绝对的内容。就这个意义来说，艺术作品的表现愈优美，它的内容和思想也就具有愈深刻的内在真实。在考虑这一点时，我们不应只想到按照当前外在现实来掌握自然形状和摹仿自然形状所表现的技巧

① 黑格尔所用的“理想”（Ideal）与一般所说的“理想”不同，它就是“具体的理念显现于适合的具体形象”，也就是真正的艺术作品。黑格尔所说的“理想”包括一般所说的“典型”（见出普遍性与本质的个别事物形象），但比“典型”较广，因为整个艺术是“理想”，不仅是人物或情境。译文为清楚起见，有时把“理想”译为“艺术理想”。

熟练的程度。因为在某些发展阶段的艺术意识和艺术表现里，对自然形状的歪曲和损坏并不是无意的，并不是由于技巧的生疏和不熟练，而是由于故意的改变，这种改变是由意识里面的内容所要求和决定的。从这个观点来看，一种艺术尽管就它的既定的范围来说，在技巧等方面是十分完善的，而作为艺术，它仍然可以是不完善的，如果拿艺术概念本身和理想来衡量它，它仍然是有缺陷的。只有在最高的艺术里，理念和表现才是真正互相符合的，这就是说，用来表现理念的形象本身就是绝对真实的形象，因为它所表现的理念内容本身也是真实的内容。前已提过，这个原则还包含一个附带的结论：理念必须在它本身而且通过它本身被界定为具体的整体，因而它本身就具有由理念化为特殊个体和确定为外在现象这个过程所依据的原则和标准。例如基督教的想象只能把神表现为人的形状和人的心灵面貌，因为神自身在基督教里是完全作为心灵来认识的。具有定性好像是使理念显现为形象的桥梁。只要这种定性不是起于理念本身的整体，只要理念不是作为能使自己具有定性和把自己化为特殊事物的东西来了解的，这种理念就还是抽象的，就还不是从它本身而是从本身以外得到它的定性，也就是从本身以外得到一个原则，去决定某种显现方式对它才是唯一适合的。因此，如果理念还是抽象的，它的形象也就还不是由它决定的，而是外来的。本身具体的理念却不如此，它本身就已包含它采取什么显现方式所依据的原则，因此它本身就是使自己显现为自由形象的过程。从此可知，只有真正具体的理念才能产生真正的形象，这两方面的符合就是理想[①]。

理想发展为艺术美的各种特殊类型

——象征型艺术、古典型艺术与浪漫型艺术[②]

理念既然是这样具体的统一体，这个统一体就只有通过理念的各特殊方面的伸展与和解，才能进入艺术的意识；就是由于这种发展，艺术美才有一整套的特殊的阶段和类型。我们既已把艺术作为自在自为的东西研究过了，现在就要看看完整的美如何分化为各种特殊的确定形式。这就产生出本书第二部分，即关于艺术类型的学说。这些类型之所以产生，是由于把理念作为艺术内容来掌

① 黑格尔在这一节里提出了他的艺术美的基本观点：一，内容（理念）决定形式（显现的形象）；二，只有本身真实的内容表现于适合内容的真实形式，才能达到艺术美。

② 黑格尔所说的某种艺术类型代表三个时代的不同的世界观，与艺术流派有别。象征型艺术代表艺术的原始阶段，主要代表是东方艺术，与法国 19 世纪的象征主义和象征派有别；古典型艺术代表艺术发展成熟的阶段，主要代表是希腊艺术，与 17、18 世纪欧洲（特别是法国）的古典主义或新古典主义有别；浪漫型艺术代表艺术开始解体的阶段，主要代表是中世纪西方基督教艺术，与 18、19 世纪的欧洲浪漫主义运动有别。

握的方式不同，因而理念所借以显现的形象也就有分别。因此，艺术类型不过是内容和形象之间的各种不同的关系，这些关系其实就是从理念本身生发出来的，所以对艺术类型的区分提供了真正的基础。因为这种区分的原则总是必须包含在有待分化和区分的那个理念本身里。

我们在这里要研究的是理念和形象的三种关系。

a）第一，理念在开始阶段，自身还不确定，还很含糊，或则虽有确定形式而不真实，就在这种状况之下它被用作艺术创造的内容。既然不确定，理念本身就还没有理想所要求的那种个别性；它的抽象性和片面性使得形象在外表上离奇而不完美。所以这第一种艺术类型与其说有真正的表现能力，还不如说只是图解的尝试。理念还没有在它本身找到所要的形式，所以还只是对形式的挣扎和希求。我们可以把这种类型一般称为象征艺术的类型。在这种类型里，抽象的理念所取的形象是外在于理念本身的自然形态的感性材料[1]，形象化的过程就从这种材料出发，而且显得束缚在这种材料上面。一方面自然对象还是保留它原来的样子而没有改变，另一方面一种有实体性的理念又被勉强粘附到这个对象上面去，作为这个对象的意义，因此这个对象就有表现这理念的任务，而且要被了解为本身就已包含这理念。这种情形之所以发生，是由于自然事物本有能表现普遍意义的那一方面。但是既然还不可能有理念与形象的完全符合，理念对形象的关系就只涉及某一个抽象属性，例如用狮子象征强壮。

另一方面，这种关系的抽象性也使人意识到理念对自然现象是自外附加上去的，理念既然没有别的现实来表现它，于是就在许多自然事物形状中徘徊不定，在它们的骚动和紊乱中寻找自己，但是发现它们对自己都不适合。于是它就把自然形状和实在现象夸张成为不确定不匀称的东西，在它们里面昏头转向，发酵沸腾，勉强它们，歪曲它们，把它们割裂成为不自然的形状，企图用形象的散漫、庞大和堂皇富丽来把现象提高到理念的地位。因为这里的理念仍然多少是不确定的，不能形象化的，而自然事物在形状方面却是完全确定的。

由于两方面互不符合，理念对客观事物的关系就成为一种消极的关系，因为理念在本质上既然是内在的，对这样的外在形状就不能满足，于是就离开这些外在形状，以这些形状的内在普遍实体的身份，把自己提升到高出于这些不适合它

① 例如原始民族用自然的木块或石头象征神，或是这木石虽经加工，但还是非常粗糙的，显不出他们的神的概念。

的形状之上。由于这种提升，自然现象和人的形状和事迹就照它们本来的样子接受过来，原封不动，但是同时又认为它们不适合它们所要表现的意义，这种意义本来是被提升到远远高出于人世一切内容之上的。

一般地说，这些情形就是东方原始艺术的泛神主义的性格，这种艺术一方面拿绝对意义强加于最平凡的对象，另一方面又勉强要自然现象成为它的世界观的表现，因此它就显得怪诞离奇，见不出鉴赏力，或是凭仗实体的无限的但是抽象的自由，以鄙夷的态度来对待一切现象，把它们看成无意义的，容易消逝的。因此，内容意蕴不能完全体现于表现方式，而且不管怎样希求和努力，理念与形象的互不符合仍然无法克服。这就是第一种艺术类型，即象征艺术，以及它的希求，它的骚动不宁，它的神秘色彩和崇高风格。

b）在第二种艺术类型里——我们把它叫做古典型艺术——象征型艺术的双重缺陷都克服了。象征型艺术的形象是不完善的，因为一方面它的理念只是以抽象的确定或不确定的形式进入意识；另一方面这种情形就使得意义与形象的符合永远是有缺陷的，而且也纯粹是抽象的。古典型艺术克服了这双重的缺陷，它把理念自由地妥当地体现于在本质上就特别适合这理念的形象，因此理念就可以和形象形成自由而完满的协调。从此可知，只有古典型艺术才初次提供出完美理想的艺术创造与观照，才使这完美理想成为实现了的事实。

古典型艺术中的概念与现实的符合却也不能单从纯然形式的意义去了解为内容和外在形象的协调，就像理想也不应这样去了解一样。否则每一件摹仿自然的作品，每一个面容、风景、花卉、场面之类在作为某一表现的内容时，只要达到这种内容与形式的一致，就算是古典型艺术了。相反地，古典型艺术中的内容的特征在于它本身就是具体的理念，惟其如此，也就是具体的心灵性的东西；因为只有心灵性的东西才是真正内在的。所以要符合这样的内容，我们就必须在自然中去寻找本身就已符合自在自为心灵的那些事物。必须有本原的[①]概念，先把适合具体心灵性的形象发明出来，然后主体的概念——这里就是艺术的精神——只须把那形象找到，使这种具有自然形状的客观存在（即上述形象）能符合自由的个别的心灵性[②]。这种形象就是理念——作为心灵性东西，亦即作为个别的确定的心灵性——在显现为有时间性的现象时即须具有的形象，也就是

① 鲍申葵英译本作“绝对的”，附注说：“上帝或宇宙发明了人作为心灵的表现；艺术找到了人，使他的形状适应个别心灵的艺术体现。”

② 实即个别人物的心灵。

人的形象。人们固然把人格化和拟人作用[1]谴责为一种对心灵性的屈辱，但是艺术既然要把心灵性的东西显现于感性形象以供观照，它就必须走到这种拟人作用，因为只有在心灵自己所特有的那种身体里，心灵才能圆满地显现于感官[2]。从这个观点看，灵魂轮回说是一个错误的抽象的观念[3]，生理学应该建立这样一条基本原则：生命在他的演进中必然要达到人的形象，因为人的形象才是唯一的符合心灵的感性现象。

人体形状用在古典型艺术里，并不只是作为感性的存在，而是完全作为心灵的外在存在和自然形态，因此它没有纯然感性的事物的一切欠缺以及现象的偶然性与有限性。形象要这样经过纯洁化，才能表现适合于它的内容；另一方面如果意蕴与形象的符合应该是完满的，作为内容的心灵性的意蕴也就必须能把自己完全表现于人的自然形状，不越出这种用感性的人体形状来表现的范围。因此，心灵就马上被确定为某种特殊的心灵，即人的心灵，不只是绝对的永恒的心灵[4]，因为这后一意义的心灵只能作为心灵性本身来认识和表现[5]。

这最后一点又是一种缺陷，使得古典型艺术归于瓦解，而且要求艺术转到更高的第三种类型，即浪漫型艺术。

c）浪漫型艺术又把理念与现实的完满的统一破坏了，在较高的阶段上回到象征型艺术所没有克服的理念与现实的差异和对立。古典型艺术达到了最高度的优美，尽了艺术感性表现所能尽的能事。如果它还有什么缺陷，那也只在艺术本身，即艺术范围本来是有局限性的。这个局限性就在于一般艺术用感性的具体的形象，去表现在本质上就是无限的具体的普遍性，即心灵，使它成为对象，而在古典型艺术里，心灵性的存在与感性的存在二者的完全融合就成为二者之间的符合[6]。事实上在这种融合里，心灵是不能按照它的真正概念达到表现的。

---

① 把人代表某一抽象概念，如戏剧中“正直”或“虚荣”可以成为角色，这叫做“人格化”；把动植物当作人来描写，像《伊索寓言》里所做的，这叫做“拟人作用”。

② 人体是心灵特有的感性表现，古典型艺术特重人体雕刻，所以黑格尔着重地谈人体最适宜于体现心灵。

③ 轮回说认为人的灵魂可以降级，附到动物身体上去，这不合黑格尔的进化观念，看下句自明。

④ 按照黑格尔的客观唯心哲学，整个宇宙都有一种绝对的永恒的心灵，个别心灵只是它的一种特殊存在。这种绝对的永恒的心灵只能作为哲学思考的对象，不能表现于艺术。

⑤ 即只能为哲学思考的对象，不能为艺术表现的对象。

⑥ 因为古典型艺术用人的身体表现心灵。“符合”原文是“对应”。

因为心灵是理念的无限主体性①，而理念的无限主体性既然是绝对内在的，如果还须以身体的形状作为适合它的客观存在，而且要从这种身体形状中流露出来，它就还不能自由地把自己表现出来②。由于这个道理，浪漫型艺术又把古典型艺术的那种不可分裂的统一取消掉了，因为它所取得的内容意义是超出古典型艺术和它的表现方式范围的。用大家熟悉的观念来说，这种内容意义与基督所宣称的神就是心灵的原则是一致的，而与作为古典型艺术的基本适当内容的希腊人的神的信仰是迥然不同的。在古典型艺术里，具体的内容是人性与神性的自在的③统一，这种统一既然是直接的和自在的，就可以用直觉的感性的方式妥当地表现出来。希腊的神是纯朴观照和感性想象的对象，所以他的形状就是人体的形状，他的威力和存在的范围是个别的，特殊的④，而对于主体⑤，他是一种实体和威力，主体的内在心灵和这种实体和威力只是处于自在的统一，本身还不能在内在的主观方面认识到这种统一⑥。古典型艺术的内容只是自在的统一，可以用人体来完满地表现，比这较高的阶段就是对这种自在的统一有了知识⑦。这种由自在状态提升到自觉的知识就产生了一个重大的分别，正是这种非常大的分别才把人和动物分开。人本是动物，但是纵然在他的动物性的机能方面，人也不像动物那样停留在自在状态，而是意识到这些机能，学会认识它们，把它们——例如消化过程——提升到自觉的科学。就是由于这个缘故，人才消除了他的直接的自在状态的局限，由于他自知是一个动物，他就不再是动物，而是可以自知的心灵了。

如果人性与神性是这样由前一阶段的自在的直接的统一提升为可以意识到的统一，能够表现这种内容现实的媒介就不再是人体形状，即心灵的感性直接存在，而是自己意识到的内心生活了。基督教把神理解为心灵或精神，不是个别的特殊的心灵⑧，而是在精神和实质上都是绝对的心灵。正因为这个缘故，基督教从感性表象退隐到心灵的内在生活，它用以表现它的内容的材料和客观存在也就是这内在生活而不是身体形状。人性与神性的统一也成为一种可以意识到的

---

① 理念有主客体两方面，客体方面就是外在现实，主体方面就是心灵，它是绝对的，所以是无限的。这句话就等于说，“因为心灵是理念的无限的主体的一方面”。

② 理念既是无限的，绝对内在的，就不能完全靠有限的身体形状表达出来。

③ 鲍申葵英译本作：“潜在地，不是明白表出地”。只是“自在的”就还不是“自为的”，即不是自觉的。

④ 神用人体表现，所以是个别的有特殊性的神。

⑤ 鲍申葵英译本注：“主体即有意识的个人。”

⑥ 希腊人不像基督教徒那样自觉人神感通合一，即人与神还没有达到自觉（自为）的统一。

⑦ 较高阶段即指浪漫型艺术阶段，“有了知识”即“自在的”变为“自为的”或“自觉的”。

⑧ 像希腊的神那样。

统一，只有通过心灵知识而且只有在心灵中才能实现的统一。这种统一所获得的新内容并不是被束缚在好像对它适合的感性表现上面，而是从这种直接存在[①]中解放出来了，这种直接存在必须看作对立面而被克服，被反映在心灵性的统一体里。从此可知，浪漫型艺术虽然还属于艺术的领域，还保留艺术的形式，却是艺术超越了艺术本身[②]。

我们因此可以简略地说，在这第三阶段，艺术的对象就是自由的具体的心灵生活，它应该作为心灵生活向心灵的内在世界显现出来。从一方面来说，艺术要符合这种对象，就不能专为感性观照，就必须诉诸简直与对象契合成为一体[③]的内心世界，诉诸主体的内心生活，诉诸情绪和情感，这些既然是心灵性的，所以就在本身上希求自由，只有在内在心灵里才能找到它的和解。就是这种内心世界组成了浪漫型艺术的内容，所以必须作为这种内心生活，而且通过这种内心生活的显现，才能得到表现。内在世界庆祝它对外在世界的胜利，而且就在这外在世界本身以内，并且借这外在世界作为媒介，来显现它的胜利，由于这种胜利，感性现象就沦为没有价值的东西了。

但是从另一方面来说，这个类型的艺术[④]，也像一切其他类型一样，仍然要用外在的东西来表现。由于心灵生活从外在世界以及它和这外在世界的直接的统一中退出来，退到它本身里，所以感性的外在的具体形象，如同在象征型艺术里那样，是看作非本质的容易消逝的东西而被接受和表现的；主体方面的有限的心灵和意志，包括个别人物、性格、行动等等，以及情节的错综复杂等等也都是这样接受这样表现的。客观存在方面被看成偶然的，全凭幻想任意驱遣，这幻想随一时的心血来潮，可以把现前的东西照实反映出来，也可以歪曲外在世界，把它弄得颠倒错乱，怪诞离奇。因为这外在的因素已不像在古典型艺术里那样自在自为地具有它的概念和意义[⑤]，而是要从情感生活里去找它的概念和意义，而这

---

① “直接存在”即指上文“感性表现”。

② 艺术本是理念的感性显现，但是浪漫型艺术的内容主要是内心生活，就不能完全由感性形象显现出，所以说“艺术超越了艺术本身”。例如典型的浪漫型艺术——诗歌和音乐——主要地就不是借感性形象来表现，而是借情感的节奏运动引起内心世界的情感的反应。

③ 观照的主体与观照的对象不分，同是心灵。

④ 即浪漫型艺术。

⑤ 鲍申葵英译本作：“在它自己的范围里和在它自己的媒介里找到它的概念和意义。”其实这里“自在自为地”即“绝对地”，古典型艺术达到了理念与形象的完全统一，所以形象自身有绝对意义；在浪漫型艺术和在象征型艺术里一样，形象都或多或少地是“象征”或“符号”，要从它所表现的内容里才得到它的意义。

种情感生活要从它本身而不是从外在事物及其现实形式里找到显现；并且这种情感生活可以从一切偶然事故里，一切灾难和苦恼里，甚至从犯罪的行为里维持或恢复它与它自身的和解①。

从此就重新产生出象征型艺术的那种理念与形象之间的漠不相关，不符合和分裂，但是有一个本质上的分别：在象征型艺术里，理念的缺陷引起了形象的缺陷，而在浪漫型艺术里，理念须显现为自身已完善的思想情感，并且由于这种较高度的完善，理念就从它和它的外在因素的协调统一中退出来，因为理念只有从它本身中才能找到它的真正的实在和显现。

概括地说，这就是象征型艺术、古典型艺术和浪漫型艺术作为艺术中理念和形象的三种关系的特征。这三种类型对于理想，即真正的美的概念，始而追求，继而到达，终于超越②。

——选自黑格尔：《美学》第1卷，朱光潜译，商务印书馆1979年版

【导读】

格奥尔格·威廉·弗里德里希·黑格尔(Georg Wilhelm Friedrich Hegel, 1770—1831)，德国古典哲学的集大成者，对世界哲学发展产生深远影响的伟大哲学家，著有《精神现象学》《逻辑学》《法哲学原理》《哲学史讲演录》《美学讲演录》《宗教哲学讲演录》等。

黑格尔对于美学学科的贡献，主要体现在三卷本《美学》中。如果说，黑格尔的美学体系是一个小宇宙，那么其哲学体系就是一个大宇宙，而构成这两个宇宙的逻辑(道理)是一致的。所以，要理解黑格尔的美学体系，就要理解黑格尔对其哲学体系的基本定位以及有关真理的基本理解。

在黑格尔看来，真理是整全的，要保证其哲学体系能够恰当地描述出真理的整体性，首要的问题是起点。而在黑格尔那里，这个哲学的起点就是“思”本身，即纯粹的“思”(绝对精神/绝对理念)。这一纯粹思维本身就蕴含着异化自身的

---

① “它与它自身的和解”即它本身对立面的统一。

② 依黑格尔的看法，艺术的理想是理念与形象(即理性与感性)的统一。达到这种理想的是古典型艺术，即希腊雕刻。在前一阶段象征型艺术，以古代东方建筑为代表，理念本身不确定，形象也不确定，二者的关系只是象征型的关系。到了近代浪漫型艺术——以绘画、诗歌、音乐为代表——对于内心生活的侧重又引起了理念与形象的不一致，形象不足以表现理念，理念溢出了形象。由此发展下去，依黑格尔看，宗教和哲学就要代替艺术。

力量即反思的能力——在自身中发现异己的东西。因此,这个纯思而反思的绝对的“思”,作为一个欲有具体物从它那里出来而未出来的“有”,是“有的非有”和“非有的有”的统一,即纯无与纯有的统一,亦即对立的统一。

黑格尔把这个有与非有对立统一的过程描述为思辨的过程,即人认识世界的过程。那么,这个过程是如何实现为一个整体的?黑格尔回答:辩证法。作为绝对精神演化的动力所在,辩证法的逻辑原则是矛盾原则,即以“正题—反题—合题”来取代亚里士多德以来形式逻辑所建立的三段论(大前提—小前提—结论)。在黑格尔看来,普遍概念是相对的,所以普遍命题具有反题;合题则是更高层次、更基本的普遍概念和命题。逻辑推演的过程就是正反合的辩证过程,周而复始,直到达致绝对普遍的概念自身即绝对精神回到自身。这一整个过程就是真理整全性的显示过程。当然,绝对精神的运动虽然首先是逻辑的,但不是“抽象”的,它必然要应用于自然、社会和个人意识。当它应用于自然、社会和个人意识时,它一方面赋予了逻辑以意义,另一方面也丰富了自身,完成了自身,实现了自身。

在黑格尔看来,美学正是绝对精神在完成自身的过程中的必经环节。在这个环节中,绝对精神化身为艺术精神(或艺术理想、艺术理念)。黑格尔一开始就给美学研究范围和地位划出界限并确立了美学的研究方式:首先把自然美排除出美学的研究范围,将美学界定为“美的艺术的哲学”,将美学研究对象界定为艺术美的概念,然后通过批判“以经验作为研究的出发点”和“理念作为研究出发点”这两种研究方式,确定了自己的研究方式即经验观点和理念观点相统一的方式。随后,他又根据艺术美的定义,具体划分了艺术题材,而这些题材就是美的艺术的理念具体实现的过程。

那么,什么是艺术美?黑格尔提出:“只有真正具体的理念才能产生真正的形象,这两方面的符合就是理想。”也就是说,艺术美理想由两个要素构成,即理念(内容)与外在形象(形式),其中理念决定外在形象。同时,只有本身真实的内容表现于适合内容的真实形式,才能实现艺术美。这样,黑格尔从一开始就先确立了划分艺术类型的准绳是理念和外在形象的关系,亦即形式与内容的关系。据此,他划分并概述了艺术科学的三个“特殊的表现形式”即艺术历史发展的三个类型:象征型艺术、古典型艺术和浪漫型艺术。在象征型艺术里,理念摸索着形象,两者本身都不确定,因而并不一致,尚未协调统一,其代表是古代东方建筑。在古典型艺术里,理念找到了形象,理念和形象完满统一,形象就是理念,产生优美,其代表是希腊雕刻。在浪漫型艺术里,理念溢出了形象,形象不足以表现理念,两者又不一致了,但这种不一致与象征型艺术中因不确定而产生的不一致有着本质差异,“在象征型艺术里,理念的缺陷引起了形象的缺陷,而在浪漫型艺术里，理念须显现为自身已完善的思想情感，并且由于这种较高度的完善，理念就从它和它的外在因素的协调统一中退出来”，其代表则是绘画、音乐和诗歌。在黑格尔看来，到了浪漫型艺术，绝对精神在自身之内打破了暂时的“合”，又产生了新的否定性因素（新的发展需求），出现了自身的异化。因此，按照正反合的逻辑规律，黑格尔预言了艺术的终结，即宗教对艺术的替代。

至于宗教阶段，绝对精神也还没有达到绝对的对立统一。黑格尔认为，只有在哲学阶段，精神回到自身并将自身实现为绝对的知识（纯思实现为思），绝对精神才能真正达到自身的实现。就此，黑格尔作为一个浪漫主义哲学的代表，成就了一篇精神自身培育（实现）自身的“成长小说”（启蒙小说）。（叶磊蕾 撰写）

1844年经济学哲学手稿(节选)

马克思

异化劳动和私有财产

我们是从国民经济学[①]的各个前提出发的。我们采用了它的语言和它的规律。我们把私有财产,把劳动、资本、土地的互相分离,工资、资本利润、地租的互相分离以及分工、竞争、交换价值概念等等当作前提。我们从国民经济学本身出发,用它自己的话指出,工人降低为商品,而且降低为最贱的商品;工人的贫困同他的产品的力量和数量成反比;竞争的必然结果是资本在少数人手中积累起来,也就是垄断的更惊人的恢复;最后,资本家和地租所得者之间、农民和工人之间的区别消失了,而整个社会必然分化为两个阶级,即有产者阶级和没有财产的工人阶级。

国民经济学从私有财产的事实出发。它没有给我们说明这个事实[②]。它把私有财产在现实中所经历的物质过程,放进一般的、抽象的公式,然后把这些公式当作规律。它不理解这些规律,就是说,它没有指明这些规律是怎样从私有财产的本质中产生出来的。国民经济学没有向我们说明劳动和资本分离以及资本和土地分离的原因。例如,当它确定工资和资本利润之间的关系时,它把资本家的利益当作最终原因;就是说,它把应当加以阐明的东西当作前提。同样,竞争到处出现,对此则用外部情况来说明。至于这种似乎偶然的外部情况在多大程度上仅仅是一种必然的发展过程的表现,国民经济学根本没有向我们讲明。我

---

① 国民经济学是当时德国人对英国人和法国人称作政治经济学的资产阶级政治经济学采用的概念。德国人认为政治经济学是一门系统地研究国家应该采取哪些措施和手段来管理、影响、限制和安排工业、商业和手工业,从而使人民获得最大福利的科学。因此,政治经济学也被等同于国家学(Staatswissenschaft)。英国经济学家亚·斯密认为,政治经济学是关于物质财富的生产、分配和消费的规律的科学。随着斯密主要著作的问世及其德译本的出版,在德国开始了一个改变思想的过程。有人认为可以把斯密提出的原理纳入并从属于德国人界定为国家学的政治经济学。另一派人则竭力主张把两者分开。路·亨·冯·雅科布和尤·冯索登在1805年曾作了两种不同的尝试,但都试图以一门独立的学科形式来表述一般的经济原理,并都称其为"国民经济学"。

② 马克思在《让·巴蒂斯特·萨伊〈论政治经济学〉一书摘要》中对萨伊关于财富的性质和流通的原理的论述写了如下评注:"私有财产是一个事实,国民经济学对此没有说明理由,但是,这个事实是国民经济学的基础。""没有私有财产的财富是不存在的,国民经济学按其本质来说是发财致富的科学。因此,没有私有财产的政治经济学是不存在的。这样,整个国民经济学便建立在一个没有必然性的事实的基础上。"(《马克思恩格斯全集》1981年历史考证版第4部分第2卷,第316、319页)

们已经看到,交换本身在它看来是偶然的事实。贪欲以及贪欲者之间的战争即竞争,是国民经济学家所推动的仅有的车轮。

正因为国民经济学不理解运动的联系,所以才把例如竞争的学说同垄断的学说,行业自由的学说同同业公会的学说,地产分割的学说同大地产的学说重新对立起来。因为竞争、行业自由、地产分割仅仅被阐述和理解为垄断、同业公会和封建所有制的偶然的、蓄意的、强制的结果,而不是必然的、不可避免的、自然的结果。

因此,我们现在必须弄清楚私有制,贪欲和劳动、资本、地产三者的分离之间,交换和竞争之间,人的价值和人的贬值之间,垄断和竞争等等之间,这全部异化和货币制度之间的本质联系。

不要像国民经济学家那样,当他想说明什么的时候,总是置身于一种虚构的原始状态。这样的原始状态什么问题也说明不了①。国民经济学家只是使问题堕入五里雾中。他把应当加以推论的东西即两个事物之间的例如分工和交换之间的必然关系,假定为事实、事件。神学家也是这样用原罪来说明恶的起源,就是说,他把他应当加以说明的东西假定为一种具有历史形式的事实。

我们且从当前的经济事实出发。

工人生产的财富越多,他的产品的力量和数量越大,他就越贫穷②。工人创造的商品越多,他就越变成廉价的商品。物的世界的增值同人的世界的贬值成正比。劳动生产的不仅是商品,它生产作为商品的劳动自身和工人,而且是按它一般生产商品的比例生产的。

这一事实无非是表明:劳动所生产的对象,即劳动的产品,作为一种异己的存在物,作为不依赖于生产者的力量,同劳动相对立。劳动的产品是固定在某个对象中的、物化的劳动,这就是劳动的对象化。劳动的现实化就是劳动的对象

---

① 马克思在《亚·斯密〈国民财富的性质和原因的研究〉一书摘要》中写有评注:“十分有趣的是斯密作的循环论证。为了说明分工,他假定有交换。但是为了使交换成为可能,他就以分工、以人的活动的差异为前提。他把问题置于原始状态,因而未解决问题。”(《马克思恩格斯全集》1981 年历史考证版第 4 部分第 2 卷第 336 页)

② 这个结论在当时的社会批判性著作中相当流行。例如,威·魏特林在他的《和谐与自由的保证》一书中就曾写道:“正像在筑堤时要产生土坑一样,在积累财富时也要产生贫穷。”

化。在国民经济学假定的状况中，劳动的这种现实化表现为工人的非现实化①，对象化表现为**对象的丧失**和**被对象奴役**，占有表现为异化、外化②。

劳动的现实化竟如此表现为非现实化，以致工人非现实化到饿死的地步。对象化竟如此表现为对象的丧失，以致工人被剥夺了最必要的对象——不仅是生活的必要对象，而且是劳动的必要对象。甚至连劳动本身也成为工人只有通过最大的努力和极不规则的中断才能加以占有的对象。对对象的占有竟如此表现为异化，以致工人生产的对象越多，他能够占有的对象就越少，而且越受自己的产品即资本的统治。这一切后果包含在这样一个规定中：工人对自己的劳动的产品的关系就是对一个异己的对象的关系。因为根据这个前提，很明显，工人在劳动中耗费的力量越多，他亲手创造出来反对自身的、异己的对象世界的力量就越强大，他自身、他的内部世界就越贫乏，归他所有的东西就越少。宗教方面的情况也是如此。人奉献给上帝的越多，他留给自身的就越少③。工人把自己的生命投入对象；但现在这个生命已不再属于他而属于对象了。因此，这种活动越多，工人就越丧失对象。凡是成为他的劳动的产品的东西，就不再是他自身的东西。因此，这个产品越多，他自身的东西就越少。工人在他的产品中的外化，不仅意味着他的劳动成为对象，成为外部的存在，而且意味着他的劳动作为一种与他相异的东西不依赖于他而在他之外存在，并成为同他对立的独立力量；意味着他给予对象的生命是作为敌对的和相异的东西同他相对立。

现在让我们来更详细地考察一下**对象化**，工人的生产，并且考察对象即工人产品在对象化中的异化、丧失。

没有自然界，没有感性的外部世界，工人什么也不能创造。它是工人的劳动得以实现、工人的劳动在其中活动、工人的劳动从中生产出和借以生产出自己的产品的材料。

---

① 马克思在这里仍旧使用了黑格尔的术语及其探讨对立的统一的方法，把 Verwirklichung（现实化）与 Entwirklichung（非现实化）对立起来。

② 马克思在手稿中往往并列使用两个德文术语“Entfremdung”（异化）和“Entäußerung”（外化）来表示异化这一概念。但他有时赋予“Entäußerung”另一种意义，例如，用于表示交换活动，从一种状态向另一种状态转化、获得，就是说，用于表示那些并不意味着敌对性和异己性的关系的经济现象和社会现象。

③ 马克思在这里以自己的理解复述了费尔巴哈哲学关于宗教是人的本质的异化的论点。费尔巴哈在他的著作《基督教的本质》中曾经证明，因为在神的本质的观点中肯定的东西仅仅是人的东西，所以作为意识对象的人的观点就只是否定的东西。费尔巴哈说，为了使上帝富有，人就必须贫穷；为了使上帝成为一切，人就必须什么也不是。人在自身中否定了他在上帝身上所肯定的东西。

但是，自然界一方面在这样的意义上给劳动提供生活资料，即没有劳动加工的对象，劳动就不能存在，另一方面，也在更狭隘的意义上提供生活资料，即维持工人本身的肉体生存的手段。

因此，工人越是通过自己的劳动占有外部世界、感性自然界，他就越是在两个方面失去生活资料：第一，感性的外部世界越来越不成为属于他的劳动的对象，不成为他的劳动的生活资料；第二，感性的外部世界越来越不给他提供直接意义的生活资料，即维持工人的肉体生存的手段。

因此，工人在这两方面成为自己的对象的奴隶：首先，他得到劳动的对象，也就是得到工作；其次，他得到生存资料。因此，他首先是作为工人，其次是作为肉体的主体，才能够生存。这种奴隶状态的顶点就是：他只有作为工人才能维持自己作为肉体的主体，并且只有作为肉体的主体才[能]是工人。

（按照国民经济学的规律，工人在他的对象中的异化表现在：工人生产得越多，他能够消费的越少；他创造价值越多，他自己越没有价值、越低贱；工人的产品越完美，工人自己越畸形；工人创造的对象越文明，工人自己越野蛮；劳动越有力量，工人越无力；劳动越机巧，工人越愚笨，越成为自然界的奴隶。）

国民经济学由于不考察工人（劳动）同产品的直接关系而掩盖劳动本质的异化。当然，劳动为富人生产了奇迹般的东西，但是为工人生产了赤贫。劳动生产了宫殿，但是给工人生产了棚舍。劳动生产了美，但是使工人变成畸形。劳动用机器代替了手工劳动，但是使一部分工人回到野蛮的劳动，并使另一部分工人变成机器。劳动生产了智慧，但是给工人生产了愚钝和痴呆。

劳动对它的产品的直接关系，是工人对他的生产的对象的关系。有产者对生产对象和生产本身的关系，不过是这前一种关系的结果，而且证实了这一点。对问题的这另一个方面我们将在后面加以考察。因此，当我们问劳动的本质关系是什么的时候，我们问的是工人对生产的关系。

以上我们只是从一个方面，就是从工人对他的劳动产品的关系这个方面，考察了工人的异化、外化。但是，异化不仅表现在结果上，而且表现在生产行为中，表现在生产活动本身中。如果工人不是在生产行为本身中使自身异化，那么工人活动的产品怎么会作为相异的东西同工人对立呢？产品不过是活动、生产的总结。因此，如果劳动的产品是外化，那么生产本身必然是能动的外化，活动的外化，外化的活动。在劳动对象的异化中不过总结了劳动活动本身的异化、外化。

那么，劳动的外化表现在什么地方呢？

首先，劳动对工人来说是外在的东西，也就是说，不属于他的本质；因此，他在自己的劳动中不是肯定自己，而是否定自己，不是感到幸福，而是感到不幸，不是自由地发挥自己的体力和智力，而是使自己的肉体受折磨、精神遭摧残。因此，工人只有在劳动之外才感到自在，而在劳动中则感到不自在，他在不劳动时觉得舒畅，而在劳动时就觉得不舒畅。因此，他的劳动不是自愿的劳动，而是被迫的强制劳动。因此，这种劳动不是满足一种需要，而只是满足劳动以外的那些需要的一种手段。劳动的异己性完全表现在：只要肉体的强制或其他强制一停止，人们会像逃避瘟疫那样逃避劳动。外在的劳动，人在其中使自己外化的劳动，是一种自我牺牲、自我折磨的劳动。最后，对工人来说，劳动的外在性表现在：这种劳动不是他自己的，而是别人的；劳动不属于他；他在劳动中也不属于他自己，而是属于别人。在宗教中，人的幻想、人的头脑和人的心灵的自主活动对个人发生作用不取决于他个人，就是说，是作为某种异己的活动，神灵的或魔鬼的活动发生作用，同样，工人的活动也不是他的自主活动①。他的活动属于别人，这种活动是他自身的丧失。

因此，结果是，人（工人）只有在运用自己的动物机能——吃、喝、生殖，至多还有居住、修饰等等——的时候，才觉得自己在自由活动，而在运用人的机能时，觉得自己只不过是动物。动物的东西成为人的东西，而人的东西成为动物的东西。

吃、喝、生殖等等，固然也是真正的人的机能。但是，如果加以抽象，使这些机能脱离人的其他活动领域并成为最后的和唯一的终极目的，那它们就是动物的机能。

我们从两个方面考察了实践的人的活动即劳动的异化行为。第一，工人对劳动产品这个异己的、统治着他的对象的关系。这种关系同时也是工人对感性的外部世界、对自然对象——异己的与他敌对的世界——的关系。第二，在劳动过程中劳动对生产行为的关系。这种关系是工人对他自己的活动——一种异己

① 这里表述的思想是与费尔巴哈的论点相呼应的。费尔巴哈认为宗教和唯心主义哲学是人的存在及其精神活动的异化。费尔巴哈写道，上帝作为对人来说的某种至高的、非人的东西，是理性的客观本质；上帝和宗教就是幻想的对象性本质。他还写道，黑格尔逻辑学的本质是主体的活动，是主体的被窃走的思维，而绝对哲学则使人自身的本质、人的活动在人那里异化。

的、不属于他的活动——的关系。在这里，活动是受动；力量是无力；生殖是去势；工人自己的体力和智力，他个人的生命——因为，生命如果不是活动，又是什么呢？——是不依赖于他、不属于他、转过来反对他自身的活动。这是**自我异化**，而上面所谈的是物的异化。

我们现在还要根据在此以前考察的异化劳动的两个规定推出它的第三个规定。

人是类存在物，不仅因为人在实践上和理论上都把类——他自身的类以及其他物的类——当作自己的对象；而且因为——这只是同一种事物的另一种说法——人把自身当作现有的、有生命的类来对待，因为人把自身当作普遍的因而也是自由的存在物来对待①。

无论是在人那里还是在动物那里，类生活从肉体方面来说就在于人（和动物一样）靠无机界生活，而人和动物相比越有普遍性，人赖以生活的无机界的范围就越广阔。从理论领域来说，植物、动物、石头、空气、光等等，一方面作为自然科学的对象，一方面作为艺术的对象，都是人的意识的一部分，是人的精神的无机界，是人必须事先进行加工以便享用和消化的精神食粮；同样，从实践领域来说，这些东西也是人的生活和人的活动的一部分。人在肉体上只有靠这些自然产品才能生活，不管这些产品是以食物、燃料、衣着的形式还是以住房等等的形式表现出来。在实践上，人的普遍性正是表现为这样的普遍性，它把整个自然界——首先作为人的直接的生活资料，其次作为人的生命活动的对象（材料）和工具——变成人的无机的身体。自然界，就它自身不是人的身体而言，是人的无机的身体。人靠自然界生活。这就是说，自然界是人为了不致死亡而必须与之处于持续不断的交互作用过程的、人的身体。所谓人的肉体生活和精神生活同自然界相联系，不外是说自然界同自身相联系，因为人是自然界的一部分。

异化劳动，由于(1)使自然界，(2)使人本身，使他自己的活动机能，使他的生命活动同人相异化，也就使类同人相异化；对人来说，它把类生活变成维持个人生活的手段。第一，它使类生活和个人生活异化；第二，把抽象形式的个人生

---

① 马克思在本段和下一段利用了费尔巴哈哲学中表述人和整个人类时所用的术语，并且创造性地吸取了他的思想：人把人的“类本质”、人的社会性质异化在宗教中；宗教以人同动物的本质区别为基础，以意识为基础，而意识严格说来只是在存在物的类成为存在物的对象、本质的地方才存在；人不像动物那样是片面的存在物，而是普遍的、无限的存在物。

活变成同样是抽象形式和异化形式的类生活的目的[①]。

因为，首先，劳动这种生命活动、这种生产生活本身对人来说不过是满足一种需要即维持肉体生存的需要的一种手段。而生产生活就是类生活。这是产生生命的生活。一个种的整体特性、种的类特性就在于生命活动的性质，而自由的有意识的活动恰恰就是人的类特性。生活本身仅仅表现为生活的手段。

动物和自己的生命活动是直接同一的。动物不把自己同自己的生命活动区别开来。它就是自己的生命活动。人则使自己的生命活动本身变成自己意志的和自己意识的对象。他具有有意识的生命活动。这不是人与之直接融为一体的那种规定性。有意识的生命活动把人同动物的生命活动直接区别开来。正是由于这一点，人才是类存在物。或者说，正因为人是类存在物，他才是有意识的存在物，就是说，他自己的生活对他来说是对象。仅仅由于这一点，他的活动才是自由的活动。异化劳动把这种关系颠倒过来，以致人正因为是有意识的存在物，才把自己的生命活动，自己的本质变成仅仅维持自己生存的手段。

通过实践创造对象世界，改造无机界，人证明自己是有意识的类存在物，就是说是这样一种存在物，它把类看作自己的本质，或者说把自身看作类存在物。诚然，动物也生产。它为自己营造巢穴或住所，如蜜蜂、海狸、蚂蚁等。但是，动物只生产它自己或它的幼仔所直接需要的东西；动物的生产是片面的，而人的生产是全面的；动物只是在直接的肉体需要的支配下生产，而人甚至不受肉体需要的影响也进行生产，并且只有不受这种需要的影响才进行真正的生产；动物只生产自身，而人再生产整个自然界；动物的产品直接属于它的肉体，而人则自由地面对自己的产品。动物只是按照它所属的那个种的尺度和需要来构造，而人懂得按照任何一个种的尺度来进行生产，并且懂得处处都把内在的尺度运用于对象；因此，人也按照美的规律来构造。

因此，正是在改造对象世界中，人才真正地证明自己是类存在物。这种生产是人的能动的类生活。通过这种生产，自然界才表现为他的作品和他的现实。

---

① 类、类生活、类本质都是费尔巴哈用的术语，它们表示人的概念、真正人的生活的概念。真正人的生活以友谊和善良的关系，即以爱为前提，这些都是类的自我感觉或关于个人属于人群这种能动意识。费尔巴哈认为，类本质使每个具体的个人能够在无限多的不同个人中实现自己。费尔巴哈也承认人们之间确实存在着利益的相互敌对和对立关系，但是他认为这种关系不是来自阶级社会的历史的现实条件，即资产阶级社会的经济生活条件，而是由于人的真正本质即类本质同人相异化，由于人同大自然本身预先决定了的和谐的类生活人为地但绝非不可避免地相脱离的结果。

因此，劳动的对象是人的类生活的对象化：人不仅像在意识中那样在精神上使自己二重化，而且能动地、现实地使自己二重化，从而在他所创造的世界中直观自身。因此，异化劳动从人那里夺去了他的生产的对象，也就从人那里夺去了他的类生活，即他的现实的类对象性，把人对动物所具有的优点变成缺点，因为从人那里夺走了他的无机的身体即自然界。

同样，异化劳动把自主活动、自由活动贬低为手段，也就把人的类生活变成维持人的肉体生存的手段。

因此，人具有的关于自己的类的意识，由于异化而改变，以致类生活对他来说竟成了手段。

这样一来，异化劳动导致：

（3）人的类本质——无论是自然界，还是人的精神的类能力——变成对人来说是异己的本质，变成维持他的个人生存的手段。异化劳动使人自己的身体，同样使在他之外的自然界，使他的精神本质，他的人的本质同人相异化。

（4）人同自己的劳动产品、自己的生命活动、自己的类本质相异化的直接结果就是**人同人相异化**。当人同自身相对立的时候，他也同他人相对立。凡是适用于人对自己的劳动、对自己的劳动产品和对自身的关系的东西，也都适用于人对他人、对他人的劳动和劳动对象的关系。

总之，人的类本质同人相异化这一命题，说的是一个人同他人相异化，以及他们中的每个人都同人的本质相异化。

人的异化，一般地说，人对自身的任何关系，只有通过人对他人的关系才得到实现和表现。

因此，在异化劳动的条件下，每个人都按照他自己作为工人所具有的那种尺度和关系来观察他人。

我们的出发点是经济事实即工人及其产品的异化。我们表述了这一事实的概念：异化的、外化的劳动。我们分析了这一概念，因而我们只是分析了一个经济事实。

现在让我们看一看，应该怎样在现实中去说明和表述异化的、外化的劳动这一概念。

如果劳动产品对我来说是异己的，是作为异己的力量面对着我，那么它到底属于谁呢？

如果我自己的活动不属于我，而是一种异己的活动、一种被迫的活动，那么它到底属于谁呢？

属于另一个有别于我的存在物。

这个存在物是谁呢？

是神吗？确实，起初主要的生产活动，如埃及、印度、墨西哥的神殿建造等等，是为了供奉神的，而产品本身也是属于神的。但是，神从来不单独是劳动的主人。自然界也不是。而且，下面这种情况多么矛盾：人越是通过自己的劳动使自然界受自己支配，神的奇迹越是由于工业的奇迹而变成多余，人就越是会为了讨好这些力量而放弃生产的乐趣和对产品的享受。

劳动和劳动产品所归属的那个异己的存在物，劳动为之服务和劳动产品供其享受的那个存在物，只能是人自身。

如果劳动产品不属于工人，并作为一种异己的力量同工人相对立，那么这只能是由于产品属于工人之外的他人。如果工人的活动对他本身来说是一种痛苦，那么这种活动就必然给他人带来享受和生活乐趣。不是神也不是自然界，只有人自身才能成为统治人的异己力量。

还必须注意上面提到的这个命题：人对自身的关系只有通过他对他人的关系，才成为对他来说是**对象性的、现实的**关系。因此，如果人对自己的劳动产品即对象化劳动的关系，就是对一个异己的、敌对的、强有力的、不依赖于他的对象的关系，那么他对这一对象所以发生这种关系就在于有另一个异己的、敌对的、强有力的、不依赖于他的人是这一对象的主人。如果人把他自己的活动看作一种不自由的活动，那么他是把这种活动看作替他人服务的、受他人支配的、处于他人的强迫和任制之下的活动。

人同自身和自然界的任何自我异化，都表现在他使自身和自然界跟另一些与他不同的人所发生的关系上。因此，宗教的自我异化也必然表现在世俗人对僧侣或者世俗人对耶稣基督——因为这里涉及精神世界——等等的关系上。在实践的、现实的世界中,自我异化只有通过对他人的实践的、现实的关系才能表现出来。异化借以实现的手段本身就是实践的。因此,通过异化劳动,人不仅生产出他对作为异己的、敌对的力量的生产对象和生产行为的关系,而且还生产出他人对他的生产和他的产品的关系,以及他对这些他人的关系。正像他把他自己的生产变成自己的非现实化,变成对自己的惩罚一样,正像他丧失掉自己的产品并使它变成不属于他的产品一样,他也生产出不生产的人对生产和产品的支配。正像他使他自己的活动同自身相异化一样,他也使与他相异的人占有非自身的活动。

到目前为止,我们只是从工人方面考察了这一关系;下面我们还要从非工人方面来加以考察。

总之,通过异化的、外化的劳动,工人生产出一个对劳动生疏的、站在劳动之外的人对这个劳动的关系。工人对劳动的关系,生产出资本家——或者不管人们给劳动的主人起个什么别的名字——对这个劳动的关系。

因此,私有财产是外化劳动即工人对自然界和对自身的外在关系的产物、结果和必然后果。

因此,我们通过分析,从**外化劳动**这一概念,即从外化的人、异化劳动、异化的生命、异化的人这一概念得出私有财产这一概念。

诚然,我们从国民经济学得到作为私有财产运动之结果的外化劳动(外化的生命)这一概念。但是,对这一概念的分析表明,尽管私有财产表现为外化劳动的根据和原因,但确切地说,它是外化劳动的后果,正像神原先不是人类理智迷误的原因,而是人类理智迷误的结果一样。后来,这种关系就变成相互作用的关系。

私有财产只有发展到最后的、最高的阶段,它的这个秘密才重新暴露出来,就是说,私有财产一方面是外化劳动的产物,另一方面又是劳动借以外化的手段,是这一外化的实现。

这些论述使至今没有解决的各种矛盾立刻得到阐明。

(1) 国民经济学虽然从劳动是生产的真正灵魂这一点出发,但是它没有给劳动提供任何东西,而是给私有财产提供了一切。蒲鲁东从这个矛盾得出了有利于劳动而不利于私有财产的结论[①]。然而，我们看到，这个表面的矛盾是异化劳动同自身的矛盾，而国民经济学只不过表述了异化劳动的规律罢了。

因此，我们也看到，**工资和私有财产**是同一的，因为用劳动产品、劳动对象来偿付劳动本身的工资，不过是劳动异化的必然后果，因为在工资中，劳动并不表现为目的本身，而表现为工资的奴仆。下面我们要详细说明这个问题，现在还只是作出几点结论[②]。

强制提高工资（且不谈其他一切困难，不谈强制提高工资这种反常情况也只有靠强制才能维持），无非是给奴隶以较多工资，而且既不会使工人也不会使劳动获得人的身份和尊严。

甚至蒲鲁东所要求的工资平等，也只能使今天的工人对自己的劳动的关系变成一切人对劳动的关系。这时社会就被理解为抽象的资本家[③]。

工资是异化劳动的直接结果，而异化劳动是私有财产的直接原因。因此，随着一方衰亡，另一方也必然衰亡。

（2）从异化劳动对私有财产的关系可以进一步得出这样的结论：社会从私有财产等等解放出来、从奴役制解放出来，是通过工人解放这种政治形式来表现的，这并不是因为这里涉及的仅仅是工人的解放，而是因为工人的解放还包含普遍的人的解放；其所以如此，是因为整个的人类奴役制就包含在工人对生产的关系中，而一切奴役关系只不过是这种关系的变形和后果罢了。

---

① 马克思显然是指蒲鲁东的著作《什么是财产?》。参看该书第 3 章第 4 节：劳动。——劳动本身对自然物没有任何占有能力。第 5 节：劳动导致所有权的不平等。第 6 节：社会中的一切工资都是平等的。第 7 节：才能不平等是财富平等的必要条件。第 8 节：从正义的观点来看，劳动破坏所有权。

② 马克思在这段话里从广义上使用工资范畴，以表达资本家和雇佣工人这两个阶级之间的对抗性关系。他所说的“工资”是指“雇佣劳动”，指资本主义制度本身。

③ 这是马克思在批判蒲鲁东的“平等”观念时所持的基本论点。蒲鲁东在《什么是财产?》一书中表述的“平等”观念是建立在资本主义关系基础上的。他的空想的、改良主义的药方规定，私有财产要由“公有财产”代替，而这种“公有财产”将以平等的小占有的形式，在“平等”交换产品的条件下掌握在直接生产者手中。这实际上指的是均分私有财产。蒲鲁东是这样设想交换的“平等”的，即“联合的工人”始终得到同等的工资，因为在相互交换他们的产品时，即使产品实际上不同等，但每个人得到的仍然是相同的，而一个人的产品多于另一个人的产品的余额将处于交换之外，不会成为社会的财产，这样就完全不会破坏工资的平等。马克思说，在蒲鲁东的理论中，社会是作为抽象的资本家出现的。他指出蒲鲁东没有考虑到即使在小（“平等”）占有制度下也仍然起作用的商品生产的现实矛盾。不久，马克思在《神圣家族》中表述了这样一个结论：蒲鲁东在经济异化范围内克服经济异化，就是说，实际上根本没有克服它。

正如我们通过分析从异化的、外化的劳动的概念得出私有财产的概念一样，我们也可以借助这两个因素来阐明国民经济学的一切范畴，而且我们将重新发现，每一个范畴，例如买卖、竞争、资本、货币，不过是这两个基本因素的特定的、展开了的表现而已。

但是，在考察这些范畴的形成以前，我们还打算解决两个任务：

(1) 从私有财产对真正人的和社会的财产的关系来规定作为异化劳动的结果的私有财产的普遍本质。

(2) 我们已经承认劳动的异化、劳动的外化这个事实，并对这一事实进行了分析。现在要问，人怎么使他的劳动外化、异化？这种异化又怎么以人的发展的本质为根据？我们把私有财产的起源问题变为外化劳动对人类发展进程的关系问题，就已经为解决这一任务得到了许多东西。因为人们谈到私有财产时，认为他们谈的是人之外的东西。而人们谈到劳动时，则认为是直接谈到人本身。问题的这种新的提法本身就已包含问题的解决。

补入(1)私有财产的普遍本质以及私有财产对真正人的财产的关系。

在这里外化劳动分解为两个组成部分，它们互相制约，或者说，它们只是同一种关系的不同表现，占有表现为异化、外化，而外化表现为占有，异化表现为真正得到公民权。

我们已经考察了一个方面，考察了外化劳动对工人本身的关系，也就是说，考察了外化劳动对自身的关系。我们发现，这一关系的产物或必然结果是非工人对工人和劳动的财产关系。私有财产作为外化劳动的物质的、概括的表现，包含着这两种关系：工人对劳动、对自己的劳动产品和对非工人的关系，以及非工人对工人和工人的劳动产品的关系。

我们已经看到，对于通过劳动而占有自然界的工人来说，占有表现为异化，自主活动表现为替他人活动和表现为他人的活动，生命的活跃表现为生命的牺牲，对象的生产表现为对象的丧失，转归异己力量、异己的人所有。现在我们就来考察一下这个同劳动和工人生疏的人对工人、劳动和劳动对象的关系。

首先必须指出，凡是在工人那里表现为外化的、异化的活动的东西，在非工人那里都表现为外化的、异化的状态。

其次，工人在生产中的现实的、实践的态度，以及他对产品的态度（作为一种内心状态），在同他相对立的非工人那里表现为理论的态度。

第三，凡是工人做的对自身不利的事，非工人都对工人做了，但是，非工人做的对工人不利的事，他对自身却不做。

——选自马克思:《1844年经济学哲学手稿》，中共中央马克思恩格斯列宁斯大林著作编译局译，人民出版社2000年版

【导读】

卡尔·马克思（Karl Heinrich Marx，1818—1883），德国伟大的思想家、政治家、哲学家、经济学家和社会学家，世界无产阶级的精神领袖及国际共产主义运动的先驱，马克思主义的创始人。他先后独立或与恩格斯合作，完成了《神圣家族》《德意志意识形态》《哲学的贫困》《共产党宣言》《政治经济学批判》《资本论》等大量书稿，奠定了马克思主义的思想理论基础。晚年在疾病折磨中仍为建立无产阶级政党不懈斗争，撰写出《哥达纲领批判》等，为无产阶级政党的形成以及科学社会主义的建立贡献了最后心血。

马克思并没有留下一部专门的美学和美育著作，但其《德意志意识形态》《1844年经济学哲学手稿》《政治经济学批判》以及《资本论》等哲学和经济学著作中，都蕴含着丰富的美学和美育思想。他对于美育问题的思考不是孤立的，而是常常从人与动物的区别入手，从人的"劳动生产生活"这一生命活动以及"自由的有意识的活动"这一人类特性出发，揭示了审美与人的特性的关联，并将美育与社会进步及整个人类社会改造紧紧联系在一起，在生产劳动和社会革命实践中为引导大众通向艺术之外的更广阔的审美世界指明了方向。而他创造性地提出并阐发的"人的全面发展"的重要思想，构成了马克思主义美育观的基石与精髓。

马克思的美育观集中体现在《1844年经济学哲学手稿》中，尤其是"异化劳动"和"共产主义"两个章节，更闪烁着美育思想的光芒。首先，对异化劳动的批判。马克思认为，劳动既创造产品，同时也生产"异己的对象"。当劳动对象成为一种不依赖于他而"在他之外"的存在时，便"被对象奴役"，这就表现为异化。而异化劳动把自主活动、自由活动贬低为一种手段，最终导致了人的本质同人相异化。因此，要实现对人的异化状态的审美救赎，便要在对私有财产的积极扬弃中，以一种全面的方式"把自己的全面本质据为己有"，进而在人的全面自由发展中回归人的生命本真之中。其次，人的"自由""全面""完整"的发展，体现在

需要和能力上。所谓需要，就是人能够从自身价值需求出发，处处懂得“按照美的规律”这一“内在尺度”进行生产活动；需要是一切价值活动的内在动力。所谓能力，则是人为了满足需要的本质力量，它在自身活动中创造出需要的对象并将主体与对象联系起来，使需要得到满足和发展。这种价值需要的满足以及人自觉自发的劳动实践能力，不仅是人与动物的重要区别，还是人把握自然规律、改造客观世界的重要力量。马克思在《德意志意识形态》中曾经指出：“私有制只有在个人得到全面发展的条件下才能消灭，因为现存的交往形式和生产力是全面的。”也就是说，要充分发挥人的审美潜能、全面发展人的审美能力，就必须废除私有制并扬弃人的异化。只有解放人的社会关系，实现人的自由解放，人的自由全面发展和审美自由才能得以确证。再次，在劳动改造对象世界的过程中，人也在“人的类生活的对象化”上使得自然向人呈现其美。生产劳动作为人的能动的实践，不仅使自然表现为人的作品，更在“精神二重化”层面使得人在所创造的世界中直观自身，进而使得作为对象的自然展示出美的魅力。特别是，“动物只是按照它所属的那个种的尺度和需要来构造，而人懂得按照任何一个种的尺度来进行生产，并且懂得处处都把内在的尺度运用于对象；因此，人也按照美的规律来构造”，而“正是在改造对象世界中，人才真正地证明自己是类存在物”。在此，马克思指出人与动物的最大区别之一，就在于动物的生产是片面的，而人的生产是全面的；动物只生产自身，而人再生产整个自然界。尤其是，人不仅自由地面对自己的劳动产品，还通过实践创造对象世界，并将美的规律运用于对象之上。通过劳动实践，人不仅与动物的类本质相区分，还在人的本质力量的对象化中体会到了快乐和存在的价值。质言之，在马克思那里，美作为一种现象，是人的本质力量的对象化，是人在自由自觉的有意识的实践活动中发现了自身。

马克思的美育思想十分丰厚。他对于“异化劳动”的批判，与人的生存和自由的全面发展密切关联，其中蕴含着深刻的哲理。只有按照“美的规律”这一内在尺度去改造对象世界、从事生产和生活，才能真正满足人的审美需要、激发人的审美意识、提高人的审美能力，并使人的审美生活成为可能。这也是马克思在美育路径问题上给予我们的重要启示。（李圣传 撰写）

美感（节选）
桑塔亚那

道德价值与审美价值的对比

审美判断与道德判断的关系，美的领域与善的领域之间的关系，是非常密切的，但是两者的区别也是十分重要的。这种区别的一个因素是：审美判断主要是积极性的，也就是说，它是对好的方面的感受，而道德判断主要地而且基本上是消极性的，亦即是对坏方面的感知。区别的另一因素是：在审美感受中，我们的判断必然是内在的，是根据直接经验的性质，而决不是有意识地根据对象毕竟实用的观念；反之，道德价值的判断，如果是积极性的话，则往往根据它可能涉及的实利意识。这两种区别需要进一步予以阐明。

快乐论的伦理学不得不时时对人类的道德心作斗争。严肃的人们，感到人生的责任和尊严，便反对正确行为的目的在于享乐这种学说。在他们看来，快乐往往是一种诱唆；有时候他们甚至认为回避快乐是一种美德。事实上，道德决不是主要地关心获得快乐的；在一切更深刻更可信的道德格言中，倒更为关心避免痛苦。刻意追求快乐就不免有点矫揉；以享乐为义务也不免有点荒唐。在享乐方面，我们并无责任之感。在日常工作完毕之后，我们去寻乐是很自然的；我们娱乐时的自由自在，正是娱乐的最根本因素。

人生的苦事，是要逃避人性使我们遭受的某些可怕灾难——死亡，饥饿，疾病，疲劳，孤独，侮辱等等。这些灾难幽灵似的躲在每一道德禁令的后面，其实良心的责备就是慑于这些灾难的威严；一颗深受感动的心灵，相形之下，就不禁感到寻乐是极其无聊，也不禁感到纵情娱乐、爱恶无常的生活必然会不知不觉间陷入丧身的危险。然而，自从人类社会摆脱了早期的环境压迫，颇能安然防御主要灾害以来，道德便日渐松弛。此后，生活将采取的方式，就不一定听命于道德权力，而是取决于种族的天才、时机的偶合、个别人物的情趣和才智了。义务的统治让位于自由的统治；法律和约据让位于仁德的赦免。

审美的欣赏和美在艺术上的体现，是属于我们暇时生活的活动，那时我们暂时解脱了灾难的愁云和忧恐的奴役，随着我们性之所好，任它引向何方。所以，我们在这里讨论的价值是积极的；在道德的领域内，它们却是消极的。丑也不例外，因为丑决不是任何真正痛苦的原因。丑本身也是一种乐趣的来源。假如丑态的联想确实使人反感，丑的存在便成为一种真正苦难，我们对它就要采取一种实际的道德态度了。因此，我们明白，快乐决不是一种真正道德禁令的对象。

工作与游戏

于是，这里我们便有一个区分审美价值与道德价值的重要因素，这就是在有名的工作与游戏相对照中曾经指出的因素。这两个名词可以用于种种不同涵义；它们在道德类别上的重要性，因其被赋予的涵义不同而各异。凡是无用的活动，我们都可以称之为游戏，它是出自生理冲动的运动，只为了发泄生活急务所不曾耗尽的精力。凡是对生活必需的或有用的行为，则是工作。显而易见，假如工作与游戏被这样客观地区别为有用的和无用的行为，工作便是一个褒义词，游戏便是一个贬义词。我们最好是把全副精力都转用到工作上，而绝不把精力浪费在无目的的活动上。照这一意义，游戏是不能充分适应环境的标志。游戏在童年是正当的，因那时我们的身心还未适合于适应环境，但是游戏在成年就不大恰当，在年老便显得可怜，因为它表示人性的一种萎缩，表示未能抓紧人生中的种种机会。

这样说起来，游戏基本上是无聊的。某些人照这层意思去理解游戏一词，就对于把公共娱乐、艺术、宗教都归入游戏之列很反感，他们依某个学派的做法，用“无聊”一词判定游戏，而当人类接近于成熟时期，这些活动就应逐渐消灭，并认为但凡自由心灵都有此同感。然而，假如说在适应过程中，如果说我们生活上一切无用的装饰物都应该逐渐割舍，那么进化就会使人性贫乏而不是使之丰富。或许那确实是进化的趋势，我们半开化的祖先，在劳动和战争当中，以其如火的热情和各种的神话，比起我们善于适应的后代所享受的，他们过的生活就更丰富多彩了。

然而，我们可以希望，一些想象力还残留下来，寄存在甚至最勤劳的人们的脑海中。不论历史将采取什么途径——我们在这里并不想作预言——“什么是可喜爱的”这问题都不会受到影响。指摘发乎自然怡情乐性的事情，只因为它们对于自卫没有用处，这显示了不问生活内容而无条件地珍惜生命。依这种学说，宇宙的最有价值的功能将是永远运行不息。凡是为其自定的功利而采取的行为，被说成一无用处，就成了一种最害人的责备，但是那些为游戏而做的事情，就可以为自身辩解。

同时，称人类一切文艺和想象的活动为游戏，也有其无可否认的恰当之处，因为它们都是发乎自然的，不是在外在需要或危险的压迫之下进行的。它们对于自卫的用途也许十分间接和偶然，但是它们并不因此就毫无价值。反之，我们根据一个种族在自由豁达的追求上，在生活的美化和想象力的教养上投入了多少精力，就可以衡量出它已经达到的幸福和文明的程度，因为人发现自己和找到快乐，正是在于他的才能的自由自在的发挥。奴隶地位是人所受的最屈辱的地位，但是人往往屈从于大地的吝啬和上苍的不仁，正如他屈从于某个主人或某种制度一样。当他所有精力都消耗在逃避痛苦和死亡之时，当他一切行动都受到外界的强制，而没有喘息之余地，没有余力来作自由消遣之时，他就是一个奴隶。

在这里，工作与游戏就带上另一种不同的涵义：工作等于奴役，游戏等于自由。这变化出于适才所作的区分的主观观点。我们不再把工作解释为一切有用的事情，而仅仅指无可奈何不得不做的事情；我们不再以游戏表示徒劳无功的事情，而是指任何发乎自然为自己而做的事情，不论它有没有另外的用途。在这意义上，游戏可能是我们最有用的事情。人类对环境的逐渐适应，决不会使这种游戏废弃，反而有助于废除工作而使游戏普及。因为随着本能中一切冲突和错误之逐渐消除，人类会自然而然做出任何造福人类的事，而我们也将免除外在的刺激或约束，过上安泰而繁荣的生活。

所有价值从某方面说都是审美价值

在第二义，即主观的意义上，工作就是贬义词，游戏就是褒义词。凡是感到想象力产物之尊贵和重要的人，就毫无犹豫地采纳称它们为游戏的这种分类法。因此，我们要指出，决不能说想象的产物就毫无价值，它们的价值是内在的，它们包含着某种一切价值的源泉。显然无论什么价值归根到底必然是内在的。有用的东西所以好，因为它的效果良好；但是这些效果在某些方面必然有一天会失去其单纯的效用，或者作为手段不再只是出色而已；我们必须在某些地方找到一种好处，它本身是好的而且对自己是好的，否则整个探索过程将是徒劳无益，而我们的主要目的——功利也将成为泡影。到此，我们便找到区分审美价值和道德价值的第二个因素，那就涉及它们的直接性的因素。

假如我们试图从人生中消除一切苦难，像世俗有时想象的那样，我们将会发现，构成纯粹幸福的东西除审美快感以外所余无几。感情和欲望的满足，是我们人间幸福的主要寄托，它们本身就带有一种美感的色彩，假如我们在理想中除去其丧失或变化的可能性的话。奥林匹斯神灵彼此尊重的是什么呢，或者说，天使对上帝崇拜的是什么呢，可不就是他们所体现的永恒属性，某些实质，它们像美那样只有在观照时才使我们感到快乐的吗？天堂的光荣唯有用光辉和音乐来象征，此外别无他法。甚至，最清醒的神学者也认为即是得睹天国之精华的真理知识，也是一种审美快感，因为当真理再无其它实际的用途时，真理就宛若一片风景。对它的快感是想象的快感，它的价值是审美的价值。

一切价值都不可避免地还原为直接欣赏，还原为感性的或生机的活动。甚至最勇敢的唯理论者也会想到这点。不过，对于他们，这种分析不会使审美价值摆脱事务纷扰，成为人生中唯一纯粹而积极的价值，反而导致整个否定一切纯粹和积极的价值。这些思想家当然承认道德价值是固有而至上的；但是既然这种价值若非物质罪恶之存在或逼迫以外就不会产生，所以他们就持一种奇僻之论，认为没有恶则任何的善都不可想象。

护教论的严酷要求，无疑助长他们采取此种立场，但是只须一阵春风或者一个美丽生灵就可以使他们转移这种立场。他们的道学气质和束缚思想的枷锁，不容他们重新考虑其原来的假说，不容他们设想道德是手段而不是目的，是人类对环境的不适应的代价，是对环境不配合的原罪的结果。这不啻是把人类行为压缩在安全事项和可能事项的小天地里。免除了危险，免除了痛苦，免除了可怜的际会，道德也就不需要了。于是，说“尔勿如此”将是一句不适当的话。

然而，教训之革除并不等于生活之中止。感官还是敞开着，本能还是起作用，它将引导所有人类都各得其所。自然的丰富多彩，艺术的无限世界，人们的交朋结伴，将填满那种理想生活中的闲暇。这些就是我们的积极幸福的因素，就是在无穷的烦恼和虚幻中还显然值得生存的东西。

——选自《缪灵珠美学译文集》第 4 卷，章安祺编订，中国人民大学出版社 1991 年版

【导读】

乔治·桑塔亚那（1863—1952），美国著名的哲学家、美学家和文学批评家，自然主义美学的先驱及代表人物。主要著作有：《美感》《理性生活》《三个哲学诗人：卢克莱修、但丁和歌德》《柏拉图主义与精神生活》和《存在诸领域》等。

桑塔亚那的《美感》是一部系统探讨美学原理的专著，被视为美国历史上第一部真正意义上的美学著作。全书共分四卷，其中第一卷论述美的本质，第二至四卷探讨美的要素。桑塔亚那在书中试图将美作为人生经验的对象而给其下定义，阐明其根源、地位和因素，借此解决这样一些看似基本却并未真正得到解决的问题：美为什么出现、何时出现、怎么出现？一件东西必须具备什么条件才是美的？我们天性中有什么因素使我们能感觉美？审美对象的构造和我们的感情

兴奋之间有什么关系？等等。

在桑塔亚那看来，美学是研究“价值感觉”的学说，而非知识判断，它重在从感觉、知觉层面发现事物的价值并对其进行价值判断。就此而言，以真实再现作为评价艺术优点的唯一标准，显然是不可取的；尽管写实艺术可能会给人带来审美快感，但它并不能使所有人都因此而获得审美满足。所以，就本质而言，美是一种价值，其根源在于欣赏和爱好。相应地，美的哲学便是一种价值学说。

那么，审美判断与同属于价值判断的道德判断有什么区别呢？桑塔亚那指出，它们两者的区别就在于：首先，审美判断主要是积极性的，即它是对好的方面的感受；而道德判断主要且基本上是消极性的，亦即是对坏的方面的感知，旨在使人避恶从善。而审美欣赏与艺术创作大多属于人类闲暇时候所进行的活动，可以使人暂时从现实的痛苦与焦虑中得到解脱，获得精神的放松与人生的享乐。因此，审美价值是积极的。不过，在道德领域内，这类活动却往往被视为消极的。其次，审美判断是内在的，它依据了人对事物的直觉，而决不是有意识地根据对象的实用性；反之，道德判断是外在的，它往往依据了事物的效果与功用。桑塔亚那认为，审美判断和道德判断的这种区别，可以从对于游戏与工作相对照时的理解不同或态度差异上见出：如果不把工作解释为一切有用的事情，而仅仅视为迫不得已的事情，同时，如果不把游戏视为徒劳无功的事情，而是理解为一种发乎自然、自由自在的事情，那么，人类的一切艺术和想象活动便可称为游戏；它是人类必需的、不可缺少的“无用之用”。可以发现，桑塔亚那的游戏观与审美观念在承继斯宾塞、席勒等人的游戏理论的同时，也带有明显的自然主义哲学印记。

不过，桑塔亚那并未完全将审美价值和道德价值割裂开来。在他看来，美是一种最高的善，它满足了人类自然心灵的一些基本需要或能力，而缺乏审美的善则是一种德性的恶。所以，“把事物的审美功能与事物的实用的和道德的功能分离开来，在艺术史上是不可能的，在对艺术价值的合理判断中也是不可能的”（桑塔亚那：《艺术中的理性》）。在此基础上，桑塔亚那反对康德以来有关“审美无功利性”的主流看法，认为审美快感的特征不是无利害观念，相反，艺术审美与其他人类活动一样都是有私念的。

桑塔亚那的问题在于将审美价值普泛化，过分夸大了审美的功能。在他那里，一切价值都不可避免地还原为直接欣赏，还原为感性的或生机的活动，当真理与道德价值超越了实际的功用时，便具有了审美的价值。所以，所有价值从某方面来说都是审美价值。显然，这种看法虽然有助于提升审美自身的价值，但由此将美凌驾于真和善之上，甚至认为真和善最终都可以归结为美，这一点却是值得商榷的。（李雷 撰写）

教育与美好生活(节选)

罗素

现代教育理论的基本原理

当人们现在阅读前人的——哪怕是最优秀的——教育论著时,会感到教育理论确实发生了某些变化。19世纪前,教育理论的两大改革家是洛克和卢梭。他们享有盛名是理所当然的,因为他们都批驳了当时广为传播的诸多谬误。但不管是洛克还是卢梭,在属于他自己的方向上,均未达到现代教育家的境界。例如,两人都倾向于自由主义和民主主义;但两人思考的却只是贵族子弟的教育,这是需要一个人花费他的所有时间去专心从事的。即使这种制度的成效可能超凡出众,但凡具有现代眼光的人均难给予认真的关注,因为每个儿童都占有一个成年家庭教师的全部时间,仅从数学的角度考虑,就是不可能的。因此,只有特权阶层才能采用这一制度;在一个公正的社会里,这一制度绝无存在的可能。虽然现代人也许会在实际中为自己的孩子谋求特殊的利益,但他们认为只有通过采取某种教育措施,使得教育向所有儿童开放,或至少使每个有能力从教育中获益的人都能受到教育,这一理论问题才能解决。我这样说并不意味着要富人立即放弃现实社会里尚未人人拥有的教育机会。如果那样做就是为公平而牺牲文明了。我的本意是,我们所追求的在将来才能产生的教育制度乃是一种能为每个男女儿童都提供享受现存最佳机会的制度。理想的教育制度必定是民主的,尽管这种理想不会立即成为现实。我认为,就这一理想而言,现在已得到公众普遍的赞同。在此意义上,我自会将民主时刻牢记心间。我所倡导的一切主张都将是具有普遍意义的,但与此同时,如果某人有能力和机会使其子女受到更好的教育,他自然也不应当牺牲子女,去受一般教育的掣肘。即使是这种最起码的民主原则,在洛克和卢梭的著作中也是缺乏的。尽管卢梭并不信赖贵族政治,但在涉及教育问题时,这种不信任感却并未流露出来。

澄清民主与教育的关系甚为重要。在此问题上坚持死板的整齐划一必将成为一场灾难。有些儿童比同龄人更为聪颖,并可从较高深的教育中获得更多的益处。有些教师受过较为优良的训练,或是在天资上比其他人更具备当教师的禀赋,但要求所有儿童个个都受教于这些为数有限的杰出教师则是不可能的。对于是否应让所有的人都享有接受最高等教育机会的问题,我甚为怀疑,而在目前立刻办到这一点显然是不可能的,因此生硬地贯彻民主原则,可能导致的结果是无论谁都与这种教育无缘。倘若采纳这种意见,必将使科学进步遭受重创,并且使得普通教育的水准在今后百年内不必要地在低水平徘徊。不宜以牺牲进步来求得现阶段的机械平等;我们必须谨慎地接近教育上的民主,以便在此过程中尽少破坏那些与社会不平等偶然相关的有价值的产物。

但是,倘若一种教育方法不具备普遍适用性,我们也不能认为这是一种令人满意的方法。富人家的孩子通常除母亲外,还有奶妈、保姆服侍,可以使唤家中其他的仆人;然而在任何社会制度下,都不可能为所有孩子提供这种待遇。受到这种娇生惯养的儿童从并非必要的寄生生活中是否真可受益,十分令人怀疑,但任何一位不持偏见的人无论如何不会建议给少数人以特殊的优待,除非有特殊的理由——例如对待低能者或是超常者。在当今生活中,只要可能,睿智的父母都会喜欢为自己的孩子选择某种在事实上并非普遍的教育方法。为实验起见,父母应当有尝试新方法的机会。不过,若是这些新方法能产生良好的效果,则应当具有普遍推广的价值,而不至于因其性质特殊,而只能成为少数特权阶层的专利品。幸运的是,现代教育理论和实践中的若干最佳要素具有极民主的起源;例如,蒙台梭利[①]女士的工作就是肇始于贫民区的幼儿学校。在高等教育中,为特殊人才提供特殊机会乃是不可或缺的措施,然而不能因此就有理由断定:任何一个儿童只因可能选择了面向公众的教育制度,就会吃亏受损。

教育中的另一种现代趋势与民主有关,或许更有公开讨论的必要——我指的是与其重视教育的装饰功能,不如重视其实用功能的趋势。装饰与贵族的关系已在凡勃伦[②]所著的《有闲阶级论》(Theory of the Leisure Class)[③]一书中作过深入的探讨,但与我们有关的只是这种关系中的教育方面。在男子教育中,这个问题与古典教育和现代教育之争紧密联系;在女子教育中,它是“淑女”(gentlewoman)的理想与培养自强自立女性的意愿相互冲突的一部分。但与女子有关的整个教育问题已被男女性别平等的愿望所曲解:一直有人试图使女孩获得与男孩同样的教育,尽管这种作法本身并不值得称道。其后果是:女教育工作者们遂将诸如同级男生所学习的“无用的”知识也传授给女生为目标,并且成为“母亲技术训练应是女子教育的一部分”这一观念的激烈反对者。这些相反的思潮使我正在讨论的教育发展趋势,在与女子有关的方面变得不甚明晰,但

① 蒙台梭利(Maria Montessorzi,1870—1952)是意大利幼儿教育家,1907 年在罗马贫民区创办“儿童之家”幼儿学校并取得极大成功。后来她把执教经验写成著名的《蒙台梭利方法》一书。——译者注

② 凡勃伦(Vcblen,1857—1929)是美国经济学家和社会学家。——译者注

③ 此书为伦敦乔治·艾伦及昂温有限公司出品。——作者原注

“窈窕淑女”(fine lady)理想的破灭乃是这一趋势的最明显的例证之一。为避免对这一问题的迷惑纷争，我暂且将我的讨论局限在男子教育的范围内。

许多有关其他问题的单独的争论，都在某种程度上与我们现在所讨论的问题有关。男孩应以学习古典学科为主还是以学习科学学科为主？在对有关问题的思考中，有人认为古典学科是装饰门面的，而科学是实用的。教育应当尽快成为某些行当(trade)或职业的技术培训吗？此处，实用与装饰之间的争论切中要害，虽然并非决定性的。应教儿童学会既能准确地发音，又具有优雅的仪表吗？或者这些只不过是贵族的遗风？又如艺术的鉴赏，除开艺术家外，对其他人是否也是一件有价值的事情呢？还有字的拼法是否应当音形一致呢？凡此种种以及许多其他争论，在较量时，都部分地采用了实用与装饰之争的论点。

然而，我相信所有争论都是不着边际的。只要对有关术语加以界定，争论就会烟消云散。倘若我们将“实用的”作广义的解释，将“装饰的”作狭义的说明，则会是一方获胜；若作相反的解释，则是对方获胜。对上述词汇作最广泛、最正确的理解，有良好结果的行动就是“实用的”。那些结果除“实用”外，必须是“良好的”，否则我们就没有真正的定义。我们不能声称实用的行动就是有实用结果的行动。所谓“实用”之物的实质在于它有助于产生某种不仅仅是实用的结果。有时需要一长串连锁的结果才能达到堪称为“良好的”最终结果。犁之有用是因为它可用来耕地。但耕地本身谈不上是什么好事，只是因为耕地之后能够播种，方才变得有用。播种之所以有用是因为能产生粮食，粮食之所以有用是因为能产生面包，面包之所以有用是因为能维持生命。但生命必定具有某种内在的价值：如果生命只有作为其他生命的工具方才有用，那就毫无用处了。生命可以为善，亦可为恶，全视环境而定；因此，当生命成为美好生活的工具时，它将是有用的。我们总得在某一地方超越那根环环相扣的功利的链条，找到一个可用于悬挂链条所需的钩子；否则，该链条的任何一个环节都将丧失实际用途。当“实用”的定义被以这种方式所限定时，教育是否应当实用的问题就化为乌有。既然教育过程是达到目的的手段，而并非目的本身，教育自然应是实用的。但这种解释并不完全符合那些倡导功利主义教育的人的想法。他们极力主张教育的“结果”应当是实用的。率直地讲，他们认为一个受过教育的人就是懂得如何制造机器的人。如果我们问机器有何用途，他们最终的回答就是机器能生产肉体所需的必需品及慰藉品——食品、衣服、住房等。由此，我们会发现，那些观点甚为可疑的急功近利的倡导者是仅仅赋予肉体的满足为内在价值之人；在这种人看来，“实用”就是有助于我们满足肉体的需要及欲求。当实用的意义果真如此时，倘若功利主义的倡导者是在阐述一种终极的哲学，那么他必错无疑；不过在一个平民百姓普遍忍饥挨饿的社会里，主张实用的人作为政治家或许是对的，因为肉体需要的满足较之它物，在此时此刻也许更为迫切。

考察本论题的另一面时，与此极为类似的分析亦属必要。诚然，称呼另一面为“装饰的”是对倡导功利主义者的一个让步，因为“装饰”一词理解起来多少有点流于无关紧要之故。用“装饰的”一词形容“绅士”或“女士”这一传统概念，极为贴切。18 世纪的绅士用纯正的语音说话，合适之处引经据典，穿着时髦，熟悉礼节，还知道何时决斗有利于提高其名声。在《鬈发遇劫记》(The Rape of the lock)[①]一书中，有这样一个人，他

> 吸着足以表现虚荣的琥珀鼻烟壶，
> 并以优雅姿势握着一根云头状的藤杖。

他的教育是最狭义的装饰，在我们现代人中，只有极少数富人有望获得这样的教育。旧时意义上的“装饰的”教育理想是贵族化的，它只能假定属于拥有大量钱财而无需工作的阶级。回顾历史时，那些高雅的绅士及雍容的贵妇颇具魅力；他们的回忆录连同乡间住宅带给我们一种我们不会再为子孙后代提供的令人愉快的感受。但他们的美好之处即使是真的，也决不意味着超凡脱俗，况且那些东西都是极端奢侈的产物：贺加斯[②]的《杜松子酒巷》(Gin Lane)曾将其代价作了栩栩如生的描绘。时至今日，再也没有人会提倡这种狭义的装饰教育了。

但这还不是真正的论题。真正的论题是：我们的教育目的是应使心灵充满有直接实际用途的知识，还是应设法将对自身完善有所裨益的精神财富给予我们的学生？知道 1 英尺有 12 英寸，1 码有 3 英尺是有用的，但是这种知识缺乏内在价值；对于那些生活在使用米制地区的人来说，它就全然无用。另一方面，欣赏《哈姆雷特》(Hamlet)，在实际生活中也没有多大用处，除非碰到某人恰巧想杀死他的叔叔这种极其罕见的例子[③]；但它却能给予人以一种精神财富，缺乏这种财富则会使人感到遗憾，在某种意义上，这种财富还会使一个人成为人类更为优秀的一员。那些反对将功利定为教育的唯一目标的人，更为器重后一种知识。

---

① 《鬈发遇劫记》是英国诗人蒲柏(Alexander Pope，1688—1744)的讽刺长诗。本页的两句诗即引自此诗。——译者注

② 贺加斯(Hogarth，1697—1764)是 18 世纪英国讽刺画家及雕刻家。——译者注

③ 《哈姆雷特》是英国戏剧家莎士比亚于 1601 年创作的一部悲剧。剧情有：王子哈姆雷特之父被其弟(即哈姆雷特之叔)谋害并篡位，哈姆雷特被父亲鬼魂告之其死因后，设计除掉了其叔。——译者注

在功利主义教育的倡导者及其反对者之间，似乎存在着三种具有不同实质意义的争论。第一种为贵族与民主主义者之间的争论，前者主张，特权阶级应当学习利用闲暇，去做自己一心向往之事，而平民百姓则应被教会从事那些对他人有益的劳动。民主主义者对于这种观点的反对意见不免显得有点混乱：他们一方面不赞成向贵族阶层传授缺乏实用价值的东西，与此同时又声称工薪阶层的教育不应仅局限在实用的范围内。这样，我们可以看出，民主主义者反对在公立学校中进行旧式的古典教育，同时又提出打工族应当具有学习拉丁语和希腊语的机会这一民主主义的要求。尽管这种态度在理论上也许不够明晰，但就整体而言，实际上却无可非议。民主主义者不希望将社会分为两个部分，一部分崇尚实用，另一部分则讲究装饰；因此他主张多向崇尚装饰的阶级授入纯粹实用的知识，并且多向讲究纯粹实用的阶级授入纯粹娱乐的知识。然而民主主义本身并未对这些比例作出明确的规定。

第二种争论为物质利益至上者与精神愉悦追求者之争。假如境况优裕的现代英国人及美国人被魔法带回伊丽莎白时代[①]，恐怕其中绝大多数人情愿返回现代世界。因为当时的社会虽有莎士比亚、雷利及菲利普·西德尼爵士这样的名士[②]，有优雅的音乐，有美丽的建筑，但如果缺少浴室、茶和咖啡、汽车及其他当时人们尚不知道的物质享受，他们是不会感到满足的。这类境况优裕的现代人——除掉迄今仍受保守传统影响者外——都认为教育的主要目的是帮助增加商品的数量及种类。他们也许能将医学和卫生学包容进去，但对文学、艺术或哲学则显示不出任何热情。毫无疑问，这些人构成了攻击文艺复兴时期所设置的古典课程的主力。

对待这种态度，我并不认为仅仅声称精神的东西较之纯物质的东西更有价值将是公允的。我相信这种说法是对的，但却不是全部真理。因为物质的东西(Phsical goods)虽然缺乏极高的价值，但物质上的不幸(Phsical evils)却可能极大地损害精神的优美。自从人类有了先见之明，饥荒、疾病以及对它们的不绝的恐惧就使得大多数人的生活蒙上了一层阴影。鸟类大都死于饥饿，但当食物充足时，它们就会无忧无虑，因为它们从不考虑将来。然而从饥荒中幸存下来的农夫，则将时时被记忆与恐惧所困扰。

---

① 伊丽莎白(Elezabeth Ⅰ,1558—1603 在位)为英国都铎王朝国王。她所处的时代属于文艺复兴时期。——译者注

② 雷利(Raleigh,1552—1618)是英国军人兼探险家；菲利普·西德尼(Sir Philip Sydney,1554—1586)是英国作家兼军人。——译者注

人类宁可长时间地辛勤劳作，以换取微薄的收益，也不愿溘然离去，命丧黄泉；动物则不然，当快乐可得时，宁愿以死作代价，换取一时的快乐。多数人之所以能够忍受乐趣被剥夺殆尽的生活，是因为不这样做生命之火就会熄灭。如今由于工业革命及其副产品，有史以来，创立一个人人都享有合理的幸福机会的社会，首次成为可能。只要我们愿意，物质上的不幸可以减至极低程度。通过组织与科学，可使世上人人有饭吃、有房住，虽谈不上奢华，但可谓温饱与安居了。此外，疾病可加以制服，慢性病也会变得罕见。防止人口增长超过粮食供应的增长也将成为可能。使得人类潜意识一团漆黑的巨大恐怖会带来残酷、压迫和战争①，而现在这种恐怖的感觉可以大为降低，以至变得无关紧要。所有这些对于人类生活均具有难以估量的价值，我们岂敢反对那种可以带来上述一切变化的教育呢。在这种教育中，应用科学必将成为主要成分。缺乏物理学、生理学和心理学，我们就不可能建立新世界，但少了拉丁语和希腊语，少了但丁和莎士比亚，少了巴赫和莫扎特，对于建成这样一个新世界却无大碍。这是赞成功利主义教育的有力论据。对此我曾大声疾呼过，因为我觉得这一证据是颇有说服力的。然而，问题还有另外一面。如果人们不知如何利用闲暇与健康，那么获取它们又有什么意义呢？反对物质的弊端的战争，如同所有其他战争一样，决不能应用那种使人们丧失和平之术的颠狂心态进行。决不能让世界所具有的至善，在与邪恶的斗争中化为灰烬。

现在让我来讨论一下包含在我们第三种争论中的观点。即是否只有无用的知识才具有内在价值？是否任何具有内在价值的知识都是无用的？就我而言，年轻时，我曾在拉丁语与希腊语上耗费过许多光阴，但现在想来，感到那些时间几乎全部白费了。古典学科知识对于我以后所要解决的问题毫无帮助。与古典学科学习者中百分之九十九的人一样，我对古典学科从未达到精通的程度，阅读时毫无快感可言。我曾学过诸如“Supellex”一词的所有格之类的东西，而且一直不曾忘却。这种知识较之“1 码有 3 英尺”的知识，并不更具有内在价值，它对我的用处就只是能使我举出上面这个例子而已。另一方面，我所学的数学和科学不仅极为实用，而且具有重大的内在价值，例如可提供沉思默想的题材，在这充满欺诈的世界里，还可作为真理的试金石。诚然，这种认识在一定程度上属于个人的特性，但我确信无疑的是：从古代经典中获益的能力在现代人中乃是更为罕

① “巨大恐怖”指的是疾病及饥荒等危害人类生存的社会问题。作者意思是，由于人们的基本需求得不到满足，导致其潜意识（此处是套用精神分析的术语，指人的原始冲动、本能及被压抑的欲望）趋向邪恶。——译者注

见的特性。法、德两国也不缺乏颇有价值的文学作品;其语言易学,且有许多实际用途。因此,若将法语、德语与拉丁语和希腊语相比,拥护前者的理由必然占据压倒优势。即使对不具有直接实际用途的知识并不轻视,我认为我们也可以正当地要求:除去专门人才的教育外,此类知识的学习不应将太多的时间和精力花费在技术装备(诸如语法)部分。人类知识的总量以及人类问题的复杂性正在不断增长之中;因此,若有时间研究新的事物,每代人都必须修改其教育方法。我们必须通过妥协以保持平衡。教育中人文主义的要素必须保留,但也应当充分简化,以便留出地盘,让给其他的要素;若缺乏其他的要素,那么因科学的蓬勃发展而可能建立的新世界,就只能永远是画饼而已。

我并不是想暗示,教育中人文主义的要素不如功利主义的要素那么重要。欲使富有想象的人生得到充分发展,通晓一些伟大的文学作品,掌握一些世界史的知识以及对音乐、绘画和建筑有所了解是不可或缺的。人类只有通过想象才能领略未来世界的模样,否则"进步"将变成机械的和不足挂齿的。然而,科学也能激发想象。在我的孩提时代,天文学和地质学在这方面对我的帮助较之英、法、德等国的文学要大,因为我阅读这些国家的文学名著大都是被迫的,缺乏丝毫兴趣。这是一个涉及个人的问题:一个男孩或女孩从这一源泉获得鼓励,另一个男孩或女孩从那一源泉获得鼓励。我的意思是,当掌握一门学科需要困难的技术时,除专门人才的训练外,那门学科应当是实用的。在文艺复兴时期,使用现代语言写成的伟大文学作品为凤毛麟角,然而时至今日,此类作品已车载斗量,不可胜数。希腊传统中许多有价值的东西都可以传达给那些不懂希腊语的人;至于拉丁传统,其价值并非真的很大。因此,对于那些缺乏特殊才能的儿童来说,应在无需掌握学问的重要装备(Great apparatus of learning)①的情形下,为他们提供人文主义教育的要素;在以后的几年中,作为一种通例,应将较为困难的学科仅限于数学和科学。但如果有某种强烈的倾向或特殊的能力指向其他方向时,就要对有这种倾向和能力的儿童破例。刻板的规则(cast-iron rules)总是首当其冲地被列入应避去的规则中。

游戏与幻想

热爱游戏是幼小动物——不论是人类还是其他动物——最显著的、易于识别的特征。对于儿童来说,这种爱好是与通过装扮(pretence)而带来的无穷的乐趣形影相随的。游戏与装扮在儿童时期乃是生命攸关的需要,若要孩子幸福、健

① 学问的重要装备指的是古代语言,即希腊语、拉丁语。——译者注

康，就必须为他提供玩耍和装扮的机会，至于这些活动的更进一步的用途此处姑且不论。就此而言，有两个与教育相关的问题：第一，在提供机会方面，家长和学校应当做些什么？其次，在增加游戏的教育作用方面，他们还应做些什么？

让我们首先简要说说游戏时的心理。格罗斯对此已有详尽的论述；前章的威廉·斯滕在其著作中对此也作了较为简短的讨论。关于此事，有两个各不相关的问题：第一个问题涉及产生游戏的冲动。第二个问题涉及游戏的生物作用。后一个问题是比较容易解答的问题。似乎没有理由怀疑这样一个已取得共识的理论，即在游戏中，任何种类的幼小动物都是在练习及实践那种在将来它们必须全心全意地去从事的活动。除了不是真咬以外，小狗的游戏与大狗的打斗（dog-fight）完全相同。小猫的游戏颇为类似大猫对老鼠的行为。儿童喜欢模仿他们所见过的工作，如建筑或挖掘；这种工作在他们看来越是重要，他们就越喜欢通过游戏加以模仿。凡是能使他们增强新的肌肉能力的活动，如跳跃、攀登，或是沿着狭窄的木板向上行走——切记这种作业永远不可太难——他们都会喜欢去做。虽然这能大体上说明游戏冲动的作用，但决不意味着已将其所有表现形式包罗无遗。因此，目前也决不意味着已对游戏的冲动给予了心理学的分析。

有些精神分析学家企图在儿童的游戏中看出性的象征。我确信，这是彻头彻尾的空想。儿童期的本能冲动主要不是与性有关的，而是成为大人的欲望，或者更确切地说，是获得权力的意志（will to power）①。与成人相比，儿童深感自己软弱无力，因此希望能成为与之匹敌的人。我还记得当我儿子得知有一天他会成为大人，而且我也曾是小孩时，他是如何欢喜若狂；人们不难看出，通过成功乃是可能的体认，就能激发努力。正如模仿的行为所表明的那样，从很小开始，孩子就希望做大人所做的事情。一个孩子有兄姊对他是大有裨益的，因为他们的目的能够被理解，他们的能力也不像成人的那样难于达到。自卑感在儿童身上是非常强烈的；如果儿童一切正常，并且受到正确的教育，自卑感便能激发努力；但如果他们受到压制，自卑感就可能成为烦恼之源。

在游戏中，我们有两种获得权力意志的形式：一种存在于学习做事之中，另一种存在于幻想之中。正如遭受挫折的成人也许会沉溺于具有性意味的幻想，正常的儿童也会耽于具有权力意味的装扮。他喜欢装扮成巨人、狮子或火车；他

---

① 参见卡麦隆博士（Dr. H. C, Camcron）著：《神经质的儿童》（第3版，牛津，1924），第32页。——作者原注

希望通过装扮引起他人的恐惧。当我给儿子讲了《杀死巨人的杰克》(*Jack the Giant Killer*)的故事之后,我试图使他将自己认同于杰克,但他却决意选择了巨人。当他母亲给他讲了《蓝胡子》(*Blue Beard*)[①]的故事以后,他坚持要当蓝胡子,并且认为蓝胡子的妻子不肯俯首贴耳,确实应予严惩。在他的游戏中还出现过砍下女人头颅这样残忍的场面。弗洛伊德学派会将此说成是性虐待狂(sadism),但他对装扮成一个吞吃小男儿的巨人,或是一辆牵动重载的机车,感到同样的快乐。权力而非性欲是这些装扮中的共同成分。一天,当我们散步返回时,我显然是以一种开玩笑的口吻对他说,也许会有位名叫蒂德利温克斯的先生占据了我们家,而且可能不准我们进屋。此后很长一段时间里,他常站在门口,装扮成蒂德利温克斯,并命令我到别的人家去。在此游戏中,他所感到的乐趣真是无穷无尽,显然,令他着迷的是权力的虚拟。

然而,若认为追求权力的意志乃是儿童游戏的唯一源泉,则未免过于简单化。他们还喜欢假装害怕——也许是因为知道就是这种假装反而会增加他们的安全感。有时我装扮成鳄鱼去吃我的儿子。他的尖吓声是那样真切,我停下来,以为他真的吓坏了;但我刚一停下,他就说:"爸爸还装鳄鱼。"装扮的乐趣中的相当部分纯属戏剧性的欢乐——和成人喜欢小说、戏剧是一回事,我认为所有这些活动都含有好奇的成分:通过装扮熊,孩子会觉得他似乎会真的了解熊。儿童生命中各种强烈的冲动都会在游戏中有所反应;权力在游戏中所占的支配地位不过是与它在欲望中所占的支配地位相等而已。

说到游戏的教育价值,对属于可增加新的才能的那种,人人都予以称道,但对属于装扮的那种,许多所谓现代人则投以怀疑的目光。在成人生活中,幻想(day-dream)已被公认为多少属于病态的表现,被视为在现实领域中个人努力的取代品。幻想所蒙受的耻辱有些也波及到儿童的装扮,我认为这是完全错误的。蒙台梭利派的教师不喜欢儿童将教具当作火车、轮船或其他的物品:称之为"混乱的想象"。他们是完全正确的,因为儿童所做的并不是真的游戏,即使是儿童自己,也可能看不出别的意义来。蒙台梭利教具能给孩子带来欢乐,但其目的是教学,娱乐只不过是教学的手段而已。然而在真正的游戏中,娱乐则是主导的目的。如果借口反对混乱的想象,并延用到真正的游戏中,在我看来,则未免有点不着边际了。这也适用于对给儿童讲仙女、巨人、女巫以及魔毯等故事的指责。我对于真相的禁欲者就像对于其他种类的禁欲者一样,难于表示同情。人们常

---

① 蓝胡子是法国民间故事中一个连杀六妻的恶人的绰号。——译者注

说，孩子分不清化装与真相的区别，但我几乎看不出可以相信这种说法的理由。我们都不相信哈姆雷特真有其人，但若有人在我们欣赏这部话剧时，不断地提醒我们注意这一事实，我们定会觉得讨厌。同样，儿童也会对所谓“真相”的生硬的提醒者感到厌恶，然而他们是决不会被他们自己的装扮所欺骗的。

真相是重要的，想象也是重要的；但是想象在个体的历史中，正和在人类的历史中一样，较早就开始发展。只要孩子肉体上的需要能够得到满足，他就会觉得游戏要比现实有趣得多。在游戏中，他是国王：的确，他统治其领土的权力超越了尘世间任何君主的权力。在现实中，他必须按时就寝，还得遵守一大堆令人厌烦的成训旧规。当缺乏创意的成人轻率地干扰他所布置的舞台景物（mise-en-scéne）时，他会勃然大怒。当他砌成了一堵墙，即使是最大的巨人，也无法攀登的城墙时，如果你漫不经心地迈了过去，他的愤怒就会像罗慕路斯对雷穆斯一样[①]。既然与其他人相比，孩子的孱弱是正常的，而非病态的，明白了这一道理，即不难理解：儿童用幻想来弥补现实的不足，也是正常的，而非病态的。他的游戏不是在虚度光阴——有人认为这些时间若改作他用，则可能更为有益；如果孩子所有的时间都须用作严肃的追求，他的精神很快就会崩溃。对于一个沉迷于梦幻的成人，也许可以告诉他要自己努力，以期实现其幻想；但对一个孩子来说，他尚不能实现那些他本该具有的幻想，他不会视幻想为现实永久的替代品；恰恰相反，他会热切地希望一旦时机成熟，就将幻想变成现实。

若将真理和事实混为一谈，则是一种危险的错误。我们的生活不仅受事实支配，而且也受希望支配；那种只注重事实而不及其余的真实性是对人类精神的桎梏。只有把幻想当作改变现实的努力之懒惰的替代品时，它才应遭受谴责；当幻想为一种刺激物时，它在体现人类理想方面，正在执行一项极其重大的使命。扼杀童年期的幻想就是使儿童成为现状的奴隶，成为拴在地上的生灵，以致不能指望他们去创造天堂。

你也许会说，此话不假，但是这与巨人吃小孩或蓝胡子砍下他妻子的头颅又有什么关系？这些事情在你的天堂中会出现吗？想象不是必须净化及升华，才能服务于任何高尚的目的吗？作为一个和平主义者，你怎能允许你那天真的儿子以杀人之念为乐呢？你怎能证明那些从人类必须超越的野蛮天性中所派生的

---

① 罗慕路斯（Romulus）及雷穆斯（Remus）为古代罗马传说中的一对孪生子。据传，他们小时被父母抛弃，而为母狼所养育，成人后两人一起缔造了罗马城。当罗慕路斯建造城墙时，雷穆斯一脚跨过，引起罗慕路斯愤怒，而将其杀死。——译者注

快乐，是正当的呢？我想，谅必读者都已感觉到这一切疑问。此事是重要的，因此我要尽力说明我之所以坚持不同观点的理由。

教育在于培养本能，而不是压制本能。人的本能是异常模糊的，可以用很多方法予以满足。其中大部分为了获得满足，需要某种技能。板球和棒球能够满足同一种本能，但是一个男孩要玩的总是他学过的那种。因此教授的秘诀，迄今为止，体现在品性中，就是向人们提供那类能引导他们有益地利用本能的技能。孩子通过将自己视为蓝胡子而获得原始满足的权力本能，在后来的生活中，可通过科学发明、艺术创作、培养教育杰出儿童或其他无数有益的活动中的一项，而获得高尚的满足。如果一个人所知道的唯一事情是如何打仗，他的获得权力的意志就会使他以作战为乐。但倘若他还有别的技能，他就会通过其他方式来获得满足。然而，如果他还是一个孩子时，他的获取权力的意志就在萌芽状态中被扼杀，他将会变得无精打采，懒懒散散，既不为善，也不作恶。他将是一个"无论神灵或仇敌都不会喜欢'(a Dio Spiacenti ed a'nemici sui)的人[①]。这种懦夫的善良不为世界所需要，也不是我们应当努力在我们的下一代身上培养的。当孩子尚幼，不能为大害时，他们却在想象中过着远古时代野蛮祖先的生活，这在生物学上是很自然的事情。如果你能使他们获得较为高尚的满足所必需的知识和技能，就不必担心他们会停留在此水平上，徘徊不前。在我的孩提时期，我很喜欢翻跟头。现在我不再做这种事了，尽管我并不认为翻跟头有什么不好。同样，以装扮蓝胡子为乐的儿童将来也自会超越这种嗜好，并学习以其他方式寻求权力。如果儿童的想象力在孩提时期能够通过适合这一阶段的刺激而保持活跃，那么在以后的岁月中，当它能以适合成人的方式进行活动时，它继续保持活跃的可能性则要大得多。在道德观念无法激起反响，且无需用道德观念来约束行为的年龄段，强行灌输道德观念是无益的。唯一的结果是引起厌恶，以及当那些同样的道德观念日后也许能发生效力时，儿童反倒对它无动于衷。儿童心理的研究在教育上之所以如此至关重要，原因虽有种种，而这便是其中的一个原因。

——选自伯特兰·罗素：《教育与美好生活》，杨汉麟译，河北人民出版社1999年版

【导读】

伯特兰·罗素(Bertrand Russell，1872—1970)，20世纪英国著名哲学家、数

① 这段拉丁语引语出自文艺复兴时期意大利作家但丁的《神曲·地狱篇》第3章。——译者注

学家、逻辑学家、社会思想家和社会活动家，诺贝尔文学奖获得者，被西方学术界喻为百科全书式思想家的代表人物之一。

1926年出版的《教育与美好生活》是罗素的代表作之一。全书19章，第一部分综论现代教育的基本原理和目的，第二部分的主题为品性教育即道德教育，第三部分讨论智力教育或曰知识教育。罗素在书中针对教育变得实用而非流于装饰的趋势，从审美维度上强调了教育的重要性，强调教育的"装饰性"与教育的"实用性"同等重要。在他看来，产生良好结果的活动就是"实用的"，而这种结果必定在某个并非单纯"实用"的意义上是好的。其如"当生命成为美好生活的工具时，它将是有用的"，罗素在此实际上揭示了教育本身并不是目的，而是达到目的的手段，因而教育当然是实用的，但其最终目的却不是为了创造"有用的"人，而是创造懂得如何追求"生活之美"的人。基于此，他强烈驳斥了功利论者的观点，指出如果像功利论者所认为的"实用"就是有助于满足身体需求和欲望，那么"在一个平民百姓普遍忍饥挨饿的社会里，主张实用的人作为政治家或许是对的，因为肉体需要的满足较之它物，在此时此刻也许更为迫切"，但"倘若功利主义的倡导者是在阐述一种终极哲学，那么他们必错无疑"。

罗素认为，教育的真正问题在于：是灌输具有直接实际效用的知识，还是设法给予学生好的精神财富？实用知识可以有助于物质财富的创造，所以仅仅主张精神产品比物质产品更有价值便显然有失公允。追求美好的精神生活不应成为排斥物质生活的理由，因而实用知识理应成为教育的重点。但问题的另外一面是：如果没有人知道如何利用物质生活发展所带来的闲暇和健康，那么获取这些又有何益？事实上，在教育中，为了追求实用知识的效率而牺牲生命的审美方面是极其危险的；为了效率与实用而放弃具有内在价值知识的教育，则是本末倒置。显然，在罗素这里，"装饰性"与"内在价值"作为教育的目的，是"审美情趣"的另一表述。教育的"实用性"与"审美情趣"相互蕴含，"实用性"的终点即是审美的，而"审美情趣"则是教育之大用，因而教育的最终指向即在"美育"。

罗素认为，游戏是儿童必不可少的需求，他们能在游戏中发展自己的想象力。在游戏中，假扮的乐趣有很多完全是一种表演的快乐，这与成年人喜欢小说和戏剧是一回事。儿童通过游戏中的幻想来弥补自己的弱小是正常的。在儿童还没有实现梦想的能力时，用现实来扼杀童年时代的想象，无异于让儿童沦为现实的奴隶。同时，儿童不会让想象作为现实的永久替代品，相反，他们热切地希望一旦时机来临，就让想象变成现实。孩提时代游戏中的想象能够让儿童的本能获得原始的满足，并在以后的人生中令他们能够找到高雅的满足方式，如科学探索、艺术创作等。想象力如果能在童年时期通过适合那个阶段的刺激而保持活跃，那么其在今后保持活跃的可能性就要大的多。因此，童年时期的游戏不应遭到禁止或破坏，它对想象的意愿和能力培养都至关重要，这种意愿与能力能让人类寻求希望与创造美好的天堂。

针对智力教育，罗素指出，有一些美德是智力教育的产物，即理智美德。这种美德包含的品质主要有：好奇心、开放心态、相信知识难求却可得、耐心、勤奋、专注和精确。这些品质对于有效地获取知识是不可缺少的。他特别提出，在艺术的学习中存在着一种审美的精确。它与肌肉的精确、事实的精确和逻辑的精确不同，看似较为模糊和难以界定，因为它并非真正意义上的完全准确。审美的精确要求以审美标准作为评判，并与产生审美情感的适当刺激相关联。至于培养审美精确的方法，则包括让孩子通过背诵来学习诗歌，或者通过学习传统表演套路来进行正确的表演，如唱歌、跳舞。其目的不是为了让孩子复制所学到的艺术形式，而是通过不断的模仿来感受普遍存在的美，注意表演中的细微差别，从而让儿童的表演以及由表演所获得的经验不断向审美标准靠近，达到审美上的"精确"。换句话说，这种模仿所要接近的，不是传统艺术或名家作品的外观或形式，而是其中的美。

美育作为教育的目的，贯穿于罗素教育理念与教育思想之中。罗素希望通过教育，能够培养具有活力、勇敢、敏锐和理智品质的理想人格，培养超越功利视野、拥有审美境界的美好个人。对于今天来说，罗素的观念和思想不失其启示价值和现实意义。（史红 撰写）

下　篇

艺术与美育

琴赋
嵇康

余少好音声，长而玩之，以为物有盛衰，而此无变，滋味有厌，而此不倦，可以导养神气，宣和情志，处穷独而不闷者，莫近于音声也。是故复之而不足，则吟咏以肆志，吟咏之不足，则寄言以广意。然八音之器，歌舞之象，历世才士，并为之赋颂，其体制风流，莫不相袭，称其材干，则以危苦为上，赋其声音，则以悲哀为主，美其感化，则以垂涕为贵，丽则丽矣，然未尽其理也。推其所由，似元不解音声，览其旨趣，亦未达礼乐之情也。众器之中，琴德最优，故缀叙所怀，以为之赋，其辞曰：

惟椅梧之所生兮，托峻岳之崇冈，披重壤以诞载兮，参辰极而高骧，含天地之醇和兮，吸日月之休光，郁纷纭以独茂兮，飞英蕤于昊苍，夕纳景于虞渊兮，旦晞干于九阳，经千载以待价兮，寂神跱而永康。

且其山川形势，则盘纡隐深，磪嵬岑岩，互岭巉岩，岞崿岖崟，丹崖崄巇，青壁万寻。若乃重巘增起，偃蹇云覆，邈隆崇以极壮，崛巍巍而特秀，蒸灵液以播云，据神渊而吐溜。尔乃颠波奔突，狂赴争流，触岩觝隈，郁怒彪休，汹涌腾薄，奋沫扬涛，瀄汩澎湃，蜒蟺相纠，放肆大川，济乎中州，安回徐迈，寂尔长浮，澹乎洋洋，萦抱山丘。

详观其区土之所产毓，奥宇之所宝殖，珍怪琅玕，瑶瑾翕赩，丛集累积，奂衍于其侧。若乃春兰被其东，沙棠殖其西，涓子宅其阳，玉醴涌其前，玄云荫其上，翔鸾集其巅，清露润其肤，惠风流其间，竦肃肃以静谧，密微微其清闲，夫所以经营其左右者，固以自然神丽，而足思愿爱乐矣。

于是遯世之士，荣期、绮季之畴，乃相与登飞梁，越幽壑，援琼枝，陟峻崿，以游乎其下，周旋永望，邈若凌飞，邪睨昆仑，俯阚海湄，指苍梧之迢递，临迴江之威夷，悟时俗之多累，仰箕山之余辉，羡斯岳之弘敞，心慷慨以忘归。情舒放而远览，接轩辕之遗音，慕老童于騩隅，钦泰容之高吟，顾兹梧而兴虑，思假物以托心，乃斫孙枝，准量所任，至人摅思，制为雅琴。乃使离子督墨，匠石奋斤，夔、襄荐法，般、倕骋神，锼会裛厕，朗密调均，华绘雕琢，布藻垂文，错以犀象，籍以翠绿，弦以园客之丝，徽以钟山之玉。爰有龙凤之象，古人之形，伯牙挥手，钟期听声，华容灼爚，发采扬明，何其丽也。伶伦比律，田连操张，进御君子，新声熮亮，何其伟也。

及其初调，则角羽俱起，宫徵相证，参发并趣，上下累应，踸踔磥硌，美声将兴，固以和昶而足耽矣。尔乃理正声，奏妙曲，扬白雪，发清角，纷淋浪以流离，奂淫衍而优渥，粲奕奕而高逝，驰岌岌以相属，沛腾遌而竞趣，翕韡晔而繁缛。状若崇山，又象流波，浩兮汤汤，郁兮峨峨，怫愲烦冤，纡余婆娑，陵纵播逸，霍濩纷葩。检容授节，应变合度。竞名擅业，安轨徐步，洋洋习习，声烈遐布，含显媚以送终，飘余响乎泰素。

若乃高轩飞观，广夏闲房，冬夜肃清，朗月垂光，新衣翠粲，缨徽流芳。于是器冷弦调，心闲手敏，触摅如志，唯意所拟。初涉渌水，中奏清徵，雅昶唐尧，终咏微子，宽明弘润，优游躇跱，拊弦安歌，新声代起，歌曰：凌扶摇兮憩瀛洲，要列子兮为好仇，餐沆瀣兮带朝霞，眇翩翩兮薄天游，齐万物兮超自得，委性命兮任去留，激清响以赴会，何弦歌之绸缪。于是曲引向阑，众音将歇，改韵易调，奇弄乃发，扬和颜，攘皓腕，飞纤指以驰骛，纷𩅦𩆫以流漫，或徘徊顾慕，拥郁抑按，盘桓毓养，从容秘玩，闼尔奋逸，风骇云乱，牢落凌厉，布濩半散，丰融披离，斐韡奂烂，英声发越，采采粲粲。或间声错糅，状若诡赴，双美并进，骈驰翼驱，初若将乖，后卒同趣，或曲而不屈，直而不倨，或相凌而不乱，或相离而不殊，时劫掎以慷慨，或怨𡡚而踌躇，忽飘飖以轻迈，乍留联而扶疏。或参谭繁促，复叠攒仄，从横骆驿，奔遯相逼，拊嗟累赞，间不容息，瑰艳奇伟，殚不可识。若乃闲舒都雅，洪纤有宜，清和条昶，案衍陆离，穆温柔以怡怿，婉顺叙而委蛇，或乘险投会，邀隙趋危，嚶若离鹍鸣清池，翼若浮鸿翔曾崖，纷文斐尾，慊缪离缅，微风余音，靡靡猗猗。或楼摅摞捋，缥缭潎冽，轻行浮弹，明婳睽慧，疾而不速，留而不滞，翩绵飘邈，微音迅逝。远而听之，若鸾凤和鸣戏云中，迫而察之，若众葩敷荣曜春风，既丰赡以多姿，又善始而令终，嗟姣妙以弘丽，何变态之无穷。

若夫三春之初，丽服以时，乃携友生，以遨以嬉，涉兰圃，登重基，背长林，翳华芝，临清流，赋新诗，嘉鱼龙之逸豫，乐百卉之荣滋，理重华之遗操，慨远慕而长思，若乃华堂曲宴，密友近宾，兰肴兼御，旨酒清醇，进南荆，发西秦，绍陵阳，度巴人，变用杂而并起，竦众听而骇神，料殊功而比操，岂笙籥之能伦。

若次其曲引所宜，则广陵止息，东武太山，飞龙鹿鸣，鹍鸡游弦。更唱迭奏，声若自然，流楚窈窕，惩躁雪烦。下逮谣俗，蔡氏五曲，王昭楚妃，千里别鹤，犹有一切，承间簉乏，亦有可观者焉。然非夫旷远者，不能与之嬉游，非夫渊静者，不能与之闲止，非夫放达者，不能与之无吝。非夫至精者，不能与之析理也。

若论其体势，详其风声，器和故响逸，张急故声清，间辽故音庳，弦长故徽鸣，性洁静以端理，含至德之和平，诚可以感荡心志，而发泄幽情矣。是故怀戚者闻之，莫不憯懔惨凄，愀怆伤心，含哀懊咿，不能自禁。其康乐者闻之，则欨愉欢释，抃舞踊溢，留连澜漫，嗢噱终日。若和平者听之，则怡养悦愉，淑穆玄真，恬虚乐古，弃事遗身。是以伯夷以之廉，颜回以之仁，比干以之忠，尾生以之信，惠施以之辩给，万石以之讷慎，其余触类而长，所致非一，同归殊途，或文或质，总中和以统物，咸日用而不失，其感人动物，盖亦弘矣。于时也，金石寝声，匏竹屏气。王豹辍讴，狄牙丧味，天吴踊跃于重渊，王乔披云而下坠，舞鸑鷟于庭阶，游女飘焉而来萃，感天地以致和，况跂行之众类，嘉斯器之懿茂，咏兹文以自慰，永服御而不厌，信古今之所贵。

乱曰：愔愔琴德，不可测兮，体清心远，邈难极兮，良质美手，遇今世兮，纷纶翕响，冠众艺兮。识音者希，孰能珍兮，能尽雅琴，唯至人兮。

——选自《嵇康集校注》，戴明扬校注，人民文学出版社 1962 年版

【导读】

嵇康（223—263），字叔夜，谯郡铚（今安徽宿县西南）人。三国时期魏末著名思想家、文学家和音乐家，官拜中散大夫，世称嵇中散，后为司马昭所杀。其与阮籍等人共倡玄学新风，主张“越名教而任自然”，是当时玄学代表人物之一、“竹林七贤”的领袖人物，著有《嵇中散集》。

嵇康工诗善文，文学成就非凡，刘勰《文心雕龙》即以“嵇志清峻”评价其诗歌风格。同时，他还自幼喜爱音乐，常自沉浸其中玩味不已，“以为物有盛衰，而此无变”，并为后人留下了丰富的音乐遗产。他创作的《长清》《短清》《长侧》《短侧》四首琴曲，被后世称为“嵇氏四弄”，而《琴赋》《声无哀乐论》则代表了嵇康在音乐理论上的独到贡献。

在嵇康看来，音乐可以颐养神气，调和情志，让人即便身处孤独之境也不会感到心烦意躁。而在所有乐器中，嵇康又独爱古琴，以为“众器之中，琴德最优”，《琴赋》就是他撰写的一篇富有诗意的琴论，不仅体现了嵇康对古琴及音乐的深刻理解，也反映了其与传统儒家思想相左的美学观点。文中围绕琴器用材、巧匠制琴与琴的外在刻绘、琴的演奏情状、琴曲的发展及其风格特色等多个方面，详细描述了琴的审美主体形成、美感功能和琴器的构造之美。如在描述造琴

的材质梧桐时，嵇康便对其生存环境作了诗意的描绘：身处崇山峻岭，畅吸天地精气，吸纳日月光辉；曲折幽深的山川，汹涌激荡的波涛，异彩纷呈的美玉，……令人心生思慕和爱恋。看似感慨梧桐之质，实则是嵇康本人寄琴抒怀、咏梧桐而自诩，表达了对于无拘无束、怡然自得的自由状态的内心渴求。魏晋时期社会动荡、政事多变，魏晋文士在黑暗与残酷中崇尚自然、寄情山水，渴望在精神上不受外物牵累而追求个性的真实与自由。嵇康作为魏宗室姻亲，在魏晋鼎革之际遭遇司马氏集团的打压，忧虑、恐惧和哀伤让他愿以生命为代价来换取心灵的洒脱与精神的自由，而梧桐树的蕙心纨质、孤傲高洁和高情逸态则令其为之心仪神往。因此，在嵇康笔下，琴体现了廉洁的美德、仁义的美德、忠诚的美德、诚信的美德、明辨是非的美德、言辞谨慎的美德。

魏晋名士常以音乐体现自己的自由意志和追求，通过肯定“情”来凸显对于“礼”的蔑视和淡漠。而怀平和之心，托之以平和之声，从而达到“怡养悦愉，淑穆玄真，恬虚乐古，弃事遗身”的审美人生境界，正是嵇康由音乐而人生的基本精神态度。《琴赋》中有关琴曲审美的描绘，体现了嵇康以“求自然之理”的态度来理解音乐审美，在自然之道中追求个人精神解放的审美旨趣。“性洁静以端理，含至德之和平，诚可以感荡心志，而发泄幽情矣”，“总中和以统物，咸日用而不失，其感人动物，盖亦弘矣”。这种平和自得、坦然自若的精神境界，甚至在嵇康生命的最后也一样体现得淋漓尽致：其遭时人构陷，临刑前依旧神色不改，索琴而弹之，一曲《广陵散》响彻天地。

《琴赋》突出了音乐的自然特性及其怡情的现实功效，体现了嵇康以和为主的审美观念。它打破了两汉经学陈腐沉闷的风气，代表了魏晋时期音乐艺术由儒家“礼乐刑政并举”的“实用”追求向崇尚自由、注重个人内心情感体验的审美转向，也由此宣扬了人性独立、自由的本质。（司冰琳 撰写）

嵇康与《琴赋》（司冰琳 讲授）

文赋（节选）

陆机

余每观才士之所作，窃有以得其用心。夫放言遣辞，良多变矣。妍蚩好恶，可得而言。每自属文，尤见其情。恒患意不称物，文不逮意。盖非知之难，能之难也。故作《文赋》，以述先士之盛藻，因论作文之利害所由，他日殆可谓曲尽其妙。至于操斧伐柯，虽取则不远，若夫随手之变，良难以辞逮。盖所能言者，具于此云。

伫中区以玄览，颐情志于《典》《坟》。遵四时以叹逝，瞻万物而思纷。悲落叶于劲秋，喜柔条于芳春。心懔懔以怀霜，志眇眇而临云。咏世德之骏烈，诵先人之清芬。游文章之林府，嘉丽藻之彬彬。慨投篇而援笔，聊宣之乎斯文。

其始也，皆收视反听，耽思傍讯。精骛八极，心游万仞。其致也，情曈昽而弥鲜，物昭晰而互进。倾群言之沥液，漱六艺之芳润。浮天渊以安流，濯下泉而潜浸。于是沉辞怫悦，若游鱼衔钩而出重渊之深；浮藻联翩，若翰鸟缨缴而坠曾云之峻。收百世之阙文，采千载之遗韵。谢朝华于已披，启夕秀于未振。观古今于须臾，抚四海于一瞬。

然后选义按部，考辞就班。抱景者咸叩，怀响者毕弹。或因枝以振叶，或沿波而讨源。或本隐以之显，或求易而得难。或虎变而兽扰，或龙见而鸟澜。或妥帖而易施，或岨峿而不安。罄澄心以凝思，眇众虑而为言。笼天地于形内，挫万物于笔端。始踯躅于燥吻，终流离于濡翰。理扶质以立干，文垂条而结繁。信情貌之不差，故每变而在颜。思涉乐其必笑，方言哀而已叹。或操觚以率尔，或含毫而邈然。

伊兹事之可乐，固圣贤之可钦。课虚无以责有，叩寂寞而求音。函绵邈于尺素，吐滂沛乎寸心。言恢之而弥广，思按之而逾深。播芳蕤之馥馥，发青条之森森。粲风飞而猋竖，郁云起乎翰林。

体有万殊，物无一量，纷纭挥霍，形难为状。辞程才以效伎，意司契而为匠。在有无而僶俛，当浅深而不让。虽离方而遁员，期穷形而尽相。故夫夸目者尚奢，惬心者贵当。言穷者无隘，论达者唯旷。诗缘情而绮靡，赋体物而浏亮。碑披文以相质，诔缠绵而悽怆。铭博约而温润，箴顿挫而清壮。颂优游以彬蔚，论精微而朗畅。奏平彻以闲雅，说炜烨而谲诳。虽区分之在兹，亦禁邪而制放。要辞达而理举，故无取乎冗长。

其为物也多姿，其为体也屡迁。其会意也尚巧，其遣言也贵妍。暨音声之迭代，若五色之相宣。虽逝止之无常，故崎锜而难便。苟达变而识次，犹开流以纳泉。如失机而后会，恒操末以续颠。谬玄黄之袟叙，故淟涊而不鲜。

或仰逼于先条，或俯侵于后章。或辞害而理比，或言顺而意妨。离之则双美，合之则两伤。考殿最于锱铢，定去留于毫芒。苟铨衡之所裁，固应绳其必当。

或文繁理富，而意不指适。极无两致，尽不可益。立片言而居要，乃一篇之警策。虽众辞之有条，必待兹而效绩。亮功多而累寡，故取足而不易。

或藻思绮合，清丽千眠。炳若缛绣，悽若繁弦。必所拟之不殊，乃暗合乎曩篇。虽杼轴于予怀，怵佗人之我先。苟伤廉而愆义，亦虽爱而必捐。

或苕发颖竖，离众绝致。形不可逐，响难为系。块孤立而特峙，非常音之所纬。心牢落而无偶，意徘徊而不能揥。石韫玉而山辉，水怀珠而川媚。彼榛楛之勿翦，亦蒙荣于集翠。缀《下里》于《白雪》，吾亦济夫所伟。

或托言于短韵，对穷迹而孤兴。俯寂寞而无友，仰寥廓而莫承。譬偏弦之独张，含清唱而靡应。

或寄辞于瘁音，徒靡言而弗华。混妍蚩而成体，累良质而为瑕。象下管之偏疾，故虽应而不和。

或遗理以存异，徒寻虚以逐微。言寡情而鲜爱，辞浮漂而不归。犹弦么而徽急，故虽和而不悲。

或奔放以谐合，务嘈囋而妖冶。徒悦目而偶俗，故高声而曲下。寤《防露》与《桑间》，又虽悲而不雅。

或清虚以婉约，每除烦而去滥。阙大羹之遗味，同朱弦之清汜。虽一唱而三叹，固既雅而不艳。

若夫丰约之裁，俯仰之形，因宜适变，曲有微情。或言拙而喻巧，或理朴而辞轻。或袭故而弥新，或沿浊而更清。或览之而必察，或研之而后精。譬犹舞者赴节以投袂，歌者应弦而遣声。是盖轮扁所不得言，故亦非华说之所能精。

普辞条与文律，良余膺之所服。练世情之常尤，识前修之所淑。虽浚发于巧心，或受欰于拙目。彼琼敷与玉藻，若中原之有菽。同橐籥之罔穷，与天地乎并育。虽纷蔼于此世，嗟不盈于予掬。患挈瓶之屡空，病昌言之难属。故踸踔于短垣，放庸音以足曲。恒遗恨以终篇，岂怀盈而自足。惧蒙尘于叩缶，顾取笑乎鸣玉。

若夫应感之会，通塞之纪，来不可遏，去不可止。藏若景灭，行犹响起。方天机之骏利，夫何纷而不理。思风发于胸臆，言泉流于唇齿。纷葳蕤以馺遝，唯豪素之所拟。文徽徽以溢目，音泠泠而盈耳。及其六情底滞，志往神留。兀若枯木，豁若涸流。揽营魂以探赜，顿精爽于自求。理翳翳而愈伏，思乙乙其若抽。是以或竭情而多悔，或率意而寡尤。虽兹物之在我，非余力之所戮。故时抚空怀而自惋，吾未识夫开塞之所由。

伊兹文之为用，固众理之所因。恢万里而无阂，通亿载而为津。俯贻则于来叶，仰观象乎古人。济文武于将坠，宣风声于不泯。涂无远而不弥，理无微而弗纶。配霑润于云雨，象变化乎鬼神。被金石而德广，流管弦而日新。

——选自〔梁〕萧统编：《六臣注文选》，中华书局 1987 年版。参校张少康编著：《文赋集释》，人民文学出版社 2002 年版

【导读】

陆机（261—303），字士衡，吴郡吴县华亭（今上海松江县）人，西晋著名文学家。曾官平原内史，世称陆平原。有《陆士衡集》（一名《陆平原集》）。

自汉末始，儒教浸衰。艺术创作开始从儒家经学桎梏中挣脱出来，走向相对独立和更为自由的发展。《文赋》作为我国文学批评史上第一篇系统论述文学创作的文章，在许多观点上体现了当时的时代新风。如“诗缘情而绮靡”，其中的“情”泛指喜怒哀乐等人的自然情感。在先秦儒家和道家那里，这种人的自然情感既被视为人生所不能免，但同时又是需要特别警惕其负面作用的东西，所以儒家要求节制，道家主张“无情”。而在陆机这里，人的自然情感则成为诗歌创作的积极因素，不再设置“温柔敦厚”“止乎礼义”等限制，而提倡文辞藻饰的华美（“其遣言也贵妍”）及抑扬顿挫的节奏美感（“暨音声之迭代，若五色之相宣”）。同时，陆机还认识到了文学的自娱功能，不再仅以外

在的政教目的来说明文学意义，而是强调作文本身即可乐之事，足以让圣贤钦慕（“伊兹事之可乐，固圣贤之可钦”）。此外，《文赋》讨论文章五病时，也流露出陆机在文学创作上的审美理想，即不再追求古质素朴之美，而提倡“应”“和”“悲”“雅”“艳”五者俱备。这种审美理想显然烙有时代的印记，特别是“悲”和“艳”：“悲”要求文章情感强烈，富有感染力；“艳”非一味强求文辞浮华虚饰，而是要求文章在内容充实、骨气刚健、情感浓郁、格调雅正的同时，追求艳丽之美。

《文赋》中的美育思想主要涉及艺术构思方法和创作方法等美育实践问题。在陆机看来，艺术构思以感物为基础，以借鉴前人创作经验及具备一定的精神修养为前提。“伫中区以玄览，颐情志于《典》《坟》”，“玄览”一词来自《老子》，意为排除内心干扰，心神专一，内心明澈如镜，能够真切洞悉世间万物。而学习古籍，受其熏陶，可以颐养情志，使人心志高远。陆机认为，在艺术构思中起主导作用的不是感知，故需“收视反听”，集中思虑，充分调动想象和情感。想象在艺术构思中自由展开，神思飞驰，无远不达，无高不至，须臾古今，瞬间天下，“情曈昽而弥鲜，物昭晰而互进”，呈出物象与情感兴发二者的相互伴随。同时，构思中的想象活动和情感活动离不开语言，语词缘思而集，亹亹而来，又渺渺而去，故作者当如钓弋一般，善于捕捉、提炼和组织浮现于眼前的语词。

在文章结构安排上，《文赋》提出了由本及末、由末返本、由隐至显、由易到难等四种方法，并认为文章主旨一旦确立，其余宾衬皆可随之安排妥帖（“或虎变而兽扰，或龙见而鸟澜”）。陆机在《文赋》中还介绍了文艺创作的几个基本技巧：一是文章内容要精练，不相重复，而且文意与言辞要相称，避免“辞害而理比”或“言顺而意妨”。二是在追求辞理繁富时，又当立片言之“警策”（指文中具有提掇主旨之用的精练语句）于关键处，使中心明确，文思晓畅。三是开陈出新，“谢朝华于已披，启夕秀于未振”，即便文辞“杼轴于予怀”，藻思可爱，但若与前人所作暗合，亦须割舍。四是一文之内需有特出之句（“苕发颖竖”），以使平常语句（“常音”）因之生色，而“常音”之于独拔秀句反过来也有陪衬、烘托之功，故一文中不可能亦无需句句精警。

在总体上，《文赋》主张文学创作以内容为主导。“理扶质以立干，文垂条而结繁”，意旨为文章主干，文辞、文采则由其生发。“辞程才以效伎，意司契而为匠”，言辞由文意来统摄调度，使其各当其用。至于作家则应竭力开掘更为广远宏深的意蕴，“函绵邈于尺素，吐滂沛乎寸心。言恢之而弥广，思按之而逾深”。陆机非常重视对创作经验和方法进行总结，“普辞条与文律，良余膺之所服”，但同时又强调“虽离方而遁员，期穷形而尽相”，前人法式（“辞条”“文律”“方员”）虽有指导意义，但旨在曲尽事物，不可受其所拘。

此外,《文赋》还提到文学教育在传播义理、敦化社会风气及继承、发展文学创作经验等方面的作用。“恢万里而无阂,通亿载而为津”,强调文学可以进行跨越时空的精神沟通,而文学教育的特性便在于潜移默化地滋养人心,“配霑润于云雨”。(左剑峰 撰写)

画山水序

宗炳

圣人含道暎物，贤者澄怀味像。至于山水质有而趣灵。是以轩辕、尧、孔、广成、大隗、许由、孤竹之流，必有崆峒、具茨、藐姑、箕首、大蒙之游焉。又称仁智之乐焉。夫圣人以神法道，而贤者通；山水以形媚道而仁者乐。不亦几乎？余眷恋庐、衡，契阔荆、巫，不知老之将至。愧不能凝气怡身，伤跕石门之流，于是画象布色，构兹云岭。夫理绝于中古之上者，可意求于千载之下；旨微于言象之外者，可心取于书策之内。况乎身所盘桓，目所绸缪，以形写形，以色貌色也。且夫昆仑山之大，瞳子之小，迫目以寸，则其形莫睹。迥以数里，则可围于寸眸。诚由去之稍阔，则其见弥小。今张绡素以远暎，则昆阆之形，可围于方寸之内。竖划三寸，当千仞之高；横墨数尺，体百里之迥。是以观画图者，徒患类之不巧，不以制小而累其似，此自然之势。如是，则嵩华之秀，玄牝之灵，皆可得之于一图矣。夫以应目会心为理者，类之成巧，则目亦同应，心亦俱会。应会感神，神超理得。虽复虚求幽岩，何以加焉？又神本亡端，栖形感类，理入影迹。诚能妙写，亦诚尽矣。于是闲居理气，拂觞鸣琴，披图幽对，坐究四荒，不违天励之藂，独应无人之野。峰岫峣嶷，云林森眇。圣贤暎于绝代，万趣融其神思，余复何为哉？畅神而已。神之所畅，孰有先焉。

——选自王世贞辑：《王氏画苑》，金陵徐智督刊本。参校俞剑华编著：《中国古代画论类编》（修订本），人民美术出版社 1998 年版

【导读】

宗炳（375—443），字少文，南阳涅阳（今河南镇平）人，南朝宋画家。

普通士族家庭出身的宗炳，喜好山水，酷爱艺术。东晋末年至南朝刘宋元嘉年间，朝廷曾多次招宗炳入朝为官，宗炳均不为所动。据史料记载，约在宋文帝刘义隆元嘉七年（430），55 岁的宗炳写成《画山水序》。他在以道家思想为主的传统文化浸染下，以自己丰富的出游见闻和绘画实践为基础，通过对自然山水的真切感受和艺术实践的深刻体悟，在其中精妙地阐述了有关山水画表现技法、构图原理以及审美心胸、审美效果的卓绝理论，成为中国画论史上最早一篇典型的山水画论，并为中国山水画理论的形成和发展奠定了坚实的理论基础。

在宗炳看来，山水画创作并非难登大雅之堂的小道小技，不仅需要画家操墨动笔、构图绘类，“以形写形，以色貌色”，进行艰苦的技法训练和创作实践，而且还需要画家遍游山水、应目会心，体圣人之道、味贤者之怀，才能妙写山水，融神思于万趣，得仁智之乐，致畅神之极。也就是说，它在提升人对自然山水和绘画创作的审美鉴赏能力的同时，还可以提升人们纵情山水、追踪圣贤和感悟幸福的人生境界。所以，虽然宗炳在《画山水序》中没有明确提及具体的美育观点，但他对山水画创作及其欣赏体验的认识，仍具有不可忽视的美育价值。

我们可以从山水、人、道（理、神、灵）三者的关联来体会《山水画序》中蕴有的美育思想。首先，从自然山水入手。宗炳认为，“以形媚道”是圣贤“含道映物”“澄怀味象”的必备条件。通过优游自然山水，圣贤才能“以神法道”，体会到“仁智之乐”。这也正是“轩辕、尧、孔、广成、大隗、许由、孤竹之流，必有崆峒、具茨、藐姑、箕首、大蒙之游”的根本原因。宗炳强调，自然山水以其形质包蕴着“灵”或“道”，对这种“灵”或“道”的体会，除了亲历自然山水之外，还需要画家“画象布色”，通过“以小见大”的构图方式来妙写自然山水的形势之“理”。在这一过程中，无论山水画家抑或山水画的鉴赏者，都将借由自然山水或画上山水来体悟“灵”或“道”，进而达到“应会感神，神超理得”的审美境界。这不但有助于人与自然的和谐相处，也有助于人的审美能力提升和人生幸福增进，而山水画艺术的美育价值便自在其中。

其次，从作为审美主体的人来说。在宗炳看来，优游自然山水之中，“身所盘桓，目所绸缪”，是一件十分开心的事情，可以令人产生“眷恋庐、衡，契阔荆、巫，不知老之将至”的人生感慨。不过，宗炳作为一位山水画家又可以凭借艺术超越时空局限的特性，张素远映，使“昆阆之形，可围于方寸之内。竖划三寸，当千仞之高；横墨数尺，体百里之迥”。既可拉开距离，以小观大，亦可以心体道，以大观小。而正是在观物体道、构图写类的创造过程中，作为审美主体的画家不但体会到含道映物、澄怀味象的天人合一境界，而且通过笔墨构图创作来表写出山水之灵秀和画家之神思。这也就为培养具有高超人格境界和审美能力的审美主体提供了有价值的启示。而且，从作为山水画鉴赏者的主体角度来看，“夫以应目会心为理者，类之成巧，则目亦同应，心亦俱会”。也就是说，如果画家应目会心，能够领悟到自然山水的理趣并借助笔墨图式加以巧妙表达，那么，山水画的鉴赏者也能应目会心，进而引发出画家与鉴赏者审美共鸣的现象，实现“虽复虚求幽岩，何以加焉”的审美效果。

最后，从体道畅神角度来看。宗炳指出，自然山水“质有而趣灵”，圣贤含道澄怀，涤除内心的欲望杂念，方可领略自然山水之秀灵，体会到“仁者乐山，智者乐水”的快乐。而对于不能亲历自然山水的山水画鉴赏者来说，同样需要闲居理气、品酒弹琴、披图幽对，感受天地万物经由山水画家表现在尺幅之上的生命节奏（道），从而忘情俗世，与天地合一，与圣贤交心，体验到一种难得的精神愉悦即“畅神”。在这里，所谓“畅神”就是审美主体通过面对山水画“澄怀观道”而感受到的一种美感。“圣贤暎于绝代，万趣融其神思，余复何为哉？畅神而已。神之所畅，孰有先焉。”可以说，这也是宗炳在中国山水画论史上最早提出的美感理论，对于我们有效实现艺术化的人生实践具有重要的启发。（唐善林 撰写）

文心雕龙(节选)

刘勰

原　道

文之为德也大矣,与天地并生者何哉?夫玄黄色杂,方圆体分,日月叠璧,以垂丽天之象;山川焕绮,以铺理地之形:此盖道之文也。仰观吐曜,俯察含章,高卑定位,故两仪既生矣。惟人参之,性灵所钟,是谓三才;为五行之秀,实天地之心。心生而言立,言立而文明,自然之道也。傍及万品,动植皆文:龙凤以藻绘呈瑞,虎豹以炳蔚凝姿;云霞雕色,有逾画工之妙;草木贲华,无待锦匠之奇。夫岂外饰,盖自然耳。至于林籁结响,调如竽瑟;泉石激韵,和若球锽;故形立则章成矣,声发则文生矣。夫以无识之物,郁然有彩,有心之器,其无文欤?

人文之元,肇自太极,幽赞神明,易象惟先。庖牺画其始,仲尼翼其终。而乾、坤两位,独制文言。言之文也,天地之心哉!若乃河图孕乎八卦,《洛书》韫乎九畴,玉版金镂之实,丹文绿牒之华,谁其尸之?亦神理而已。自鸟迹代绳,文字始炳,炎皞遗事,纪在三坟,而年世渺邈,声采靡追。唐虞文章,则焕乎始盛。元首载歌,既发吟咏之志;益稷陈谟,亦垂敷奏之风。夏后氏兴,业峻鸿绩,九序惟歌,勋德弥缛。逮及商周,文胜其质,雅颂所被,英华日新。文王患忧,繇辞炳曜,符采复隐,精义坚深。重以公旦多材,振其徽烈,剬诗缉颂,斧藻群言。至夫子继圣,独秀前哲,熔钧六经,必金声而玉振;雕琢情性,组织辞令,木铎起而千里应,席珍流而万世响,写天地之辉光,晓生民之耳目矣。

爰自风姓,暨于孔氏,玄圣创典,素王述训,莫不原道心以敷章,研神理而设教,取象乎河洛,问数乎蓍龟,观天文以极变,察人文以成化;然后能经纬区宇,弥纶彝宪,发挥事业,彪炳辞义。故知道沿圣以垂文,圣因文以明道,旁通而无滞,日用而不匮。易曰:鼓天下之动者存乎辞。辞之所以能鼓天下者,乃道之文也。

赞曰:道心惟微,神理设教。光采元圣,炳耀仁孝。龙图献体,龟书呈貌。天文斯观,民胥以傚。

神　思

古人云:形在江海之上,心存魏阙之下。神思之谓也。文之思也,其神远矣。

故寂然凝虑，思接千载，悄焉动容，视通万里，吟咏之间，吐纳珠玉之声；眉睫之前，卷舒风云之色：其思理之致乎！故思理为妙，神与物游。神居胸臆，而志气统其关键；物沿耳目，而辞令管其枢机。枢机方通，则物无隐貌；关键将塞，则神有遁心。是以陶钧文思，贵在虚静，疏瀹五藏，澡雪精神；积学以储宝，酌理以富才，研阅以穷照，驯致以怿辞；然后使元解之宰，寻声律而定墨；独照之匠，窥意象而运斤：此盖驭文之首术，谋篇之大端。

夫神思方运，万涂竞萌，规矩虚位，刻镂无形；登山则情满于山，观海则意溢于海，我才之多少，将与风云而并驱矣。方其搦翰，气倍辞前；暨乎篇成，半折心始。何则？意翻空而易奇，言征实而难巧也。是以意授于思，言授于意；密则无际，疏则千里；或理在方寸，而求之域表；或义在咫尺，而思隔山河。是以秉心养术，无务苦虑；含章司契，不必劳情也。

人之禀才，迟速异分；文之制体，大小殊功；相如含笔而腐毫，扬雄辍翰而惊梦，桓谭疾感于苦思，王充气竭于思虑，张衡研京以十年，左思练都以一纪，虽有巨文，亦思之缓也。淮南崇朝而赋骚，枚皋应诏而成赋，子建援牍如口诵，仲宣举笔似宿构，阮瑀据案而制书，祢衡当食而草奏，虽有短篇，亦思之速也。若夫骏发之士，心总要术，敏在虑前，应机立断；覃思之人，情饶歧路，鉴在疑后，研虑方定。机敏故造次而成功，虑疑故愈久而致绩。难易虽殊，并资博练。若学浅而空迟，才疏而徒速，以斯成器，未之前闻。是以临篇缀虑，必有二患：理郁者苦贫，辞溺者伤乱，然则博见为馈贫之粮，贯一为拯乱之药，博而能一，亦有助乎心力矣。

若情数诡杂，体变迁贸，拙辞或孕于巧义，庸事或萌于新意，视布于麻，虽云未贵，杼轴献功，焕然乃珍。至于思表纤旨，文外曲致，言所不追，笔固知止；至精而后阐其妙，至变而后通其数，伊挚不能言鼎，轮扁不能语斤，其微矣乎！

赞曰：神用象通，情变所孕。物心貌求，心以理应。刻镂声律，萌芽比兴。结虑司契，垂帷制胜。

情　采

圣贤书辞，总称文章，非采而何！夫水性虚而沦漪结，木体实而花萼振：文附质也。虎豹无文，则鞟同犬羊；犀兕有皮，而色资丹漆：质待文也。若乃综述性灵，敷写器象，镂心鸟迹之中，织辞鱼网之上，其为彪炳，缛采名矣。故立文之道，其理有三：一曰形文，五色是也；二曰声文，五音是也；三曰情文，五性是也。五色杂而成黼黻，五音比而成韶夏，五情发而为辞章，神理之数也。孝经垂典，丧言不文，故知君子常言，未尝质也。老子疾伪，故称美言不信，而五千精妙，则非弃美矣。庄周云辩雕万物，谓藻饰也。韩非云艳乎辩说，谓绮丽也。绮丽以艳说，藻饰以辩雕，文辞之变，于斯极矣。研味李老，则知文质附乎性情；详览庄韩，则见华实过乎淫侈。若择源于泾渭之流，按辔于邪正之路，亦可以驭文采矣。夫铅黛所以饰容，而盼倩生于淑姿；文采所以饰言，而辩丽本于情性。故情者文之经，辞者理之纬，经正而后纬成，理定而后辞畅，此立文之本源也。

昔诗人什篇，为情而造文；辞人赋颂，为文而造情。何以明其然？盖风雅之兴，志思蓄愤，而吟咏情性，以讽其上。此为情而造文也；诸子之徒，心非郁陶，苟驰夸饰，鬻声钓世，此为文而造情也；故为情者要约而写真，为文者淫丽而烦滥。而后之作者，采滥忽真，远弃风雅，近师辞赋，故体情之制日疏，逐文之篇愈盛。故有志深轩冕，而泛咏皋壤；心缠几务，而虚述人外；真宰弗存，翩其反矣。夫桃李不言而成蹊，有实存也；男子树兰而不芳，无其情也。夫以草木之微，依情待实；况乎文章，述志为本，言与志反，文岂足征？

是以联辞结采，将欲明经；采滥辞诡，则心理愈翳。固知翠纶桂饵，反所以失鱼。言隐荣华，殆谓此也。是以衣锦褧衣，恶文太章；贲象穷白，贵乎反本。夫能设谟以位理，拟地以置心，心定而后结音，理正而后摛藻，使文不灭质，博不溺心，正采耀乎朱蓝，间色屏于红紫，乃可谓雕琢其章，彬彬君子矣。

赞曰：言以文远，诚哉斯验。心术既形，英华乃赡。吴锦好渝，舜英徒艳。繁采寡情，味之必厌。

养　气

昔王充著述，制养气之篇，验己而作，岂虚造哉！夫耳目鼻口，生之役也；心虑言辞，神之用也。率志委和，则理融而情畅；钻砺过分，则神疲而气衰：此性情之数也。夫三皇辞质，心绝于道华；帝世始文，言贵于敷奏；三代春秋，虽沿世弥缛，并适分胸臆，非牵课才外也。战代技诈，攻奇饰说；汉世迄今，辞务日新，争光鬻采，虑亦竭矣。故淳言以比浇辞，文质悬乎千载；率志以方竭情，劳逸差于万里；古人所以余裕，后进所以莫遑也。

凡童少鉴浅而志盛，长艾识坚而气衰。志盛者思锐以胜劳，气衰者虑密以伤神：斯实中人之常资，岁时之大较也。若夫器分有限，智用无涯，或惭凫企鹤，沥辞镌思，于是精气内销，有似尾闾之波；神志外伤，同乎牛山之木：怛惕之盛疾，亦可推矣。至如仲任置砚以综述，叔通怀笔以专业，既暄之以岁序，又煎之以日时，是以曹公惧为文之伤命，陆云叹用思之困神，非虚谈也。

夫学业在勤，功庸弗怠，故有锥股自厉，和熊以苦之人。志于文也，则申写郁滞，故宜从容率情，优柔适会。若销铄精胆，蹙迫和气，秉牍以驱龄，洒翰以伐性，岂圣贤之素心，会文之直理哉？且夫思有利钝，时有通塞。沐则心覆，且或反常，神之方昏，再三愈黩。是以吐纳文艺，务在节宣，清和其心，调畅其气，烦而即舍，勿使壅滞；意得则舒怀以命笔，理伏则投笔以卷怀，逍遥以针劳，谈笑以药倦。常弄闲于才锋，贾余于文勇，使刃发如新，腠理无滞，虽非胎息之迈术，斯亦卫气之一方也。

赞曰：纷哉万象，劳矣千想。玄神宜宝，素气资养。水停以鉴，火静而朗。无扰文虑，郁此精爽。

——选自《文心雕龙辑注》，黄叔琳注，纪昀评，中华书局 1957 年版。参校《增订文心雕龙校注》，黄叔琳注，李详补注，杨明照校注拾遗，中华书局 2000 年版

【导读】

刘勰（约 465—521），字彦和，祖籍东莞郡莒县（今山东莒县），侨居京口（今江苏镇江），主要活动于南朝齐梁时期。刘勰青年时因家贫而依附当时著名佛教徒僧祐，在定林寺协助其整理、编定佛教文献，并在定林寺写成《文心雕龙》。梁初，刘勰负其书求见当时文坛领袖沈约，受到沈约的赏识。在沈约举荐下，刘勰“起家奉朝请”，先后做过两任诸侯王的“记室”，做过一任县令，最后官至步兵校尉，并长期担任昭明太子萧统的“东宫通事舍人”。大约在梁武帝天监十七年（518），刘勰奉命回定林寺，与僧人慧震一起整理佛经。此项工作完成后，刘勰在定林寺出家，法名“慧地”，不到一年后去世。

《文心雕龙》是中国古代少有的一部规模宏大、具有严密体系的文学理论著作。全书五十篇，分四个部分：《原道》至《辨骚》五篇为“文之枢纽”，探讨文章写作的关键性和根本性问题；《明诗》至《书记》二十篇为“论文叙笔”，论述当时流行的三十几种文体的各自性质、产生发展与写作要求；《神思》至《总术》十九篇为“剖情析采”，探讨文章写作的方法与技艺；《时序》《物色》《程器》《知音》《才略》等五篇或评论作家，或探讨文学与社会及自然的关系，或讨论文章的阅读与理解；最后的《序志》篇，为全书总序。

《原道》是《文心雕龙》第一篇，指出天地之产生即有与其“并生”的“文”，是

为“道之文”。人处于天地之间，与天地并列为“三才”，是“天地之心”，因而人也必有其“文”，“心生而言立，言立而文明，自然之道也”。不仅如此，自然界“动植皆文”，“动植”之“文”同样是“自然之道”的体现，“形立则章成矣，声发则文生矣”，“夫岂外饰，盖自然耳”。“易象”则是“人文之元”，孔子为《周易》两卦“独制文言”，证明“言之文也，天地之心哉”。而《河图》《洛书》对“易象”的产生有启示作用，它们同样是“自然之道”的体现。因此，“文”之“道”也就是“自然之道”，其具体含义是指文与质“并生”，有质必有文，文是质的必然表现，文与质相符相称、相互统一。这个“自然之道”就是“人文”产生与创制之“道”。按照刘勰的看法以周文王、周公、孔子为代表的“商周”之“文”是“人文”的理想阶段，其特征就在于“文胜其质”即文胜任其质、文与质完美统一。

《情采》篇对“文”之“道”的内涵进行了具体论述。在刘勰看来，“情”与“采”即文章内容与形式的关系，而文与质之间存在着“文附质”“质待文”两种关系。他总结先秦以来的文学发展，倡导以《诗经》为代表的“为情而造文”的传统，批判汉赋“为文而造情”倾向，强调文质统一是“立文之道”，文章写作应始终遵循这一原则，“夫能设模以位理，拟地以置心，心定而后结音，理正而后摛藻，使文不灭质，博不溺心，正采耀乎朱蓝，间色屏于红紫，乃可谓雕琢其章，彬彬君子矣”。

《原道》和《情采》两篇对于文章之“道”的揭示，体现了《文心雕龙》对儒家“文质彬彬，然后君子”之文艺和美育思想的继承和发展。而《神思》《养气》则集中讨论了文章的构思写作问题。刘勰视构思为“驭文之首术，谋篇之大端”，对以想象为中心的构思做了精彩描述：“文之思也，其神远矣。故寂然凝虑，思接千载，悄焉动容，视通万里，吟咏之间，吐纳珠玉之声；眉睫之前，卷舒风云之色：其思理之致乎！故思理为妙，神与物游。”刘勰认为，艺术想象的特征是“神与物游”，“神居胸臆，而志气统其关键；物沿耳目，而辞令管其枢机”，要使构思想象能够顺利进行，作家既要在临文写作时培养“虚静”的心态，“陶钧文思，贵在虚静，疏瀹五藏，澡雪精神”，又要在平时注意养成高超的艺术表达能力，“积学以储宝，酌理以富才，研阅以穷照，驯致以怿辞”。同时，写作构思有“迟速”两种情况，它虽与作家的艺术才能及其所构思的文章类型有关，但起决定作用的还是对创作规律的掌握，“骏发之士，心总要术，敏在虑前，应机立断；覃思之人，情饶歧路，鉴在疑后，研虑方定”。对于作家来说，掌握和运用艺术创作的规律是很重要的。

《养气》篇发挥了《神思》篇反对“苦虑”“劳情”的观点，认为文章写作不同于治学，目的在于抒发内心积郁的思想感情，故应“从容率情，优柔适会”。文思不畅时仍然苦思冥想，就会“再三愈黩”。刘勰提倡要有正确的写作态度，“吐纳文艺，务在节宣，清和其心，调畅其气，烦而即舍，勿使壅滞；意得则舒怀以命笔，理伏则投笔以卷怀”。在“清和其气”“意得”的情况下从事写作，就能最大限度地发挥艺术创造力，“使刃发如新，腠理无滞”，从而令文章写作达到“率志委和”“优柔适会”的从容自如的审美境界。（祁海文 撰写）

书谱(节选)

孙过庭

夫自古之善书者,汉、魏有钟、张之绝,晋末称二王之妙。王羲之云:“顷寻诸名书,钟、张信为绝伦,其余不足观。”可谓钟、张云没,而羲、献继之。又云:“吾书比之钟、张:钟当抗行,或谓过之;张草犹当雁行。然张精熟,池水尽墨,假令寡人耽之若此,未必谢之。”此乃推张迈钟之意也。考其专擅,虽未果于前规,摭以兼通,故无惭于即事。评者云:“彼之四贤,古今特绝;而今不逮古,古质而今研。”夫质以代兴,妍因俗易。虽书契之作,适以记言;而淳醨一迁,质文三变,驰骛沿革,物理常然。贵能古不乖时,今不同弊,所谓“文质彬彬,然后君子。”何必易雕宫于穴处,反玉辂于椎轮者乎!

…………

余志学之年,留心翰墨,味钟、张之余烈,挹羲、献之前规,极虑专精,时逾二纪,有乖入木之术,无间临池之志。观夫悬针垂露之异,奔雷坠石之奇,鸿飞兽骇之资,鸾舞蛇惊之态,绝岸颓峰之势,临危据槁之形。或重若崩云,或轻如蝉翼;导之则泉注,顿之则山安;纤纤乎似初月之出天涯,落落乎犹众星之列河汉;同自然之妙有,非力运之能成;信可谓智巧兼优,心手双畅;翰不虚动,下必有由。一画之间,变起伏于峰杪;一点之内,殊衄挫于毫芒。况云积其点画,乃成其字;曾不傍窥尺犊,俯习寸阴;引班超以为辞,援项籍而自满;任笔为体,聚墨成形;心昏拟效之方,手迷挥运之理,求其妍妙,不亦谬哉!然君子立身,务修其本。杨雄谓诗赋小道,壮夫不为,况复溺思毫厘、沦精翰墨者也!夫潜神对弈,犹标坐隐之名;乐志垂纶,尚体行藏之趣。讵若功定礼乐,妙拟神仙,犹挺埴之罔穷,与工炉而并运。好异尚奇之士,玩体势之多方;穷微测妙之夫,得推移之奥赜。著述者假其糟粕,藻鉴者挹其菁华,固义理之会归,信贤达之兼善者矣。存精寓赏,岂徒然欤!……虽篆、隶、草、章,工用多变,济成厥美,各有攸宜。篆尚婉而通,隶欲精而密,草贵流而畅,章务检而便。然后凛之以风神,温之以妍润,鼓之以枯劲,和之以闲雅。故可达其情性,形其哀乐。验燥湿之殊节,千古依然;体老壮之异时,百龄俄顷。嗟呼,不入其门,讵窥其奥者也。

又一时而书,有乖有合,合则流媚,乖则彫疏。略言其由,各有其五:神怡务闲，一合也；感惠徇知，二合也；时和气润，三合也；纸墨相发，四合也；偶然欲书，五合也。心遽体留，一乖也；意违势屈，二乖也；风燥日炎，三乖也；纸墨不称，四乖也；情怠手阑，五乖也。乖合之际，优劣互差。得时不如得器，得器不如得志。若五乖同萃，思遏手蒙；五合交臻，神融笔畅。畅无不适，蒙无所从。当仁者得意忘言，罕陈其要；企学者希风叙妙，虽述犹疏。徒立其工，未敷厥旨。不揆庸昧，辄效所明；庶欲弘既往之风规，导将来之器识，除繁去滥，睹迹明心者焉。

…………

夫心之所达，不易尽于名言；言之所通，尚难行于纸墨。粗可仿佛其状，纲纪其辞，冀酌希夷，取会佳境。阙而未逮，请俟将来。今撰执、使、转、用之由，以祛未悟。执，谓深浅长短之类是也；使，谓纵横牵掣之类是也；转，谓钩镮盘纡之类是也；用，谓点画向背之类是也。方复会其数法，归于一途，编列众工，错综群妙，举前贤之未及，启后学于成规，窥其根源，析其枝派，贵使文约理赡，迹显心通；披卷可明，下笔无滞。诡词异说，非所详焉。然今之所陈，务裨学者。但右军之书，代多称习，良可据为宗匠，取立指归。岂惟会古通今，亦乃情深调合。致使摹拓日广，研习岁滋，先后著名，多从散落，历代孤绍，非其效欤？试言其由，略陈数意。止如《乐毅论》《黄庭经》《东方朔画赞》《太师箴》《兰亭集序》《告誓文》，斯并代俗所传，真行绝致者也。写《乐毅》则情多怫郁，书《画赞》则意涉瑰奇，《黄庭经》则怡怿虚无，《太史箴》又纵横争折。暨乎兰亭兴集，思逸神超；私门诫誓，情拘志惨。所谓涉乐方笑，言哀已叹。岂惟驻想流波，将贻啴暖之奏；驰神睢涣，方思藻绘之文。虽其目击道存，尚或心迷义舛。莫不强名为体，共习分区。岂知情动形言，取会风骚之意；阳舒阴惨，本乎天地之心。既失其情，理乖其实，原夫所致，安有体哉！夫运用之方，虽由已出，规模所设，信属目前，差之一毫，失之千里，苟知其术，适可兼通。心不厌精，手不忘熟。若运用尽于精熟，规矩闇于胸襟，自然容与徘徊，意先笔后，潇洒流落，翰逸神飞，亦犹弘羊之心，预乎无际；庖丁之目，不见全牛。

尝有好事，就吾求习，吾乃粗举纲要，随而授之，无不心悟手从，言忘意得，纵未窥于众术，断可极于所诣矣。若思通楷则，少不如老；学成规矩，老不如少。思则老而愈妙，学乃少而可勉。勉之不已，抑有三时；时然一变，极其分矣。至如初学分布，但求平正；既知平正，务追险绝，既能险绝，复归平正。初谓未及，中则过之，后乃通会，通会之际，人书俱老。仲尼云：五十知命，七十从心。故以达夷险之情，体权变之道，亦犹谋而后动，动不失宜；时然后言，言必中理矣。是以右军之书，末年多妙，当缘思虑通审，志气和平，不激不厉，而风规自远。子敬已下，莫不鼓努为力，标置成体，岂独工用不侔，亦乃神情悬隔者也。或有鄙其所作，或乃矜其所运。自矜者将穷性域，绝于诱进之途；自鄙者尚屈情涯，必有可通之理。嗟乎！盖有学而不能，未有不学而能者也。考之即事，断可明焉。然消息多方，性情不一，乍刚柔以合体，忽劳逸而分驱。或恬憺雍容，内涵筋骨；或折挫槎枿，外曜锋芒。察之者尚精，拟之者贵似。况拟不能似，察不能精，分布犹疏，形骸未检。跃泉之态，未睹其妍；窥井之谈，已闻其丑。纵欲唐突羲、献，诬罔钟、张，安能掩当年之目，杜将来之口！慕习之辈，尤宜慎诸。至有未悟淹留，偏追劲疾，不能迅速，翻效迟重。夫劲速者，超逸之机；迟留者，赏会之致。将反其速，行臻会美之方；专溺于迟，终爽绝伦之妙。能速不速，所谓淹留；因迟就迟，讵名赏会！非夫心闲手敏，难以兼通者焉。假令众妙攸归，务存骨气；骨既存矣，而遒润加之。亦犹枝干扶疏，凌霜雪而弥劲；花叶鲜茂，与云日而相晖。如其骨力偏多，遒丽盖少，则若枯槎架险，巨石当路，虽妍媚云阙，而体质存焉。若遒丽居优，骨气将劣，譬夫芳林落蕊，空照灼而无依；兰沼漂萍，徒青翠而奚托。是知偏工易就，尽善难求。虽学宗一家，而变成多体，莫不随其性欲，便以为姿。质直者则径侹不遒，刚佷者又掘强无润，矜敛者弊于拘束，脱易者失于规矩，温柔者伤于软缓，躁勇者过于剽迫，狐疑者溺于滞涩，迟重者终于蹇钝，轻琐者淬于俗吏。斯皆独行之士，偏玩所乖。《易》曰："观乎天文，以察时变；观乎人文，以化成天下。"况书之为妙，近取诸身。假令运用未周，尚亏工于秘奥；而波澜之际，已浚发于灵台。必能傍通点画之情，博究始终之理，熔铸虫、篆，陶均草、隶。体五材之并用，仪形不极；象八音之迭起，感会无方。至若数画并施，其形各异；众点齐列，为体互乖。一点成一字之规，一字乃终篇之准。违而不犯，和而不同；留不常迟，遣不恒疾；带燥方润，将浓遂枯；泯规矩于方圆，遁钩绳之曲直；乍显乍晦，若行若藏；穷变态于毫端，合情调于纸上；无间心手，忘怀楷则。自可背羲、献而无失，违钟、张而尚工。譬夫绛树、青琴，殊姿共艳；隋珠、和璧，异质同妍。何必刻鹤图龙，竟惭真体；得鱼获兔，犹吝筌蹄。

——选自孙过庭：《书谱》，钦定四库全书本。参校《历代书法论文选》（上册），上海书画出版社、华东师范大学古籍整理研究室选编、校点，上海书画出版社 1979 年版

【导读】

孙过庭（649—691），名虔礼，字过庭，吴郡富阳（今浙江富阳）人，或曰陈留（今河南开封）人，唐代著名书法家、书法理论家。其书法以楷、行并称，尤以草书见长。《书谱序》（即《书谱》）是中国草书创作的杰作，同时，其中所包含的书

法美育思想至今仍有重要价值。

孙过庭从书法源流、书体样式与技巧、创作心境与书法意境等方面，论述了学习书法的要领，形成了一条完整的书法学习途径。他一改前人贵古薄今的观念，突出强调了艺术风格与时代的关系，“质以代兴，妍因俗易”，“淳醨一迁，质文三变，驰骛沿革，物理常然”，要求学习书法应贵古不薄今，并且博采众家之长。具体而言，孙过庭从学书与性情、学书与境界两方面具体阐明了自己的书法理论，其中包含着独特而深刻的“以艺育人”的思想内涵。

首先，学书有助于性情培养。孙过庭认为，学书从临摹前人起，但又不必拘泥于前人法度。既要博采众家之长，又要专精一体而形成个人风格。所谓博采众长，既包括前人各家之长，又包括草隶行楷各体之长。这是学习书法的基本规范，在此基础上才可能真正掌握历代书法精髓。而这精髓不仅是各家各体之精髓，更包括了各人道德修养之精髓。所谓专精一体，则要求在各体中有所选择和偏重，所以王羲之“写《乐毅》则情多怫郁，书《画赞》则意涉瑰奇，《黄庭经》则怡怿虚无，《太师箴》又纵横争折”。尤其是，书写乃性情之事，所以学书有“五合之法”，即“神怡务闲，一合也；感惠徇知，二合也；时和气润，三合也；纸墨相发，四合也；偶然欲书，五合也”，这其中以“时和气润”最为重要，所谓“得时不如得器，得器不如得志”，即精神愉悦、心意畅达。有此“五合”之法，于是更须“心手相通”之理。“夫心之所达，不易尽于名言；言之所通，尚难形于纸墨”，说的就是心手不通的状况。而要打破这一困境，达到心手相通，就应重视在“执、使、转、用”的基本规范和法则中坚持长期模拟练习，在艺术实践中不断训练和提高自己，不断领悟书法之精妙。如此则下笔时“五合”聚全，个人气质也就自然流溢于字里行间。由此，孙过庭把学书与做人联系起来，强调了德性培养的意义，而“五合之法”恰恰凸显了书法实践超越一般社会道德的自然性情培养价值。

其次，学书有助于人格境界升华。在孙过庭看来，个人性情的培养还仅仅是学书的一般境界，只有达到类似于庄子的“技进于道”境界，才是真正地达到了他所要求的至高境界。当然，孙过庭追求的“道”并不完全是庄子那种纯审美的至高人格，而是来源于社会道德规范又高于社会道德规范的人格典范，是超越实用功利、与美合一的善，因此他与孔子“兴于诗”“成于乐”“游于艺”的“以艺育人”观点是一致的。在孙过庭看来，培养个人性情固然重要，但若是过于强调个体性情则势必导致学书流于轻纵。学书需法度，只有在法度中培养起来的个性气质，才能保证书法创作不致偏离道德正轨而又高于一般的道德教化。换言之，只有在遵循理性基本规则的艺术实践中，感性才能获得真正的自由。这种自由以“不逾矩”的形式，不断促进着个体人格的发展和完善。

在孙过庭那里，书法实践不仅是一种个人自然性情的培养活动，更是一种美善合一的人格境界提升活动，因此有着美育的价值与意义。书法实践一方面体现了儒家培养社会人格典范的道德理性精神，另一方面也体现了道家超然于人世枷锁之上的自由艺术精神。前者提供了艺术学习对于社会人格建立的具体途径，后者体现了个体人格自觉修养的至高境界，二者相辅相成。孙过庭既不过分强调法度规范，也不过分强调绝对自由，而主张经由艺术技巧与艺术修养的提高来实现道德与审美的双重提升，进而使人的理性与感性达到最佳平衡状态，成为一个尽善尽美的人。

此外，孙过庭强调笔与意、骨气与遒润的辩证统一，其中也体现了他融审美与德性于一体的书法美育思想。（唐善林 撰写）

历代名画记(节选)

张彦远

叙画之源流

夫画者，成教化，助人伦，穷神变，测幽微，与六籍同功，四时并运，发于天然，非由述作。古圣先王受命应箓，则有龟字效灵，龙图呈宝，自巢、燧以来，皆有此瑞。迹映乎瑶牒，事传乎金册。庖牺氏发于荥河中，典籍图画萌矣。轩辕氏得于温洛中，史皇、苍颉状焉。奎有芒角，下主辞章；颉有四目，仰观垂象。因俪鸟龟之迹，遂定书字之形。造化不能藏其秘，故天雨粟；灵怪不能遁其形，故鬼夜哭。是时也，书画同体而未分，象制肇创而犹略，无以传其意，故有书；无以见其形，故有画。按字学之部，其体有六：一古文，二奇字，三篆书，四佐书，五缪篆，六鸟书。在幡信上书端象鸟头者，则画之流也。颜光禄云："图载之意有三：一曰图理，卦象是也；二曰图识，字学是也；三曰图形，绘画是也。"又《周官》教国子以六书，其三曰象形，则画之意也。是故知书画异名而同体也。洎乎有虞作绘，绘画明焉。既就彰施，仍深比象，于是礼乐大阐，教化由兴，故能揖让而天下治，焕乎而词章备。《广雅》云："画，类也。"《尔雅》云："画，形也。"《说文》云："画，畛也。象田畛畔所以画也。"《释名》云："画，挂也。以彩色挂物象也。"故鼎钟刻则识魑魅而知神奸；旂章明则昭轨度而备国制。清庙肃而樽彝陈，广轮度而疆理辨。以忠以孝，尽在于云台；有烈有勋，皆登于麟阁。见善足以戒恶，见恶足以思贤。留乎形容，式昭盛德之事；具其成败，以传既往之踪。记传所以叙其事，不能载其容；赋颂有以咏其美，不能备其象。图画之制所以兼之也。故陆士衡云："丹青之兴，比雅颂之述作，美大业之馨香。宣物莫大于言，存形莫善于画。"此之谓也，善哉。曹植有言曰："观画者，见三皇五帝，莫不仰戴；见三季异主，莫不悲惋；见篡臣贼嗣，莫不切齿；见高节妙士，莫不忘食；见忠臣死难，莫不抗节；见放臣逐子，莫不叹息；见淫夫妒妇，莫不侧目；见令妃顺后，莫不嘉贵。是知存乎鉴戒者图画也。"昔夏之衰也，桀为暴乱，太史终抱画以奔商。殷之亡也，纣为淫虐，内史挚载图而归周。燕丹请献，秦皇不疑；萧何先收，沛公乃王。图画者有国之鸿宝，理乱之纪纲。是以汉明宫殿，赞兹粉绘之功；蜀郡学堂，义存劝戒之道。马后女子，尚愿戴君于唐尧；石勒羯胡，犹观自古之忠孝。岂同博奕用心，自是名教乐事。余尝恨王充之不知言，云："人观图画上所画古人也。观画古人如视死人，见其面而不若观其言行。古贤之道，竹帛之所载灿然矣，岂徒墙壁之画哉！"余以此等之论，与夫大笑其道，诟病其儒，以食与耳，对牛鼓簧，又何异哉！

论画六法

昔谢赫云："画有六法：一曰气韵生动，二曰骨法用笔，三曰应物象形，四曰随类赋彩，五曰经营位置，六曰传模移写。自古画人，罕能兼之。"彦远试论之曰："古之画，或能移其形似而尚其骨气，以形似之外求其画，此难可与俗人道也；今之画纵得形似而气韵不生，以气韵求其画，则形似在其间矣。上古之画，迹简意澹而雅正，顾、陆之流是也；中古之画，细密精致而臻丽，展、郑之流是也。近代之画，焕烂而求备。今人之画，错乱而无旨，众工之迹是也。夫象物必在于形似，形似须全其骨气。骨气形似皆本于立意而归乎用笔，故工画者多善书。然则古之嫔擘纤而胸束，古之马喙尖而腹细，古之台阁竦峙，古之服饰容曳，故古画非独变态有奇意也，抑亦物象殊也。至于台阁树石，车舆器物，无生动之可拟，无气韵之可侔，直要位置向背而已。"顾恺之曰："画人最难，次山水，次狗马。其台阁一定器耳，差易为也。"斯言得之。至于鬼神人物，有生动之可状，须神韵而后全。若气韵不周，空陈形似，笔力未遒，空善赋彩，谓非妙也。故韩子曰："狗马难，鬼神易。狗马乃凡俗所见，鬼神乃谲怪之状。"斯言得之。至于经管位置，则画之总要。自顾、陆以降，画迹鲜存，难悉详之。唯观吴道玄之迹，可谓六法俱全，万象毕尽，神人假手，穷极造化也。所以气韵雄状，几不容于缣素；笔迹磊落，遂恣意于墙壁。其细画又甚稠密，此神异也。至于传模移写，乃画家末事。然今之画人，粗善写貌，得其形似，则无其气韵，具其彩色，则失其笔法，岂曰画也！呜呼！今之人，斯艺不至也。宋朝顾骏之常结构高楼以为画所，每登楼去梯，家人罕见。若时景融朗，然后含毫；天地阴惨，则不操笔。今之画人，笔墨混于尘埃，丹青和其泥滓，徒污绢素，岂曰绘画？自古善画者，莫匪衣冠贵胄、逸士高人，振妙一时，传芳千祀，非闾阎鄙贱之所能为也。

论画山水树石

魏晋以降，名迹在人间者，皆见之矣。其画山水，则群峰之势，若钿饰犀栉，或水不容泛，或人大于山，率皆附以树石，映带其地，列植之状，则若伸臂布指。详古人之意，专在显其所长而不守于俗变也。国初二阎擅美匠学，杨、展精意宫观，渐变所附，尚犹状石则务于雕透，如冰澌斧刃，绘树则刷脉镂叶，多栖梧菀柳。功倍愈拙，不胜其色。吴道玄者，天付劲毫，幼抱神奥，往往于佛寺画壁，纵以怪石崩滩，若可扪酌。又于蜀道写貌山水。由是山水之变始于吴，成于二李。树石之状，妙于韦鶠，穷于张通。通能用紫毫秃锋，以掌摸色，中遗巧饰，外若混成。又若王右丞之重深，杨仆射之奇赡，朱审之浓秀，王宰之巧密，刘商之取象，其余作者非一，皆不过之。近代有侯莫、陈厦，沙门道芬，精致稠沓，皆一时之秀也。

吴兴郡南堂有两壁树石，余观之而叹曰："此画位置若道芬，迹类宗偃，是何人哉？"吏对曰："有徐表仁者，初为僧号宗偃，师道芬则入室。今寓于郡侧，年未衰而笔力奋疾。"召而来，征他笔皆不类，遂指其单复曲折之势，耳剽心晤，成若宿构。使其凝意，且启幽襟，迨乎构成，亦窃奇状。向之两壁，盖得意深奇之作。观其潜蓄岚赖，遮藏洞泉，蛟根束鈴，危干凌碧，重质委地，青飈满堂，吴兴茶山，水石奔异，境与性会。乃召于山中写明月峡，因叙其所见，庶为知言。知之者解颐，不知者拊掌。

论顾陆张吴用笔

或问余以顾、陆、张、吴用笔如何？对曰："顾恺之之迹紧劲联绵，循环超忽，调格逸易，风趋电疾，意存笔先，画尽意在，所以全神气也。昔张芝学崔瑗、杜度草书之法，因而变之，以成今草书之体势，一笔而成，气脉通连，隔行不断。唯王子敬明其深旨，故行首之字往往继其前行，世上谓之一笔书。其后陆探微亦作一笔画，连绵不断，故知书画用笔同法。陆探微精利润媚，新奇妙绝，名高宋代，时无等伦。张僧繇点曳斫拂，依卫夫人笔阵图，一点一画，别是一巧。钩戟利剑森森然，又知书画用笔同矣。国朝吴道玄古今独步，前不见顾、陆，后无来者，授笔法于张旭，此又知书画用笔同矣。张既号'书颠'，吴宜为'画圣'，神假天造，英灵不穷。众皆密于盼际，我则离披其点画；众皆谨于象似，我则脱落其凡俗。弯弧挺刃植柱构梁，不假界笔直尺。虬须云鬓，数尺飞动，毛根出肉，力健有余。常有口诀，人莫得知。数仞之画，或自背起，或从足先，巨壮诡怪，肤脉连结，过于僧繇矣。"或问余曰："吴生何以不用界笔直尺，而能弯弧挺刃植柱构梁？"对曰："守其神，专其一，合造化之功，假吴生之笔，向所谓意存笔先，画尽意在也。凡事之臻妙者，皆如是乎。岂止画也！与乎庖丁发硎，郢匠运斤，效颦者徒劳捧心，代斫者必伤其手。意旨乱矣，外物役焉，岂能左手划圆，右手划方乎？夫用界笔直尺，界笔，是死画也。守其神，专其一，是真画也。死画满壁，曷如污墁。真画一划，见其生气。夫运思挥毫，自以为画，则愈失于画矣。运思挥毫，意不在于画，故得于画矣。不滞于手，不凝于心，不知然而然，虽弯弧挺刃、植柱构梁，则界笔直尺，岂得入于其间矣？"又问余曰："夫运思精深者，笔迹周密，其有笔不周者，谓之如何？"余对曰："顾、陆之神，不可见其盼际，所谓笔迹周密也。张吴之妙，笔才一二，象已应焉，离披点画，时见缺落，此虽笔不周而意周也。若知画有疏密二体，方可议乎画。"或者颔之而去。

——选自王世贞辑：《王氏画苑》，金陵徐智督刊本。参校张彦远：《历代名画记》，俞剑华注释，上海人民美术出版社 1964 年版

【导读】

张彦远(815—907),字爱宾,河东(今山西永济)人,唐代画家和绘画理论家。出生缙绅大族,是盛唐时代"三相张家"的后人(高祖嘉贞相玄宗、曾祖延赏相德宗、祖父弘靖相宪宗),曾任舒州刺史、左仆射补阙、祠部员外郎,官至大理寺卿。

张彦远精于鉴赏,博学文辞,尤工书法,擅长隶书,家藏书法碑文名画甚丰。这样的社会和家庭背景,为张彦远进行书画理论研究提供了优裕的条件。他广泛搜集整理材料,于大中元年(847)写出了包蕴宏富、见解深微的《历代名画记》一书。该书在总结前人有关绘画史和绘画理论成果的基础上,继承和发展了史论结合的传统,开创了绘画通史的学科体例,是我国绘画史学方面的"百科全书"。同时,书中保存的资料十分珍贵,被后世誉为中国画史上的《史记》。

在中国绘画史上,《历代名画记》具有承先启后的里程碑意义。全书10卷,分为绘画历史发展评述与绘画理论阐述、绘画鉴识收藏叙述、370余名画家传记等三部分内容。其中,第一部分卷一的四节和卷二的前两节主要探讨绘画源流、兴废、法则、师承和技法,不仅对绘画历史与理论作了总体总括,有着极高的史学和美学价值,而且在绘画的社会功用、人的心性修养和审美能力培养问题上也有重要的美育意义。

关于绘画的社会功用,张彦远开宗明义指出:"夫画者,成教化,助人伦,穷神变,测幽微,与六籍同功,四时并运,发于天然,非由述作",强调绘画有着"成教化、助人伦"的社会道德教育功用。同时,虽然书画同源同功,但由于它们在表现对象和实现社会功用方式上的区别,即书法(文字)用以传其意,绘画用以见其形,所以绘画在实现道德教化的社会功用方面更见优势,"以忠以孝,尽在于云台;有烈有勋,皆登于麟阁。见善足以戒恶,见恶足以思贤。留乎形容,式昭盛德之事;具其成败,以传既往之踪。记传所以叙其事,不能载其容;赋颂有以咏其美,不能备其象。图画之制所以兼之也"。绘画在社会道德教育上有着不可取代的独特美育价值,这也是有画以来历朝历代不能完全废之的根本原由。

在绘画对心性修养的美育价值方面,张彦远在阐述谢赫六法时,对"气韵生动"之法作了深入探讨,强调作为审美创造主体的画家只有去俗气、养骨气,方可在描绘对象形似之外追求更高的"气韵生动"境界。在张彦远看来,"气韵生动"之法是绘画六法最根本之法,"若气韵不周,空陈形似,笔力未遒,空善赋彩,谓非妙也"。而要使绘画达至"气韵生动"的境界,最重要的途径就是陶冶画家心性,令其保持一片纯明。宋朝顾骏之建高楼以为画室,每次登楼去梯,家人难以见之。若非天朗气清,内心和悦,则不下笔作画。张彦远据此认为:"自古善画者，莫匪衣冠贵胄、逸士高人，振妙一时，传芳千祀，非闾阎鄙贱之所能为也。”没有良好的心性修养，就难以进行高超的绘画创造，反之则高超的绘画艺术创造可以有助于我们修养良好的心性。

除了重点阐释“气韵生动”以外，张彦远还集中考察了笔墨技巧及其能力培养问题。他一方面指出，“骨气形似皆本于立意而归乎用笔，故工画者多善书”，另一方面又认为“运墨而五色具，谓之得意”（《历代名画记·论画体工用拓写》）。在张彦远看来，恰到好处地运用六法，就能有效地描绘对象、传其形神，“六法备该，万象不失”（《历代名画记·论师资传授南北时代》）。所以，笔墨技巧和能力的培养是实现“气韵生动”所必备的前提条件。为此，张远彦提出：“守其神，专其一，合造化之功，假吴生之笔，向所谓意存笔先，画尽意在也。凡事之臻妙者，皆如是乎，岂止画也。”简言之，若能专心致至，功合造化，意在笔墨之先，就能有效地实现提高笔墨技巧和能力的目标。

《历代名画记》以完备的体例、详尽的材料和精确的论述，为后世学者研究中国古代画史学提供了创造性的美学观点和不可或缺的材料，而它所包蕴的美育思想也体现了中国美育传统所具有的不可忽视的价值。（唐善林 撰写）

闲情偶寄（节选）

李渔

填词一道，文人之末技也。然能抑而为此，犹觉愈于驰马试剑，纵酒呼卢。孔子有言："不有博弈者乎？为之犹贤乎已。"博弈虽戏具，犹贤于"饱食终日，无所用心"；填词虽小道，不又贤于博弈乎？吾谓技无大小，贵在能精；才乏纤洪，利于善用；能精善用，虽寸长尺短亦可成名。否则才夸八斗，胸号五车，为文仅称点鬼之谈，著书惟供覆瓿之用，虽多亦奚以为？填词一道，非特文人工此者足以成名，即前代帝王，亦有以本朝词曲擅长，遂能不泯其国事者。（《词曲部上·结构第一》）

人谓此等妙曲，工者有几，强人以所不能，是塞填词之路也。予曰：不然。作文之事，贵于专一。专则生巧，散乃入愚；专则易于奏工，散者难于责效。百工居肆，欲其专也；众楚群咻，喻其散也。舍情言景，不过图其省力，殊不知眼前景物繁多，当从何处说起？咏花既愁遗鸟，赋月又想兼风。若使逐件铺张，则虑事多曲少；欲以数言包括，又防事短情长。展转推敲，已费心思几许，何如只就本人生发，自有欲为之事，自有待说之情，念不旁分，妙理自出。如发科发甲之人，窗下作文，每日止能一篇二篇，场中遂至七篇。窗下之一篇二篇未必尽好，而场中之七篇，反能尽发所长，而夺千人之帜者，以其念不旁分，舍本题之外，并无别题可做，只得走此一条路也。吾欲填词家舍景言情，非责人以难，正欲其舍难就易耳。（《词曲部上·词采第二》）

文字之最豪宕、最风雅，作之最健人脾胃者，莫过填词一种。若无此种，几于闷杀才人，困死豪杰。予生忧患之中，处落魄之境，自幼至长，自长至老，总无一刻舒眉，惟于制曲填词之顷，非但郁藉以舒，愠为之解，且尝僭作两间最乐之人，觉富贵荣华，其受用不过如此，未有真境之为所欲为，能出幻境纵横之上者。我欲做官，则顷刻之间便臻荣贵；我欲致仕，则转盼之际又入山林；我欲作人间才子，即为杜甫、李白之后身；我欲娶绝代佳人，即作王嫱、西施之元配；我欲成仙作佛，则西天蓬岛即在砚池笔架之前；我欲尽孝输忠，则君治亲年，可跻尧、舜、彭篯之上。非若他种文字，欲作寓言，必须远引曲譬，蕴藉包含，十分牢骚，还须留住六七分，八斗才学，止可使出二三升，稍欠和平，略施纵送，即谓失风人之旨，犯佻达之嫌，求为家弦户诵者难矣。填词一家，则惟恐其蓄而不言，言之不尽。是则是矣，须知畅所欲言亦非易事。言者，心之声也，欲代此一人立言，先宜代此一人立心，若非梦往神游，何谓设身处地？无论立心端正者，我当设身处地，代生端正之想；即遇立心邪辟者，我亦当舍经从权，暂为邪辟之思。务使心曲隐微，随口唾出，说一人，肖一人，勿使雷同，弗使浮泛，若《水浒传》之叙事，吴道子之写生，斯称此道中之绝技。果能若此，即欲不传，其可得乎？（《词曲部下·宾白第四》）

科诨二字，不止为花面而设，通场脚色皆不可少。生旦有生旦之科诨，外末有外末之科诨，净丑之科浑则其分内事也。然为净丑之科诨易，为生旦外末之科诨难。雅中带俗，又于俗中见雅；活外寓板，即于板处证活。此等虽难，犹是词客优为之事。所难者，要有关系。关系维何？曰：于嘻笑诙谐之处，包含绝大文章；使忠孝节义之心，得此愈显。如老莱子之舞斑衣，简雍之说淫具，东方朔之笑彭祖面长，此皆古人中之善于插科打诨者也。作传奇者，苟能取法于此，是科诨非科诨，乃引人入道之方便法门耳。（《词曲部下·科诨第五》）

今人之所尚，时优之所习，皆在热闹二字；冷静之词，文雅之曲，皆其深恶而痛绝者也。然戏文太冷，词曲太雅，原足令人生倦，此作者自取厌弃，非人有心置之也。然尽有外貌似冷而中藏极热，文章极雅而情事近俗者，何难稍加润色，播入管弦？乃不问短长，一概以冷落弃之，则难服才人之心矣。予谓传奇无冷热，只怕不合人情。如其离合悲欢，皆为人情所必至，能使人哭，能使人笑，能使人怒发冲冠，能使人惊魂欲绝，即使鼓板不动，场上寂然，而观者叫绝之声，反能震天动地。是以人口代鼓乐，赞叹为战争，较之满场杀伐，钲鼓雷鸣，而人心不动，反欲掩耳避喧者为何如？岂非冷中之热，胜于热中之冷；俗中之雅，逊于雅中之俗乎哉？（《演习部·选剧第一》）

噫！音岂易知者哉？人问：既不知音，何以制曲？予曰：酿酒之家，不必尽知酒味，然秫多水少则醇�，曲好药精则香冽，此理则易谙也；此理既谙，则杜康不难为矣。造弓造矢之人，未必尽娴决拾，然曲而劲者利于矢，直而锐者宜于鹄，此道则易明也；既明此道，即世为弓人矢人可矣。虽然，山民善跋，水民善涉，术疏则巧者亦拙，业久则粗者亦精；填过数十种新词，悉付优人，听其歌演，近朱者赤，近墨者黑，况为朱墨所从出者乎？粗者自然拂耳，精者自能娱神，是其中菽麦，亦稍辨矣。语云："耕当问奴，织当访婢。"予虽不敏，亦曲中之老奴，歌中之黠婢也。请述所知，以备裁择。（《演习部·授曲第三》）

——选自李渔：《笠翁一家言全集》，雍正八年芥子园刻本。参校《闲情偶记》（上），杜书瀛译注，中华书局2014年版

【导读】

李渔(1611—1680),原名仙侣,字谪凡,号天徒,后改号笠翁,浙江兰溪人,清代著名剧作家、戏剧理论家,一生著述颇丰,主要有《笠翁一家言全集》《笠翁十种曲》《十二楼》《无声戏》等。

《闲情偶寄》是李渔的代表作,包括词曲部、演习部、声容部、居室部、器玩部、饮馔部、种植部、颐养部八个部分,而词曲部和演习部则构成了李渔戏剧理论的重要组成部分,它们从戏剧结构、词采、音律、宾白、科诨以及格局等专业角度,不仅对戏剧创作提出了独到的见解,而且也从培养人的艺术鉴赏能力、提高人生境界等方面,明确了戏剧在美育中的重要价值。

针对人的艺术鉴赏能力培养,李渔认为,首先在艺术技艺上要"专","技无大小,贵在能精;才乏纤洪,利于善用"。无论哪一种技艺,精通是基础。而无论艺术创作还是鉴赏,都需要长期专注于一门艺术,这样才能对其有足够的审美敏锐度。若是不能专注,即使兴趣广泛,也难以对一门艺术有深厚的鉴赏能力。其如李渔在《戒浮泛》里所说:"作文之事,贵于专一。专则生巧,散乃入愚;专则易于奏工,散者难于责效。"如何实现这种"专"呢?李渔指出:"术疏则巧者亦拙,业久则粗者亦精。"也就是说,良好的创作能力都靠勤学苦练;同样,良好的审美能力也需要长期专注于同一艺术,才能达到"操千曲而后晓声"的效果。

深入生活是更好地鉴赏艺术的前提。李渔以自己的亲身经历对此做了说明。李渔儿时读《孟子》里的"自反而缩,虽褐宽博,吾不惴焉"时看朱熹的注解,朱注中说:"褐,贱者之服;宽博,宽大之衣。"他对词注感到疑惑,认为褐在南方是富贵人家的衣服,朱熹怎么能说是贫贱人家的衣服,何况贫贱人家为了节约也不会让衣服"宽博"。直到他去了北方以后才知道原来北地寒冷,又养牛羊,因此几乎人人都穿褐,并非只有贫贱者才穿。至于为何宽博,是因为当地人的褐既是衣服也是夜晚盖的衾被,因为朱熹是南方人,故而将其释错。李渔的亲身经历启发我们要深入生活,以便更好地欣赏艺术。

有关戏剧对人的精神境界的提升作用,李渔结合自己的创作实践给出了独特见解。他说自己一生饱经忧患、时常落魄,正是在"制曲填词之顷",才让他"非但郁藉以舒,愠为之解,且常僭作两间最乐之人",亦即戏剧创作使他超越了生活的苦难,获得了无上的精神愉悦。这是就专业创作者的角度而言。而对于那些不直接参与创作表演的普通人来说,则戏剧"能使人哭,能使人笑,能使人怒发冲冠,能使人惊魂欲绝",那些表现人世间最寻常的人情世故、悲欢离合的戏剧作品使"人情所必至",而可以让人情不自禁。

当然戏剧的作用并不仅仅是让人愉悦、生发情感,它更重要的作用在于让人在喜怒哀乐之间获得教育，领悟生活道理，提升人生境界。李渔反对写荒唐怪异的事，也反对书本气太重的戏剧，他想要让戏剧表现的是最普通的生活内容，但这并非照搬生活琐事，“传奇无实，大半寓言耳”，将生活内容予以典型化再经过艺术方法加工后，在生活和寓言结合中实现“于嬉笑诙谐之处，包含绝大文章；使忠孝节义之心，得此愈显”。也就是说，戏剧作为为广大人民群众所喜闻乐见的艺术形式要蕴含教育内容，让人民群众在娱乐中受到教育，感受真善美、排斥假恶丑，从而在现实生活中自觉追求人格境界的提升。

总之，李渔认为应该培养审美主体的艺术鉴赏能力，同时在戏剧内容的选择上要选那些寓教于乐的剧本，让普通人能在最为常见的故事中提升自己人生境界，自觉实践审美追求。李渔的这些理论对今天不能欣赏戏剧、对传统文化了解不多的广大青少年来说是最为切实可行且很有必要的。（唐善林 撰写）

古诗评选（节选）
王夫之

愿登泰华山，神人共远游。愿登泰华山，神人共远游。经历昆仑山，到蓬莱。飘飖八极，与神人俱。思得神药，万岁为期。歌以言志。愿登泰华山。天地何长久，人道居之短。天地何长久，人道居之短。世言伯阳，殊不知老。赤松王乔，亦云得道。得之未闻，庶以寿考。歌以言志。天地何长久！明明日月光，何所不光昭？明明日月光，何所不光昭？二仪合化，贵者独人。万国率土，莫非王臣。仁义为名，礼乐为荣。歌以言志。明明日月光。四时更逝去，昼夜以成岁。四时更逝去，昼夜以成岁。大人先天，而天弗违。不戚年往，忧世不治。存亡有命，虑之为蚩。歌以言志。四时更逝去。戚戚欲何念？欢笑意所之。戚戚欲何念？欢笑意所之。壮盛智惠，殊不再来。爱时进趣，将以惠谁？泛泛放逸，亦同何为！歌以言志。戚戚欲何念。（《秋胡行》曹操）

当其始唱，不谋其中；言之已中，不知所毕；已毕之余，波澜合一。然后知始以此始，中以此中，此古人天文斐蔚、夭矫引伸之妙。

盖意伏象外，随所至而与俱流，虽令寻行墨者，不测其绪，要非如苏子瞻所云"行云流水，初无定质"也。维有定质，故可无定文，质既无定，则不得不以钩锁映带，起伏间架为画地之牢矣。（卷一）

东越河济水，遥望大海涯。钓竿何珊珊，鱼尾何簁簁。行路之好者，芳饵欲何为？（《钓竿行》曹丕）

读子桓乐府，即如引人于张乐之野，泠风善月，人世陵嚣之气淘汰俱尽。（卷一）

行行即长道，道长息班草。邂逅赏心人，与我倾怀抱。夷世信难值，忧来伤人，平生不可保。阳华与春渥，阴柯长秋槁。心慨荣去速，情苦忧来早。日华难久居，忧来伤人，谆谆亦至老。亲党近恤庇，昵君不常好。九族悲素霰，三良怨黄鸟。迩朱白即赪，忧来伤人，近缟洁必造。水流理就湿，火炎同归燥。赏契少能谐，断金断可宝。千计莫适从，忧来伤人，万端信纷绕。巢

林宜择木，结友使心晓。心晓形迹略。略迹谁能了？相逢既若旧，忧来伤人。片言代纻缟。（《相逢行》谢灵运）

乐府之制，以蹈厉感人，而康乐不尔，汰音使净，抑气使徐，故君子之所生心，非流俗之能穆耳也。（卷一）

羲和纤阿去嵯峨，睹物知命。使余转欲悲歌，忧戚入心胸。处山勿居峰，在行勿为公。居峰大阻锐，为公遇谗蔽。雅琴自疏越。雅韵能扬扬！滑滑相混同，终始福禄丰。（《前缓声歌》谢惠连）

乐府动人，尤在音响，故曼声缓引，无取劲促。音响既永，铺陈必盛，亦其势然也。小谢别出清裁，务使淘汰，乃洗濯之余，将有孤寒之病，杂之管弦，殊为不类。然而奕奕标举，短歌微吟，亦复关情不浅。遥想此士风流，当知缑岭吹笙，月明人澹，而飘然欣赏，固不在洞庭张乐下也。（卷一）

家住金陵县前，嫁得长安少年。回头望乡泪落，不知何处天边？胡尘几日应尽？汉月何时更圆？为君能歌此曲，不觉心随断弦。（《怨歌行》庾信）

“汉月”句悲甚，尤不如“不知何处天边”之惨也。泪尽，血尽，唯有荒荒泯泯之魂，随晓风残月而已。

六代文士有心有血者，惟子山而已。以入乐府，传之管弦，安得不留万年之恨？（卷一）

代北云气昼昏昏，千里飞蓬无复根。寒雁嗈嗈渡辽水，桑叶纷纷落蓟门。晋阳山头无箭竹，疏勒城中乏水源。属国征戍久离居，阳关音信绝能疏。愿得鲁连飞一箭，持寄思归燕将书。渡辽本自有将军，寒风萧萧生水纹。妾惊甘泉足烽火，君讶渔阳多阵云。自从将军出细柳，荡子空床难独守。盘龙明镜饷秦嘉，辟恶生香寄韩寿。春分燕来能几日？二月蚕眠不复久。洛阳游丝百丈连，黄河春冰千片穿。桃花颜色好如马，榆荚新开巧似钱，葡萄一杯千日醉。无事九转学神仙。定取金丹作几服，能令华表得千年。（《燕歌行》庾信）

句句叙事，句句用兴用比。比中生兴，兴外得比，宛转相生，逢原皆给。故人患无心耳。苟有血性、有真情如子山者，当无忧其不淋漓酣畅也。

子山自歌行好手，其情事亦与歌行相中，“凌云”之笔，惟此当之，非五言之谓也。杜以庾为师，却不得之于歌行，而仅得其五言，大是不知去取。《哀王孙》《哀江头》《七歌》诸篇，何尝有此气韵？

“春分燕来能几日，二月蚕眠不复久”，自是千古风流语，元来又是叙事。妙绝！（卷一）

——选自王夫之：《船山遗书》，民国22年上海太平洋书店铅印本。参校王夫之：《古诗评选》，李中华、李利民校点，上海古籍出版社2011年版

【导读】

王夫之（1619—1692），湖南衡阳人，字而农，号姜斋，又号夕堂，生于明清之际，与顾炎武、黄宗羲并称明清之际的三大思想家。王夫之学识渊博，广涉经学、子学、史学、文学、政法、伦理等各门学术，在天文、历数、医理、兵法乃至卜筮、星象方面，也有一定造诣，著有《周易外传》《尚书引义》《春秋世论》《读史鉴论》等。

《古诗评选》是王夫之诗歌理论的代表作。全书通过对自汉代至隋朝的古乐府歌行、四言、小诗、五言古诗、五言近体诗等的选择和评点，在总结古典美学基础上提出了自己独特的诗学观念和审美理想，如关于情景、意象、意境说等，其中渗透了儒家温柔敦厚的诗教观念，对于如何培养人的诗歌鉴赏能力以及通过性情陶冶进而实现人生境界的提升，具有重要的美育意义。

在王夫之看来，无论诗歌创作或是鉴赏，最重要的是能够抓住诗歌的审美意象。他认为，诗歌是言志抒情的，但这并不意味着就要直接将自己的“志”即意志、观念直接表达出来；好的诗歌总是那些为“志”选择合适意象的诗歌，而富有美感的意象则不仅有人的情感，也有自然的景物，同时也是这两者的自然合成。“当其始唱，不谋其中；言之已中，不知所毕；已毕之余，波澜合一”，诗歌创作就是要达致这样情景浑融的意象。这一观点对于人在诗歌创作和鉴赏实践中有着重要的启发意义。

王夫之强调，要想体味诗歌的美，必须首先把握诗歌的审美意象，这就要求人们必须拥有真挚的情感。诗人以真情写出来的诗歌才能打动人；同样，作为鉴赏者的人也须有真情，才能体味诗人的真切情感。王夫之从诗歌创作角度指出，谢朓由于“胸中有丘壑，眼底有性情”，所以他的诗选取了适当审美意象，能够让读者感动同情。而那些被世俗充塞的俗子，因为没有审美情感，因而也就不能形成审美意象。在评价庾信时，王夫之强调了真情的重要性，认为“六代文士有心有血者，惟子山而已。以入乐府，传之管弦，安得不留万年之恨”。正是庾信身

负国恨家仇，我们才能从其诗歌里感受到满腔的真情，千载之下而为之感动。可见，在审美活动中，一个人只有用真心、审美之情而不是利欲充塞、死板无聊的世俗眼光来感受诗歌意象，才能真正体会诗人那有理有度的情怀。

当然，欣赏诗歌、领悟诗人情感，并非王夫之诗歌美学观念的终极目的。王夫之所要强调的，是诗歌欣赏对于提升人生精神境界的意义。他特别推崇曹丕的诗歌，以为“读子桓乐府，即如引人于张乐之野，泠风善月，人世陵嚣之气淘汰俱尽”，它让人荡涤世俗芜杂，让每个人的内心变得干净清和。他推崇陶渊明“虽不怀游，见林情依”所表现出的淡泊性情，又在欣赏谢惠连的形象时肯定“遥想此士风流，当知缑岭吹笙，月明人澹，而飘然欣赏，固不在洞庭张乐下也”。所有这些，都鲜明地体现了王夫之力图由诗歌而提升人生境界的审美理想。

对于诗歌欣赏，王夫之有着很高的要求。他要求欣赏者本身有超功利的审美心胸，能去体会诗人的人格魅力。这不仅需要欣赏者有很高的艺术修养，同时有很好的道德修养。很难想象一个浮躁功利的人能够感受陶渊明的那份淡泊超然，也很难想象一个品格低下的叛国者能够感受庾信心中那真切的乡愁。作为审美主体，欣赏者在欣赏诗歌的同时其实也是在监省自己，让自己不喧嚣浮躁、虚伪矫情，而能欣赏高尚的人格，至少做到“虽不能至，心向往之”。应该说，这也是王夫之给予我们的深刻启发。（唐善林 撰写）

画语录（节选）
石涛

太古无法，太朴不散，太朴一散而法立矣。法于何立，立于一画。一画者，众有之本，万象之根；见用于神，藏用于人，而世人不知，所以一画之法，乃自我立。立一画之法者，盖以无法生有法，以有法贯众法也。夫画者，从于心者也。山川人物之秀错，鸟兽草木之性情，池榭楼台之矩度，未能深入其理，曲尽其态，终未得一画之洪规也。行远登高，悉起肤寸，此一画收尽鸿蒙之外，即亿万万笔墨，未有不始于此而终于此，惟听人之握取之耳。人能以一画具体而微，意明笔透。腕不虚则画非是，画非是则腕不灵。动之以旋，润之以转，居之以旷。出如截，入如揭。能圆能方，能直能曲，能上能下。左右均齐，凸凹突兀，断截横斜。如水之就深，如火之炎上，自然而不容毫发强也。用无不神而法无不贯也，理无不入而态无不尽也。信手一挥，山川、人物，鸟兽、草木，池榭、楼台，取形用势，写生揣意，运情摹景，显露隐含，人不见其画之成，画不违其心之用。盖自太朴散而一画之法立矣。一画之法立而万物著矣。我故曰："吾道一以贯之。"（《一画章》第一）

受与识，先受而后识也。识然后受，非受也。古今至明之士，借其识而发其所受，知其受而发其所识。不过一事之能，其小受小识也。未能识一画之权，扩而大之也。夫一画含万物于中。画受墨，墨受笔，笔受腕，腕受心。如天之造生，地之造成，此其所以受也。然贵乎人能尊，得其受而不尊，自弃也；得其画而不化，自缚也。夫受，画者必尊而守之，强而用之，无间于外，无息于内。《易》曰："天行健，君子以自强不息。"此乃所以尊受之也。（《尊受章》第四）

笔与墨会，是为絪缊。絪缊不分，是为混沌，辟混沌者，舍一画而谁耶？画于山则灵之，画于水则动之，画于林则生之，画于人则逸之。得笔墨之会，解絪缊之分，作辟混沌手，传诸古今，自成一家，是皆智得之也。不可雕凿，不可板腐，不可沉泥，不可牵连，不可脱节，不可无理。在于墨海中立定精神。笔锋下决出生活，尺幅上换去毛骨，混沌里放出光明。纵使笔不笔，墨不墨，画不画，自有我在。盖以运夫墨，非墨运也；操夫笔，非笔操也；脱夫胎，非胎脱也。自一以分万，自万以治一。化一而成絪缊，天下之能事毕矣。（《絪缊章》第七）

人为物蔽，则与尘交。人为物使，则心受劳。劳心于刻画而自毁，蔽尘于笔墨而自拘。此局隘人也。但损无益，终不快其心也。我则物随物蔽，尘随尘交，则心不劳，心不劳则有画矣。画乃人之所有，一画人所未有。夫画贵乎思，思其一，则心有所著而快，所以画则精微之，入不可测矣。想古人未必言此，特深发之。(《远尘章》第十五)

愚者与俗同讥。愚不蒙则智，俗不溅则清。俗因愚受，愚因蒙昧。故至人不能不达，不能不明。达则变，明则化。受事则无形，治形则无迹。运墨如已成，操笔如无为。尺幅管天地山川万物而心淡若无者，愚去智生，俗除清至也。(《脱俗章》第十六)

古之人寄兴于笔墨，假道于山川。不化而应化，无为而有为，身不炫而名立，因有蒙养之功，生活之操，载之寰宇，已受山川之质也。以墨运观之，则受蒙养之任；以笔操观之，则受生活之任。以山川观之，则受胎骨之任；以鞟皴观之，则受画变之任；以沧海观之，则受天地之任；以坳堂观之，则受须臾之任；以无为观之，则受有为之任；以一画观之，则受万画之任；以虚腕观之，则受颖脱之任。有是任者，必先资其任之所任，然后可以施之于笔。如不资之，则局隘浅陋，有不任其任之所为。且天之任于山无穷。山之得体也以位，山之荐灵也以神，山之变幻也以化，山之蒙养也以仁，山之纵横也以动，山之潜伏也以静，山之拱揖也以礼，山之纡徐也以和，山之环聚也以谨，山之虚灵也以智，山之纯秀也以文，山之蹲跳也以武，山之峻厉也以险，山之逼汉也以高，山之浑厚也以洪，山之浅近也以小。此山受天之任而任，非山受任以任天也。人能受天之任而任，非山之任而任人也。由此推之，此山自任而任也，不能迁山之任而任也。是以仁者不迁于仁而乐山也。山有是任，水岂无任耶？水非无为而无任也。夫水：汪洋广泽也以德，卑下循礼也以义，潮汐不息也以道，决行激跃也以勇，潆洄平一也以法，盈远通达也以察，沁泓鲜洁也以善，折旋朝东也以志。其水见任于瀛海溟渤之间者，非此素行其任，则又何能周天下之山川，通天下之血脉乎？人之所任于山不任于水者，是犹沉于沧海而不知其岸也。亦犹岸之不知有沧海也。是故知者，知其畔岸，逝于川上，听于源泉而乐水也。非山之任，不足以见天下之广；非水之任，不足以见天下之大。非山之任水，不足以见乎周流；非水之任山，不足以见乎环抱。山水之任不著，则周流环抱无由。周流环抱不著，则蒙养生活无方。蒙养生活有操，则周流环抱有由；周流环抱有由，则山水之任息矣。吾人之任山水也，任不在广，则任其可制；任不在多，则任其可易。非易不能任多，非制不能任广。任不在笔，则任其可传；任不在墨，则任其可受。任不在山，则任其可静；任不在水，则任其可动；任不在古，则任其无荒；任不在今，则任其无障。是以古今不乱，笔墨常存，因其浃洽斯任而已矣。然则此任者，诚蒙养生活之理，以一治万，以万治一。不任于山，不任于水，不任于笔墨，不任于古今，不任于圣人，是任也，是有其资也。（《资任章》第十八）

——选自《苦瓜和尚画语录》，钦定四库全书本。参校道济：《石涛画语录》，俞剑华标点注译，人民美术出版社 1959 年版

【导读】

石涛（1642—1708），广西桂林人，俗姓朱，名若极，小字阿长，法号原济，又名元济；别号较多，如大涤子、清湘老人、苦瓜和尚、瞎尊者等。明靖江王朱亨嘉之子，清初著名画家，擅画山水和花卉，与弘仁、髡残、朱耷合称“清初四僧”。

石涛在绘画理论上有极高的造诣，《画语录》为其代表。全书十八章，在有效融合哲学理念、人生体验与绘画实践的基础上，集中探讨了绘画艺术创造本体、规律、变化、心胸、对象、构图、笔墨和技巧等各个要素，成为中国传统绘画理论的典范之作。其中有关绘画创造的体验及思考，对于培养能够深刻感悟宇宙自然、欣赏和创造绘画艺术的人，有着重要的美育意义。

石涛指出，“一画”是绘画艺术最基本、也是最重要的本体规律。“一画者，众有之本，万象之根；见用于神，藏用于人，而世人不知，所以一画之法，乃自我立。立一画之法者，盖以无法生有法，以有法贯众法也。夫画者，从于心者也。”作为石涛在绘画实践中领悟到的艺术与宇宙自然的本体图式，所谓“一画”就是人心、道体与画法浑然一体且充满变化的本体规律。理解了这一本体规律的内涵，不仅可以让我们深切把握石涛独创的“一画之法”，而且对于如何培养有审美能力的人也极具启示性，即：要想真正成为一个有艺术创造能力的人，就须以一颗晶莹透剔的心灵（“心”）去领悟宇宙自然的生命形态和规律（“道”），并在艺术实践中借助丰富而又独特的画法（“艺”）去加以表现。

具体来说，在石涛那里，通过绘画艺术实践来培养有审美能力的人，首先是要尊受、远尘和脱俗。人生实践是一种人对世界的感性直观（“受”）与理性认识（“识”）相结合的活动，而绘画作为一种艺术实践更重视人对世界的感性直观。“夫一画含万物于中。画受墨，墨受笔，笔受腕，腕受心。如天之造生，地之造成，此其所以受也。”作为人心对天地万物的自然而然的本体感受，绘画包受天地万物，所以画家必须尊重自己对天地万物的直接感受，否则就是自弃。推而言之，人要想提高自己的审美能力，就不能不重视感性直观能力的培养。当然，尊重自己的感受，对于提升个人审美能力和境界虽有重要意义，但人毕竟生活在尘俗社会，难免被尘世俗物所蒙蔽，更有甚者可能心为物役，劳苦愚昧一生而不知。

“人为物蔽，则与尘交，人为物使，则心受劳。”所以，对于审美的人来说，便须远尘脱俗，消解尘世物欲成见之于人心的局隘，“尺幅管天地山川万物而心淡若无者，愚去智生，俗除清至也”。

其次，是要了法求变。天地万物的存在皆有法，但人却往往蒙蔽于法而不能了然，反为法所障蔽。所以，只有从心了法，才能培养体道去障明画之人。“古今法障不了，由一画之理不明，一画明，则障不在目，而画可从心，画从心而障自远矣。”（《了法章》第二）这也就是说，人们不应为法所缚、泥古不化，而应了法求变、自立我法。“凡事有经必权，有法必有化。一知其经，即变其权，一知其法，即功于化。”（《变化章》第三）通过了法求变的审美实践，最终造就一个无法而法乃为至法的审美创造主体。

最后，是要蒙养、生活。人非生而能之，需要在后天生活中不断习得和积淀。成长为一个具有审美能力的人也是如此。在石涛看来，画家要达到有笔墨自成一家的境界，需要在笔墨运用中自觉进行蒙养生活的审美实践。“墨非蒙养不灵，笔非生活不神。以受蒙养之灵，而不解生活之神，是有墨无笔也。能受生活之神，而不变蒙养之灵，是有笔无墨也。”（《笔墨章》第五）绘画要有灵有神，就需墨之蒙养与笔之生活二者兼得。这里所谓墨之蒙养，是指画家运墨时如何通过墨的干湿浓淡来赋予山川万物以氤氲灵气，即“于墨海中立定精神”；所谓笔之生活，则指画家操笔时通过线的轻重快慢来表达山川万物的生动活泼，即“笔锋下决出生活”。在这一笔墨之蒙养生活的审美实践中，画家一方面体万有之本、明一画之法，在运墨操笔中呈现物我一体的神灵之境，另一方面淘泳于物我一体的笔墨神灵之境，使审美能力和人生境界不断得以提升。

对于石涛来说，审美能力的培养不仅要求人能远尘脱俗以深入宇宙自然，真切感受天地万物的生命形态，了法变化，蒙养生活，而且能在天人合一的体道心境中，以我立之一画贯穿山川万物之形神，令山川代我而言，我亦代山川而言，“搜尽奇峰打草稿”（《山川章》第八），“借笔墨以写天地万物而陶泳乎我也”。（《变化章》第三）（唐善林 撰写）

拟播布美术意见书

鲁迅

一　何为美术

美术为词,中国古所不道,此之所用,译自英之爱忒(art or fine art)。爱忒云者,原出希腊,其谊为艺,是有九神,先民所祈,以冀工巧之具足,亦犹华土工师,无不有崇祀拜祷矣。顾在今兹,则词中函有美丽之意,凡是者不当以美术称。

希腊之民,以美术著于世,然其造作,初无研肄,仅凭直觉之力,以判别天物美恶,惟其为觉敏,故所成就者神。盖凡有人类,能具二性:一曰受,二曰作。受者譬如曙日出海,瑶草作华,若非白痴,莫不领会感动;既有领会感动,则一二才士,能使再现,以成新品,是谓之作。故作者出于思,倘其无思,即无美术。然所见天物,非必圆满,华或槁谢,林或荒秽,再现之际,当加改造,俾其得宜,是曰美化,倘其无是,亦非美术。故美术者,有三要素:一曰天物,二曰思理,三曰美化。缘美术必有此三要素,故与他物之界域极严。刻玉之状为叶,髹漆之色乱金,似矣,而不得谓之美术。象齿方寸,文字千万,核桃一丸,台榭数重,精矣,而不得谓之美术。几案可以弛张,什器轻于携取,便于用矣,而不得谓之美术。太古之遗物,绝域之奇器,罕矣,而非必为美术。重碧大赤,陆离斑驳,以其戟刺,夺人目精,艳矣,而非必为美术,此尤不可不辨者也。

二　美术之类别

由前之言,可知美术云者,即用思理以美化天物之谓。苟合于此,则无间外状若何,咸得谓之美术;如雕塑,绘画,文章,建筑,音乐皆是也。区分之法,始于希腊柏拉图,其类凡二:

(甲)静美术　(乙)动美术

柏氏以雕塑,绘画为静,音乐,文章为动,事属草创,为说不完。后有法人跋多区分为三,德人黑智尔承之。

(甲)目之美术　(乙)耳之美术　(丙)心之美术

属于目者为绘画雕塑,属于耳者为音乐,属于心者为文章,其说之不能具是,无异前古。近时英人珂尔文以为区别之术,可得三种,今具述于次;凡有美术,均可取其一以分隶之。

（一）（甲）形之美术　（乙）声之美术

美术有可见可触者，如绘画，雕塑，建筑，是为形美；有不可见不可触者，如音乐，文章，是为音美。顾中国文章之美，乃为形声二者，是又非此例所能赅括也。

（二）（甲）摹拟美术　（乙）独造美术

美术有拟象天物者，为雕刻，绘画，诗歌；有独造者，为建筑，音乐。此二者虽间亦微涉天物，而繁复腠会，几于脱离。

（三）（甲）致用美术　（乙）非致用美术

美术之中，涉于实用者，厥惟建筑。他如雕刻，绘画，文章，音乐，皆与实用无所系属者也。

三　美术之目的与致用

言美术之目的者，为说至繁，而要以与人享乐为臬极，惟于利用有无，有所牴牾。主美者以为美术目的，即在美术，其于他事，更无关系。诚言目的，此其正解。然主用者则以为美术必有利于世，傥其不尔，即不足存。顾实则美术诚谛，固在发扬真美，以娱人情，比其见利致用，乃不期之成果。沾沾于用，甚嫌执持，惟以颇合于今日国人之公意，故从而略述之如次：

一　美术可以表见文化　凡有美术，皆足以征表一时及一族之思惟，故亦即国魂之现象；若精神递变，美术辄从之以转移。此诸品物，长留人世，故虽武功文教，与时间同其灰灭，而赖有美术为之保存，俾在方来，有所考见。他若盛典侅事，胜地名人，亦往往以美术之力，得以永住。

一　美术可以辅翼道德　美术之目的，虽与道德不尽符，然其力足以渊邃人之性情，崇高人之好尚，亦可辅道德以为治。物质文明，日益曼衍，人情因亦日趣于肤浅；今以此优美而崇大之，则高洁之情独存，邪秽之念不作，不待惩劝而国乂安。

一　美术可以救援经济　方物见斥，外品流行，中国经济，遂以困匮。然品物材质，诸国所同，其差异者，独在造作。美术弘布，作品自胜，陈诸市肆，足越殊方，尔后金资，不虞外溢。故徒言崇尚国货者末，而发挥美术，实其本根。

四　播布美术之方

美术之用，大者既得三事，而本有之目的，又在与人以享乐，则实践此目的之方术，自必在于播布。播布云者，谓不更幽秘，而传诸人间，使与国人耳目接，以发美术之真谛，起国人之美感，更以冀美术家之出世也。兹拟应行之事如次：

一　建设事业

美术馆　当就政府所在地，立中央美术馆，为光复记念，次更及诸地方。建筑之法，宜广征专家意见，会集图案，择其善者，或即以旧有著名之建筑充之。所列物品，为中国旧时国有之美术品。

美术展览会　建筑之法如上。以陈列私人所藏，或美术家新造之品。

剧场　建筑之法如上。其所演宜用中国新剧，或翻译外国著名新剧，更不参用古法；复以图书陈说大略，使观者咸喻其意。若中国旧剧，宜别有剧场，不与新剧混淆。

奏乐堂　当就公园或公地，设立奏乐之处，定日演奏新乐，不更参以旧乐；惟必先以小书说明，俾听者咸能领会。

文艺会　当招致文人学士，设立集会，审国人所为文艺，择其优者加以奖励，并助之流布。且决定域外著名图籍若干，译为华文，布之国内。

一　保存事业

著名之建筑　伽蓝宫殿，古者多以宗教或帝王之威力，令国人成之；故时世既迁，不能更见，所当保存，无令毁坏。其他若史上著名之地，或名人故居，祠宇，坟墓等，亦当令地方议定，施以爱护，或加修饰，为国人观瞻游步之所。

碑碣　椎拓既多，日就漫漶，当申禁令，俾得长存。

壁画及造像　梵刹及神祠中有之，间或出于名手。近时假破除迷信为名，任意毁坏，当考核作手，指定保存。

林野　当审察各地优美林野，加以保护，禁绝剪伐；或相度地势，辟为公园。其美丽之动植物亦然。

一　研究事业

古乐　当立中国古乐研究会，令勿中绝，并择其善者，布之国中。

国民文术　当立国民文术研究会，以理各地歌谣，俚谚，传说，童话等；详其意谊，辨其特性，又发挥而光大之，并以辅翼教育。

——原刊1913年2月《教育部编纂处月刊》第1卷第1册，选自《鲁迅全集》第8卷，人民文学出版社2005年版

【导读】

鲁迅（1881—1936），原名周树人，字豫才，浙江绍兴人，文学家、思想家和教育家，不仅以其丰富而卓越的文学创作和思想著述为现代中国文化建设与社会变革作出了巨大贡献，也是现代中国倡导和实践美育的先驱者之一，形成了较为完备的美育思想体系。

启蒙主义是鲁迅思想的核心旨趣，也是我们把握其美育思想的入手处。鲁迅早年之所以弃医从文，就是因为看到近代中国社会的症结在于国民精神"愚弱"，所以认为"第一要著，是在改变他们的精神"（《呐喊·自序》），亦即改造国民性以及彻底批判塑造这种国民性的旧道德和旧文化。他晚年在《我怎样做起小说来》里谈到小说创作的初衷时，也曾坦诚自己是怀抱了"'为人生'，而且要改良这人生"这一"启蒙主义"的宗旨。而在鲁迅看来，改造国民性的基本要义就是"立人"，"人立而后凡事举"，"而中国亦已立"。事实上，这种由立人而立国的文化政治逻辑，正是鲁迅这一代启蒙思想者的思想共识。鲁迅视文艺为达致国民性改造或"立人"目的的主要途径。他在《汉文学史纲要》中讲文章有三美，即"意美以感心""音美以感耳""形美以感目"，又在《摩罗诗力说》中强调"一切美术之本质，皆在使观听之人，为之兴感怡悦"，即认为文艺能够以审美形象作用于感官，使人在官能愉悦、赏心怡神中陶养情感、净化心灵，最终实现对主体人格精神的塑造。显然，这也是鲁迅提倡文艺立人、审美育人的重要学理依据。

《拟播布美术意见书》写于1913年，是鲁迅为教育部制定美育政策所作。文章言简意赅，见解精辟，是20世纪中国美育思想史上的重要文献。在文中，鲁迅首先试图界定"美术"的含义，认为"美术"一词译自英文fine art，也就是我们现在所谓"艺术"。在鲁迅看来，天物、思理、美化是"美术"三要素。"天物"是指自然对象或客观现实，也就是文艺创作的素材；"思理"即艺术家的思想感情和审美理想；"美化"则指按照审美规律进行艺术加工和创作。据此，鲁迅给出了一个关于"美术"的定义："用思理以美化天物之谓"，即艺术家在自己的思想情

感和审美理想主导下，按照美的规律来加工素材、创造作品。在这里，对“美化”作用的突出，反映了鲁迅对文艺审美特性的高度肯定，这显然是基于他对“审美无利害性”这一现代美学核心原则的体认，亦即他在《摩罗诗力说》中所强调的文艺“与实用无所系属”，“与个人暨邦国之存，无所系属，实利离尽，究理弗存”。这种超功利主义的美学观，与20世纪初自王国维以来的中国美学现代性思潮是一脉相承的。而正是由于对审美无利害性的确证，鲁迅认识到，文艺虽无实利之用，却对人生有大用。这种文艺的人生之用，就是指文艺能够“与人享乐”，“涵养人之神思”，“发扬真美，以娱人情”，这些审美体验恰恰来自于文艺本身无利害的审美特质，并最终导向了涵养精神、塑造人格的教育效果。这也就是鲁迅所说文艺的“不用之用”，其中体现了他对于美育原理的精确认知。

以改造国民性和立人为宗旨，决定了鲁迅不可能仅仅将文艺视为怡情遣兴之物，而是同样重视文艺的社会功用。他分析了当时存在的有关文艺（“美术”）目的的两派观点，即以文艺本身为目的的“主美者”和主张文艺“必有利于世”的“主用者”，并在此基础上提出了他自己的认识，认为文艺的固有旨趣是“发扬真美，以娱人情，比其见利致用，乃不期之成果”。显然，鲁迅赞同文艺“见利致用”的社会功利性，但强调必须以尊重文艺的审美价值和审美规律为前提。社会价值的实现不是文艺创作的直接目的，而是“不期之成果”即间接目的。只有充分肯定和发挥文艺的审美性，才有可能最大程度地实现文艺的社会性，这也是“不用之用”的另一层意思。应该说，鲁迅对文艺审美性与社会性的辩证认识是深刻而精辟的，达到了时代的思想高度。

鲁迅在文中呼吁政府开展国民审美教育，切实推进美育事业，并提出了应采取的一些必要措施，包括大量兴建艺术场馆、保护和传承本民族的艺术文化遗产、开展学术研究等。尽管由于当时中国政治黑暗、社会动荡，鲁迅提出的这些美育措施难以完全落实，但他有关美育的思想主张体现了强烈的现实意义和非凡的理论价值，使我们能从中获取持久不断的启思和教益。（潘黎勇 撰写）

在延安文艺座谈会上的讲话(节选)

毛泽东

一

第一个问题:我们的文艺是为什么人的?

这个问题,本来是马克思主义者特别是列宁所早已解决了的。列宁还在一九〇五年就已着重指出过,我们的文艺应当“为千千万万劳动人民服务”。在我们各个抗日根据地从事文学艺术工作的同志中,这个问题似乎是已经解决了,不需要再讲的了。其实不然。很多同志对这个问题并没有得到明确的解决。因此,在他们的情绪中,在他们的作品中,在他们的行动中,在他们对于文艺方针问题的意见中,就不免或多或少地发生和群众的需要不相符合,和实际斗争的需要不相符合的情形。当然,现在和共产党、八路军、新四军在一起从事于伟大解放斗争的大批的文化人、文学家、艺术家以及一般文艺工作者,虽然其中也可能有些人是暂时的投机分子,但是绝大多数却都是在为着共同事业努力工作着。依靠这些同志,我们的整个文学工作,戏剧工作,音乐工作,美术工作,都有了很大的成绩。这些文艺工作者,有许多是抗战以后开始工作的;有许多在抗战以前就做了多时的革命工作,经历过许多辛苦,并用他们的工作和作品影响了广大群众的。但是为什么还说即使这些同志中也有对于文艺是为什么人的问题没有明确解决的呢?难道他们还有主张革命文艺不是为着人民大众而是为着剥削者压迫者的吗?

诚然,为着剥削者压迫者的文艺是有的。文艺是为地主阶级的,这是封建主义的文艺。中国封建时代统治阶级的文学艺术,就是这种东西。直到今天,这种文艺在中国还有颇大的势力。文艺是为资产阶级的,这是资产阶级的文艺。像鲁迅所批评的梁实秋一类人,他们虽然在口头上提出什么文艺是超阶级的,但是他们在实际上是主张资产阶级的文艺,反对无产阶级的文艺的。文艺是为帝国主义者的,周作人、张资平这批人就是这样,这叫做汉奸文艺。在我们,文艺不是为上述种种人,而是为人民的。我们曾说,现阶段的中国新文化,是无产阶级领导的人民大众的反帝反封建的文化。真正人民大众的东西,现在一定是无产阶级领导的。资产阶级领导的东西,不可能属于人民大众。新文化中的新文学新艺术,自然也是这样。对于中国和外国过去时代所遗留下来的丰富的文学艺术遗产和优良的文学艺术传统,我们是要继承的,但是目的仍然是为了人民大众。

对于过去时代的文艺形式，我们也并不拒绝利用，但这些旧形式到了我们手里，给了改造，加进了新内容，也就变成革命的为人民服务的东西了。

那末，什么是人民大众呢？最广大的人民，占全人口百分之九十以上的人民，是工人、农民、兵士和城市小资产阶级。所以我们的文艺，第一是为工人的，这是领导革命的阶级。第二是为农民的，他们是革命中最广大最坚决的同盟军。第三是为武装起来了的工人农民即八路军、新四军和其他人民武装队伍的，这是革命战争的主力。第四是为城市小资产阶级劳动群众和知识分子的，他们也是革命的同盟者，他们是能够长期地和我们合作的。这四种人，就是中华民族的最大部分，就是最广大的人民大众。

我们的文艺，应该为着上面说的四种人。我们要为这四种人服务，就必须站在无产阶级的立场上，而不能站在小资产阶级的立场上。在今天，坚持个人主义的小资产阶级立场的作家是不可能真正地为革命的工农兵群众服务的，他们的兴趣，主要是放在少数小资产阶级知识分子上面。而我们现在有一部分同志对于文艺为什么人的问题不能正确解决的关键，正在这里。我这样说，不是说在理论上。在理论上，或者说在口头上，我们队伍中没有一个人把工农兵群众看得比小资产阶级知识分子还不重要的。我是说在实际上，在行动上。在实际上，在行动上，他们是否对小资产阶级知识分子比对工农兵还更看得重要些呢？我以为是这样。有许多同志比较地注重研究小资产阶级知识分子，分析他们的心理，着重地去表现他们，原谅并辩护他们的缺点，而不是引导他们和自己一道去接近工农兵群众，去参加工农兵群众的实际斗争，去表现工农兵群众，去教育工农兵群众。有许多同志，因为他们自己是从小资产阶级出身，自己是知识分子，于是就只在知识分子的队伍中找朋友，把自己的注意力放在研究和描写知识分子上面。这种研究和描写如果是站在无产阶级立场上的，那是应该的。但他们并不是，或者不完全是。他们是站在小资产阶级立场，他们是把自己的作品当作小资产阶级的自我表现来创作的，我们在相当多的文学艺术作品中看见这种东西。他们在许多时候，对于小资产阶级出身的知识分子寄予满腔的同情，连他们的缺点也给以同情甚至鼓吹。对于工农兵群众，则缺乏接近，缺乏了解，缺乏研究，缺乏知心朋友，不善于描写他们；倘若描写，也是衣服是劳动人民，面孔却是小资产阶级知识分子。他们在某些方面也爱工农兵，也爱工农兵出身的干部，但有些时候不爱，有些地方不爱，不爱他们的感情，不爱他们的姿态，不爱他们的萌芽状态的文艺（墙报、壁画、民歌、民间故事等）。他们有时也爱这些东西，那是为着猎奇，为着装饰自己的作品，甚至是为着追求其中落后的东西而爱的。有时就公开地鄙弃它们，而偏爱小资产阶级知识分子的乃至资产阶级的东西。这些同志的立足点还是在小资产阶级知识分子方面，或者换句文雅的话说，他们的灵魂深处还是一个小资产阶级知识分子的王国。这样，为什么人的问题他们就还是没有解决，或者没有明确地解决。这不光是讲初来延安不久的人，就是到过前方，在根据地、八路军、新四军做过几年工作的人，也有许多是没有彻底解决的。要彻底地解决这个问题，非有十年八年的长时间不可。但是时间无论怎样长，我们却必须解决它，必须明确地彻底地解决它。我们的文艺工作者一定要完成这个任务，一定要把立足点移过来，一定要在深入工农兵群众、深入实际斗争的过程中，在学习马克思主义和学习社会的过程中，逐渐地移过来，移到工农兵这方面来，移到无产阶级这方面来。只有这样，我们才能有真正为工农兵的文艺，真正无产阶级的文艺。

为什么人的问题，是一个根本的问题，原则的问题。过去有些同志间的争论、分歧、对立和不团结，并不是在这个根本的原则的问题上，而是在一些比较次要的甚至是无原则的问题上。而对于这个原则问题，争论的双方倒是没有什么分歧，倒是几乎一致的，都有某种程度的轻视工农兵、脱离群众的倾向。我说某种程度，因为一般地说，这些同志的轻视工农兵、脱离群众，和国民党的轻视工农兵、脱离群众，是不同的；但是无论如何，这个倾向是有的。这个根本问题不解决，其他许多问题也就不易解决。比如说文艺界的宗派主义吧，这也是原则问题，但是要去掉宗派主义，也只有把为工农，为八路军、新四军，到群众中去的口号提出来，并加以切实的实行，才能达到目的，否则宗派主义问题是断然不能解决的。鲁迅曾说："联合战线是以有共同目的为必要条件的。……我们战线不能统一，就证明我们的目的不能一致，或者只为了小团体，或者还其实只为了个人。如果目的都在工农大众，那当然战线也就统一了。"这个问题那时上海有，现在重庆也有。在那些地方，这个问题很难彻底解决，因为那些地方的统治者压迫革命文艺家，不让他们有到工农兵群众中去的自由。在我们这里，情形就完全两样。我们鼓励革命文艺家积极地亲近工农兵，给他们以到群众中去的完全自由，给他们以创作真正革命文艺的完全自由。所以这个问题在我们这里，是接近于解决的了。接近于解决不等于完全的彻底的解决；我们说要学习马克思主义和学习社会，就是为着完全地彻底地解决这个问题。我们说的马克思主义，是要在群众生活群众斗争里实际发生作用的活的马克思主义，不是口头上的马克思主义。把口头上的马克思主义变成为实际生活里的马克思主义，就不会有宗派主义了。不但宗派主义的问题可以解决，其他的许多问题也都可以解决了。

二

为什么人服务的问题解决了，接着的问题就是如何去服务。用同志们的话来说，就是：努力于提高呢，还是努力于普及呢？

有些同志，在过去，是相当地或是严重地轻视了和忽视了普及，他们不适当地太强调了提高。提高是应该强调的，但是片面地孤立地强调提高，强调到不适当的程度，那就错了。我在前面说的没有明确地解决为什么人的问题的事实，在这一点上也表现出来了。并且，因为没有弄清楚为什么人，他们所说的普及和提高就都没有正确的标准，当然更找不到两者的正确关系。我们的文艺，既然基本上是为工农兵，那末所谓普及，也就是向工农兵普及，所谓提高，也就是从工农兵提高。用什么东西向他们普及呢？用封建地主阶级所需要、所便于接受的东西吗？用资产阶级所需要、所便于接受的东西吗？用小资产阶级知识分子所需要、所便于接受的东西吗？都不行，只有用工农兵自己所需要、所便于接受的东西。因此在教育工农兵的任务之前，就先有一个学习工农兵的任务。提高的问题更是如此。提高要有一个基础。比如一桶水，不是从地上去提高，难道是从空中去提高吗？那末所谓文艺的提高，是从什么基础上去提高呢？从封建阶级的基础吗？从资产阶级的基础吗？从小资产阶级知识分子的基础吗？都不是，只能是从工农兵群众的基础上去提高。也不是把工农兵提到封建阶级、资产阶级、小资产阶级知识分子的“高度”去，而是沿着工农兵自己前进的方向去提高，沿着无产阶级前进的方向去提高。而这里也就提出了学习工农兵的任务。只有从工农兵出发，我们对于普及和提高才能有正确的了解，也才能找到普及和提高的正确关系。

一切种类的文学艺术的源泉究竟是从何而来的呢？作为观念形态的文艺作品，都是一定的社会生活在人类头脑中的反映的产物。革命的文艺，则是人民生活在革命作家头脑中的反映的产物。人民生活中本来存在着文学艺术原料的矿藏，这是自然形态的东西，是粗糙的东西，但也是最生动、最丰富、最基本的东西；在这点上说，它们使一切文学艺术相形见绌，它们是一切文学艺术的取之不尽、用之不竭的唯一的源泉。这是唯一的源泉，因为只能有这样的源泉，此外不能有第二个源泉。有人说，书本上的文艺作品，古代的和外国的文艺作品，不也是源泉吗？实际上，过去的文艺作品不是源而是流，是古人和外国人根据他们彼时彼地所得到的人民生活中的文学艺术原料创造出来的东西。我们必须继承一切优秀的文学艺术遗产，批判地吸收其中一切有益的东西，作为我们从此时此地的人民生活中的文学艺术原料创造作品时候的借鉴。有这个借鉴和没有这个借鉴是不同的,这里有文野之分,粗细之分,高低之分,快慢之分。所以我们决不可拒绝继承和借鉴古人和外国人,那怕是封建阶级和资产阶级的东西。但是继承和借鉴决不可以变成替代自己的创造,这是决不能替代的。文学艺术中对于古人和外国人的毫无批判的硬搬和模仿,乃是最没有出息的最害人的文学教条主义和艺术教条主义。中国的革命的文学家艺术家,有出息的文学家艺术家,必须到群众中去,必须长期地无条件地全心全意地到工农兵群众中去,到火热的斗争中去,到唯一的最广大最丰富的源泉中去,观察、体验、研究、分析一切人,一切阶级,一切群众,一切生动的生活形式和斗争形式,一切文学和艺术的原始材料,然后才有可能进入创作过程。否则你的劳动就没有对象,你就只能做鲁迅在他的遗嘱里所谆谆嘱咐他的儿子万不可做的那种空头文学家,或空头艺术家。

人类的社会生活虽是文学艺术的唯一源泉,虽是较之后者有不可比拟的生动丰富的内容,但是人民还是不满足于前者而要求后者。这是为什么呢?因为虽然两者都是美,但是文艺作品中反映出来的生活却可以而且应该比普通的实际生活更高,更强烈,更有集中性,更典型,更理想,因此就更带普遍性。革命的文艺,应当根据实际生活创造出各种各样的人物来,帮助群众推动历史的前进。例如一方面是人们受饿、受冻、受压迫,一方面是人剥削人、人压迫人,这个事实到处存在着,人们也看得很平淡;文艺就把这种日常的现象集中起来,把其中的矛盾和斗争典型化,造成文学作品或艺术作品,就能使人民群众惊醒起来,感奋起来,推动人民群众走向团结和斗争,实行改造自己的环境。如果没有这样的文艺,那末这个任务就不能完成,或者不能有力地迅速地完成。

什么是文艺工作中的普及和提高呢?这两种任务的关系是怎样的呢?普及的东西比较简单浅显,因此也比较容易为目前广大人民群众所迅速接受。高级的作品比较细致,因此也比较难于生产,并且往往比较难于在目前广大人民群众中迅速流传。现在工农兵面前的问题,是他们正在和敌人作残酷的流血斗争,而他们由于长时期的封建阶级和资产阶级的统治,不识字,无文化,所以他们迫切要求一个普遍的启蒙运动,迫切要求得到他们所急需的和容易接受的文化知识和文艺作品,去提高他们的斗争热情和胜利信心,加强他们的团结,便于他们同心同德地去和敌人作斗争。对于他们,第一步需要还不是“锦上添花”,而是“雪中送炭”。所以在目前条件下,普及工作的任务更为迫切。轻视和忽视普及工作的态度是错误的。

但是,普及工作和提高工作是不能截然分开的。不但一部分优秀的作品现在也有普及的可能，而且广大群众的文化水平也是在不断地提高着。普及工作若是永远停止在一个水平上，一月两月三月，一年两年三年，总是一样的货色，一样的“小放牛”，一样的“人、手、口、刀、牛、羊”，那末，教育者和被教育者岂不都是半斤八两？这种普及工作还有什么意义呢？人民要求普及，跟着也就要求提高，要求逐年逐月地提高。在这里，普及是人民的普及，提高也是人民的提高。而这种提高，不是从空中提高，不是关门提高，而是在普及基础上的提高。这种提高，为普及所决定，同时又给普及以指导。就中国范围来说，革命和革命文化的发展不是平衡的，而是逐渐推广的。一处普及了，并且在普及的基础上提高了，别处还没有开始普及。因此一处由普及而提高的好经验可以应用于别处，使别处的普及工作和提高工作得到指导，少走许多弯路。就国际范围来说，外国的好经验，尤其是苏联的经验，也有指导我们的作用。所以，我们的提高，是在普及基础上的提高；我们的普及，是在提高指导下的普及。正因为这样，我们所说的普及工作不但不是妨碍提高，而且是给目前的范围有限的提高工作以基础，也是给将来的范围大为广阔的提高工作准备必要的条件。

除了直接为群众所需要的提高以外，还有一种间接为群众所需要的提高，这就是干部所需要的提高。干部是群众中的先进分子，他们所受的教育一般都比群众所受的多些；比较高级的文学艺术，对于他们是完全必要的，忽视这一点是错误的。为干部，也完全是为群众，因为只有经过干部才能去教育群众、指导群众。如果违背了这个目的，如果我们给予干部的并不能帮助干部去教育群众、指导群众，那末，我们的提高工作就是无的放矢，就是离开了为人民大众的根本原则。

总起来说，人民生活中的文学艺术的原料，经过革命作家的创造性的劳动而形成观念形态上的为人民大众的文学艺术。在这中间，既有从初级的文艺基础上发展起来的、为被提高了的群众所需要、或首先为群众中的干部所需要的高级的文艺，又有反转来在这种高级的文艺指导之下的、往往为今日最广大群众所最先需要的初级的文艺。无论高级的或初级的，我们的文学艺术都是为人民大众的，首先是为工农兵的，为工农兵而创作，为工农兵所利用的。

我们既然解决了提高和普及的关系问题，则专门家和普及工作者的关系问题也就可以随着解决了。我们的专门家不但是为了干部，主要地还是为了群众。我们的文学专门家应该注意群众的墙报，注意军队和农村中的通讯文学。我们的戏剧专门家应该注意军队和农村中的小剧团。我们的音乐专门家应该注意群众的歌唱。我们的美术专门家应该注意群众的美术。一切这些同志都应该和在群众中做文艺普及工作的同志们发生密切的联系，一方面帮助他们，指导他们，一方面又向他们学习，从他们吸收由群众中来的养料，把自己充实起来，丰富起来，使自己的专门不致成为脱离群众、脱离实际、毫无内容、毫无生气的空中楼阁。我们应该尊重专门家，专门家对于我们的事业是很可宝贵的。但是我们应该告诉他们说，一切革命的文学家艺术家只有联系群众，表现群众，把自己当作群众的忠实的代言人，他们的工作才有意义。只有代表群众才能教育群众，只有做群众的学生才能做群众的先生。如果把自己看作群众的主人，看作高踞于"下等人"头上的贵族，那末，不管他们有多大的才能，也是群众所不需要的，他们的工作是没有前途的。

我们的这种态度是不是功利主义的？唯物主义者并不一般地反对功利主义，但是反对封建阶级的、资产阶级的、小资产阶级的功利主义，反对那种口头上反对功利主义、实际上抱着最自私最短视的功利主义的伪善者。世界上没有什么超功利主义，在阶级社会里，不是这一阶级的功利主义，就是那一阶级的功利主义。我们是无产阶级的革命的功利主义者，我们是以占全人口百分之九十以上的最广大群众的目前利益和将来利益的统一为出发点的，所以我们是以最广和最远为目标的革命的功利主义者，而不是只看到局部和目前的狭隘的功利主义者。例如，某种作品，只为少数人所偏爱，而为多数人所不需要，甚至对多数人有害，硬要拿来上市，拿来向群众宣传，以求其个人的或狭隘集团的功利，还要责备群众的功利主义，这就不但侮辱群众，也太无自知之明了。任何一种东西，必须能使人民群众得到真实的利益，才是好的东西。就算你的是"阳春白雪"吧，这暂时既然是少数人享用的东西，群众还是在那里唱"下里巴人"，那末，你不去提高它，只顾骂人，那就怎样骂也是空的。现在是"阳春白雪"和"下里巴人"统一的问题，是提高和普及统一的问题。不统一，任何专门家的最高级的艺术也不免成为最狭隘的功利主义；要说这也是清高，那只是自封为清高，群众是不会批准的。

在为工农兵和怎样为工农兵的基本方针问题解决之后，其他的问题，例如，写光明和写黑暗的问题，团结问题等，便都一齐解决了。如果大家同意这个基本方针，则我们的文学艺术工作者，我们的文学艺术学校，文学艺术刊物，文学艺术团体和一切文学艺术活动，就应该依照这个方针去做。离开这个方针就是错误的；和这个方针有些不相符合的，就须加以适当的修正。

——选自《毛泽东选集》第 3 卷，人民出版社 1953 年版

【导读】

毛泽东(1893—1976),字润之,湖南韶山人,伟大的无产阶级革命家、政治家、军事家、思想家和战略家,一生著述颇丰。他非常重视美育工作,虽然没有关于美学和美育的专门性论著或系统阐述,但在诸多文章、书信、批注及谈话中屡屡涉及美育问题。

早在1917年《新青年》第3卷第2号上发表的《体育之研究》一文中,毛泽东便通过体育、德育、智育与美育之间的关联,表明了其深刻的美育思想:他一方面提出“无以发其智,因无以动其情”等观点,强调纯真高尚的情感对于人的重要性,而这种审美之情、美学之智便是美育的内涵;另一方面又将美育与德育、智育、体育视为有机的整体,将体育视为对审美的追求,并提出了“教者发令,学者强应,身顺而心违,精神受无量之痛苦,精神苦而身亦苦矣,盖一体操之终,未有不貌瘁神伤者也”这一身顺心违现象的害处。而在《〈伦理学原理〉批注》《讲堂录》《湘江评论》《致彭璜》《致友人信》《致萧子升信》等中,毛泽东还阐发了一系列关于审美情感、修身勤奋、探索真理、实事求是、善与人同的观点,其中潜藏了丰富的美育内涵。尤其是,毛泽东的美育思想作为马克思主义与中国革命实践相结合的历史产物,有着鲜明的时代特色,这主要体现在他对美育理想和审美情感的实践性与革命性的认识中。可以说,毛泽东有关美育的理想及其落脚点,重点在于通过审美与道德修养、审美意义与社会意义的统一,实现世界观的改造。也因此,其有关美育的实施原则,也着重强调教育与生产劳动及中国革命实践相结合、革命浪漫主义与革命现实主义相统一,主张大众化、民族性、革命性及普及性,强调人民大众的文艺、美学和美育观。

《在延安文艺座谈会上的讲话》是毛泽东在延安整风期间,针对文艺界长期存在的争论、分歧和对立等作出的重要指示,它对制定党的文艺政策、文艺工作的发展产生了极为深远的影响,同时也蕴藏了丰富而深刻的美育思想。文中对于“文艺是为什么人”以及“如何服务”两个问题的认识,主要涉及文艺工作者的立场、态度、工作对象,较为集中地反映了毛泽东的美育观。首先,在回答“文艺是为什么人”的问题时,明确以“工农兵群众”为美育对象。毛泽东通过批评“剥削者压迫者的文艺”及“汉奸文艺”,鲜明倡导“真正无产阶级的文艺”,旗帜鲜明地提出要建构一种“人民大众”的美学。这种为了人民大众的文艺,要充分继承中外丰富的遗产和优良传统,但其目的仍是“为了人民大众”,因而需要对这种“旧形式”予以改造并加入“新内容”,使之成为“革命的为人民服务的东西”。这一主张明确否定了过去那种个人化的、资产阶级化的美学倾向和文学书写,明确界定了美育的具体对象。其次,提出“普及和提高”而“重在普及”的美育路线和实施原则，主张通过先“学习工农兵”再“教育工农兵”的培育方式，以最大限度地实现对大众审美趣味的提高。一方面，毛泽东特别强调，这种普及是“人民的普及”，提高也是“人民的提高”；另一方面则强调普及要和提高“相互统一”，认为“不统一，任何专门家的最高级的艺术也不免成为最狭隘的功利主义；要说这也是清高，那只是自封为清高，群众是不会批准的”，由此鲜明地凸显了文艺“为人民大众”这一根本原则。再次，提出“革命的文艺”与“实际生活”相结合，强调文艺要积极吸收群众生产和生活中的养料，而不应成为脱离群众、脱离实际、毫无内容、毫无生气的空中楼阁。质言之，文艺不应是“少数人享用的东西”，而要注重审美教育与群众生产生活的有机结合，通过大众喜闻乐见、易于接受的形式去满足人民群众的生活需要和心理需求，进而达到美育的目的。

毛泽东的美育思想不仅在革命性与民族性、大众化与普及化方面彰显了鲜明的时代的和革命的特色，而且在审美与思想教育的关联中，为确定以“为人民大众”为旨趣的艺术倾向和审美趣味奠定了方向。尤其是，他对于审美教养、知识经历、劳动生活以及德智体美全面发展等的重视，对促进人的综合素质整体提高具有十分重要的价值。可以认为，作为马克思主义与中国传统及革命现实辩证结合的理论产物，毛泽东“人民大众”的美育观既在特定历史时期有着重要的文化启蒙与革命实践意义，也为现时代的美育实践和普及提供了有益的启示，至今仍有极大的理论和现实意义。（李圣传 撰写）

艺术生活(艺术生活与同情)
宗白华

你想要了解“光”么?
你可曾同那疏林透射的斜阳共舞?
你可曾同那黄昏初现的冷月齐颤?
你可曾同那蓝天闪闪的星光合奏?

你想了解“春”么?
你的心琴可有那蝴蝶翅的翩翩情致?
你的歌曲可有那黄莺儿的千啭不穷?
你的呼吸可有那玫瑰粉的一缕温馨?

诸君!艺术的生活就是同情的生活呀!无限的同情对于自然。无限的同情对于人生。无限的同情对于星天云月,鸟语泉鸣。无限的同情对于死生离合,喜笑悲啼。这就是艺术感觉的发生,这也是艺术创造的目的!

诸君!我们这个世界本是一个物质的世界,本是一个冷酷的世界。你看,大宇长宙的中间何等黑暗呀!何等森寒呀!但是他能进化,能活动,能创造,这是什么缘故呢?因为他有“光”,因为他有“热”!

诸君!我们这个人生本是一个机械的人生,本是一个自利的人生。你看社会民族中间何等黑暗呀!何等森寒呀!但是他也能进化,能活动,能创造,这是什么缘故呢?因为他有“情”,因为他有“同情”!

同情是社会结合的原始,同情是社会进化的轨道,同情是小己解放的第一步,同情是社会协作的原动力。我们为人生向上发展计,为社会幸福进化计,不可不谋人类“同情”心的涵养与发展。哲学家和科学家兢兢然求人类思想见解的一致,宗教家与伦理学家兢兢然求人类意志行为的一致,而真能结合人类情绪感觉的一致者厥唯艺术而已。一曲悲歌,千人泣下,一幅画境,行者驻足,世界上能融化人感觉情绪于一炉者,能有过于美术的么?美感的动机起于同感。我们读一首诗,而不能设身处地,直感那诗中的境界,则不能了解那首诗的美。我们看一幅画,而不能神游其中,如历其境,则不能了解这幅画的美。我们在朝阳中看见了一枝带露的花，感觉着他生命的新鲜，生意的无尽，自由发展，无所挂碍，便觉得有无穷不可言说的美。

譬如两张琴。弹了一琴的一弦，别张琴上，同音的弦，方能共鸣。自然中间美的谐和，艺术中间美的音乐，也惟有同此弦音，方能合奏。所以有无穷的美，深藏若虚，唯有心人，乃能得之。

但是，我们心琴上的弦音，本来色采无穷，一个艺术家果能深透心理，扣着心弦，聊歌一曲，即得共鸣。所以艺术底作用，即是能使社会上大多数的心琴，同入于一幅音乐而已。

这话怎讲？我们知道，一个学术思想，还很不难得全社会的赞同。因为思想，可以根据事实，解决是非。我们又知道，一件事业举动，也还不难得全社会同情。因为事业，可以根据利害，决定从违。这两种都有客观的标准，不难强全社会于一致。但是说到情绪感觉上的事，却是极为主观，很难一致的了。我以为美的，你或者以为丑。你以为甘的，我或者以为苦。并且各有其实际，决不能强以为同。所以情绪感觉不是争辩的问题，乃是直觉自决的问题。但是一个社会中感情完全不一致，却又是社会的缺憾与危机。因为“同情”本是维系社会最要的工具。同情消灭，则社会解体。

艺术底目的是融社会的感觉情绪于一致。譬如一段人生，一幅自然，各人遇之，因地位关系之差别，感觉情绪，毫不相同。但是，这一段人生，若是描写于小说之中，弹奏于音乐之里。这一幅自然，若是绘画于图册之上，歌咏于情词之中，则必引起全社会的注意与同感而最能使全社会情感荡漾于一波之上者尤莫如音乐。所以，中国古代圣哲极注重“乐教”。他们知道，惟有音乐能调和社会的情感，坚固社会的组织。

不单是艺术底目的是谋社会同情心的发展与巩固。本来艺术底起源就是由人类社会“同情心”的向外扩张到大宇宙自然里去。法国哲学家 Guyau 在他的名著《艺术为社会的现象》中论之甚详。我们人群社会中所以能结合与维持者，是因为有一种社会的同情。

我们根据这种同情，觉着全社会人类都是同等，都有一样的情感嗜好，爱恶悲乐。同我之所以为“我”，没有什么大分别。于是人我之界不严，有时以他人之喜为喜，以他人之悲为悲。看见他人的痛苦，如同身受。这时候小我的范围解放，入于社会大我之圈，和全人类的情绪感觉一致颤动，古来的宗教家如释迦耶苏,一生都在这个境界中。

但是我们这种对于人类社会的同情,还可以扩充张大到普遍的自然中去。因为自然中也有生命,有精神,有情绪,感觉意志,和我们的心理一样。你看一个歌咏自然的诗人,走到自然中间,看见了一枝花,觉得花能解语。遇着了一只鸟,觉得鸟亦知情。听见了泉声,以为是情调。会着了一丛小草,一片蝴蝶,觉得也能互相了解,悄悄地诉说他们的情,他们的梦,他们的想望。无论山水云树,月色星光,都是我们有知觉有感情的姊妹同胞。这时候我们拿社会同情的眼光,运用到全宇宙里。觉得全宇宙就是一个大同情的社会组织,什么星呀,月呀,云呀,水呀,禽兽呀,草木呀,都是一个同情社会中间的眷属。这时候不发生极高的美感么?这个大同情的自然,不就是一个纯洁的高尚的美术世界么?诗人艺术家在这个境界中无有不发生艺术底冲动,或舞歌或绘画,或雕刻创造,皆由于对于自然,对于人生,起了极深厚的同情。深心中的冲动,想将这个宝爱的自然,宝爱的人生,由自己的能力再实现一遍。

艺术世界底中心是同情,同情之发生由于空想,同情的结局入于创造。于是所谓艺术生活者,就是现实生活以外一个空想的同情的创造的生活而已。

——选自《少年中国》第2卷第7期,1921年1月5日

【导读】

宗白华(1897—1986),本名之櫆,字伯华,出生于安徽安庆,现代中国著名美学家。20世纪20—40年代,曾任教于南京中央大学,与当时北京大学的邓以蛰先生并称“南宗北邓”。20世纪50年代后,任北京大学哲学系美学教授。

宗白华毕生治学研艺,精通中西美学及艺术理论,在古典与现代、中国与西方、美学理论与艺术实践融通的基础上作出了重要的理论探索,是深得中国古典美学精魂的现代美学家。著作有《宗白华全集》及美学论文集《美学散步》《艺境》《美从何处寻》等。

在艺术本质问题上,宗白华主张艺术的本质在于创造。他将艺术创造过程与自然的创造过程相比较,认为二者都是赋对象以完整形式、灌注对象以纯一生命的活动,体现了形体化和理想化的特质,所不同者在于艺术品是静止的,而生命是活动前进的。在《看了罗丹雕刻以后》一文中,宗白华便指出:“‘自然’本是个大艺术家,艺术也是个‘小自然’,艺术创造的过程,是物质的精神化;自然的创造过程,是精神的物质化。”只是这个“创造”并非局限于形式的更新,而是根源于生命精神的表现。在宗白华看来,生命的精神就是“动”,亦即难以捕捉住

的生机。春花秋月、寂寥苍凉、离别愁苦，都是时间中运动生成的生命跃动、独一无二的生机音符。而艺术的创造就是借图画、雕刻的作用，使瞬息变化、起灭无常的生机得以普遍化和永久化。因此，艺术其实提供了一个超越时间和现实的理想空间，使生命之花得以尽情绽放，生命之力得以自由伸张，生命之精得以无限跃动。

关于艺术的社会价值，宗白华强调艺术不仅可以"融社会的感觉情绪于一致"，"谋社会同情心的发展和巩固"，而且可以将人类社会的同情心"扩充张大到普遍的自然中去"，实现生命的礼赞和艺术的人生。在他看来，艺术之所以能"融社会的感觉情绪于一致"，是基于"同情"的心理作用。这个"同情"之"情"不仅包括了一般的"情绪""情感"，还包括"情况""情境""情操"等具体的感性状态。"同情"不是指基于善恶、是非、好恶的道德同情，而是摒弃现实功利和"小我"限制，以一颗明净之心化身于自然万物并借助想象去体会自然生机的涌动与盎然。艺术正是通过这种审美的同情，表现生命律动、融合社会情感。在艺术中，一段人生、一幅自然都因艺术的照射而引起全社会的注意和同感，并为其所蕴含的生命力量和社会情感而震撼。这生命、生机的无限之美，引得千人同悲、万人同喜。"艺术家果能深透心理，扣着心弦，聊歌一曲，即得共鸣。"借助审美同情的超功利心态，艺术破除了个人私利私欲和人我之间的限制，可以使人在潜移默化中受到同一情感的熏染，进而形成统一的"社会同情心"并坚固社会组织。

对于社会来说，艺术积极地发挥了其调和情感、巩固社会组织的功能。对个人而言，艺术可以实现对生命自由和生命关怀的形而上追求。在艺术的世界中，个人突破了现实时空的限制而成为独立自主的主体，完满地实现着奋斗和创造的自由本质，展示着从自然生命向道德人格的飞跃。这也就是宗白华在《中国青年的奋斗生活与创造生活》一文中所揭示的："我们做人的责任，就是发展健全我们的人格，再创造向上的新人格，永进不息，向着'超人'的境界做去。"人格的陶养既不依附于神或上帝，也不依附于在社会中的奋斗，而是先要"向大宇宙自然界中创造我们高尚健全的人格"，亦即人格的培育要在"深刻同情"宇宙自然的过程中领悟永不停息、强劲有力的生命力和旺盛生机。为此，人们将"同情"的范围推及整个自然界，宇宙整体变成了"处处有情、生机无限"的"大同世界"，而现实人生也经由"艺术"的点化，整合生活的碎片而变成诗意的"理想国"。由此则人在现实世界获得了生命的永恒和心灵的归宿，实现了"个人"向"人"的终极回归。这也就是宗白华所指出的，在这个大同情的社会中，"诗人艺术家，在这个境界中，无有不发生艺术底冲动，或舞歌或绘画，或雕刻创造，皆由于对于自然，对于人生，起了极深厚的同情。深心中的冲动，想将这个宝爱的自然，宝爱的人生，由自己的能力再实现一遍”。

宗白华视艺术为传达、领悟“生机”的理想载体，以使艺术能够承担起培育“奋斗和创造”的人格和统一社会情感的重任，赋予艺术实现幸福人生和诗意生活的能力。在他那里，艺术之美就是“动”之生机的表现，是“从艺术家自心的精神以表现自然的精神”。正是创造之“力”，沟通了自然和艺术，也沟通了艺术和社会，使人、自然和社会共同处在一个“大同情”的宇宙中而自由舞蹈。这种强调从“大宇宙的自然境界”养成“强健坚固的人格”的美育路径，凸显了艺术化的人生境界，张扬了奋斗与创造的理想人格培育，对于当代青年人格的塑造有着重要的现实启示。（孟姝芳 撰写）

艺术的效果

丰子恺

艺术的效果，法国美学者特索亚（德索瓦，Dessoir）曾经详述艺术的职能，说有精神的，社会的，习俗的三种。精神的职能，便是说艺术及于人的精神修养的效果。社会的职能，便是说艺术及于人类的社会组织的效果。习俗的职能，便是说艺术及于人的生活习惯的效果。这样说法很是周详。但我现在欲避去烦琐，作简要的说明。因为对于艺术初学者及非专门者，详论反而无用。而且特氏之说，过分偏重艺术的直接的效果，未免太狭隘了。

艺术常被人视为娱乐的消遣的玩物。这样看来，艺术的效果也就只是娱乐与消遣了。有人反对此说，为艺术辩诬，说艺术是可以美化人生，陶冶心灵的。但他们所谓"美化人生"，往往只是指说房屋衣服的装饰；他们所谓"陶冶心灵"，又往往是附庸风雅之类的浅见。结果把艺术看作一种虚空玄妙不着边际的东西。这都是没有确实地认识艺术的效果之故。

艺术及于人生的效果，其实是很简明的：不外乎吾人对艺术品时直接兴起的作用，及研究艺术之后间接受得的影响。前者可称为艺术的直接效果，后者可称为艺术的间接效果。因为前者是"艺术品"的效果，后者是"艺术精神"的效果。

直接效果，就是我们创作或鉴赏艺术品时所得的乐处。这乐处有两方面。第一是自由。第二是天真。试分述之：

研究艺术（创作或欣赏），可得自由的乐趣。因为我们平日的生活，都受环境的拘束。所以我们的心不得自由舒展。我们对付人事，要谨慎小心，辨别是非，打算得失。我们的心境，大部分的时间是戒严的。惟有学习艺术的时候，心境可以解严，把自己的意见，希望与理想自由地发表出来。这时候我们享受一种慰安，可以调剂平时生活的苦闷。例如世间的美景，是人们所爱乐的。但是美景不能常出现。我们的生活的牵制又不许我们去找求美景。我们心中欲看美景，而实际上不得不天天厕身在尘嚣的都市里，与平凡污旧而看厌了的环境相对。于是我们要求绘画了。我们可在绘画中自由描出所希望的美景。雪是不易保留的，但我们可使它终年不消，而且并不冷。虹是转瞬就消失的，但我们可以使它永远常存，在室中，在晚上，也都可以欣赏。鸟见人要飞去的，但我们可以使它永远停在枝头，人来不惊。大瀑布是难得见的，但我们可以把它移到客堂间或寝室里来。上述的景物，无论自己描写，或欣赏别人的描写，同样可以给人心以自由之乐。这是就绘画讲的。更就文学中看：文学是时间艺术，比绘画更为生动。故我们在文学中可以更自由地高歌人生的悲欢，以遣除实际生活的苦闷。例如我们世间常有饥寒的苦患。我们想除掉它，而事实上未能实现。于是在文学中描写丰足之乐，使人看了共爱，共勉，共图这幸福的实现。古来无数描写田家乐的诗便是其例。又如我们的世间常有战争的苦患。我们想劝世间的人不要互相侵犯，大家安居乐业。而事实上不能做到。于是我们就在文学中描写理想的幸福的社会生活，使人看了共爱，共勉，共图这种幸福的实现。陶渊明的《桃花源记》便是一例。我们读到“豁然开朗。土地平广，屋舍俨然。有良田美池，桑竹之属。阡陌交通，鸡犬相闻。黄发垂髫，并怡然自乐”等文句，心中非常欢喜，仿佛自己做了渔人或者桃花源中的一个住民一样。我们还可在这等文句以外，想象出其他的自由幸福的生活来，以发挥我们的理想。有人说这些文学是画饼点饥，聊以自慰而已。其实不然，这是理想的实现的初步。空想与理想不同。空想原是游戏似的，理想则合乎理性。只要方向不错，理想不妨高远。理想越高远，创作欣赏时的自由之乐越多。

其次，研究艺术，可得天真的乐趣。我们平日对于人生自然，因为习惯所迷，往往不能见到其本身的真相。惟有在艺术中，我们可以看见万物的天然的真相。例如我们看见朝阳，便想道，这是教人起身的记号。看见田野，便想道，这是人家的不动产。看见牛羊，便想道，这是人家的畜牧。看见苦人，便想道，他是穷的原故。在习惯中看来，这样的思想原是没有错误的；然而都不是这些事象的本身的真相。因为除去了习惯，这些都是不可思议的现象，岂可如此简单地武断？朝阳，分明是何等光明灿烂，神秘伟大的自然现象！岂是为了教人起身而设的记号？田野，分明是自然风景之一部分，与人家的产业何关？牛羊，分明自有其生命的意义，岂是为给人杀食而生？穷人分明是同样的人，为什么偏要受苦呢？原来造物主创造万物，各正性命，各自有存在的意义，当初并非为人类而造。后来“人类”这种动物聪明进步起来，霸占了这地球，利用地球上的其他物类来供养自己。久而久之，成为习惯，便假定万物是为人类而设：果实是供人采食而生的，牛羊是供人杀食而生的，日月星辰是为人报时而设的，甚而至于在人类自己的内部，也由习惯假造出贫富贵贱的阶级来，视为当然。这样看来，人类这种动物，已被习惯所迷，而变成单相思的状态，犯了自大狂的毛病了。这样说来，我们平日对于人生自然，怎能看见其本身的真相呢？艺术好比是一种治单相思与自大狂的良药。惟有在艺术中,人类解除了一切习惯的迷障,而表现天地万物本身的真相。画中的朝阳,庄严伟大,永存不灭,才是朝阳自己的真相。画中的田野,有山容水态,绿笑红颦,才是大地自己的姿态。美术中的牛羊,能忧能喜,有意有情,才是牛羊自己的生命。诗文中的贫士,贫女,如冰如霜,如玉如花,超然于世故尘网之外。这才是人类本来的真面目。所以说,我们惟有在艺术中,可以看见万物的天然的真相。我们打叠了日常生活的传统习惯的思想,而用全新至净的眼光来创作艺术,欣赏艺术的时候,我们的心境豁然开朗,自由自在,天真烂漫。好比做了六天工作逢到一个星期日,这时候才感到自己的时间的自由。又好比长夜大梦一觉醒来,这时候才回复到自己的真我。所以说,我们创作或鉴赏艺术,可得自由与天真的乐处。这是艺术的直接的效果,即艺术品及于人心的效果。

间接的效果,就是我们研究艺术有素之后,心灵所受得的影响。换言之,就是体得了艺术的精神,而表现此精神于一切思想行为之中。这时候不需要艺术品,因为整个人生已变成艺术品了。这效果的范围很广泛。简要地说,可指出两点:第一是远功利,第二是归平等。

如前所述,我们对着艺术品的时候,心中撤去传统习惯的拘束,而解严开放,自由自在,天真烂漫。这种经验积得多了,我们便会酌取这种心情来对付人世之事,就是在可能的范围内把人世当作艺术品看。我们日常对付人世之事,如前所述,常是谨慎小心,辨别是非,打算得失的。换言之,即常以功利为第一念的。人生处世,功利原是不可不计较,太不计较是不能生存的。但一味计较功利,直到老死,人的生活实在太冷酷而无聊,人的生命实在太廉价而糟蹋了。所以在不妨害实生活的范围内,能酌取艺术的非功利的心情来对付人世之事,可使人的生活温暖而丰富起来,人的生命高贵而光明起来。所以说,远功利,是艺术修养的一大效果。例如对于雪,用功利的眼光看,既冷且湿,又不久留,是毫无用处的。但倘能不计功利,这一片银世界实在是难得的好景,使我们的心眼何等地快慰!又如田畴,功利地看来,原只是作物的出产地,衣食的供给处。但从另一方面看,这实在是一种美丽的风景区。懂得了这看法,我们对于阡陌,田园,以至房室,市街,都能在实用之外讲求其美观,可使世间到处都变成风景区,给我们的心眼以无穷的快慰。而我们的耕种的劳作,也可因这非功利的心情而增加兴趣。陶渊明躬耕诗有句云:“虽未量岁功,即事多所欣”,便是在功利的工作中酌用非功利的态度的一例。

最后要讲的艺术的效果,是归平等。我们平常生活的心,与艺术生活的心,其最大的异点,在于物我的关系上。平常生活中,视外物与我是对峙的。艺术生活中，视外物与我是一体的。对峙则物与我有隔阂，我视物有等级。一体则物与我无隔阂，我视物皆平等。故研究艺术，可以养成平等观。艺术心理中有一种叫做“感情移入”（德名 Einfühlung ，英名 empathy）。在中国画论中，即所谓“迁想妙得”。就是把我的心移入于对象中，视对象为与我同样的人。于是禽兽，草木，山川，自然现象，皆有情感，皆有生命。所以这看法称为“有情化”，又称为“活物主义”。画家用这看法观看世间，则其所描写的山水花卉有生气，有神韵。中国画的最高境“气韵生动”，便是由这看法而达得的。不过画家用形象色彩来把物象有情化，是暗示的；即但化其神，不化其形。故一般人不易看出。诗人用言语来把物象有情化，明显地直说，就容易看出。例如禽兽，用日常的眼光看，只是愚蠢的动物。但用诗的眼光看，都是有理性的人。如古人诗曰：“年丰牛亦乐，随意过前村。”又曰：“惟有旧巢燕，主人贫亦归。”推广一步，植物亦皆有情。故曰：“岸花飞送客，樯燕语留人。”又曰：“可怜汶上柳，相见也依依。”再推广一步，矿物亦皆有情。故曰：“相看两不厌，只有敬亭山。”又曰：“人心胜潮水，相送过浔阳。”再推广一步，自然现象亦皆有情。故曰：“举杯邀明月，对影成三人。”又曰：“春风知别苦，不遣柳条青。”此种诗句中所咏的各物，如牛，燕，岸花，汶上柳，敬亭山，潮水，明月，春风等，用物我对峙的眼光看，皆为异类。用物我一体的眼光看，均是同群。故均能体恤人情，可与相见，相看，相送，甚至对饮。这是艺术上最可贵的一种心境。习惯了这种心境，而酌量应用这态度于日常生活上，则物我对敌之势可去，自私自利之欲可熄，而平等博爱之心可长，一视同仁之德可成。就事例讲：前述的乞丐，你倘用功利心、对峙心来看，这人与你不关痛痒，对你有害无利。急宜远而避之，叱而去之。若有人说你不慈悲，你可振振有词：“我有钞票，应该享福。他没有钱，应该受苦。与我何干？”世间这样存心的人很多。这都是功利迷心，我欲太深之故。你倘能研究几年艺术，从艺术精神上学得了除去习惯的假定，撤去物我的隔阂的方法而观看，便见一切众生皆平等，本无贫富与贵贱。唐朝的诗人杜牧有幽默诗句云：“公道世间惟白发，贵人头上不曾饶。”看似滑稽，却很严肃。白发是天教生的。可见天意本来平等。不平等是后人造作的。学艺术是要恢复人的天真。

——选自丰子恺：《艺术修养基础》，香港文化供应社民国35年版

【导读】

丰子恺（1898—1975），浙江桐乡石门镇人，中国现代著名画家、文学家、书法家、翻译家和艺术教育家。曾师从李叔同（弘一法师）学习绘画、音乐，以中西融合画法创作漫画及散文，出版有画集《子恺漫画》《护生画集》、文集《缘缘堂随

笔》及译著《猎人日记》《源氏物语》等170余部,其丰富生动的漫画作品和疏淡俊逸的散文深受人们喜爱,被誉为“现代中国最像艺术家的艺术家”。他曾组织发起“中华美育会”,创办上海专科师范学校,创办《美育》杂志,并一直以艺术教师的身份先后执教于上海大学、复旦大学、浙江大学,为中国近代美育事业的发展作出了巨大贡献。1949年后,曾任中国美术家协会常务理事、美协上海分会主席、上海中国画院院长、上海文学艺术界联合会副主席等。

丰子恺在从事艺术创作的同时,毕生积极呼吁美育精神,倡导艺术教育。他以自身艺术创作和艺术教育实践为起点、融汇中西美学所建构的艺术审美思想,在艺术的审美本质、艺术的美感形式、审美的主客体关系、艺术与人生的关系、艺术的审美功能、艺术教育等方面都有着精辟的见解,对后人产生了重要的影响。尤其是,丰子恺的艺术审美思想根植于中国传统文化土壤,佛学的信仰让他始终怀抱对“人”的深厚关切,儒家观念使其视“仁”为艺术的最终指向,“仁者爱人”成为他艺术审美思想的中心旨趣。为此,丰子恺十分重视艺术对现实人生的意义,以“关切人生,近乎人情”作为艺术的根本原则,强调“一切艺术在人生都有用”,“世间一切文化都为人生,岂有不为人生的艺术呢?”(《艺术与人生》)。他毕生努力推行美育,热情提倡以艺术态度关照人生,追求实现“人生艺术化”,在很大程度上也正是基于此。

“人生艺术化”是丰子恺艺术审美思想的精髓。他在发表于1941年的《艺术的效果》一文中,将艺术对于人生的效果分为直接效果——艺术品的效果和间接效果——艺术精神的效果两大类,围绕“艺术”和“人生”主题而阐发了自己的艺术功能观。在他看来,艺术的直接效果是艺术品及于人心的效果,也是我们创作或鉴赏艺术品时所得的乐处。这乐处包括两方面:第一是自由,第二是天真。一方面,艺术是对人生的超越,进入世俗世界的人们会在功利欲望、计较得失的束缚下丧失自由,只有在艺术的创造或鉴赏时才可得到解脱,获得自由,“这时候我们享受一种慰安,可以调剂平时生活的苦闷”。另一方面,人在现实生活中会被世俗功利所蒙蔽,看不清世界的本来面目,而“我们打叠了日常生活的传统习惯的思想,而用全新至净的眼光来创作艺术,欣赏艺术的时候,我们的心境豁然开朗,自由自在,天真烂漫”。在艺术中人们可以解除一切迷障,看见世间万物天然的真相,回归本真。

在丰子恺看来,艺术的间接效果即艺术精神的效果,是我们在认真研究艺术之后,心灵受到艺术的启迪和影响,从中感悟到艺术的精神,进而把这种精神贯穿于一切思想行为之中。这时候不需要艺术品,因为整个人生已经变成艺术品了。这种艺术的间接效果范围很广泛,第一在于远功利,即艺术可以使人远离功利。丰子恺认为,人生处世,太不计较是不能生存的,但一味计较功利得失的人生则是无意义的，因而不妨在日常之外尽可能地把人世当作艺术品看，以艺术的非功利心态面对事物，“可使人的生活温暖而丰富起来，人的生命高贵而光明起来”。这里明显可以看到一种对“人生艺术化”的追求。第二是归平等，即艺术可以养成平等观。丰子恺将西方的“移情说”与中国传统艺术理论相融合，指出在平常生活中，物我关系是对峙的；在艺术生活中，外物与我却是一体的。我们应视外物与自己为平等的关系，将自己的心移入对象之中，达到物我一体的境界。这里显然表达了一种对于“万物一体”“物我合一”的审美主客体关系的肯定。

丰子恺围绕“人生艺术化”命题所展开的有关艺术审美功能的思考，体现了他对现实人生的密切关注和对超越功利的审美化生存方式的追求，有助于引领我们深切认识艺术对于人生的重要意义。（王伟 撰写）

诗学(节选)
亚里士多德

第一章　论摹拟的手段[1]

关于诗的艺术和种类,每种诗有何功能,如果是好诗,其情节应如何安排,诗的成分有几,性质若何,乃至本文所应研究的其他问题,我们都要讨论,依照自然顺序,先从基本原理说起。

史诗和悲剧诗,喜剧和酒神颂,大多数箫乐和琴乐,总而言之,都是"摹拟",但在三点上彼此区别:摹拟的手段、对象、方式,各不相同。

正如有人或凭技术或因熟练,能以颜色和图形摹拟许多事物,临摹其状,有人则以声音摹拟,同样,上述几种艺术皆以节奏、语言、曲调摹拟,或分用,或兼用。例如,箫乐、琴乐及其他具有同样功能的艺术,譬如笛乐,只用曲调与节奏。舞蹈者之摹拟则只用节奏,无需曲调,凭借有节奏的姿势来摹拟各种性格、情感、行为[2]。

至于这种只使用语言的艺术,或无格律,或有格律——或兼数种格律,或只用一种——则至今尚无名称。我们并无一个共同名称以称呼苏福戎和珊纳科斯的拟曲与苏格拉底的对话;设使用史诗格或挽歌格或类似的格律来摹拟,也无共同的名称,除非人们结合作品与格律,而称作者为挽歌诗人或史诗诗人,仿佛称之为诗人[3],不因他能摹拟,而是照其所用的格律。即使有人发表用格律写的医学或自然哲学论著,也惯常把他称为诗人;但荷马与恩培多克勒,除了用格律以外,别无共同之处,所以称前者为诗人是合适的,至于后者,与其称为诗人,毋宁称为自然哲学家。那么,如果有人兼用数种格律来摹拟,例如开瑞蒙混合各种格律来写狂诗《骥人篇》,也要称为诗人了。关于这点,这样区别可矣。

有些艺术甚且兼用我所讲的一切手段:即,节奏、曲调、格律,例如,酒神颂和

---

① 各章标题均为译者所加。

② 在希腊文,"情感"指人的"所受",感受到外来的刺激而掀起内心的感情,触景生情,临难而起的反应都包括在内。"行为",指人的"所为",所以在某一事件中人的一切言行、经历、遭际,甚至生平事迹,都是广义的"行为"。

③ "诗人"这个词在希腊文泛指一切"作者","诗"的原义是"作品",全篇《诗学》所说的"诗人"都用此义。

日神颂，悲剧和喜剧，区别在于前二者兼用这一切手段，后二者则分别使用。

凡此是我所说各种艺术因摹拟手段之不同而产生的区别。

第二章　论摹拟的对象

既然摹拟者须摹拟实践中的人①，这些人物必然或是优秀的，或是卑劣的，(因为性格大抵往往仅此而已，一切品行不外分为善与恶)②，从而，不是比我们较优，便是较劣，正如画家绘像，波吕格诺托斯的人物较优秀，波宋的人物较卑劣，狄奥尼修斯的人物是一般的③。

显然，上述各种摹拟都有此等差别，而且因摹拟的对象如此不同，而彼此区别。甚至在舞蹈、箫乐、琴乐，乃至散文和不入乐的诗，莫不有此等差别，例如，人物在荷马较一般人为优，在克勒奥丰则如实，在首创戏拟诗的塔索斯人赫格蒙和《懦夫歌》的作者尼科烈斯则较劣。酒神颂与日神颂，亦有区别……提摩忒奥斯和斐罗珊诺斯描写圆目巨人，各有千秋，你可以像他们那样摹拟。悲剧与喜剧的区别，亦在于此：喜剧务求摹拟较今人为劣的人物，悲剧则务求摹拟较优的人物。

第三章　论摹拟的方式

再则，艺术的第三点区别，在于怎样摹拟上述各种人物。因为，用同样手段摹拟同样对象，可以照荷马的手法，时而叙述经过，时而代人物发言，或者用自己的口吻，而始终不变，或者使所摹拟的人物俨若在实践中作出一切。

正如在开篇所说，各种摹拟有这三点区别：手段，对象，方式。

因此，索福克勒斯在某一点上是与荷马同类的摹拟者，因为两人都摹拟优秀的人物；而在另一点上他却与阿里斯托芬同类，因为两人都摹拟人物在实践行为中。因此，有人说，这些摹拟所以称为“戏剧”，因为它们摹拟行为中的人。所以，多里斯人自称首创悲剧与喜剧(希腊本部的墨加拉人自称首创喜剧，说喜剧起源于墨加拉民主时代；西西里的墨加拉人也以此自诩，因为诗人厄庇卡摩斯来自他们那里，而且远在希奥尼德斯和马格涅斯之前)。他们以名词为证：他们

---

① “实践中的人”或译“行为中的人”，指第一章所说的“各种性格、情感、行为”的现实中人。

② 该译文中使用三种括号：( )号表示作者的插语；〈 〉号表示后人补订的词语；〔 〕号表示译者的插语。

③ 亚里士多德以画家为例。据说，波吕格诺托斯的肖像风格雄伟但颇能表现性格；阿里斯托芬斥波宋为“极端恶劣的漫画家”；狄奥尼修斯则有“写生肖像画家”之称。那么，可见艺术的手法不外“美化”“丑化”“写实”三者。诗的艺术亦如此。

说，多里斯人称郊区乡村为 komai，雅典人则称之为 demoi，而“喜剧演员”之称，并非源于“狂欢”，而是因为他们曾受辱被逐出城市，流浪于乡村；又说，“行为”一词，多里斯人谓之为 dran，而雅典人则谓之 prattein。

关于摹拟的区别，其种数和性质，就讲到这里吧。

第四章　诗的起源与发展

一般地说，诗的起源似乎由于两个原因，皆本于人的天性[①]。人在孩提时代即有摹拟的本能，人所以异于禽兽，在其善于摹拟，最初的知识就是从摹拟得来；况且人对于摹拟的作品总感到愉快。实践的经验证明了这点：因为有些东西本身尽管触目痛心，我们却乐于观赏它们的逼真的画像，例如，最丑恶的动物和尸体的形象。其理由是：求知不仅对于哲学家是最快乐的事，对于一般人亦然，虽则一般人享受求知之乐较浅。我们所以乐于观赏画像，是因为我们一边看画，一边在求知，在推断每一画像为何物，譬如说，“这是某某”；因为设使偶或不曾见过原人，那就不是所摹拟的像引起快感，而是由于画法或颜色或其他类似的原因。所以，照天性，我们有摹拟欲，也有曲调感与节奏感（因为节拍显然是节奏的部分），人们若自始即有此天禀，逐渐予以发展，直到兴之所至，出口成诗。

诗，依照诗人的个性，分为两种：较庄重的诗人往往摹拟高尚的行为和高尚人物的行为，较轻浮的诗人则摹拟卑劣人物的行为，后者首先创制讽刺诗，前者则首先创制赞美诗与颂诗。荷马以前，我们举不出讽刺诗来，虽则讽刺诗人可能甚多，但是自荷马始则有之，例如他的《愚人歌》和这类的作品。“长短格”用于这种诗中是恰当的，因为人们用此格来彼此讽刺，所以至今还称为“讽刺格”。古代诗人有的写英雄格诗，有的写讽刺格诗。正如荷马在庄严的风格方面是出类拔萃的诗人，因为他的摹拟不但巧妙而且有戏剧性，同样，他也最先画出喜剧的轮廓，因为他不作人身讽刺，而使可笑之事戏剧化。他的《愚人歌》类似喜剧，正如《伊利亚特》与《奥德赛》类似悲剧[②]。

---

① 第一段的意义有点模糊，所谓“诗的起源有两种原因，皆本于人的天性”，到底指哪两种天性呢？学者们的意见不一，或谓指（一）自己摹拟的本能，（二）欣赏别人之摹拟的本能；或谓指（一）摹拟欲，（二）曲调感和节奏感，即所谓“音乐本能”。现在，姑且存疑。

② 诗人的个性或偏于庄重或偏于轻浮，所以庄重的诗人创制献给神明的“赞美诗”和歌咏英雄的“颂诗”，轻浮的诗人创制“讽刺诗”。荷马的《伊利亚特》和《奥德赛》歌颂神与英雄的事迹，属于前一类型，相传他有另一部作品《愚人歌》，咏一愚人，至今只余残篇，大概是打油诗、滑稽诗、讽刺诗之类，后世学者否认它是荷马的作品。所以，照亚里士多德看来，荷马已经为后来的悲剧和喜剧打下基础。

然而，自从悲剧和喜剧出现，诗人们各因其个性，或偏向于悲剧或偏向于喜剧，有的放弃了讽刺诗而成为喜剧诗人，有的放弃了史诗而成为悲剧诗人，因为戏剧是更重要、更可贵的艺术形式。至于审察悲剧在其各种类型方面今日是否已臻于完善，并就悲剧本身及其对剧场的关系予以论断，那是另一个问题。要之，悲剧与喜剧起初不过是即兴之作——悲剧创自酒神颂的领唱者，喜剧创自崇阳歌的领唱者，崇阳歌至今还流行于许多城市，成为风习。后来，悲剧逐渐演进，每出现一个新的因素，必予以发展；经过许多演变，悲剧达到了它的自然形式，便停止发展。埃斯库罗斯最先把演员的数目由一人增至二人，并削减了合唱曲的作用，而使对白占主要地位。索福克勒斯最先采用三个演员和画景。再则，至于篇幅，悲剧从“羊神剧”演变出来之后，久之，终于由简单情节与滑稽词句发展成庄严的体裁，诗格也由四双步变成短长格。起初是用四双步的，因为这种诗适合羊神剧，而且更适合舞步，但自从有了对白，适当的格律就自然而然发现了，因为在各种格律中以短长格最接近谈话的腔调，我们彼此对谈时就最常用短长格的调子，而绝少用六步格者，除非超出日常谈话的腔调——这就是明证①。

至于曲间出数及其他装饰，据说如何逐一增添，我们姑且听信传说吧，因为若要逐点详谈，就说来话长了②。

第五章　论　喜　剧

我们说过，喜剧摹拟卑劣的人物，然而“卑劣”不是指一切“恶”而言，“可笑”不过是“丑”之一种。因为“可笑”是一种过失，是一种无痛苦或无伤害的丑态，明显的例子如滑稽面具，既丑且怪，但并不使人感到痛苦。

---

① 这段关于古代戏剧演变的历史叙述，是最古的史料。古代戏剧萌芽于民间崇拜仪式，崇拜仪式则与生产劳动有密切关系。希腊产葡萄，酿美酒，农闲季节则祭酒神，祈求丰收，与祭者化装摹拟酒神的从者半羊半人神（这就是原始的“羊神剧”），狂饮烂醉，载歌载舞，唱“酒神颂”。公元前7世纪，酒神祭已流行于各城邦，在雅典，庇士特拉妥定立酒神大祭（城祭，在一月）和酒神小祭（乡祭，在十二月）。祭时，一人领唱，歌队和之。初，酒神颂是叙事体诗，大抵歌咏酒神的事迹，且带有滑稽成分，及后演变为领唱与歌队问答，这就具备了戏剧的雏形。亚里士多德说，埃斯库罗斯使用两个演员，索福克勒斯使用三个演员，既有演员，就可以扮演其他情节的悲剧，不限于叙述酒神的事迹了。古希腊悲剧虽则只用三个演员，但剧中人物并不限于三人，因为一个演员可以扮演几个角色，不过同时登场说话者则只限三人，但是歌队也算是剧中人物。悲剧的演变大抵如此。

喜剧的演变，与悲剧仿佛，亦源于酒神颂和羊神剧，所不同者：悲剧扬弃了“滑稽词句”，喜剧则发展了这成分。亚里士多德在第三章中述及“喜剧”这名词的起源，是陈述时人的意见，这意见欠妥。现代学者谓“喜剧”一词源于“狂饮者”而非源于“乡村”，那就与酒神祭有关了，这较为合理。至于“崇阳歌”，是酒神乡祭的一种仪式。阿里斯托芬在《阿卡人》一剧中有一段崇阳仪式的描写，可供参考。

② “曲间出”或译作“间出”。“其他装饰”指服装、道具、布景等。

悲剧的演变及其改革者，无人不知，但是喜剧因为自始即不被重视，所以无史可稽。直至晚近，雅典执政官才给喜剧诗人以歌队，以前都是志愿的演员。及至有所谓“喜剧诗人”见于记载时，喜剧已有了定型。谁先介绍面具或序出，谁先增加演员的数目，如是等等，已经无可稽考。喜剧之有情节（厄庇卡谟斯和福尔弥斯首创）最初滥觞于西西里，雅典诗人中克拉提斯首先放弃嘲讽形式，而推广对话与情节的运用。

史诗与悲剧相同的地方，仅在于史诗也是用壮丽的格律来摹拟严肃的事迹；所不同的地方，是史诗单用一种格律而且是叙事体。至于时间的长短，悲剧力求以太阳运行一周为限，或稍超过一点①，史诗则无时间的限制——这也是一点区别，虽则起初悲剧与史诗都是一样做法。至于成分，有些是两者所同具，有些是悲剧所独有。因此，能辨别悲剧的优劣的人，也能辨别史诗的优劣，因为史诗所有的成分，悲剧都具备，但悲剧的成分，就不是尽见于史诗中了。

第六章　论　悲　剧

关于以六步格摹拟的诗以及喜剧，容后再谈。且先论悲剧，从前文所述，可以求得悲剧本质之定义。悲剧，是对一件重要、完整、颇有规模的行为的摹拟，它使用美化的语言，分用各种藻饰于剧中各部，它以行为的人来表演而不作叙事，并凭借激发怜悯与恐惧以促使此类情绪的净化②。我所谓“美化的语言”，指有

---

① 后世所谓“三一律”中的“时间一致”（剧情的时间应与演出的时间一致），是根据“以太阳运行一周为限，或稍超过一点”（即从晨至暮，其实是半日）这句话。然而，亚里士多德只陈述悲剧演出情况的事实，观众不能持久，若演出的时间太长，观众当然生厌，所以在第七章中说“若要演出一百部悲剧来比赛，就用滴漏限时”云云。亚里士多德指的是根据悲剧篇幅的演出时间，而不是指剧中情节限于描写一天内发生的事情，而后世竟据此句作出“时间一致律”，那显然是错误的，有些希腊悲剧亦不符合此律。

② 关于“净化说”，亚里士多德只说过这句简单的话：“凭借激发怜悯与恐惧以促使此类情绪的净化。”以后再没有说明，但引起后世的争论甚多。“净化”是宗教术语，意即洁身沐浴而后祭神，也是医学术语，意即以药物宣泄身体的病。亚里士多德的理论，是针对柏拉图的意见而说的。柏拉图认为文艺能引起激情，激情对于政治生活不利，亚里士多德则认为，唯其是能激发怜悯与恐惧，才能促使此类情绪的净化，所以文艺有益无害。至于为什么能净化呢？解释者众说纷纭。在文艺复兴时代，主要的有三说：(1)“硬化说”，悲剧使观众习惯悲惨和恐怖的景象，他们在实际生活中就不至于有激情的波动；(2)“同感说”，观众看到剧中人的所作所为，发生怜悯与恐惧，从而自我反省，取得教训，感情便得以净化；(3)“排斥说”，剧烈的感情于身心有害，但是“借尸流泪”，可以宣泄心中的悲苦，就是说，借同类的感情排斥同类的感情。及至18世纪，莱辛则说悲剧激发同情心，因而净化了观众的感情，使之良善。歌德则持“平衡说”，谓悲剧宣泄了我们的激动的感情，使我们的心理恢复平衡。以上各说多半是从道德作用来解释“净化”。此外，现代学者多半从心理病理学予以解释，那似乎有科学根据，但这是否接近亚里士多德的原意呢？这个问题有待于进一步研究。“净化说”需要专文全面探讨，不是注释所能办到的，上文摘要略举各说，以供参考。

节奏、曲调、歌曲的语言；所谓“分用各种”，指某部单用诗来表达，某部则用歌。

悲剧的摹拟既以行为的人来表演，它的成分必然首先是情景的装饰，其次是歌曲与措词，此二者是摹拟的手段。所谓“措词”，指韵语的配置；至于“歌曲”，其义至为明显。

再则，悲剧既然是行为的摹拟，而且由行为的人来表演，人不能不有性格上和才智上的某些特点——因为我们借此二者以论断行为的性质，才智与性格是行为的两个动因，人的成败之所系——因此，情节不外是行为的摹拟。我所谓“情节”，指剧情的安排；“性格”是论断实践中人的品质之根据；“才智”，则在人提出论证或发表意见的谈吐中流露出来。因此，一切悲剧必须具备六个成分，悲剧的优劣系于此六者，即：情节，性格，措词，才智，情景，歌曲。其中二者是摹拟的手段，一者是摹拟的方式，其余三者是摹拟的对象，悲剧的成分尽在于此。曾运用这六大成分的悲剧诗人可谓不少，其实凡是悲剧皆有情景，性格，情节，措词，歌曲，才智①。

然而，这些成分中最重要的是剧情的安排，因为悲剧所摹拟的不是人，而是行为，是生活与悲欢，〈而悲欢〉即寓于行为中，所以目的不在于摹拟某种品质，而在于摹拟某一行为；品质系乎性格，悲欢则系乎行为，所以悲剧的表演不是为了摹拟性格，而是通过一些行为把性格一起表现出来。因此，剧情或情节乃是悲剧目的之所在，此目的重于一切。况且，无行为则不成为悲剧，无性格却不失为

① 关于悲剧的六大成分：

“情节”——亚里士多德使用“情节”这名词，有两种意义：(1)指“神话”“传说”“战事”(这一意义散见于下文各章中，我把它译作“野史”，与“正史”对照)，那是悲剧的原始题材。(2)指根据野史改编的剧中故事或本事，用戏剧术语来说，就是“情节”。亚里士多德的定义“情节是剧情的安排”，有时则把情节与剧情并称。有人译作“布局”，欠妥；布局指戏剧的手法，情节指剧情的内容。

“性格”——这不但指剧中人的个性，而且包括其道德品质，可以译作“品性”“品行”，所以说“性格是论断实践中人的品质之根据”。

“才智”——这个字的原义是“思想”，照亚里士多德的用法，“才智”指人的智能才情。希腊悲剧，受到当时流行的雄辩术和修辞学影响，写人物对白时往往以锋利辞令彼此辩论，即所谓“对驳”，以打动观众的感情，引起他们的兴趣。

“情景”——这指：(一)布景、道具、服装等等舞台装饰；(二)演出的惊人的行为，尤其是引起怜悯与恐惧的行为，例如舞台上的死伤。凡是诉诸观众的视觉、摆在观众眼前的一切壮丽的或惊人的景象，都是“情景”。

“措辞”——是诗的语言成分。

“歌曲”——是悲剧的音乐成分。

在这六大成分中，措词与歌曲是摹拟的手段，情景是摹拟的方式，行为(情节)、性格、才智是摹拟的对象。

悲剧,其实许多现代诗人所作的悲剧是无性格的。一般地说,不少诗人是如此,其情形有如在画家中宙克西斯与波吕格诺托斯之悬殊,后者善于刻画性格,前者的画则无性格可言。再则,设使有人写一系列台词,既能表现性格,措词与才智也甚好,他〈并未〉尽悲剧之能事,反为远不如一部虽则在这几方面差些但是有情节或剧情安排的悲剧之动人。此外,悲剧所赖以惊心动魄的主要因素,是“逆转”与“认识”,这两者都是情节的成分。再则,还有一证:初学写作的人能在措词和刻画性格方面有所成就,远较能安排情节为早,差不多所有早期的诗人都是如此。

因此,情节居于首要地位,仿佛是悲剧的灵魂,其次是性格。在绘画,也是如此:如果以最鲜艳颜色乱涂作画,反不如粉线素描的像那么悦目。所以,悲剧是对行为的摹拟,它所以摹拟实践中的人主要是为此故。

第三是才智。才智是指能作中肯而适切的应对之才,在辞令方面,它是政治科学和雄辩术的能事,所以古代诗人使他们的人物谈话作政治家的口吻,现代诗人使他们的人物谈吐有雄辩家的风度。性格显示人的抉择意向,在难决的场合,人将何去何取,所以在谈话中若绝无发言者去取的意向,则无性格可言。才智则在人论证是非或表示一般意见时流露出来。

第四个文艺成分是措词。所谓措词,上文说过,是指语言所表现的意义,不论用韵文或散文来表达,其功能是一样的。

至于其余的成分,歌曲是最主要的藻饰。情景固然能打动人心,但最无艺术价值,同诗艺的关系最少。因为悲剧的效果并不依赖表演和演员,至于产生情景的效果,舞台设计者的技术就比诗人的艺术更有权威了。

第十三章　论悲剧人物

承上所述,我们可进而讨论,诗人于安排情节之际,何者应守,何者应戒,如何始能尽悲剧之能事。最好的悲剧既然不应采简单的结构,而应采复杂的结构,且应摹拟足以激发恐惧与怜悯的行为,因为这是悲剧摹拟的特点,所以,显然首先不宜写善人由泰运转入否运,因为这不足以激发恐惧与怜悯,反而引起反感;亦不宜写恶人由否运转入泰运,因为违背悲剧精神者莫甚于此,而且绝无悲剧应有的特点,既不能满足我们的正义感,又不能激发怜悯与恐惧;但也不宜写穷凶极恶的人由泰运陷入否运,因为此种结构虽能满足正义感,但不足以激发怜悯与恐惧。怜悯是因为此人不应有此大难,恐惧是因受难者是我辈中人,怜悯是怜惜不应之难,恐惧是为如我者恐惧,所以元凶受难则不能令人怜悯,也不能唤起恐惧。

还有一种人,介乎这两者之间:他不以美德或正义著称,他所以陷于否运,并非因其邪德败行,而是由于“错误”[1],此种人名高望重,声势显赫,有如俄狄甫斯,堤厄斯忒斯,或类此的名门望族中人。

所以,完善的情节必须是单线的,而不应如某些人所主张的双线情节;命运的转变不应否极泰来,反之应由泰而否,而且不是因邪德败行,而是由于“错误”;此种人物应该如上所述,甚或宁可更好,不要更劣。实践足以为证。最初,诗人选择情节是信手拈来的,但今日最好的悲剧则取材于寥寥几个家族,例如,阿尔克迈翁、俄狄甫斯、奥瑞斯忒斯、墨勒亚革、堤厄斯忒斯,以及其他曾遭受惊人大难或曾做过惊人事迹的人物。

就技巧的规律而言,完善的悲剧应有上述的结构。有人指责欧里庇得斯,说他不应在悲剧中有如此结构,说他许多悲剧以否运收场,此种批评是错误的。因为,我们说过,这种手法反而是正确的。最好的证明是:在演出时和比赛时,这样的悲剧,如果演得成功,最富有悲剧意味;即令欧里庇得斯在别的方面容或有缺点,他亦不失为深得悲剧之道的诗人。

双线的结构应居第二流,但或被人列为第一等,此种结构,例如《奥德赛》,写善人与恶人有相反的结局。其实,此种结构所以仿佛应居第一,是因为观众心肠太软,而诗人作剧则迎合观众的愿望。然而,这种结构所给人的快感,决不是悲剧所应有的,反为是喜剧所特有的。在喜剧,剧中人物初则为死敌,有如奥瑞斯忒斯和埃基斯托斯,终则成挚友,安然下场,谁也不杀谁。

——选自《缪灵珠美学译文集》第 1 卷,章安祺编订,中国人民大学出版社 1987 年版

【导读】

亚里士多德(Aristotle,前 384—前 322),古希腊哲学家、科学家和教育家,古

① 所谓“错误”,可能是“判断的错误”,譬如,下章所说的亲友因“误会”而相杀,又如本章所说的俄狄甫斯误杀其父,误娶其母;但也可能是“道德的错误”,譬如美狄亚在嫉妒的激情下,杀死自己的孩子。要之,造成悲剧都由于“错误”。

希腊思想的集大成者,曾于公元前335年在雅典创办吕克昂学园,被称为逍遥学派。亚里士多德几乎在伦理学、形而上学、心理学、经济学、神学、政治学、修辞学、自然科学、教育学、文艺理论等各个学科都有着杰出贡献,著有《形而上学》《物理学》《尼各马可伦理学》《论灵魂》《政治学》《经济学》《修辞学》等,被马克思誉为古希腊哲学家中最博学的人物。

《诗学》是美学史上第一部体系性的论著,亚里士多德在其中以模仿说为核心,通过系统论述史诗、喜剧和悲剧等艺术形式,全面探讨了艺术与现实(美与美德)的关系以及艺术对现实的功能问题。在亚里士多德看来,艺术是对现实的模仿。但不同于柏拉图的是,他并不认为真实性的担当在于普遍的理念(形式),而强调第一实体恰恰在于具体的个别事物;如果脱离了我们所见到的"这一个"东西(比如一张具体的床),普遍的东西(即床的理念)就是不可设想的。因此,现实就是存在者的真实。而艺术作为现实的模仿,并不表明艺术不真实。如果说,模仿是人类的本性,是认识的开始、知识的来源,那么,作为对现实模仿的艺术就有着认知的功能,即教育人们了解现实生活的知识。对于诗人来说,这种知识的实现并不仅仅在于描述已发生之事,更在于发掘出现实的潜在可能性,所以诗人的模仿并不是抄袭现实,而是通过模仿现实中的事件、行动和生活,揭示现实的内在本质和规律,进而教育人们获得生活的智慧。

什么是生活的智慧?亚里士多德认为,艺术能够激发人们的情感,而情感对人的培养是有益的,这种有益就是陶冶(Katharsis,卡塔西斯)人的情感,亦即既情感丰盈又能适度节制。他在《尼各马可伦理学》中指出,美德不是天生的,而是由习惯培养的,适度的情感也是由习惯养成的。善求适度就是美德。艺术,尤其是悲剧,在激发人们情感的同时,也锻炼了人的情感,养成了习惯。每当人们内心的怜悯或恐惧情感在看完悲剧之后恢复到潜在状态时,它们就在不断受到理性的琢磨。这样,等到人们在实际生活中看到自己或他人的苦难时,他们一方面会激发同情共感,另一方面也能懂得对自身情绪的控制和忍耐,使这些情感能够恰如其分,从而令人保持心理健康、行为适度。

那么,艺术又是如何教会人们保持情感适度的?亚里士多德认为,诗人的创造活动(模仿)是一种理性的活动,如对情节的安排要合乎必然律和或然律,甚至诗人要按照人应该有的样子来描写人。因此,诗人对情节的安排并非灵感的作用,而是清醒理智的功劳。诗人只有高度理性才能对事件做出适当的处理,才能引发观众适当的共鸣。可见,诗本身就是一种理性的表达方式。当然,这里的理性更多是实践理性,而非理论理性。对于亚里士多德来说,诗人应当如何创作诗,与我们作为观众应当如何在艺术欣赏中学会培养适度的情感,以及最终我们作为一个现实中的人应当如何过上美好的生活,是高度相关的。很显然,亚里士多德的诗学观念始终与培育有德性的人息息相关。在以上选文中，亚里士多德正是通过说明诗人应当如何适当布局情节、模仿事件，以实现最能引发人们怜悯与恐惧之情的悲剧效果，体现了他所持有的这套悲剧与美德观念。而作为西方思想的源头，亚里士多德的这一观念作为一种基因，始终流淌在西方美学的血脉之中。（叶磊蕾 撰写）

亚里士多德的艺术教育功能观（叶磊蕾 讲授）

诗艺(节选)

贺拉斯

思想修养

一切佳作的源泉在于正确的见识:

苏格拉底的著作能把题材供给你,

一旦掌握了题材,词藻便自然来矣!

一个人懂得对国家、对朋友的义理,

敬爱父兄的孝悌,接待宾客的礼仪,

元老应尽的义务,法官应秉的正义,

奉命出征的将军应如何厥尽其职——

他必然知道把人物写得合情合理。

我对从事摹仿的诗人奉劝一件事:

向生活寻找典型,向习俗汲取言词。

有时候一部戏剧,写的是平凡事迹,

人物刻画得正确,虽然词藻不华丽,

缺乏力量或技巧,却比无内容的诗,

悦耳的雕虫小技,更令人心旷神怡。

铜臭害诗

希腊人不追求甚么但求诗坛盛誉,

诗神授以天才和珠圆玉润的诗句。

罗马青年却自少学会了计较锱铢，

养成了把一单元分成百份的兴趣。

“小阿，你说五两减一两有多少剩余？”

“三分之一斤。”“对，五两加一两是几许？”

“半斤”。“答得好，你将来懂得理财规矩。”[①]

呜呼，一旦铜臭和贪欲把灵魂玷污，

我们又怎能希望诗人所作的歌曲，

值得涂上了杉油，珍藏在光滑柏橱？

寓教于乐

诗人的目的在于教益或在于娱乐，

或者在诗中使娱乐和教益相结合；

不论你有何教诲，务必扼要而简约，

使得读者容易体会并且牢牢记着，

人的记忆满则溢，多余的话难领略。

怡情乐性的虚构也要像真实无讹；

从妖巫的饱腹中救不出活孩一个。

庄严的长老奚落毫无教益的著作，

傲慢的骑士轻视索然寡味的诗歌；

寓教于乐的诗人才博得人人称可，

① 罗马人一斤分为十二两，这几行诗摹拟学童在学校所受的教育。

既予读者以快感，又使他获益良多。

这样的作品可以使书商腰囊饱和，

使作者扬名海外，留芳后世不湮没。

瑕不掩瑜

然而，瑕疵难免有些，我们乐意原谅。

琴弦不能常弹出得心应手的音响，

你本想弹奏低音，却发出音调铿锵；

善射者也不能百发百中丝毫不爽。

但如果一首诗美不胜收满目琳琅，

纵使稍有些瑕疵，我也不蜚短流长，

那是无心的败笔，难免的人情之常。

然则应如何判断？譬如记室誊文章，

频频叮嘱也鲁鱼亥豕，便不可原谅；

琴师常弹错一弦，你嘲笑他也无伤；

诗人像科里鲁斯那样就可谓疏狂[①]，

即令有二三佳句，总使人大笑哄堂。

诗圣荷马打瞌睡，我也会愀然惆怅；

当然史诗太长了，睡魔不免来拜访。

诗有如画

画如此，诗亦然：有些画要放在眼前，

---

① 科里鲁斯，马其顿亚历山大的随军诗人。——编者

有些画要在远处才使你一见倾心；

有些宜在暗处看，有些不怕强光线，

任批评家的锐利眼光扫过千百遍；

有些只堪看一次，有些却百看不厌。

诗人的任务

在洪荒时代，奥菲士这先知和神巫，

制止林居蛮族的残杀和生活卑污，

因此相传他能够驯服雄狮和猛虎。

据说当年安斐翁把忒拜城墙建筑，

弹琴使顽石点头听凭他随意摆布，

温柔地恳求石块走到它应到之处。

相传远古诗圣划分公私，区别僧俗，

禁止淫乱的结合，定下婚姻的礼数，

建立城市的秩序，把法律刻在匾木；

因此神圣的诗人和诗歌享得荣誉。

后来超凡的荷马以其诗垂名千古，

提泰奥斯以其诗鼓舞着人心向武①；

诗歌又传达神谕，指示人生的道路，

匹耶里亚的乐府博得帝王的眷顾，

① 提泰奥斯，公元前7世纪斯巴达诗人，其描写战争的诗富于鼓动性。——编者

设立赛诗的节会，安慰劳人的辛苦。

我缕述诗坛盛事，免得你忸怩畏缩，

不敢学缪斯的竖琴，阿波罗的艺术。

天才与艺术

有人问，好诗要靠天才还是靠艺术？

依我看，勤功苦学而无天生的品赋，

或者虽有天才而无训练，皆无用处，

因为两者必须彼此协助互相亲睦。

竞走者渴望达到目的，把锦标夺取，

必须自少就刻苦锻炼和忍受寒暑，

连酒色也要戒除；神诞赛笛的生徒，

当初曾在师傅面前发抖，用功良苦。

时人却自欺欺人："我的诗超凡脱俗；

落后的人活见鬼，落伍对我是耻辱，

我不好意思承认我确实不学无术！"

——选自《缪灵珠美学译文集》第 1 卷，章安祺编订，中国人民大学出版社 1987 年版

【导读】

昆图斯·贺拉斯·弗拉库斯（Quintus Horatius Flaccus，前 65—前 8），罗马帝国奥古斯都统治时期著名的诗人、批评家和翻译家，古罗马文学"黄金时代"的代表人之一，代表作有《诗艺》等。

在《诗艺》中，贺拉斯通过评论传统的诗学理论、总结当时新诗学的特点及其本人的创作实践，全面论述了艺术模仿、艺术与生活的关系、文艺的教育作用、

诗人修养等问题，其中有关“寓教于乐”的思想影响广泛。由于《诗艺》作为诗体信件，其收信人是罗马的贵族父子，所以“寓教于乐”思想的提出，显然与当时的政治社会环境息息相关。

贺拉斯认为，文艺并非无用，诗的任务就在于禀承神旨、指导人生，亦即文艺对社会有教化作用。在他看来，“诗歌又传达神谕，指示人生的道路”。诗所激发的愉悦不过是手段，而教化才是目的。这些教化目的大体包括“划分公私，区别僧俗，禁止淫乱的结合，定下婚姻的礼数，建立城市的秩序，把法律刻在匾木”。不过，贺拉斯强调，文艺只有教化作用还不够，还要有艺术的感染力；教化与娱乐相结合，才能真正达到教化的目的。“寓教于乐的诗人才博得人人称可，既予读者以快感，又使他获益良多”，至于诗人的工作就是如何出色地实现这个诗的任务。

贺拉斯指出，为了实现诗的任务，诗人应当致力于发现人的类型和共性，尊重传统，源于传统，并在研究和沿用传统题材的同时，创造一些具有时代特征的词汇。而戏剧则须保持结构一贯，人物的性格、年龄、语言相一致，从而构成一个有机整体以体现和谐。同时，他还认为，剧本的情节效果比道白效果更重要，以五幕、三演员最为相宜，还须避免凶杀和普通人的粗俗语言。按照上述目的和路径，诗和戏剧才可能实现其最高的品质，贺拉斯称之为“适合”或“合式”(decorum)。这样，对于贺拉斯来说，创作是高度理性的，必须遵循严格的法度。为此，贺拉斯强调天才不能偏重感情，判断力(理性判断)才是写作成功的开端和源泉，“一切佳作的源泉在于正确的见识”。

那么，这个“正确的见识判断力”如何通过训练来获得呢？贺拉斯提出：“一个人懂得对国家、对朋友的义理，敬爱父兄的孝悌，接待宾客的礼仪，元老应尽的义务，法官应秉的正义，奉命出征的将军应如何厥尽其职——他必然知道把人物写得合情合理。”也就是说，要使作品达到“适合”，首先就要知道如何对现实生活加以正确判断。只有拥有了这样的判断能力，作品才能产生光辉的思想，才能实现“寓教于乐”的目的。也因此，贺拉斯在信件最后提醒收信人要远离疯癫的诗人即缺乏判断力的非理性的诗人。他形容这样的诗人是发疯的狗熊、血吸虫，是会毁坏人的。可见，在贺拉斯那里，懂得道理的人(理性的人)才能成为好的诗人，创造出好的作品。不仅艺术创作，贺拉斯还强调了艺术批评对艺术创作(培养判断力)的作用，提出了著名的“磨刀石”比喻。“我要做砺石一条，砺石割不断东西，但能够磨利钢刀，我自己不作诗歌，但能给诗人指教。教他从何处取材，如何修养和熏陶，何者应为不应为，指出歧途和正道。”(《诗艺》第三章“诗人篇”)这种艺术批评的磨刀石功能正是为了让诗人获得判断力，使诗人成为理性的诗人，从而更好地实现寓适度之教于优异之乐的任务。

贺拉斯“寓教于乐”的思想上承亚里士多德对诗与美德关系的观念，下启了艺术对人文教化的肯定态度，如对现实生活的肯定，对普遍人性的肯定，对文艺社会作用的肯定。尤其到了文艺复兴时期，这种肯定态度激发了作家和评论家对《诗艺》的热情，使得它成为了西方美学史上重要的文献之一。（叶磊蕾 撰写）

论戏剧诗（节选）

狄德罗

戏剧的体裁

如果一个民族只有一种滑稽的而令人愉快的戏剧，却有人向他们推荐一种严肃而感人的戏剧；朋友，你知道他们会作何感想？也许是我弄错了，在考虑这种可能性之后，理智的人肯定会这样说："这种体裁有什么用？生活给我带来的痛苦难道还不够吗？我们还要想象出更多的痛苦吗？为什么要把忧伤带进娱乐呢？"他们像局外人一样这样说，同时享受着悲天悯人和挥洒热泪的感动。

我们被习惯局限住了。这个略有天赋的人出现了吗？他写了什么作品吗？起初，他引起围观并与大家分享他的思想；其后，他渐渐地统一了意见，并拥有了一大批追随者争相模仿。同一种范式不断地变化，随着人们观察经验的积累，发明了各种规则，艺术就这样产生了。随后人们又设定了艺术的范围，并宣称一切不在这个已划定的狭小圈子之内的东西都是下里巴人：这是赫拉克勒斯之山，绝对不能超越，否则就要迷失。

但没有什么能敌得过真实。无论愚蠢的人对它如何赞颂，坏的东西总要消逝；无论无知的人态度如何含混，欲望如何强烈，好的东西总会流传下去。令人不快的是，艺术家只有当他们死亡以后，才能得到公允的评价。只有当他的人生被曲解之后，人们才会到他们的墓前撒下几朵芬芳不再的花朵。该怎么办呢？要不放手不做，要不就服从那些比我更有才华的人都不得不屈从的规则。如果一个人的工作不能成为他生活中最美好的时刻，又不满足于个别人对他的赞许，他将是多么地不幸。公正的评判人是有限的。啊，我的朋友！当我发表了一些东西的时候，一个剧本的初稿，一点儿哲学思想，一些关于道德或文学的片段，我的精神才会因为这些多样性得到调剂。我会去看你的，如果我的出现不会让你感到厌烦，还用满意的神情来迎接我，我会耐心等待，让时间和迟早会来临的公道来评判我的作品。

如果已经有一种戏剧体裁存在，就很难再引入一种新的体裁。这一种是引进的吗？另一种成见：我们不久就会认为这两种体裁是相近并相互影响的。

芝诺否认运动的真实性。为了回应这一点，他的对手站起来走了几步；即使他只是像个跛子一样一瘸一拐，他也很好地回应了这个问题。

我试图在《私生子》中找到一种介于喜剧和悲剧之间的戏剧概念。

我答应会写，但由于各种事物一直推迟的《一家之主》就是介乎《私生子》这样的严肃戏剧和喜剧之间的一出戏。

假使我有兴致有勇气，我还希望能写一部介乎严肃戏剧和悲剧之间的剧本。

不管人们是否承认这些作品的价值，或者我们不对它们发表任何言论，这些作品也足以证明，我所觉察到的这两种戏剧体裁之间是有一定创作空间而不是虚幻的。

严肃的喜剧

这就是戏剧体裁在整个体系中的划分。轻松的喜剧，以滑稽和出丑为对象；严肃的喜剧，以人的美德和义务为对象；悲剧一向以公众的悲惨事件和大人物的不幸为题材，但也会有以家庭的不幸事件为对象的。那么谁来承担重大的描绘人的责任呢？打算负责这个任务的诗人又应该具备怎样的能力呢？

他得是哲学家，深挖自己的内心，看到人的本性，还需要了解社会上的各个阶层，了解它们的功能、重要性和优缺点。

“但如何将一个人的一切都纳入到戏剧这个封闭狭小的空间中呢？什么样的情节可以满足这个目的呢？我们可以在这种戏剧中创作被称作插曲剧的剧本。插曲式的场景前后相接并不连贯，或通过一定的微不足道的情节而贯穿始终：但越统一，戏剧行动越少，就越无趣。每一场都包含贺拉斯建议的这两点：但戏剧毫无整体感，全剧显得松散无力，无精打采。”

如果人的生存状况可以为戏剧提供创作题材，就像莫里哀的《冒失鬼》已经很好了：但我相信还可以更好地利用现实题材。每一种社会地位身份的义务和弊端都不是同等重要的。我觉得我们可以抓住主要问题，以此作为作品的基础，把其他作为细节处理。这也是我在《一家之主》中想要表达的，儿子和女儿的婚事是全剧的主心骨。财产、门第、教育、父亲对儿女的责任、儿女对父母的义务、婚姻大事、独身生活，一切属于父亲“一家之主”这一角色的相关问题都由对白引出。如果由另一个接手这项事业，即便他拥有我所缺乏的才能，他的剧本将会以何种面目出现，您到时候看看吧。

我们对这种体裁的反对只证明了一点，这种体裁很难把握，不是一个孩子能胜任的工作，它需要更多创作技巧，知识积累，需要庄严性和思想的厚重，当我们从事戏剧事业时，我们并不具备这些能力。

为了更好地评判一种作品，不该拿它和另一部作品进行比较。这正是某位一等批评家所犯的错误，他说，“古代人并没有歌剧，因此歌剧是一种不好的体裁。”更慎重或更有学识的人可能会说，“古代人只有一种歌剧，因此我们的悲剧也是不好的。”最好的有理智的逻辑学家既不会那样表述，也不会这样表述。有没有现成的规范是无关紧要的。存在先于一切的规律。在还没有诗人诞生之时，就有诗学。如果没有关于诗的理论，我们如何去评判第一首诗？到底是因为它能够给人带来愉悦，所以才是好诗呢，还是因为它是好诗，所以才能给人带来愉悦呢？

人们的职责就是为戏剧诗人提供足够多的素材，包括滑稽的笑料和罪恶丑行；正派的严肃剧到哪儿都会取得成功，尤其是在世风日下的人群中，其作用超过其他地方。只有在剧场中才得以摆脱坏人的包围；在这里，他们将找到他们愿与之相处的伴侣；在这里，他们将看到人类应有的样子，并与之和解。好人难求，但还是有的。谁要是不这样想，他就是在进行自我谴责，并以此表示他与所有人的相处都是不幸的：他的妻子，父母，朋友或者认识的人。有一天，有一个人在津津有味地读完一部正派的作品之后对我说：“我感到很孤独。”这本书值得称赞，但他的朋友不该受这个讥讽。

创作的时候，眼前总是浮现美好的品德或是有德行的人。当我提笔的时候，我想到的正是你，我的朋友；当我写作的时候，浮现在我眼前的也恰恰是你。我想让苏菲快乐，若是你对我莞尔一笑，若是她为我潸然泪下，若是你俩都能由此而更爱我一些，我就没有白白付出而得以满足了。

当我听到《虚伪的慷慨者》中有关农民的那些场景的时候，我就说：这是一出世世代代都会让所有人感到愉悦的戏剧；它会让人潸然泪下。演出的效果证实了我的判断。这出戏完全属于严肃剧这一体裁。

有人会说：“一出戏的成功证明不了什么。如果你不像其他作家那样，通过滑稽人物的喧闹打断单调的道德说教，无论你怎么看待严肃剧这种体裁，我还是总会担心你只能写出一出出冷酷无情的场景，令人厌烦而伤感的道德教训，和对白式的说教。”

一起来看一下正剧的各个部分。是否应该通过主题来判断呢？在严肃的正剧中，主题并不是不如轻松惬意的喜剧那么重要，而是应该以更为真切的方式着手。根据人物性格来判断吗？人物性格可以非常多样化，非常新奇独特，诗人还不得不更用力地去刻画人物。通过激情来判断吗？激情表现得越强烈，趣味就越浓。依据风格来评定吗？在正剧里，风格应是更有力、更庄严、更高尚、更激烈，比我们叫做感情的东西更加敏感。如果没有感情，任何风格都不可能打动人心。去掉滑稽成分可以评判吗？由一种被误解的兴致或激情的传达所引起行为与言辞的疯狂，并不是生活中真正可笑之处。

我现在举出泰伦斯作品中的美妙之处为例；并询问戏剧《父亲》和《情人》中各场戏的写法属于哪种体裁？

如果是在《一家之主》中，我无法回应主题的重要性，如果主题的展开平淡无奇，充斥着长篇大论的激情宣言和道德说教；如果剧中父亲，儿子、苏菲勋爵、盖尔莫、塞西尔等角色都缺乏喜剧的活力；这应该归咎于这个戏剧体裁本身呢，还是应该归咎于作者呢？

假如有人提议要把法官搬上舞台，按我所设想地那样把主题安排得生动有趣，剧中人要尽力体现他的身份职能，或者失去他的尊严、神圣，让我的眼睛和别人的眼睛蒙上耻辱，为了激情、嗜好、财富、门第、妻子和儿女而牺牲自己；如果我们愿意，过后人们会说严肃剧没有热情、没有色彩、没有力量。

每当我因为习惯或新奇而犹豫不决的时候，这两样都会使我犹豫不决，有一种办法经常能促使我成功抉择，那就是运用事物的发展规律来将他们从自然中迁移到画布上，然后把它们安置在离我既不太近也不太远的地方来观察。

让我们采用这个方式吧。挑选两出戏剧，一出是严肃的，一出是轻松愉快的，然后像画廊里的画一样把这两出戏剧里的场景都摆出来，然后看我们会在哪场戏前驻足最久，最乐意观看，在哪个场景中将体验到更强烈更愉快的感觉，哪场戏是我们迫不及待回去再欣赏的。

我再重复一次：正派，正派。比起那些能引起轻蔑和嘲笑的戏剧，正派的戏剧会以一种更隐微更内敛的方式打动我们。诗人啊！你多愁善感又纤弱细腻，拨动这根琴弦吧，你会听到它在所有灵魂中回响、颤动。

“人的本性一定是好的吗？”

是的，朋友，非常好。水、空气、泥土、火，这一切在自然中都是好的；晚秋卷起的风暴，摇撼着树林，使树木枝叶相互拍打撞击，折断枯木；暴雨拍击冲刷着海岸，火山崩裂喷出熔岩，奔涌上天。

是这些需要谴责的成规陋习而不是人的天性毒害了人们。事实上，有谁能像一个慷慨的行动那样使我们感动？哪里有这种卑鄙无情的人能够聆听一个善良人的控诉而无动于衷？

道德高尚和卑劣下流这两种人的眼泪只有在戏院的剧场里才会同时出现，水乳交融。坏人会对自己可能犯过的恶行感到不安，会对自己曾给别人造成的痛苦产生同情，会对一个与他品性相投沆瀣一气的人表示气愤。当我们感触良多的时候，这种感觉已刻骨铭心，不论我们是否愿意。走出剧场的这个坏人已经不像以前一样作恶多端了，这比被一个严厉而生硬的说教者痛斥一顿要有效得多。

诗人、小说作家、喜剧演员都以迂回曲折的方式深入人心，以同样激荡强烈的方式打动舒展开来的灵魂。他们用以感动我的那些痛苦的确是想象的，但它们还是打动了我。《遁世的贵人》《基勒灵修道院院长》《克莱夫兰》[①]的每一行都激发我去关注道德高尚却遭遇不幸的人，并为他们泪流满面。有哪种艺术比使我变成恶人的帮凶更有害的？同样，有哪种艺术能够比将我在不知不觉中同善良的人的命运紧密相连而更可贵呢？这种艺术把我从正在享受的静谧安详中剥离出来，让我与善良的人同行，把我带进他隐居的洞穴，克服一切艰难险阻向诗人证明他的恒心毅力。

哦！如果所有摹仿的艺术都为自己树立一个共同的目标，通过艺术规则，让人在将来的某一天能够追求道德并憎恨罪恶，人们将受益无穷。要邀请哲学家加入，让哲学家向诗人、画家、音乐家大声疾呼：“天才们，为什么上天赋予你们如此天赋？如果他们能听到，淫秽不堪的画面将不再充斥着宫殿四壁，我们的声音不再成为罪恶的喉舌，高雅的品味和风俗最终赢得了胜利。一对双目失明的夫妻在风烛残年相濡以沫，眼中噙着温存的泪水，双手紧握，相互依偎，也可以说，在死亡临近的时刻，这幅场景比起他们年少青春轰轰烈烈你侬我侬的场景不需要同样的天赋来理解，不能引起更多的兴趣吗？”

道　德　剧

我有时想，人物可以在舞台上讨论最重要的道德问题，而不至于妨害剧情急

---

① 纪尧姆·普雷沃（1697—1763），法国散文作家，著名历史小说家，文学史上通称“普雷沃神甫”（l’abbé Prévost）。

剧迅速的发展。

这到底是怎样一个问题呢？应该这样安排诗作，以便使故事像《西拿》中的放弃王权那样处理。诗人也是这样来讨论自杀、荣誉、决斗、财产、尊严，以及其他多重问题的。我们的诗人将获得一种他们不曾具备的严肃性。如果这样一个场景是必须的，如果这个场景能够深入人心，如果这个场景的诞生已经被宣告并符合戏剧的需要，那么他们将全神贯注，在剧中所体会到的感受和在那些现代作品中短小精悍文笔细腻的警句所带来的完全不同。

我想通过一出戏得到的并不是这些话语，而是印象。一个剧本中有许多毫不相干的思想观点经常被引用，如果我们说这是一个平庸的作品，绝对不会说错。只有一首诗作的效果能够让人长时间回味无穷，这才是一首杰出的作品。

啊，戏剧诗人啊！你们应该争取的真正的喝彩不是一句漂亮的诗句以后突然爆发的掌声，而是长时间静默压抑后能使之释然的发自灵魂的一声深沉的叹息，还有一种更强烈的印象，假使你为艺术而生，假使你能预感到它的全部魔力，你就可以设想得出：那就是使人们感到局促不安。于是，我们心神不宁，踌躇不决，摇摆不定，茫然不知所措；你的观众将和地震区的民众一样，看到房屋的墙壁摇晃不止，觉得土地在他们的脚下陷落。

哲 理 剧

有一种戏剧，我们可以在其中直接提出道德问题并获得成功。举个例子。仔细听我们的评论家将说些什么。假如他们认为这索然无味，我们则认为他们灵魂中缺少激情，辩论中缺少逻辑，冷酷无情，缺心少肺。对我而言，如果一个天才作家采用了这种戏剧，他将使观众连擦干眼泪的机会都没有；我们欠他一出感人至深的场景，让我们得到一次最有教育意义和芬芳隽永的阅读。这个例子就是苏格拉底之死。

这个场景是在监狱里发生的。

整个雅典在喧闹，而这个正直的人却在安睡。我们看到哲学家带着锁链躺在干草上。他正在熟睡。他的朋友们预先贿赂了狱卒，天刚破晓就进来告知他即将获救。

苏格拉底一生清白。在临近死亡的时刻回想到自己一生问心无愧，这是多么美好的一件事！（第一场）

苏格拉底醒来了,看到了朋友们,对他们早上到来感到诧异。

苏格拉底之梦。

他们告诉他已经被判处了死刑,他们一起合计该怎么办。

每个人都应该尊重自己,尊重法律的神圣不可侵犯。(第二场)

狱卒进来了,解开他的锁链。

一个悲欢喜乐的传奇。

法官进来了,和他们一道进来的还有控告苏格拉底的民众。他被控诉,为自己抗辩。

辩解。(第三场)

法官宣读起诉书,苏格拉底质询法官、原告和民众,他催促他们回答,再追问,再回复。必须把事情如实表现,而戏只会更真实、更感人、更美。

法官们退场;苏格拉底的朋友们留下;他们已经预感将会被判刑。苏格拉底和他们谈话,还宽慰他们。

论灵魂的不朽。(第四场)

他被判决了,法官宣判他处以死刑。他见到了他的妻子和孩子。毒药端来了。他饮鸩而死。(第五场)

这里全部只是一幕戏剧,但如果安排得当,几乎等同于其他戏剧一整出的篇幅。这样的戏剧不需要非凡的表现力吗!何等深刻的哲理!何等的自然!何等的真理!如果人们能准确地把握哲学家的坚毅、简单、安详、沉静而高尚的品质与性格,我们可以感受到这是何等难以刻画。每时每刻,他都要在嘴角上挂着微笑,而在眼中里噙着泪水。如果我能完成我所设想的这个任务,我也将死而无憾。再重申一遍,倘若批评家们在这里只看到一连串冷漠乏味的哲理性的台词,啊,可怜的人们!我是如此地同情你们!

简单的和复杂的戏剧

于我而言,我更注重人物性格情感在剧中逐渐上升的发展,最终在全部情感的喷涌爆发中结束，而不看重戏剧中交织着的错综复杂的事件情节并以此来左右人物与观众的情感。我以为高尚的品味会蔑视这些，那些夸张强烈的效果也不能与此相容。但这就是我们所称的情节上的一波三折。古代人有另一种想法，一种简单的处理，在结局之前设置一个极有力的情节而将全剧推向高潮。一个迫切发生的悲惨结局，却因强有力的台词，轰动的情感，几幅画面和一两个重点刻画的人物而不断向后推移：这就是他们的全套装备了。索福克勒斯并不需要更多的东西使观众感到惊愕。要是诵读古人的诗歌而感到不快，就永远不会理解我们的拉辛的创作在何种程度上要归功于老荷马的遗产。

你没有跟我一样注意到吗，一个剧本不论多么复杂，几乎没有一个人不是在看了它的首次公演以后就记住了情节内容？人们很容易记住故事，但不容易记住台词，而事件一旦讲述出来了，复杂的剧本就失掉了它的效果。

假使一部戏剧作品只公演一次而永不付诸印刷，我会对诗人说："按照你的意愿把戏剧编得更加错综复杂吧，一定可以引人入胜；但是如果你希望你的作品被阅读并它流传下去，那么你就必须简单处理。"

一场美妙的戏剧比整个剧本中的情节故事包含更多的思想；正是这些思想使人们回味不已。因为这些思想，古往今来在任何时代，我们都会不知疲倦地倾听。罗兰在石窟里徒劳地等待背信弃义的安琪莉克①；吕西尼昂和他女儿的谈话②；克吕泰涅斯特拉和阿伽门农的谈话③，这些场景对我而言是常听常新的。

当我按照意愿将戏剧处理得更为复杂的时候，情节还是一致的。不可能在一出戏中同时衍生出两条情节线，而不使其中一条依托另一条而存在。在现代戏剧中这样的例子不胜枚举！但我不想冒犯谁。

还有比泰伦斯在《安德鲁斯女子》④中把庞非勒和沙里努司的恋爱穿插起来更巧妙的手法吗？可是这样做就无懈可击吗？在第二幕开始时难道没有让人感到突然进入到了另一部戏剧吗？第五幕结束得很巧妙吗？

谁要同时设置了两条情节线就必须负责把它们在同一个时刻里解决好。假

---

① 见基诺的歌剧《罗兰》(Rodand)第4幕。

② 见伏尔泰的悲剧《扎伊尔》(*Zaire*)第2幕第3场。

③ 见拉辛的悲剧《伊菲革涅亚在奥利德》(*Iphigénic en Aulide*)第4幕第4场。

④ 见古罗马喜剧家泰伦斯(Terence，约前190—前159)的戏剧《安德罗斯女子》(Andria)。

使主要情节先结束，那么剩下的一个将无所依附；如果与此相反，因插入性的情节放下情节主线，又会有别的问题：有些人物或者突然消失，或者莫名其妙地突然出现，作品会变得残缺不全令人扫兴。

在泰伦斯的剧本《自责者》或者译作《与己为敌》中，如果作者不具备足够的才智，不能把在第三幕就结束了的克里尼亚的情节和克里蒂丰的那个情节重新串联起来，这剧本会成什么样子！

泰伦斯把米南德的《贝林蒂埃纳》中的情节搬到了《安德鲁斯女子》[①]里去，也是这位希腊诗人写的，把两部简单的剧本改编合并在一起。我在《私生子》里所做的恰巧和他相反。哥尔多尼[②]在一部三幕笑剧里把莫里哀的《吝啬鬼》和他自己的《真实朋友》的人物融合起来。我把这些主题分开，编成了一个五幕剧：不管编得是好是坏，但可以肯定我在这一点上是有理由的。

泰伦斯以为他增加了《赎罪者》的题材，就造就了一个全新的剧本，这点我同意；但如果说这样就更好，那就又当别论了。

如果我自以为在《一家之主》中抖了某些机灵，那就是让这对儿在前几幕里不能互诉衷情的恋人瑞墨衣和赛西勒相爱，而且我把他们的爱情在整个剧本中作为圣亚宾和苏菲爱情的附属品，以致于瑞墨衣和赛西勒依然无法表明心迹，尽管他们一直出现在一起。

没有中间的道路：一方面有所得，另一方面就有所失。假使你通过扩充题材而迅速得到兴趣，你就要削减台词，你的人物将没有时间说话；他们只有动作，而得不到发展。这是我的经验之谈。

——Denis Diderot, *De la Poésie dramatique*, dans *Œuvres complètes de Diderot* (Tome VII), Paris: Garnier, 1875. 吴湜珏珊译

【导读】

德尼·狄德罗(Denis Diderot, 1713—1784)，法国启蒙运动时期代表性思想家、美学家和戏剧家，在哲学、美学、小说、戏剧等多个领域进行探索，被称为“百

① 泰伦斯模仿米南德的同名著作编写的喜剧，于公元前166年首场演出。

② 哥尔多尼(Carlo Goldoni, 1707—1793)，意大利剧作家，现代喜剧创始人。

科全书派”代表人物,著有《关于美的根源及其本质的哲学探讨》《论绘画》《关于〈私生子〉的谈话》《拉摩的侄儿》等一系列哲学美学论著和文艺作品,不仅对法国启蒙思潮起到重要的组织和推动作用,而且在理论思想上达到相当的高度。他在美学长文《关于美的根源及其本质的哲学探讨》中提出的“美在关系说”这一新颖观点,不仅奠定了美学研究中唯物主义认识论的基础,也为探讨艺术、自然与真实的关系以及真善美统一问题提供了思想资源。除文学和美学以外,狄德罗的另一贡献在戏剧理论方面,不仅创立了以现实生活为题材的“严肃的喜剧”(又称“市民剧”或“正剧”),还强调戏剧移风易俗的审美教育功能,主张艺术要严肃地进行“美德的展示”并“对人进行教育”,体现了他作为现实主义美学家和启蒙主义斗士的美学理想。

《论戏剧诗》(又译“论戏剧艺术”)发表于1758年11月,是狄德罗深刻思考戏剧艺术及其美育功能的代表性文献。它作为剧本《家长》的附录一起出版,并产生了比剧本本身更大的影响。狄德罗在文中系统阐述了自己的戏剧理论和美育思想,提出要创造一种“介乎喜剧和悲剧之间”的新的戏剧体裁——“严肃的喜剧”(以人的美德和责任为对象),以此反对古典主义的戏剧观及其清规戒律。与古典主义悲剧借助“错综复杂的事件情节”宣扬感情的方法不同,狄德罗“更注重人物性格情感在剧中逐渐上升发展,最终在全部情感的喷涌爆发中结束。”这不仅因为“一场美妙的戏剧比整个剧本中的情节故事包含更多的思想;正是这些思想使人们回味不已。因为这些思想,古往今来在任何时代,我们都会不知疲倦地倾听”,而且通过“构造事件情节”去宣扬感情也背离了戏剧的“真实”。对于狄德罗来说,“自然”与“真实”是戏剧最为重要的现实主义美学原则,它要求戏剧家能够如实地揭示生活现实而非苦心经营艺术的手段,舞台人物也只有从真实的生活情境出发,才会是有生气的和动人的。此外,狄德罗还主张人物性格和情境的冲突,要求在矛盾冲突中塑造人物性格,这也是其“情境说”与“美在关系说”戏剧观的要义,体现了狄德罗在文学艺术上的唯物主义立场。

对艺术“自然”与“真实”的强调,与狄德罗对表现市民生活的戏剧追求密切相关。在他那里,市民生活剧就是要求戏剧家关心社会生活中的道德问题与重大现实问题,通过舞台表现来使观众获得“最有教育意义和芬芳隽永的阅读”,最终达到戏剧的教育和道德作用。在狄德罗看来,一种艺术倘若是虚构的,那它无论以怎样迂回曲折的方式打动人心,也是“恶人的帮凶”;艺术的真正可贵之处在于使人“在不知不觉中同善良的人的命运紧密相联”,“让我与善良的人同行”,这是“严肃的喜剧”不同于“轻松的喜剧”所要追寻和承担的社会责任。因此,狄德罗认为,真正优秀的戏剧家及其作品所要的不是漂亮诗句后突然发出的掌声,而是“长时间静默压抑后能之释然的发自灵魂的一声深沉的叹息”,以及

“使人们感到局促不安”，这才是戏剧应有的审美效果。为了进一步阐述其戏剧美学观，狄德罗还对戏剧创作过程和技巧进行了深入分析，其中既深入阐发了诸如“戏剧情境”“人物性格要取决于情境”等诸多美学命题，也进一步分析了戏剧的社会教育作用；既要求戏剧家成为一个善良、有学问、有高尚趣味的人，还要求戏剧家从人物的社会关系所形成的矛盾冲突中去刻画人物而不仅仅局限于个人的道德感化，从而真正起到戏剧打动人心的审美效果。

作为现实主义美学的先驱，狄德罗打破了悲剧与喜剧的严格界限，创立了新的剧种，并在戏剧观上推崇理性，主张戏剧创作遵循自然的秩序，表现现实的生活，以使观众关心生活并在道德教化中实现启蒙，从而真正发挥戏剧的审美特性和社会功能。狄德罗的戏剧美学观及其美育思想内容丰富、思路周密，尤其是对于文艺移风易俗的社会效果和教化作用、自然真实的艺术观以及艺术家知识修养和道德修养的强调，不仅极大地促进了欧洲现实主义戏剧的发展，也在西方美学、美育史上有着极为重要的思想开拓意义。（李圣传 撰写）

论在艺术中感受优美的能力(节选)

温克尔曼

在艺术中感受优美的能力是这样一个概念:它包含了主体与客体,包容体与被包容体;但,我把它们视为一个完整体;因此,在这里我把注意力集中于前者,并事先指出,关于优美的概念远比美的概念要广阔。后者直接关系到形象创造,是艺术的崇高目的,而前者涉及所有的方面:思考着的,计划着的,还有正在制作的。

有关这种能力的情况和一般健全的理智相似。每个人都以为掌握着这种能力,虽然它比机智这种能力要少见。和任何人一样,我们长着双眼,便以为看到的不比别人坏。很少见到自认为是长得丑的姑娘。同样,每人都奢望懂得什么是优美的。最使人伤心的,莫过于是被人认为没有好的趣味,这好的趣味用另外的话来说便是这种能力。人们宁愿承认自己在任何一个领域内知识贫乏,也不愿意听到别人指责自己在认识优美方面的无能为力。最多,人们承认在这种认识上的经验不足,但对于自己的认识能力却会坚信不移。认识优美的能力犹如写诗的天才,是上天的恩赐,但由于这种天才并非自然而然地产生,缺乏教育和指导将会变成虚空和没有生气。由此可见,本文涉及两方面的对象:天赋能力的一般论述和对这种能力的培养。

…………

讨论如何训练感受艺术中的优美这个问题,是本文第二部分的内容;为此,可以先提一个建议,然后通过特别的指点为在三项造型艺术中找到很快的运用。但是,这个建议,以至整个这个概述,不是为只求急功近利的青年人准备的,他们自然还不会对未来进行思考;而是为那些除了有才能以外还同时掌握了手段、可能性和空闲时间的人准备的,且空闲时间这一点特别不可缺少。因为正如普利尼所说,观照艺术作品是不为整天的繁重农活所困扰的自由人的事情。幸福的命运赐予我的空闲时间是件极大的乐事,我在罗马有了这样的机遇,多谢我的慷慨的朋友和主人,自从我生活在他身边和他的社交界之后,没有要求我为他们写任何一行文字。这个愉快的空闲时间给予我可能按照我的愿望观照艺术的机会。

关于如何教育那些已经显示出自发才能特征的儿童，我有如下的建议。首先通过解释古今作家特别是诗人作品中那些最优美的地方，以唤起其心灵和感情，培养他们去观照存在于一切形式中的优美，正是这一途径能够引向完善。还必须同时训练他们的眼睛去观察艺术中的优美，因为艺术在一切国家都有相当的表现。

最初可以给他看看古代的高浮雕，还有古代的绘画，即由巴尔托利[①]作的那些铜版摹品，他准确和有趣味地表现出了这些古代绘画作品的美。然后可以拿出拉斐尔的圣经画，即画旧约历史的那些作品，它们由这位伟大的艺术家画在梵蒂冈宫敞廊的拱顶上，其中一部分由他本人完成，还有一部分是别人根据他的素描画的。同样，这一创作也有巴尔托利的铜版摹品。这两项创作能使那些没有因受到溺爱而损坏了眼力的人得到教育，明白用手上功夫作出来的画好在什么地方。如果我们注意到，没有经验的感觉就和常春藤一样，不论攀附在木头上还是攀附在破败的墙壁上都是那样轻而易举，换句话说，这种感觉在接受好的和孬的时，都一样地满意，那么，给这种感觉提供优美的画作为营养就是很必要的了。这里用得着狄奥格涅斯[②]的一句话：应该祈祷神灵恩赐给我们令人高兴的现象。在受到了拉斐尔形象滋养的少年当中，过一段时间，可以用心观察那些刚刚看过立在同一地方的《梵蒂冈的阿波罗》和《拉奥孔》，接着又去浏览圣彼得大教堂中圣徒立像的人，会得到一些什么感受。因为正如真理不需证明也会令人信服，从少年时代即被观照的优美，即使没有进一步的劝导，无疑也会受到欢迎。

这一涉及最初教育的建议，主要适用于那些年轻人：他们在农村受到一些不完备的教育，或者在这项知识方面没有任何导师，但对于他们同样是可以进行帮助的。应该找到戈尔蔡乌斯[③]的希腊钱币的出版物，这些钱币画得十分精妙。对它们的观照和解释既有益于我们的目的，也有益于进一步的教育。但是最愉快和有益的工作是从优秀的刻石上所作的印模。这种石膏印模的相当大的收藏可以在德国看到；在罗马，可以找到这一类刻石最优美的杰作的完整收藏，它们是在红琉石上刻造的。研究这一类收藏，有助于我对斯托塞收集的刻石作品的描述。如果有谁愿意破费去买珍贵的出版物，可以去购买《佛罗棱萨博物馆》这一卷，它的内容包含了对刻石的描述——这一卷单独出售。

---

① 皮也罗·桑蒂·巴尔托利(1635—1700)，意大利版画家。——译注

② 狄奥格涅斯(前404—前323)，希腊哲学家，犬儒派哲学的代表人物之一。——译注

③ 戈尔蔡乌斯(1558—1616)，荷兰铜版画家。——译注

生活在大城市的儿童，假如他被指引来研究优美，他可以得到口头的劝告，那么作为开端，我同样对他做出如上的建议。他的老师如果掌握了区别古代与现代艺术的难得本领，那么他可以选择将现代石刻的印模收藏与古代石刻品的印模加以比较的方法，从而提供关于古代作品中真正优美的观念和在多数现代作品中的虚假观念。有非常多的东西可以揭示和说明，甚至不需要学习绘画。因为从对立情况的比较中便可以看得一清二楚，例如，一位歌手的平庸在和协调的乐器作比较时就能被识别，当他的歌唱没有乐器伴奏时便产生出另一种印象。还有，描绘还可以与文字同时传授，如果描绘达到相当的艺术水平，将有助于知识的充实和牢靠。

这些用版画和石膏进行的局部课程，无论如何仍然如同在纸上学习土地测量一样。缩小的摹本仅仅是真实的阴影，在荷马原作与他最好译本之间的区别，小于古代或拉斐尔的作品与它的复制品之间的区别。这些复制品是僵死的，但它们在起作用。所以，艺术中优美的真正和充分的知识，除了观照原作本身以外，别无他法，而且主要要在罗马观照；从而，去意大利旅游，对那些生来具有认识优美的天赋和在这方面获得充分准备的人来说，就是最理想的了。在罗马之外的地方，就只能去高度赞美那些为数不多的和质量不高的作品，犹如情侣们只能满足于目光和叹息。

…………

在这些教育问题的一般建议之后，应该转向论述如何认识三门造型艺术——绘画、雕塑和建筑——中的每一门艺术所特有的美；为了使这里涉及的领域不过分扩展，必须作适当的控制。考虑到本文的容量和不与我将要从事的其他重要著述和研究重复，我只能在这块土地上捡拾一些花和草。

在这些艺术领域里，认识优美最困难的是在第一门类（绘画）中；在第二门类（雕塑）中容易些；在第三门类（建筑）中，就更加容易了。但要证明为什么是优美的，则在三种门类中都同样困难，这里用得上一个谚语：证明一个显而易见的真理比任何事情都难，因为在感觉的帮助下它已经很有说服力。

建筑中的优美具有更为一般的特征，因为它主要包含在比率中；建筑物可以在没有装饰的情况下仅仅借助于自己的比率就是优美的。在雕塑中有两个复杂的方面：色彩与明暗；它们不同于绘画中用来加强自己雄伟之美的色彩与明暗。这一点也说明在与其他门类的相互比较中，逐渐掌握和理解一门艺术较为容易。

正因为如此，贝尼尼虽然没有掌握人体方面的优美感觉，也能成为伟大的建筑师，可是作为雕刻家，他就得不到相同的赞赏了。这一点是清楚的，不过使我感到惊奇的是：人们即使不能决定绘画和雕塑哪个更难，却也照样能生存下去。至于说在现代好的雕塑家少于绘画家，这是毫无疑问的。比起其他两门艺术来，雕塑中的优美更趋向达到一个目的，那个在其他两门艺术中对优美的感受就显然更为少有。这个情况在罗马可以遇到，甚至在最新的建筑物中也不例外，它们当中只有少数是按照真正美的法则建筑的，如维尼奥洛[①]设计的所有建筑物。在佛罗棱萨，优美的建筑成为稀有的珍品，那里可以称作优美的仅仅是一座不大的住宅，甚至佛罗棱萨人也把它当作名胜古迹来看待。同样的情况见于那不勒斯。但威尼斯胜过这两个城市，因为有帕拉迪奥[②]在大运河上建筑的一系列宫殿。按照意大利的方式你们可以亲自考察其他国家建筑的情况。在罗马，优美的宫殿和住宅比意大利其他地区的总数要多。当代最优美的建筑物是亚历山大·阿尔巴尼红衣主教的别墅和其中的大厅，它应该被认为是世界上最美和最出色的建筑。

在建筑中，作为优美的体现，是全世界最优美的建筑物——圣彼得大教堂。因凯姆别尔和其他人发现的缺点而对它的指责时有所闻，但它们没有任何根据。他们指责说，教堂正面跨间和个别的部位与整个建筑物的规模比例不和谐。但是，他们没有注意到，这些臆造的缺点是不可避免地要产生的，因为教皇通常是从阳台上向人群致意，犹如在圣乔瓦利·拉泰拉诺和圣马利亚·马乔雷教堂那里一样。从这一角度看，阿提加式的柱廊不比建筑物中的其他部分高。但被渲染的主要错误是，教堂正面的建筑师卡洛·马代尔诺，把正面建得太突出，致使这个教堂没有建成希腊的十字形，而成了拉丁的十字形，在希腊的十字形中圆顶是在正中。但是，这样做是由于有特别的嘱咐，为的是新的建筑物占据原来教堂的整个广场。拉长的主意已经由米开朗基罗以前的拉斐尔提了出来，这从他的设计图中可以看出，他当时是圣彼得大教堂的设计者；看来，米开朗基罗事实上也持同样的意见。此外，希腊十字形与古代建筑的法则是相违背的，按照法则，庙堂的宽度应该是长度的三分之一。

为了训练优美的感觉，在古代雕刻作品中首先需要研究的是，在同一个人像

---

① 贾科马·维尼奥洛（1507—1573），意大利建筑家与艺术史家，曾领导罗马圣彼得大教堂的设计与建筑，著有《建筑风格法典》一书。——译注

② 安德列·帕拉迪奥（1518—1580），意大利建筑师，曾参与圣彼得大教堂的设计，在威尼斯有他设计的许多建筑物。——译注

中古代制作与现代制作之间的差别。由于不懂这个差别，使许多冒牌的专家和学者误入歧途。因为这些差别不是随处可以找到的；像在朱斯蒂尼阿尼宫许多修复的雕像上那种情况，甚至会引起那些没有经验、但具有良好趣味的人的反感。这里我是指人像本身部位的修复，至于修饰雕像的象征物并不能构成关于优美的观念。所有论述被称作《法尔尼西的牛》的雕像的人，都有失误的地方，他们没有发现作品中后人修复的痕迹，而对优美的感觉能力至少应该使他们对这组雕塑的人体产生疑惑。在裸体人像上并非一切优美（因为在古代，也如柏拉图在对话录《克拉蒂尔》中所说，有好的和不好的艺术家），但毕竟较少不正确的和往往不好的；值得注意的是，在我们这里被认为是完善的作品，是缺点较少的；如果从这个意义上理解优美的作品，我们可以找到很多这类古代人像。但是，抽象的和只是优美的，应该区别于美的表现力。梵蒂冈的阿波罗的头部属于后一类，波尔格兹神像（阿波罗）的头部则属于前一类：它的头部与气愤的、傲慢的神祇吻合得天衣无缝。古代人像上著衣的部分自有其优美的风貌，与裸体不相上下。雕像上的衣衫安排得很好和很优美，并非像通常被误认的那样，都是按照湿衣服的模样来制作的。这里指的是那些具有许多深而小的衣褶的薄衣衫，它们紧紧地贴在身上。不能因此而为那些当代的艺术家们辩护，他们在历史文献的基础上创造出另外一类事实上从未存在过的衣衫来替代古代的衣衫。

某些著述者能够谈论古代艺术品的，至多是和一些香客评论罗马城那样，对那里的高浮雕评头论足，说上面的人像一般高，没有绘画上要求的各种层次和远景的透视法等等。他们以为这是早就被证明了的真理，并由此得出结论说技巧不够熟练，并且宣称平面处理比立体处理难度大。应该告诉这些人，他们的知识贫乏得可怜，他们不知道作品中存在着三种不同程度的人体透视法和凸形处理法。这类作品中的一件葬于阿尔巴尼别墅出色的大厅里。在评价当代雕塑家的作品时，人们不得不离开一般的法则：在他们的作品中不是总能谈论技巧的。例如圣彼得大教堂中的圣多米尼柯像，穿戴骑士团的服装，为有经验的作者勒格罗设置了几乎难以克服的障碍，使他无法取得美。

绘画的美既包含在素描和构图中，也包含在色彩与明暗之中。在素描中，美本身是一种试金石，甚至在应该激起恐怖的感情时也是如此。所以，离开形体的美可以认为是大胆的，但画出来却是不美的。在拉斐尔的《众神的欢宴》中，有些人像不合这个要求。不过，这幅作品是由他的一位学生完成的；他宠爱的学生朱利奥·罗马诺没有掌握真正优养的感觉；当拉斐尔的学派像朝霞一样闪出光辉以后，便很快又消失了，艺术家们便不再理会古代，像以前一样去按照自己的愿望走路。这种解体是从楚卡里弟兄[1]开始的,而阿尔皮诺城的朱塞佩[2]使自己和别人的眼睛都失去了光明。在拉斐尔之后几乎经过五十年,卡拉契画派开始繁荣,这一画派的奠基人是他们当中的长者卢多维科,此人在罗马统共只逗留了两周;自然,就素描来说他无法与自己的后继者们尤其是阿尼巴列[3]相比。这些后继者们是折衷主义者,他们竭力把古代人、拉斐尔的纯洁,米开朗基罗的知识,与威尼斯画派特别是保罗·维罗奈塞的丰富、华丽,与伦巴底画派特别是柯列乔的生活朝气合为一体。从阿戈斯提诺和阿尼巴列画派里出了多米尼柯、圭多、圭尔乞诺和阿尔巴诺,他们达到了自己老师们的声誉,但是应该被视作模仿者。

多米尼柯比卡拉契的其他继承者更多地研究了古代,他在没有预先画出最微小的细节之前是不动手作画的,这一点可以从他厚厚的多本素描册上看出来,但在裸体方面,他没有达到拉斐尔的纯洁。圭多·雷尼不论在素描上,还是在制作上,都是不稳定的;他对美是认识的,但不是所有时候都能够取得它。他在著名的《司晨女神》一画中的阿波罗远不是优美的人体,在这个人体与收藏在阿尔巴尼别墅的门格斯做的一群缪斯中的阿波罗之间的差别如此之大,犹如奴隶与主人间上下分明。他笔下的天使头部是优美的,但不是理想的。他抛弃了初期的强烈的色彩并发展成一种光亮的、模糊的和缺乏生气的风格。圭尔乞诺在表现裸体方面没有达到高峰。他没有坚持拉斐尔和古代人素描的严谨性,他只在有己的少数作品中仿效和模仿了他们的衣装和手法。他的作品是高雅的,但是是按照自己的思想画成的,比起前人来,他在更大的程度上被认为是风貌独特的画家。阿尔巴诺是位典雅的画家,只不过并非是古人崇拜的高尚的一类,而是属于较低层次的一类。他画的头部与其说是优美,毋宁说是可爱。按照这些意见,人们可以亲自试着去评论其他这类画家作品中单个人体的美。

构图的美在于智慧,也就是说它应该是类似举止得当和智慧的人在一起集合,而不是粗野和心绪不宁的人的相聚。它的第二个属性是有根有据,即其中不应该有任何多余的和空泛的,没有任何像在诗歌中为了韵脚所作的辅陈,因而次要的人物不是像嫁接过来的树枝,而是像一棵树上生长出来的枝叶。第三个属性在于避免动作和姿势上的重复,这种重复暴露出想象力的枯竭和粗枝大叶。不要为特别巨大的构图的尺寸而惊喜。那些能很快用许多人体来填满巨大空间

---

① 楚卡里弟兄是指塔基奥(1529—1566)和费代里戈(1542—1609),罗马艺术家。——译注

② 朱塞佩·阿尔皮诺(1568—1640),罗马历史题材画家。——译注

③ 卡拉契家族的主要画家是:卢多维科·卡拉契(1555—1619),阿戈斯提诺·卡拉契(1557—1602),阿尼巴列·卡拉契(1560—1605)。——译注

的人，如兰弗兰柯[1]画的大圆顶壁画，像许多对开本的著作者，画了几百上千的人物。数量与质量很少是吻合一致的，因此有个人曾写信给自己的朋友说，他没有时间说得更简短，因为他懂得，难处不在于说得多，而在于说得不多。提也波洛[2]在一天之内创造得比门格斯用一周时间画得还多，但前者的作品看完以后被人们忘记，而后者的作品将永远有生命。在有些情况之下，巨幅作品精心制作，最微小的细节也仔细推敲，例如米开朗基罗的《最后的审判》，为这件作品所画的素描昔日在阿尔巴尼的收藏之中，有许多单个人像和一组组人体的亲笔速写保存了下来；又例如在拉斐尔画的《康斯坦丁的战役》中，我们感到的惊异不会小于在荷马笔下帕拉斯把厮杀的疆场一一指给看的英雄；我要说，在这些情况下，在我们眼前展示的是艺术的完整体系。上述的看法在皮得罗·达科尔托纳画是《亚历山大与波尔》一画中得到证实，此画藏于卡皮托利宫，它是一幅迅速画出和完成的许多小人体的堆砌，尽管它被人们当作奇迹来展示和观赏，尤其有神话渲染，更使它身价不凡——传说路易十六向占有这幅画的萨维利家族建议，要用二十万斯库多来购买它，——这和传说要用十万路易多尔去购买柯列乔的作品《夜》一样，是个需要予以辨正的谎言。

色彩的美要靠仔细的操作才能获得，因为要找到和配备纯色和混合色的所有微妙变化并非轻而易举。所有大师都是从容不迫地工作的，可以说拉斐尔画派以至所有伟大的色彩家画出的作品可以经得起近看。后来在意大利的一群画家中，其中卡洛·马拉他出类拔萃，画得很快并满足于作品所产生的一般印象。由于这一点，当长久地近看他们的画时，色彩的微妙变化便丧失了很多。德国有句谚语应该是指这些艺术家的：远看很美，犹如意大利的画。我把湿壁画和其他的画区别开，因为湿壁画不是那么按细节制作的，它应该产生远看的效果；我也把那些精心雕琢和特别加以修饰的画和其他的画区别开，因为它们的制作极费劳力而又需小心谨慎，与其说是以真正的知识出众，不如说是靠勤勉引人。第一类作品（湿壁画）显示出勇气和信心，它们自由的色块在近看时不会失掉什么，并且比画出来的色块产生更强烈的印象。属于后一范畴的，有世界上一切小型画幅的最杰出的作品——拉斐尔的著名的《基督变容》，它收藏在阿尔巴尼宫，许多人认为是拉斐尔本人的作品，也有人认为是出于他的学生之手。藏于同一地点的凡·德尔·维尔弗的《下十字架》属于另一类型，它是由艺术家按照法尔茨选帝侯为送给教皇克利门特七世的订件创作的。在裸体色彩方面，柯列乔和

---

① 乔万尼·兰弗兰柯（1581—1647），意大利巴罗克风格的画家，专画建筑物的圆顶壁画。——译注

② 提也波洛（1693—1770），威尼斯画家，巴罗克风格的追随者之一。——译注

提香超过所有的大师，他们画的人体真实而有生命。鲁本斯在素描上远不合理想化的要求，但在色彩上达到了上面说的水平。他画的人体像对着太阳伸出来的手指上显现出来的绯红色，而他的色彩可以与柯列乔和提香比美，像溶合在真正瓷器上的透明玻璃。

在明暗关系上只有卡拉瓦乔和斯潘奥列托①的作品可以被认为是优美的，因为它们与光的自然属性相反。他们采用暗淡阴影的立论基础是：对立色彩的相互对比会便色调更加显明，例如白色的皮肤在深色衣服的背景之上就是如此。不过，自然界完全不遵循这一法则，从光亮向阴、向暗的转换是逐步的。朝霞在白昼以前，黑夜以前有黄昏。绘画领域的学究往往赞美艺术中的这种暗色，就像科学领域中赞美被烟草的烟熏黑了的不学无术的作者一样。但能够发现自己身上优美感觉而未掌握充分知识的艺术爱好者，在从冒牌的专家口中听到对作品的赞美，而这些作品又给予他相反的感觉时，便会感到很不自然。假如他充分地研究了优秀画家们的作品，得到了必需的知识，便能够使自己更多地相信自己的眼睛和感觉，而不相信试图说服他的那些议论。常常有这样的人，他们赞美的仅仅是别人不喜欢的，其目的只是为了与一般的意见相反；他们把暗淡的、夸张的尼康德尔②与荷马相提并论，为的是想出言不凡以让人相信，他们找到了自己崇拜的偶像和他们的学问高深。艺术爱好者们可以相信，假如认为没有必要去熟悉著名画家的风格的话，他们就几乎毫无必要花费时间去研究卢克·焦尔达诺、普雷提·卡拉勃雷兹、索利梅诺以及整个那不勒斯画派画家们的作品。至于说现代威尼斯画家，特别是普雅蔡泰③，同样也是如此。

关于感受艺术中的优美，我作如下的提示以作为对上面建议的补充：首先必需细心地对待表现于艺术作品中的富有特色的思想，它们常常像宝贵的珍珠淹没在低劣的珍珠之中而被人忽略。我们的研究应该从理智的表现开始，理智作为更加珍贵的成分同样表现于美之中，从它出发可以对制作表示宽容。这特别适用于对待普桑的作品，他的作品的色彩虽不能夺人眼目，但人们仍能发现它们的主要优点。在《涂油仪式》中，他在表达使徒的一句话“我从容地战斗”时，用的是如下的手段：在挂在死者床上的小木板上写出耶稣的名字，就像在古代基督教的小灯盏上一样；在小木板下面，挂着箭筒，可能是暗示魔鬼的箭。腓利斯丁

① 斯潘奥列托（1588—1659），西班牙艺术家，曾在那不勒斯生活。——译注

② 尼康德尔，公元前1世纪希腊诗人与医生。——译注

③ 上述意大利画家都是属于巴罗克风格的。

人的悲痛通过两个人体表现出来，他们掩住鼻子把手伸向病者。柯列乔在著名的《伊俄》[①]中，表达了高尚的思想：水泉旁的鹿是根据诗歌赞美者的话“水泉旁的鹿是这样嘶叫的……”画出来的，完全是丘必特情欲的象征。因为鹿的嘶鸣在欧洲的语言中还意味着沉重的和炽烈的欲望。在柯隆纳画廊收藏的多米尼柯的画，在表现人类祖先[②]的罪恶时构想很出色。由一群天使簇拥的上帝把犯罪的亚当驱逐出乐园，亚当怪罪于夏娃，而夏娃则埋怨匍伏在她脚旁的蛇。人物按梯形排列，像事件本身一样一个高于一个，也像同一事件的许多环节，一环接着一环。

第二个提示应该涉及观察自然。作为对自然进行模仿的艺术，为了创造优美应该永远追求自由的表现，避免可能产生的任何拘谨，因为拘谨的动作甚至可能歪曲生活中的美。在写作中过分的学究气应该让位于清晰的与说理的解释，同样，艺术应该让位于自然并与它相适应。违背这一原则的甚至有伟大的艺术家，他们以米开朗基罗为首，此人为了表现自己的学识，在大公的墓碑雕像上甚至对庄重端正不屑一顾。有鉴于此，不应该完全在强烈的运动中去寻找美，强烈的运动犹如在笛卡尔[③]几何学中的故意简略，把应该看得分晓的东西掩盖了起来。强烈的运动可以作为素描中的技巧的证明，而并不表明对美的通晓。

第三点提示关系到最后的加工。由于这最后一点不可能成为主要的和最高的目的，因此应该用一种巧妙的方法对它加以忽视，像对待脸上的苍蝇那样；因为在这方面谁也比不过蒂罗尔[④]的工艺匠人，他们想出绝招，用凸出的字母在樱桃核上刻出“我们在天上的父”[⑤]这句话。但是，凡是细部画得像主要人物一样仔细的地方——例如在《基督变容》前景上的禾木科植物即是如此——那里便表明艺术家思维与制作的单一，这样的艺术家如同创世主一样，甚至想在最微小的细节中显示自己的威严与美。当然，云石的光滑不是雕像的属性，这和衣服的平整一样，但它至少可能与大海的表面相比拟。某些特别优美的雕像的表面没有作光滑的处理。

在设想本文的目标时，我想使它具有一般的性质，也许上面写的这些能够满

---

① 伊俄，希腊神话人物，伊那科斯的女儿，为宙斯所爱，为避免赫拉察觉，宙斯将她变为一只牛犊；她各地奔走，为牛虻所逐迫。——译注

② 此处指亚当与夏娃。——译注

③ 笛卡尔（1596—1650），法国学者和哲学家，理性学派的奠基人之一。——译注

④ 奥地利的一个地名。——译注

⑤ 基督教徒对上帝祈祷的第一句话。——译注

足这一要求。对于那些依靠感觉的东西,不能给予充分明确的说明,因为并非用文字的解释可以教会所有的人;顺便说起,阿尔让维尔[①]在画家传记中想对画家的素描作穷尽的描写,他的不成功也证明了这一点。这里的口号应该是:去和看。

——选自温克尔曼:《论古代艺术》,邵大箴译,中国人民大学出版社 1989 年版

【导读】

温克尔曼(1717—1768),德国著名艺术史家、美学家、考古学家,18 世纪德国启蒙运动先驱人物之一,影响了同时代的歌德、莱辛、席勒等文化巨人以及其后的黑格尔等人,也引领了德国以至欧洲追逐古希腊文化与艺术的潮流,被誉为"近代艺术史之父"。

1764 年撰写的《古代艺术史》一书,代表了温克尔曼最重要的理论建树。书中将古希腊艺术史划分为四个阶段,并认为显现了"崇高或雄伟风格"的第二阶段是古希腊艺术的最高阶段,其造型艺术作品代表着希腊艺术的最高艺术理想——"高贵的单纯和静穆的伟大"。基于此,温克尔曼主张艺术创作要模仿古代艺术,以古希腊艺术为美的典范。当然,温克尔曼的主要贡献不仅在于带领德国人发现了魅力无穷的希腊文化,确立了"希腊的美"的典范,更在于他以保存在罗马等地的诸多古代艺术品及文化遗迹为资料,以直接接触、审美体验的方式去观照艺术、研究艺术的历史,开创了一种独特而有效的艺术研究方法,直接确立了以后的艺术史研究范式。

温克尔曼这种主要建基于个人艺术经验的研究方法,同样体现在《论在艺术中感受优美的能力》一文中。温克尔曼在其中指出,每个人都渴望拥有在艺术中认识优美的能力,但这是一种天赋的能力,并非自然产生,而心灵的柔和与感受的敏锐则是这种才能的标志,它使我们的感觉获得享受优美和享受生活本身的能力。至于如何教育那些独具天赋的儿童,温克尔曼给出了一般性的建议:通过解释古今作家特别是诗人作品中的最优美之处,以唤起其心灵和感情,培养他们去观照存在于一切形式中的优美。同时训练他们的眼睛去观察古代著名艺术家及其杰作中的优美,最理想的办法就是去罗马近距离欣赏和感受古希腊艺术原作。更进一步,则是认识每一门造型艺术所特有的美。在温克尔曼看来,认识优美的难度从高到低依次体现在绘画、雕塑和建筑之中,但要证明为什么是优

① 阿尔让维尔,艺术史家,1745 年在巴黎出版了他的著作《著名艺术家传记》。——译注

美的，则在三种门类中同样困难。

具体而言，什么样的艺术能带给欣赏者以优美的感觉？优美又是一种怎样的心理感觉？温克尔曼指出，优美在艺术品各部分的和谐中形成，而各部分的和谐完善是逐渐显示出来的，并且自然平稳地渗透和作用于我们的感觉。这类艺术品带给我们的更多是一种心灵的柔和、宁静，而非紧张、快速或剧烈的情感体验。也就是说，优美的感觉及其提供的心理愉悦具有“温存与柔和”的特色，所以人物形体的真正优美常常包容在纯朴、平静的外表之中，对于它的感觉和认识同样需要类似的宁静柔和的感情。这也正是温克尔曼将希腊艺术的最高理想解读为“高贵的单纯和静穆的伟大”的主要原因所在。由此也不难理解，温克尔曼认定拉奥孔雕像虽在面容和全身姿势上表现了身体的极端痛苦，但并不显出激烈的情感，就是因为如果拉奥孔被塑造得痛苦至极、面目扭曲的话，无疑便会破坏雕塑整体的美感。

温克尔曼对于“美”的本质的探寻及其艺术观念，来自于其对希腊艺术的观照，并以希腊艺术作为“美”显现于艺术之中的见证。这种从具体艺术作品出发，以直觉和感官经验去感受艺术、探究美的方式及其对于和谐、宁静的艺术风格的推崇，不仅有力地批判了当时欧洲盛行的远离现实、形式绚丽的巴洛克风格，也有效扭转了新古典主义时代那种斤斤计较规则的呆板肤浅的风气，对于当时社会的审美教育起到了很大的作用。不过，不容忽视的是，温克尔曼对于古希腊社会及其艺术的认知是高度理想化的，他所描绘的希腊很大程度上是其个人的希腊，而非历史上真实的希腊。他所看到的，绝大部分是罗马时代关于希腊晚期作品的复制品，因而他对于希腊艺术的判断有些是基于错误的史实，其中不乏自相矛盾之处。这是我们今天学习温克尔曼的艺术与美学思想时需要注意的地方。（李雷 撰写）

温克尔曼的《论在艺术中感受优美的能力》（史红 讲授）

拉奥孔（节选）

莱辛

造形艺术家为什么要避免描绘激情顶点的顷刻？

但是上文已经提到，艺术在近代占领了远较宽广的领域。人们说，艺术摹仿要扩充到全部可以眼见的自然界，其中美只是很小的一部分。真实与表情应该是艺术的首要的法律；自然本身既然经常要为更高的目的而牺牲美，艺术家也就应该使美隶属于他的一般意图，不能超过真实与表情所允许的限度去追求美。如果通过真实与表情，能把自然中最丑的东西转化为一种艺术美，那就够了。

不管这种看法有没有价值，我们姑且假定它还没有被驳倒；且考虑一下其他一些与此无关的问题，例如艺术家为什么仍然要在表情中有节制，不选取情节发展中的顶点？

我相信，艺术由于材料[①]的限制，只能把它的全部摹仿局限于某一顷刻，这个事实也会引起上文所提到的那种考虑。

既然在永远变化的自然中，艺术家只能选用某一顷刻，特别是画家还只能从某一角度来运用这一顷刻；既然艺术家的作品之所以被创造出来，并不是让人一看了事，还要让人玩索，而且长期地反复玩索；那么，我们就可以有把握地说，选择上述某一顷刻以及观察它的某一个角度，就要看它能否产生最大效果了。最能产生效果的只能是可以让想象自由活动的那一顷刻了。我们愈看下去，就一定在它里面愈能想出更多的东西来。我们在它里面愈能想出更多的东西来，也就一定愈相信自己看到了这些东西。在一种激情的整个过程里，最不能显出这种好处的莫过于它的顶点。到了顶点就到了止境，眼睛就不能朝更远的地方去看，想象就被捆住了翅膀，因为想象跳不出感官印象，就只能在这个印象下面设想一些较软弱的形象，对于这些形象，表情已达到了看得见的极限，这就给想象划了界限，使它不能向上超越一步。所以拉奥孔在叹息时，想象就听得见他哀号；但是当他哀号时，想象就不能往上面升一步，也不能往下面降一步；如果上升或下降，所看到的拉奥孔就会处在一种比较平凡的因而是比较乏味的状态了。想象就只会听到他在呻吟，或是看到他已经死去了。

---

① 指模仿媒介。

还不仅此。通过艺术，上述那一顷刻得到一种常住不变的持续性，所以凡是可以让人想到只是一纵即逝的东西就不应在那一顷刻中表现出来。凡是我们认为按其本质只是忽来忽逝的，只能在某一顷刻中暂时存在的现象，无论它是可喜的还是可怕的，由于艺术给了它一种永久性，就会获得一种违反自然的形状，以至于愈反复地看下去，印象也就愈弱，终于使人对那整个对象感到恶心或是毛骨悚然。拉麦屈理①曾把自己作为德谟克里特第二画过像而且刻下来，只在我们第一次看到这画像时，才看出他在笑。等到看的次数多了，我们就会觉得他已由哲学家变成小丑，他的笑已变成狞笑了。哀号也是如此。逼人哀号的那种激烈的痛苦过不了多久就要消失，否则就要断送受苦痛者的性命。纵然一位最有忍耐的最坚定的人也不免哀号，他却不能一直哀号下去。正是在艺术具体摹仿里，哀号一直不停止的假象使得他的哀号现出一种女性的脆弱和稚气的缺乏忍耐。这种毛病至少是拉奥孔的雕刻家们所要避免的，纵使哀号不至损害美，纵使他们的艺术可以离开美而表现苦痛。

在古代画家之中，提牟玛球斯②好像最爱选择最激烈的情绪作为画题。他的发狂的埃阿斯和杀亲生儿女的美狄亚都是名画。不过从描写这些画的记载来看，他显然很懂得选取哪一点才可使观众不是看到而是想象到顶点，也懂得哪一种现象才不是必然令人想到它是暂时存在，一纵即逝，一经艺术固定下来，予以持久性，就会使人感到不愉快的，并且懂得怎样把这两点道理结合在一起。他画美狄亚，并不选择她杀亲生儿女那一顷刻，而是选杀害前不久，她还在母爱与妒忌相冲突的时候。我们可以预见到这冲突的结果。我们预先战栗起来，想到不久就会只看到美狄亚的狠毒的一面，我们就可以想象到很远，比起画家如果选取杀儿女那一个恐怖的顷刻时所能显示出来的一切要远得多。正是因为这个缘故，我们对美狄亚在画中所表现的那种长久迟疑不决的神情并不起反感，我们心里毋宁盼望在自然中情形也就这样维持下去，两种激情的斗争最好是没有结局，或是至少是维持到时间和反省会把她的狂怒削弱下去，让母爱终于得到胜利。提牟玛球斯的这种智慧博得了经常的热烈的赞赏，使他显得远比另外一位不知名的画家高明。那另一位画家真够愚蠢，他竟把美狄亚极端疯狂的顷刻画出来，

① 拉麦屈里（La Mettrie），18 世纪法国唯物主义思想家，《人是机器》的作者，自比希腊哲学家德谟克利特，叫人把自己画成一位“嬉笑的哲学家”，制成板画。

② 提牟玛球斯（Timomachus），公元前 3 世纪左右希腊名画家。他有一幅画，表现美狄亚（Medea）当丈夫伊阿宋（Jason）抛弃她而另娶时，大为忿恨，把自己的儿女杀掉。另一幅画，表现埃阿斯和幽里赛斯争夺阿喀琉斯死后所遗下的盔甲，希腊将领们判给幽里赛斯，埃阿斯就气疯了，夜间要去杀那些希腊将领，但杀的是一群牛羊，他清醒过来之后，很羞惭，想自杀。

这样就使这种暂时的一纵即逝的极端疯狂获得一种持久性,因而违反了一切自然本性。谴责他的一位诗人①在咏这幅画像时说得很好:"你就这样永远渴得要喝自己儿女的血吗?就永远有一位新的伊阿宋,永远有一位新的克瑞乌萨②,在不断地惹你苦恼吗?滚到地狱去吧,尽管你是在画里!"

关于提牟玛球斯所画的发狂的埃阿斯,我们可以凭斐罗斯屈拉特③的记载来判断。埃阿斯并不是出现在他的牲畜群中狂怒,把牛羊当作人捆绑起来屠杀的时候。画家所画的是他在干过那些狂勇行为之后,精疲力竭地坐在那里,盘算要自杀。这才真正是发狂的埃阿斯,并不是因为他正在发狂,而是因为人们可以看出他发过狂,因为人们从他自己所表现的那种绝望和羞愧的神情,可以最生动地认识到他的疯狂达到了多么大的程度。人们从大风暴抛掷到岸上的破船和残骸就可以认识那场大风暴本身④。

诗与画在构思与表达上的差别

克路斯伯爵好像要求诗人也用寓意性的标志来装饰他所想象出来的人物。这位伯爵对诗的理解赶不上他对绘画的理解。

不过在他提出这个要求的著作里,我找到了机会来研究一个比这一点还更重要的问题,我现在把这问题中最本质的方面指出来,以便更好地考虑一下。

按照克路斯伯爵的看法,艺术家应该仔细钻研荷马那位最伟大的擅长描绘的诗人,因为他就是第二自然。克路斯向诗人指出,希腊人所处理的那些故事提供多么丰富的材料,还不曾为人所利用,但是如果利用起来,可以作出最好的图画。他还认为艺术家愈能丝毫不差地遵照诗人所写的情境,在表达上也就愈能达到完美。

在这种主张里,我们在上文所区分开来的那两种摹仿方式也被混淆起来了。

---

① 据原注,指斐立普斯(Philippus,公元1世纪希腊诗人),原诗见《希腊诗选》卷四。

② 伊阿宋抛弃美狄亚,因为要和克瑞乌萨(Creusa)结婚。

③ 菲罗斯屈拉特(Philostratus),公元前2世纪左右希腊修词学家,他的《阿波罗琉斯传》(Apollonius)常谈到古代艺术。

④ 本章论证画家宜选用情节发展顶点前那个"最富于孕育性的顷刻",这是一个重要的学说。"最富于孕育性的顷刻"(Der prāgnanteste Augenblick),原文 prāgnante,原义为"怀胎的",即最富于暗示性的。莱辛用这一词来指画家描写动作时所应选用的发展顶点前的一顷刻,这一顷刻既包含过去,也暗示未来,所以让想象有自由发挥的余地。

〔依这种主张〕,画家不仅要摹仿诗人所已经摹仿过的事物,而且还要摹仿诗人所用过的细节;他要把诗人不仅作为一个故事叙述者,而且作为一个诗人来利用[①]。

但是这第二种摹仿方式对于诗人既然是降低身份的,对于艺术家为什么就不降低身份呢?假如克路斯伯爵在荷马史诗里所指出的那一系列的图画在荷马以前原已存在,假如我们知道荷马是用这些古画作为他的史诗的基础,试问我们对他的崇敬不会因此就消失去很多吗?但是就画像来说,纵使他只不过是把诗人的文字表现为形体和颜色,我们却不因此就不尊敬他,这又是什么缘故呢?

理由似乎是这样:对于艺术家来说,我们仿佛觉得表达要比构思难;对于诗人来说,情况却正相反,我们仿佛觉得表达要比构思容易。假如维吉尔是从雕像群借来蛇把父子三人缠在一起那个情节,那么,在他的描绘中我们所认为更难能可贵的那一面的价值就会消失,而剩下来的就只有价值较小的那一面[②]了。因为通过想象力把这段缠绕情节构思出来,比起用文字把它表达出来,要难得多。反之,假如是艺术家从诗人那里借来这段缠绕情节,他仍然使我们感觉到他的价值,尽管不能把构思方面的价值记在他的账上。因为用石头来表达,比起用文字来表达要难得多,我们如果衡量一下构思与表达的轻重,我们总会有一种倾向:愈认为艺术家在表达方面成就很大,我们也就会愈降低对他在构思方面的要求。

也有一些事例,其中艺术家通过诗人摹仿品的中介去摹仿自然,比起不用这种中介,还能显出更大的优点。一个画家如果根据汤姆逊[③]的描绘作出一幅美的风景画来,他比起直接临摹自然的画家在成就上就还更大。后者看到他的蓝本自然就摆在面前,而前者却须用想象力把那蓝本想象为仿佛就在面前。后者凭生动的感官印象去创造出一件美的作品出来,而前者却凭一些人为的符号所产生的朦胧的苍白的表象[④]。

正如我们自然而然地甘愿对艺术家放松构思方面的要求,艺术家自己也自然而然地不大关心这方面的要求。因为他明白,构思不是他的长处所在,他的最大的荣誉要靠表达,所以题材是新是旧,用过一回还是用过无数回,是他自己想

① 作为一个故事叙事者,诗人可以用现成的材料;作为一个诗人,他对细节及其安排却须见出创造性。参看第七章论摹仿与抄袭的区别,亦即两种摹仿方式的区别。

② 对诗人来说,更难能可贵的一面是构思,价值较小的一面是表达,对画家来说,情形却正相反。

③ 汤姆逊(James Thomson,1700—1748),英国描写自然风景的诗人,以《四季诗》著名。

④ 贺拉斯的《给庇梭的书简》(即《论诗艺》),第128至130行。

出来的还是从旁人借来的，对他都无关宏旨。他停留在一个为数不多的题材的窄狭的圈子里，只要那些题材对他自己和对他的观众都是熟悉的就行，而把全部构思活动都集中在对熟悉的材料进行剪裁上面，即旧题材的新配合上面。实际上一般绘画教科书在用“构思”这个词时，所指的也正是这个意义。尽管这些教科书把“构思”分为“绘画的”和“诗的”两种，所谓“诗的构思”并不涉及题材本身的创造，而只涉及安排和表达。这还是构思，但是所构思出的不是全体而是个别部分以及它们的次第安排。这还是构思，但是属于较低级的一种，像贺拉斯向悲剧诗人所推荐的：

……而你呢，
最好把特洛亚的诗篇改编成戏剧，
倒胜似初次用没有人知道和用过的题材①。

我说的是“推荐”，不是“命令”。推荐，因为这种方法对于他是比较容易，比较适合，比较有利的，但不是命令，不是说这种方法本身就更好，更高明。

事实上诗人如果运用熟悉的故事和熟悉的人物，就是抢先走了一大步。这样，他就可以放过许多枯燥的细节，而在不是用熟悉的故事和人物时，这些细节对于全体的了解就是不能放过的；诗人能愈快地使听众了解，也就能愈快地引起听众的兴趣。画家也可以有这种便利，只要他的题材对于我们不是陌生的，只要我们一眼认出他的全幅布局的意图和意义，只要我们不仅立刻看到他的人物在说话，而且还立刻听到他们在说什么。最大的效果都要靠第一眼的印象，如果第一眼看到之后，还必须进行麻烦的思考和揣测，我们想受到感动的期望就要冷下去了；为着对这位难懂的艺术家进行报复，我们就要硬起心肠来反对他的表达方式；如果他为着表达而牺牲了美，那么，他就活该倒霉！我们在他的作品里找不到什么引人入胜的东西，就不再在那上面流连玩索了；我们所看到的不能使我们愉快，我们也就不知道究竟应该对它怎样想了。

现在把这两点合在一起来看：第一，我们向画家所要求的远不是对题材的构思和题材的新奇；其次，熟悉的题材有助于促进绘画艺术的效果。艺术家为什么要少用新题材，我认为不能像克路斯伯爵那样把它归之于艺术家的方便或无知，以及艺术家须费全部精力和时间去解决技巧方面的困难那些理由，而是要找到它的更深的根源。凡是乍看起来像是限制艺术和削弱快感的东西，也许毕竟还

① 荷马的故事比奥维德的故事更为人所熟知，而过去西方画家取材于奥维德的反而更多。

是一种明智的而且对我们有益的节制，艺术家显出这种节制是应该受到赞扬的。我也不怕经验会否定我的看法。画家们会感谢克路斯伯爵的好意，但是很难普遍地采用他的意见，如他自己所期望的。纵使他们采用，再过一百年之后，还会需要另一位克路斯，再度号召人们回想过去的老题材，把艺术家们带回到过去艺术家们曾赢得不朽桂冠的那个领域。或则换一个说法，人们是否要求一般观众都能像捧着书本的鉴赏家那样渊博，对凡是可以用来作好画题材的故事和传说中每一场面都了如指掌呢？我承认，自从拉斐尔以来，画家所请教的课本如果是荷马而不是奥维德，他们就准会有更大的成就①。但是实际情况并不如此，就要请艺术家们让观众守着他们熟悉的老路，不要让观众遭到过分的困难，才能得到娱乐，免得使娱乐成为苦事。

普罗托格涅斯②曾替亚理斯多德的母亲画过像。我不知道这位哲学家给了他多少报酬。但是作为报酬，或是在报酬之外，他给了画家一个忠告，比报酬还更有价值。我不能设想他的忠告只是一句奉承话。我想他主要是因为考虑到艺术要求人人都能了解，才劝画家去画亚历山大大帝的事迹，因为这些事迹在当时是全世界人都在谈论的，而且他还预见到，在未来的世界里也会是令人不能忘记的。可惜普罗托格涅斯不够认真，没有采纳这个忠告。普里琉斯曾谈到他具有“心灵的强烈冲动，要求艺术精美的热情”，一种艺术上的放肆和一种追求新奇的渴望迫使他走向完全另样的题材。他宁愿画一位雅里苏斯或库第普的事迹③，这些事迹究竟表现什么，现在我们已经无从揣测了④。

——选自莱辛:《拉奥孔》，朱光潜译，人民文学出版社 1979 年版

【导读】

戈特霍尔德·埃夫莱姆·莱辛(Gotthold Ephraim Lessing 1729—1781)，德国启蒙运动的代表性人物，著名戏剧家、美学家和文艺批评家，在戏剧创作上独树一帜，作品包括《萨拉·萨姆逊小姐》《爱米丽雅·迦洛蒂》《明娜·封·巴尔赫

---

① 根据诗所描绘的自然去作画，比起根据自然本身去作画，要用更多的构思，所以较难。“人为的符号”指诗所用的语言，语言只间接唤起意象，不能直接描绘感性形象，像造形艺术那样。莱辛在遗稿里详细说明了人为的与自然的两种符号的分别，见附录一。

② 帕列斯(Apelles)和普罗托格涅斯(Protogeos)都是公元前 4 世纪希腊名画家，传说二人各有论画著作，都已失传。

③ 里苏斯(Jalysus)和库第普(Kydippe)都是罗德岛的英雄，对罗德岛人来说，他们还是人所熟知的。

④ 从第 11 章到第 15 章，莱辛就克路斯的诗画一致的观点进行了批判。本章论证在诗里构思比表达较难，在造型艺术里表达比构思较难，因此，造形艺术家宁愿选择人所熟知的旧题材。

姆》等，为发展德国新市民戏剧树立了榜样。同时，莱辛在戏剧理论及文艺批评上为确立新的美学原则作出了重要贡献，尤其是他担任汉堡剧院艺术顾问期间所写剧评的汇集《汉堡剧评》，不仅抨击了传统戏剧模式与观念，用戏剧形式展现了自己的哲学目标，而且建立了一套完整的德国市民剧理论，为超越古典主义戏剧模式、走向浪漫主义奠定了理论基础。

在《论人类的教育》《拉奥孔》《汉堡剧评》等著作中，莱辛从哲学高度对戏剧的美育功能及艺术欣赏问题做了深入的思考和阐发。他与大部分启蒙运动时期的戏剧家一样，重视戏剧对情感的净化功用，强调戏剧审美的道德教化作用，视剧院为“道德世界的大课堂”“法律的补充”，主张戏剧不仅要反映包括人的个性与情感在内的真正人的生活，还应把民族生活作为重要组成部分，以此引导人们走向道德完善。同时，莱辛还主张在戏剧中将诗歌的表现激情与绘画的美的表现力相结合，在真实的合目的性上产生教育作用，提高观众的道德水平和艺术审美趣味。他在《汉堡剧评》里曾围绕艺术摹仿论、艺术虚构论、性格与环境依存论、艺术真实与历史真实关系论等美学命题进行了理论阐发，不仅体现了其作为启蒙思想家在美学上的人本主义理想，还形成了其市民戏剧和现实主义美学思想的逻辑框架。

《拉奥孔》是莱辛最具启发性的一部美学著作。该书围绕拉奥孔这一雕像艺术，不仅比较分析了诗与画、空间艺术与时间艺术的界限，而且通过生动的例证，深刻剖析了造型艺术家对于情节的选取以及诗画转换的艺术途径，提出了一系列极具创造性的美学观点，在艺术领域中也具有提升美育的功能。莱辛为区别诗与画的界限，提出了“孕育性顷刻”这一概念。在他看来，造型艺术须服从美、避免丑，或将自然中的丑转化为艺术美。也就是说，造型艺术表现须服从“艺术的首要规律，即美的规律”(《拉奥孔》第二章)。然而，画是静止的，要想在静中达到动感，让欣赏者既看到画中之景，又能联想到景外之情，在想象中达到情绪的巅峰，关键在于题材的选择。在莱辛看来，绘画不同于诗可以进行“动态的描摹”，它只能满足于“在空间中并列的动作或是单纯的物体”并以“暗示的方式”模仿动作，因而为了实现艺术想象的持久性，使观众在艺术欣赏中想象到而非看到顶点，雕刻家或画家在艺术题材选取上就要截取“顶点”孕育前的那一顷刻，使画面本身获得一种“持续性”，亦即画面所表现的场景似乎总是在不停上演与发展，让人反复玩索、无限想象，从而产生最大化的审美艺术效果。对于莱辛来说，这个“一纵即逝的东西”之所以“不应在那一顷刻中表现出来”，就因为激情的顶点一经艺术固定下来，不仅会使人印象逐渐减弱，还会在想象的束缚中使人感到不愉快。为此，画家选取的“基点”便很重要，而“孕育性顷刻”便是“暗示”的基点，也是造型艺术“由静生动”的关键，它给予艺术一种“常住不变”的持续性。

在《拉奥孔》中，莱辛之所以严格辨清诗与画的界限，其实与启蒙运动是无法分割的。为了批评高特雪特、温克尔曼等新古典主义美学家的艺术观念，革新诗与画的观念模式，进而建立自己的艺术理想，莱辛从“文艺摹仿自然”出发，区分了自然之动态与静态，不仅纠正了古典艺术关于“高贵的单纯与静穆的伟大”等艺术观念的片面性，而且指出不同媒介的艺术表现的构思及其塑造方式各有不同，因而诗宜写动态，而画宜表现静态。不可否认，由于时代的局限，莱辛关于诗画界限、丑以及艺术的内容形式等方面的认识存在诸多矛盾和不足，但就其借助拉奥孔来深刻揭示造型艺术的独特规律这一点而言，却对美学的发展以及青年一代的思想解放有着极大的历史贡献。所以，歌德在《诗与真理》中评价：“我们必须回到青年时代，才能体会到莱辛的《拉奥孔》对我们产生了多么深刻的影响，这部著作把我们从一种幽暗的直观境界引导到思想的宽敞爽朗的境界。”（李圣传 撰写）

歌德谈话录（节选）
歌德

1827 年 4 月 1 日
（谈道德美；戏剧对民族精神的影响；学习伟大作品的作用）

…………

昨晚剧院上演了歌德的《伊菲姬尼亚》。……

歌德说：“一个演员也应该向雕刻家和画家请教，因为要演一位希腊英雄，就必须仔细研究流传下来的希腊雕刻，把希腊人的坐相、站相和行为举止的自然优美铭刻在自己心里。但是只注意身体方面还不够，还要仔细研究古今第一流作家，使自己的心灵得到高度文化教养。这不仅对了解他所扮演的角色有帮助，而且也使自己整个生活和仪表获得一种较高尚的色调。”……

话题转到索福克勒斯的《安蒂贡》以及贯串其中的道德色彩，最后又谈到世间道德的起源问题。

歌德说：“像一切美好的事物一样，道德也是从上帝那里来的。它不是人类思维的产品，而是天生的内在的美好性格。它多多少少是一般人类生来就有的，但是在少数具有卓越才能的心灵里得到高度显现。这些人用伟大事业或伟大学说显现出他们的神圣性，然后通过所显现的美好境界，博得人们爱好，有力地推动人们尊敬和竞赛。

“但是道德方面的美与善可以通过经验和智慧而进入意识，因为在后果上，丑恶证明是要破坏个人和集体幸福的，而高尚正直则是促进和巩固个人和集体幸福的。因此，道德美便形成教义，作为一种明白说出的道理在整个民族中传播开来。”

我插嘴说：“我最近还在阅读中碰到一种意见，据说希腊悲剧把道德美看作一个特殊的目标。”

歌德回答说：“与其说是道德，倒不如说是整个纯真人性；特别是在某种情境中，它和邪恶势力发生了冲突，它就变成悲剧性格。在这个领域里，道德确实是人性的主要组成部分。

"此外,《安蒂贡》中的道德因素并不是索福克勒斯创造的,而是题材本来就有的,索福克勒斯采用了它,使道德美本身显出戏剧性效果。"

…………

话题接着转到一般剧作家及其对人民大众所已起或能起的重要影响。

歌德说:"一个伟大的戏剧体诗人如果同时具有创造才能和内在的强烈而高尚的思想情感,并把它渗透到他的全部作品里,就可以使他的剧本中所表现的灵魂变成民族的灵魂。我相信这是值得辛苦经营的事业。高乃依就起了能培育英雄品格的影响。这对于需要有一个英雄民族的拿破仑是有用的,所以提到高乃依时他说过,如果高乃依还在世,他就要封他为王。所以一个戏剧体诗人如果认识到自己的使命,就应孜孜不倦地工作,精益求精,这样他对民族的影响就会是造福的、高尚的。

"我们要学习的不是同辈人和竞争对手,而是古代的伟大人物。他们的作品从许多世纪以来一直得到一致的评价和尊敬。一个资禀真正高超的人就应感觉到这种和古代伟大人物打交道的需要,而认识这种需要正是资禀高超的标志。让我们学习莫里哀,让我们学习莎士比亚,但是首先要学习古希腊人,永远学习希腊人。"

…………

1828 年 3 月 12 日
(近代文化病根在城市;年轻一代受摧残;理论和实践脱节)

…………

歌德说:"我们这老一辈子欧洲人的心地多少都有点恶劣,我们的情况太矫揉造作、太复杂了,我们的营养和生活方式是违反自然规律的,我们的社交生活也缺乏真正的友爱和良好的祝愿。每个人都彬彬有礼,但没有人有勇气做个温厚而真诚的人,所以一个按照自然的思想和情感行事的老实人就处在很不利的地位。人们往往宁愿生在南海群岛上做所谓野蛮人,尽情享受纯粹的人的生活,不掺一点假。

“如果在忧郁的心情中深入地想一想我们这个时代的痛苦，就会感到我们愈来愈接近世界末日了。罪恶一代接着一代地逐渐积累起来了！我们为我们的祖先的罪孽受惩罚还不够，还要加上我们自己的罪孽去贻祸后代。”

我回答说：“我往往也有这种心情。不过这时我只要碰到一队德意志骑兵走过，看到这些年轻人的飒爽英姿，我就感到宽慰，对自己说，人类的远景毕竟还不太坏啊。”

歌德说：“我们的农村人民确实保持着健全的力量，还有希望长久保持下去，不仅向我们提供英勇的骑兵，而且保证我们不会完全腐朽和衰亡。应该把他们看作一种宝库，没落的人类将从那里面获得恢复力量和新生的源泉。但是一走到我们的大城市，你就会看到情况大不相同。你且到‘跛鬼第二’或生意兴隆的医生那边打一个转，他会悄悄地对你谈些故事，使你对其中的种种苦痛和罪恶感到震惊和恐怖，这些都是搅乱人性，贻害社会的。

…………

“就拿我们心爱的魏玛来说，我只消朝窗外看一看，就可以看出我们的情况怎样。最近地上有雪，我的邻家的小孩们在街头滑小雪橇，警察马上来了，我看到那些可怜的小家伙赶快纷纷跑开了。现在春天的太阳使他们在家里关不住，都想和小朋友们到门前游戏，我看见他们总是很拘谨，仿佛感到不安全，深怕警察又来光顾。没有哪个孩子敢抽一下鞭子，唱个歌儿，或是大喊一声，深怕警察一听到就来禁止。在我们这里总是要把可爱的青年人训练得过早地驯良起来，把一切自然、一切独创性、一切野蛮劲都驱散掉，结果只剩下一派庸俗市民气味。

“你知道，我几乎没有一天不碰见生人来访。看到他们的面貌，特别是来自德国东北部的青年学者们那副面貌，我要是说我感到非常高兴，那我就是撒谎。近视眼，面色苍白，胸膛瘦削，年轻而没有青年人的朝气，他们多数人给我看到的面相就是这样。等到和他们谈起话来，我马上注意到，凡是我们感到可喜的东西对他们都像是空的、微不足道的，他们完全沉浸在理念里，只有玄学思考中最玄奥的问题才能引起他们的兴趣，他们对健康意识和感性事物的喜悦连影子也没有。他们把青年人的情感和青年人的爱好全都排斥掉，使它们一去不复返了，一个人在二十岁就已显得不年轻，到了四十岁怎么能显得年轻呢了？”

歌德叹了一口气，默然无语。

我想到上一个世纪歌德还年轻时那种好时光，色任海姆的夏日微风就浮上心头，于是念了他的两句诗给他听：

“我们这些青年人，
午后坐在凉风里。”

歌德叹息说：“那真是好辰光啊！不过我们不要再想它吧，免得现在这种阴雾弥漫的愁惨的日子更使人难过。”

我就说：“要来第二个救世主，才能替我们消除掉现时代这种古板正经、这种苦恼和沉重压力哩。”

歌德说：“第二个救世主要是来了，也会第二度被钉上十字架处死。我们还不需要那样大的人物，如果我们能按照英国人的模子来改造一下德国人，少一点哲学，多一点行动的力量，少一点理论，多一点实践，我们就可以得到一些拯救，用不着等到第二个基督出现了。人民通过学校和家庭教育可以从下面做出很多事来，统治者和他的臣僚们从上面也可以做出很多事来。

“举例来说，我不赞成要求未来的政治家们学习那么多的理论知识，许多青年人在这种学习中身心两方面都受到摧残，未老先衰。等到他们投身实际工作时，他们固然有一大堆哲学和学术方面的知识，可是在所操的那种窄狭行业中完全用不上，因而作为无用的废物忘得一干二净了。另一方面，他们需要的东西又没有学到手，也缺乏实际生活所必需的脑力和体力。

…………

“所有这些人情况都很糟。那些学者和官僚有三分之一都捆在书桌上，身体糟蹋了，愁眉苦脸。上面的人应该采取措施，免得未来的世世代代人都再像这样毁掉。”

歌德接着微笑说，“让我们希望和期待一百年后我们德国人会是另一个样子，看那时我们是否不再有学者和哲学家而只有人。”

1828年10月20日（艺术家凭伟大人格去胜过自然）

…………

歌德说：“……已经发现许多杰作，证明希腊艺术家们就连在刻划动物时也不仅妙肖自然，而且超越了自然。英国人在世界上是最擅长相马的，现在也不得不承认有两个古代马头雕像在形状上比现在地球上任何一种马都更完美。这两个马头雕刻是希腊鼎盛时代传下来的。在惊赞这种作品时，我们不要认为这些艺术家是按照比现在更完美的自然马雕刻成的，事实是，随着时代和艺术的进展，艺术家们自己的人格已陶冶得很伟大，他们是凭着自己的伟大人格去对待自然的。”

…………

歌德又说：“……关键在于是什么样的人，才能做出什么样的作品。但丁在我们看来是伟大的，但是他以前有几个世纪的文化教养。劳兹希尔德家族是富豪，但是他们的家资不只是由一代人积累起来的。这种事情比人们所想到的要更深刻些。我们的守旧派艺术家们不懂得这个道理，他们凭着人格的软弱和艺术上的无能去摹仿自然，自以为做出了成绩。其实他们比自然还低下。谁要想做出伟大的作品，他就必须提高自己的文化教养，才可以像希腊人一样，把猥琐的实际自然提高到他自己的精神的高度，把自然现象中由于内在弱点或外力阻碍而仅有某种趋向的东西实现出来。”

——选自《歌德谈话录》，爱克曼辑录，朱光潜译，人民文学出版社 1982 年版

【导读】

约翰·沃尔夫冈·歌德（1749—1832），德国著名作家、思想家和科学家，一生创作了大量诗歌、戏剧和散文作品，同时精通绘画、音乐、建筑等多种艺术，被恩格斯誉为“真正的奥林匹亚神山上的宙斯”。代表作有《少年维特的烦恼》《夸托多·塔索》《威廉·麦斯特》《浮士德》等。

1836—1848 年间，歌德的学生兼秘书爱克曼撰写了三卷本回忆录《与晚年时的歌德的谈话录》，详细记录了歌德晚年关于文学、艺术、美学、哲学、政治、宗教及自然科学等的思想和言论。《歌德谈话录》主要选取其中涉及哲学、美学、文艺、教育等内容的部分，是了解歌德美学、文艺理论思想及 19 世纪初期德国文艺思想状况的必读文献。

歌德始终热情呼唤并努力成为伟大的作家、艺术家，主张伟大的艺术家应肩负培育民族英雄品格的重大使命。他曾以法国剧作家高乃依为例指出：“一个伟大的戏剧体诗人如果同时具有创造才能和内在的强烈而高尚的思想情感，并把它渗透到他的全部作品里，就可以使他的剧本中所表现的灵魂变成民族的灵

魂。”伟大的艺术家凭借伟大的人格去对待自然，将并不完美的自然或自然的征兆加以完美的艺术呈现，代表着一个时代的最高水平，对于后世的影响绵延不绝、无法估量，后人将可以从他们那里获得“说不尽的”的教益。也因此，“作家个人的人格比他作为艺术家的才能对听众要起更大的影响”（《歌德谈话录》中1824年3月30日的谈话）。在歌德看来，伟大的作家、艺术家的出现，既是时代造就的产物，因为一个时代的人类一般精神状况往往影响着一个时代的艺术精神，同时也需要作家、艺术家本人不断接受美的浸润和艺术的滋养，借助美的艺术来铸就伟大的人格与高贵的心灵。

作为德国“狂飙突进”运动的代表性人物，歌德在文艺创作上崇尚天才，强调自由想象的重要性，反对脱离实际的一味思辨与说理，认为“哲学思辨对德国人是有害的，这使他们的风格流于晦涩，不易了解，艰深惹人厌倦。他们愈醉心于某一哲学派别，也就愈写得坏。但是从事实际生活、只顾实践活动的德国人却写得最好”（《歌德谈话录》中1824年4月14日的谈话）。他进而认为，这种文艺创作取向不仅不利于文艺创作，同时也有害于德国青年人的心理健康与成长。针对当时年轻人受主流社会影响而过于注重哲学及学术知识的学习，忽视感性事物的追求及身心和谐，从而导致城市青年大多古板正经，缺乏必要的活力与创造力，甚至暮气沉沉、未老先衰，歌德强调在教育上要提倡理论与实践结合、身心两方面健全与和谐。

歌德耗时60多年之久创作的皇皇巨作《浮士德》，无疑是其毕生人生思考和文艺探索的结晶，也是他追求身心和谐与人性健全思想的最佳注解，其中的浮士德形象深入人心。浮士德在不断追求的过程中，实现了对于理性知识、感官享乐、权力欲望、古典理想等的逐一超越，最终在“填海造地”的价值创造中获得了人生满足，寻获了和谐、完美的理想人格。这一形象生动地诠释了歌德对于人的“自然人性”和自我价值的信仰，即人是独立的、自由的存在，需顺应自然人性并不断追逐人性的完整与和谐。恰如尼采在《偶像的黄昏》中所言：“他（歌德）要的是整体，他反对理性、感性、情感、意志的相互隔绝，他训练自己完整地发展。”

歌德的思想与其忘年好友席勒有着密不可分的联系。尽管他们在古典诗与浪漫诗等文学问题上的看法有着明显分歧，但歌德始终非常认可席勒的美育思想，同样将包含审美创造的游戏冲动视为弥合感性冲动与理性冲动的分裂、实现健全人性与理想人格的通道。在某种程度上，《浮士德》正是歌德人文主义美育思想的完美体现。（李雷 撰写）

论艺术
斯宾塞

在库格勒的《绘画手册》一书中，我读到关于拉斐尔之死的一段话："人们以宗教崇拜的心情看待他的作品，好像上帝通过拉斐尔揭示他自己，就像过去通过先知揭示他自己一样"。这种广泛传播的对拉斐尔的感情，与另一种也是广泛传播的和对古代艺术大师的感情结合在一起了。正如印成圣经的纸张和印刷术，在多数人心目中，变得神圣不可侵犯，把它用于堵塞风口等无关紧要的用途是一种冒犯行为，一幅代表根据基督教圣经的小事件绘制的图像，在多数人心目中，主题就是无可挑剔的。平常人不能把技巧及其所代表的事物分离开来；对一件事物的谴责，在他们思想上意味着对另一件事物的不尊重。对古代艺术的评论因深受这两种感情的影响而有错误。周密考虑的能力，受围绕他们的混乱的虔诚光环的影响而处于被催眠状态。

因此，当我发现库格勒在评论拉斐尔的"基督变容"（Transfiguration）时说，"我们以极其谦卑的态度进行评论是很合适的"，当我看到自封的评论家拜倒在名声前的时候，我对目前对于古代艺术大师的喝彩的怀疑得到了证实。当有些人对"绘画中所包含的双重行为"表示异议，被库格勒称做"肤浅的评论家"时，我毫不犹豫地把我自己和他们归在一类；我也毫不犹豫地拒绝接受一种借口，用所描绘的事件的环境"从历史方面来解释"这种不幸的过失。似乎艺术品中的一个根本缺点可以从了解这个缺点包含在所表现的画面之中而抹掉！似乎人们的眼睛，时而被吸引到冲突的兴趣中心的一方，时而被吸引到另一方，能够用这种解释而得以防止。

当所批评的绘画不在我们面前时，详细地批评无法理解；否则可以对"基督变容"这幅画提出很多批评。由于同样原因，对于米开朗琪罗（又译米开朗基罗）在西斯庭教堂的天顶画《创世纪》，只能一般地加以评论，假如这些是最近的作品，我们可能对造物主的想法很少超越上帝和亚当的形象中创造的想法，感到惊异；而且可能会说，使夏娃出现在亚当身旁，更像一个魔术师而不像是神。但是，当我们发现当代新教徒路德在他的《桌前漫谈》中说"如果上帝更有远见，他可能很快而且很容易富裕，不要我们使用他的创造物"，并发表他的信念，"每年上帝仅仅为维持麻雀所花费的钱就多于法国国王每年的收人"——当我们发现一位宗教改革家的思想这样十足的具有人的特点时，我们不能期望抱着未改革的信念的米开朗琪罗具有不同于十足的具有人的特点的思想。所以，撇开这一类批评，同时承认有很多画得很精彩的人物和群像（尽管它们太显出他用超自然的肌肉的巨大来表示精神上的优越），让我讲一些有关一般装饰品的问题。这里，艺术上的缺陷和英国人会客室通常有的缺陷是同一种性质的，目的在于要达到两个相互排斥的目的——构成一个美好的整体，又包括一群美好的部分。我们不断地看到雅致的大会客室里挤满了许多绘画或雕刻，小雕像，花瓶，古董等，使会客室变成画廊或古玩陈列室之外就没有什么别的东西了；会客室的一般印象就在众多小东西所产生的印象中失去了。但是，如果一间屋子本身要成为一种艺术品，那么它应该是这样：绘画、小雕像和小装饰品，在数量上必须比较少些，这些东西的分布必须安放得好像许多构成成分，其中没有一件突出得足以分散对整体的注意。每一处内部装饰，不管它的大小或目的，包括像西斯廷教堂的内部装饰，确实是这样。如果把它看做艺术品的贮藏室，那么，因为它把这些艺术品，或者至少大部分艺术品，陈列得非常差，所以它有缺陷。如果把它本身看做一件艺术品，那么，因为它可作装饰的部分的效果和整体的效果过分冲突，所以它是一件不好的艺术品。它作为整体的缺陷和它的主要构成部分之一——《最后审判图》的壁画的缺陷是相同的；眼睛盯着这幅画漫游而不能把它的成分联合起来。

假如对于古代艺术大师绘画的赞扬有一点辨别力——假如只称赞这些画的某些优点，同时承认他们的缺点，我应该没有异议。假如每一幅画多少受到赞扬，认为对它那个时代以不成熟的思想和情操以及没有经过训练的认识为特点的精神文明来讲是比较好的，我应该同意其中很多画值得称赞。但是，这种称赞是绝对的，不是相对的；它们最大的不合理的东西经常略过去不加评论。假如列尼奎的一幅很受赞美的壁画“太阳神和曙光女神”（Phoebus and Aurora），这幅画的构图美是无可争辩的。《季节三女神》（Hours）的形象在绘制和结合上都很雅致，也是毫无疑问的。它的某些不引人注目的缺点是可适当原谅的。《季节三女神》的行动不能使她们和马车并驾齐驱；有些衣饰，由于缚在经“同他们自己一样速度的风”吹拂的人物形象上不能表现一定的形式，这些缺陷可以撇开；因为，如果主体是超自然的，有些特征如腾云驾雾，就不是根据可观察的事实的一致性检验的。但是因为主体的超自然性，不会原谅人物画中完全与自然背离；所以，在光线和阴影方面不能原谅完全背离自然。首先，马车前进中的乡村，并不是在马车暗淡的灯光照耀之下，而已经是白昼——日光是无法解释的。但是，更加值得注意的是第二个缺陷。整个一群——马车和马，女神和她们的衣饰，甚至太阳神自己——都是从外面照明：通过某个不知道的光线来源（某个别的太阳）可以看清楚！更为奇怪的是应注意的另一件事。构图中表明的唯一光线来源——飞行中的少年携带的火炬——根本没有发射出光线。甚至背后的少年的面庞都没有被火炬照亮！而且，还不就是这些。最大的荒唐事是这个火炬的不发光的火焰本身从别处照亮！展现出火焰形式的光线和阴影，显然是由于一个无名的发光体，它使整个一群和绘画发亮！因此，我们有了成堆的荒唐。此外，它们替换了在没有无缘无故地违反自然的情况下可能产生的极好效果。如果太阳本身代表微弱地勾划轮廓的来源，从那里照亮马匹、女神、衣饰、云彩和暗淡可见的地面，可能产生了多么壮丽的光线和阴影的结合：不是夺去而是强化形式的美。

我听人说："你决不能这样批评古代艺术大师，你必须考虑他们的作品所表现的观念和情操，以及他们的作品所显示的巧妙的构图，同时必须宽容这些技巧上的缺陷。"如果篇幅许可的话，我这里可能要问，有多少情况存在这种所谓的优点。但是，我不想进行任何这种抗辩，我愿局限于被归入技巧性的那些缺陷；我回答说这些缺陷不应宽容。当有人向我证明说，在读一首诗时，我只应想到诗所包含的观念的优美，不要去管不通的语法，不完全的诗体，刺耳的韵律，不和谐的措词，前后不一致的隐喻，等等时，于是我承认，在打算买一幅画的时候，我可以正确地不顾这样的事实，即光线来自许多不同的方向，还是来自某个不知道的地方。当我被说服在倾听一支乐曲时，我应不顾不合调的音调，拍子的错误，音色的刺耳以及轻奏乐段和强音乐段缺乏区分，只应想到作曲者打算传达的感情时，于是，我同意不去注意以下的事实是恰当的，即一幅画的阴暗部分被很不自然地增强使阴暗部分的阴暗程度到处相同（这个缺陷不能由于时间关系阴影变黑为借口解释过去）。虽然我完全承认或确定无误地断言，在绘画艺术中如实地表现事物的物质方面，和如实地表现情感、行动和戏剧性的结合相比，是一个次要的因素；但我坚决主张，首先必须做到前者，然后才能适当地欣赏后者。有了良好的表达思想感情的工具，才能使观众深切意识到所要传达的东西。首先要求一幅画的是它决不应冲击自然外观的感觉——我指的是有素养的感觉。如果像古代艺术大师的许多作品那样，一群画像站在室外，用室内的光线和在画像上的阴影来表现；如果观众粗枝大叶地观察自然，没有意识到这种不协调的情况，并没有因此而使他不能注意构图或情操；这个事实对此无关紧要。判断的标准必须是善于观察的人的标准——不是不善于观察的人的标准。如果我们可以正当地接受那些在自然观察一幅画时不辨真假的人的判断，那么我们就可以正当地进一步使我们的审美观念符合村民的审美观念，他把一个着色华丽而俗气的鹦鹉模型放在壁炉台上，而把穿蓝衣服和黄马裤的回头浪子的彩色图片粘贴在墙上。

很多人无疑会对此提出问题："关于专家怎么样？他们是最有能力的鉴定者，他们又怎么会称赞这些你认为不值得尊敬的同样一些作品？"

我的第一个回答是，要是知道真相，问题就不会提得那样犹豫；因为所有专家决不会像人们所想象的那样想。随着宗教正统观念的产生，也就产生了审美的正统观念；不同意审美的正统观念，和不同意宗教的正统观念一样，都会对持异议者带来多数人的摈弃，其中通常包括一些掌权者。因此这就造成很多艺术家——特别是害怕触怒官方的年轻艺术家——抑制住不讲他们内心对传统名声的想法。因为我能证明，这些年轻的艺术家中有很多人并不参加平常对过去画家的赞扬合唱，但是他们懂得，如果发表他们违反公认标准的意见，可能会树敌。但是，当他们有理由认为，他们所讲的话不会由于被认为是左道邪说而带来惩罚，他们发表的意见就完全不像他们被假定主张的意见了。

我的第二个回答是：只要艺术家公开表示称赞而不伴随采用被称赞的艺术家的实践，那就不大有用处。模仿据说是最真诚的捧场的方式——或者倒不如说它应该不是最真诚的捧场的方式，而是最真诚的赞美方式；而且古代艺术大师有很多特点非常容易模仿，如果艺术家真正赞美这些特点，可以模仿他们。让我们再选择明、暗色调的例子。在多数情况，古代画家采用不同层次的黑色来描绘阴影：就像每一个少年初学绘图时缄默的设想。但是近代画家并不以此为榜样。虽然今天艺术家并不为自己下这样的判断，凡是间接的和通常属于扩散的光线照射到而直接的光线照射不进的地方，一定具有这种扩散的光线的正常的色彩（往往受到从附近某些特殊物体反射的特殊光线的限制），因而阴影可以根据具体情况具有任何色彩；但是，他的关于这个真理的经验性知识使他刻意地避免他的前人通常犯的错误。再举一个例子。在开始时，很自然的一种设想是退出光线的表面一定变得更加阴暗；依照这种设想，我们通常看到古代绘画阴暗部分的远离中心的部分比较微弱，而远离边缘的部分非常黑暗——这种对比一定原来已经存在，不能是年代久远所造成。但是，目前只有初学者习惯这样做。受过训练的人懂得一个阴影的内部通常并不比它的外部更加黑暗，在某些情况下，阴影的内部甚至比接近边缘的部分少黑暗一些；而且他很少发现有一种情况要求他用不透光的黑色描绘阴影的内部。此外，一般在古代绘画中有一种类似的错误，弯曲的表面，例如天体边缘，显出离开一般光线，通常并不显出它们的下陷的表面的有限的部分被背后物体的辐射照亮；在多数情况它们确实是这样。但是，在近代绘画中，这些反射的光线是画进去的，从而给予真正的圆形的外表。

所以，我说，就一些最显著的特点而言，它们容易模仿，而我们这个时代的艺术家小心谨慎，避免像古代艺术家那样去做；事实既然如此，如果他有所颂扬，也没有很大用处。当我们必须在从言词得来的证明和从行动得来的证明之间有所选择时，我们可能合适地宁愿选择从行动得来的证明。

——选自《斯宾塞教育论著选》，王承绪译，人民教育出版社 2005 年版

【导读】

赫伯特·斯宾塞（Herbert Spencer，1820—1903），英国著名哲学家、社会学家和教育改革家，实证主义的主要代表人物之一，在西方思想界和学术界有着深远影响。主要著作有《第一原理》《生物学原理》《心理学原理》《社会学原理》《伦理学原理》等。

按照斯宾塞的看法，艺术欣赏者应具有自主鉴赏能力，而不应让崇拜的感情影响自己的判断能力。当人们怀着宗教崇拜的心理去看待古代艺术大师的作品，由于鉴赏力"受围绕他们的混乱的虔诚光环的影响而处于被催眠状态"，以至于人们无法将自己对艺术大师的感情与艺术技巧的品评分离开来。斯宾塞坚决地认为，称赞作品的某些优点，但同时承认它的缺点，对其中不合理之处不能借口时代等因素而加以忽略。

斯宾塞同时提出了一些有关艺术鉴赏的基本审美原则。他指出，在艺术鉴赏中，首先应该被考虑到的是艺术作品的技巧性，即适当的表现形式。以诗为例，这种技巧性缺陷包括不通顺的语法、不完全的诗体、刺耳的韵律、不和谐的措辞、前后不一致的隐喻等；在音乐中则包括不合调的音调、错误的拍子、刺耳的音色以及轻奏乐段和强音乐段缺乏区分等；至于绘画，则包括不合理的构图、光线或阴影表现背离自然等。尽管斯宾塞承认，相较于在艺术作品中如实表现情感以及行动和戏剧性的结合，如实表现艺术的外在形式是一个次要因素。但由于只有当艺术作品达到形式完善后，作品所包含的观念和情感才能得到恰当的呈现；有良好的表达思想感情的工具，才能使观众深切感受到作品所要传达的东西。因此，艺术欣赏者不能、也不应当宽容技巧上的缺陷，进而越过作品形式去直接欣赏作品的深层情感。在他看来，艺术作品中部分与整体的关系就像装饰品之于房屋，装饰品的数量和分布不能影响到人们对整个房屋的注意。如果一件作品的部分效果与整体效果过分冲突，它就是一件不好的艺术品。他依此批评西斯廷教堂的米开朗基罗壁画《最后的审判》，认为其中的人物过多，导致人

们在欣赏时眼睛只能盯着这幅画漫游，而不能把它的成分联合起来。

对于斯宾塞来说，作品技巧性的判断标准属于那些善于观察的人的标准，而不是感官上粗枝大叶的人的标准，因为后者不会注意到诸如绘画中光线或阴影与实际自然相背离的情况。如果我们以后者的标准去进行判断，便会让我们不断降低对艺术技巧性的要求，艺术作品的情感内容最终也无法得到表现。就像我们对绘画技巧的要求倘若停留在儿童简笔画的水平，那么一幅画所传达出的情感也就只能限于表现童真的范围。越出了这个界限，我们的情感要求将无法得到满足。更何况，一个人如果缺乏审美的敏感，他对艺术作品内在感情的体会也就不可能细微。这一点也提示我们，只有充分培养和提升人的审美情趣及其感官敏锐性，才能使人们在观念上步入一个更高的层次。

至于一些不被斯宾塞认同的作品却获得了有艺术鉴定能力的专家称赞，斯宾塞对此重点强调，现时代艺术家们对艺术大师的赞美，其实并不与他们自己的艺术实践相伴同行。如果说模仿是艺术家对大师们最真诚的赞美，那么古代艺术大师有很多特点是非常容易模仿的，赞美他们的艺术家就应该去模仿他们。但实际上后来的艺术家并没有这样做，而是按照他们自己认为正确的经验性知识来刻意避免前人错误。就像古代画家在多数情况下只采用不同层次的黑色描绘阴影，但实际生活中那些直射光照射不到而产生阴影的地方，会受到散射光线的照射而有着正常的色彩，所以近代画家根据具体情况让阴影处有着任何色彩。这表明，艺术家们可以在自己的艺术实践中通过否定既往的错误，表达对艺术大师及其作品的批判。

斯宾塞的审美自主性观点，对我们有着重要的启示。在审美多元化的今天，只有保持审美的自主性并不断提高艺术鉴赏的能力，我们才可能不至迷失在纷繁芜杂的艺术丛林之中。（史红 撰写）

斯宾塞的《论艺术》（史红 讲授）

艺术哲学（节选）
丹纳

一

为了使艺术品与环境完全一致的情形格外显著，不妨把我们以前作过的比较，艺术品与植物的比较，再应用一下，看看在什么情形之下，某一株或某一类植物能够生长、繁殖。以桔树为例：假定风中吹来各式各样的种子随便散播在地上，那末要有什么条件，桔树的种子才能抽芽，成长，开花，结果，生出小树，繁衍成林，铺满在地面上？

那需要许多有利的条件，首先土壤不能太松太贫瘠：否则根长得不深不固，一阵风吹过，树就会倒下。其次土地不能太干燥；否则缺少流水的灌溉，树会枯死的。气候要热，否则本质娇弱的树会冻坏，至少会没有生气，不能长大。夏季要长，时令较晚的果实才来得及成熟。冬天要温和，淹留在枝头上的桔子才不会给正月里的浓霜打坏。土质还要不大适宜于别的植物；否则没有人工养护的桔树要被更加有力的草木侵扰。这些条件都齐备了，幼小的桔树才能存活，长大，生出小树，一代一代传下去。当然，雷雨的袭击，岩石的崩裂，山羊的咬啮，不免毁坏一部分。但虽有个别的树被灾害消灭，整个品种究竟繁殖了，在地面上伸展出去，经过相当的岁月，成为一片茂盛的桔林；例如意大利南部那些不受风霜的山峡，在索朗德和阿玛非四周的港湾旁边，一些气候暖和的小小的盆地，既有山泉灌溉，又有柔和的海风吹拂。直要这许多条件汇合，才能长成浓荫如盖，苍翠欲滴的密林，结成无数金黄的果实，芬芳可爱，使那一带的海岸在冬天也成为最富丽最灿烂的园林。

在这个例子中间，我们来研究一下事情发展的经过。环境与气候的作用，你们已经看到。严格说来，环境与气候并未产生桔树。我们先有种子，全部的生命力都在种子里头，也只在种子里头。但以上描写的客观形势对桔树的生长与繁殖是必要的：没有那客观形势，就没有那植物。

结果是气候一变，植物的种类也随之而变。假定环境同刚才说的完全相反，是一个狂风吹打的山顶，难得有一层薄薄的腐殖土，气候寒冷，夏季短促，整个冬天积雪不化，那末非但桔树无法生长，大多数别的树木也要死亡。在偶然散落的一切种子里头，只有一种能存活，繁殖，只有一种能适应这个严酷的环境。在荒僻的高峰上，怪石嶙峋的山脊上，陡峭的险坡上，你们只看见强直的苍松展开着惨绿色的大氅。那儿就同伏日山脉[法国东部]、苏格兰和挪威一样，你们可穿过多少里的松林，头上是默默无声的圆盖，脚下踏着软绵绵的枯萎的松针，树根顽强地盘踞在岩石中间；漫长的隆冬，狂风不断，冰柱高悬，唯有这坚强耐苦的树木巍然独存。

所以气候与自然形势仿佛在各种树木中作着"选择"，只允许某一种树木生存繁殖，而多多少少排斥其余的。自然界的气候起着清算与取消的作用，就是所谓"自然淘汰"。各种生物的起源与结构，现在就是用这个重要的规律解释的；而且对于精神与物质，历史学与动物学植物学，才具与性格，草木与禽兽，这个规律都能适用。

二

的确，有一种"精神的"气候，就是风俗习惯与时代精神，和自然界的气候起着同样的作用。严格说来，精神气候并不产生艺术家；我们先有天才和高手，像先有植物的种子一样。在同一国家的两个不同的时代，有才能的人和平庸的人数目很可能相同。我们从统计上看到，兵役检查的结果，身量合格的壮丁与身材矮小而不合格的壮丁，在前后两代中数目相仿。人的体格是如此，大概聪明才智也是如此。造化是人的播种者，他始终用同一只手，在同一口袋里掏出差不多同等数量，同样质地，同样比例的种子，散在地上。但他在时间空间迈着大步散在周围的一把一把的种子，并不颗颗发芽。必须有某种精神气候，某种才干才能发展；否则就流产。因此，气候改变，才干的种类也随之而变；倘若气候变成相反，才干的种类也变成相反。精神气候仿佛在各种才干中作着"选择"，只允许某几类才干发展而多多少少排斥别的。由于这个作用，你们才看到某些时代某些国家的艺术宗派，忽而发展理想的精神，忽而发展写实的精神，有时以素描为主，有时以色彩为主。时代的趋向始终占着统治地位。企图向别方面发展的才干会发觉此路不通；群众思想和社会风气的压力，给艺术家定下一条发展的路，不是压制艺术家，就是逼他改弦易辙。

三

上面那个比较可以给你们作为一般性的指示。现在我们要详细研究精神气候如何对艺术品发生作用。

为求明白起见，我们用一个很简单的，故意简单化的例子，就是悲观绝望占优势的精神状态。这个假定并不武断。只要五六百年的腐化衰落,人口锐减,异族入侵,连年饥馑,疫疠频仍,就能产生这种心境。历史上也出现过不止一次,例如纪元前六世纪时的亚洲,纪元后三世纪至十世纪时的欧洲。那时的人丧失了勇气与希望,觉得活着是受罪。

我们来看看这种精神状态,连同产生这精神状态的形势,对当时的艺术家起着怎样的作用。先假定那时社会上抑郁,快乐以及性情介乎两者之间的人,数量和别的时代差不多。那末时代的主要形势怎样改变人的气质呢?往哪个方向改变呢?

首先要注意,苦难使群众伤心,也使艺术家伤心。艺术家既是集体的一分子,不能不分担集体的命运。倘若蛮族的侵略,疫疠饥谨的发生,各种天灾人祸及于全国,持续到几世纪之久,那末直要发生极大的奇迹,艺术家才能置身事外,不受洪流冲击。恰恰相反,他在大众的苦难中也要受到一份倒是可能的,甚至肯定的:他要像别人一样的破产,挨打,受伤,被俘;他的妻子儿女,亲戚朋友的遭遇也相同;他要为他们痛苦,替他们担惊受怕,正如为自己痛苦,替自己担惊受怕一样。亲身受了连续不断的苦楚,本性快活的人也会不像以前那么快活,本性抑郁的要更加抑郁。这是环境的第一个作用。

其次,艺术家在愁眉不展的人中间长大;从童年起,他日常感受的观念都令人悲伤。与乱世生活相适应的宗教,告诉他尘世是谪戍,社会是牢狱,人生是苦海,我们要努力修持以求超脱。哲学也建立在悲惨的景象与堕落的人性之上,告诉他生不如死。耳朵经常听到的无非是不祥之事,不是郡县陷落,古迹毁坏,便是弱者受压迫,强者起内讧。眼睛日常看到的无非是叫人灰心丧气的景象,乞丐,饿殍,断了的桥梁不再修复、阒无人居的市镇日渐坍毁,田地荒芜,庐舍为墟。艺术家从出生到死,心中都刻着这些印象,把他因自己的苦难所致的悲伤不断加深。

而且艺术家的本质越强,那些印象越加深他的悲伤。他之所以成为艺术家,是因为他惯于辨别事物的基本性格和特色;别人只见到部分,他却见到全体,还抓住它的精神。悲伤既是时代的特征,他在事物中所看到的当然是悲伤。不但如此,艺术家原来就有夸张的本能与过度的幻想,所以他还扩大特征,推之极端。特征印在艺术家心上,艺术家又把特征印在作品上,以致他所看到所描绘的事物,往往比当时别人所看到所描绘的色调更阴暗。

我们也不能忘记，艺术家的工作还有同时代的人协助。你们知道，一个人画画也好，写文章也好，决非与画幅纸笔单独相对。相反，他不能不上街，和人谈话，有所见闻，从朋友与同行那儿得到指点，在书本和周围的艺术品中得到暗示。一个观念好比一颗种子：种子的发芽，生长，开花要从水分，空气，阳光，泥土中吸取养料；观念的成熟与成形也需要周围的人在精神上予以补充，帮助发展。在悲伤的时代，周围的人在精神上能给他哪一类的暗示呢？只有悲伤的暗示：因为所有的人心思都用在这方面。他们的经验只限于痛苦的感觉和感情，他们所注意的微妙的地方，或者有所发见，也只限于痛苦方面。人总观察自己的内心，倘若心中全是苦恼，就只能研究苦恼。所以在悲痛，愁苦，绝望，消沉这些问题上，他们是内行，而仅仅在这些事情上内行。艺术家向他们请教，他们只能供给这一类的材料；要为了各种快乐或各种快乐的表情向他们找材料，吸收思想，一定是白费的；他们只能有什么提供什么。因此，艺术家想要表现幸福，轻快，欢乐的时候，便孤独无助，只能依靠自身的力量；而一个孤独的人的力量永远是薄弱的，作品也不会高明。相反，艺术家要表现悲伤的时候，整个时代都对他有帮助，以前的学派已经替他准备好材料，技术是现成的，方法是大家知道的，路已经开辟。教堂中的一个仪式、屋子里的家具，听到的谈话，都可以对他尚未找到的形体，色彩，字句，人物有所暗示。经过千万个无名的人暗中合作，艺术家的作品必然更美，因为除了他个人的苦功与天才之外，还包括周围的和前几代群众的苦功与天才。

还有一个理由，在一切理由中最有力的一个理由，使艺术家倾向于阴暗的题材。作品一朝陈列在群众面前，只有在表现哀伤的时候才受到赏识。一个人所能了解的感情，只限于和他自己感到的相仿的感情。别的感情，表现得无论如何精彩，对他都不生作用；眼睛望着，心中一无所感，眼睛马上会转向别处。我们不妨设想一个人失去财产，国家，儿女，健康，自由，一二十年的戴着镣铐，关在地牢里，像班里谷与安特里阿纳[①]那样，性格逐渐变质、分裂，越来越抑郁、暗晦，绝望到无可救药的地步。这样的人必然讨厌舞曲，不喜欢看拉伯雷，你带他到卢本斯的粗野欢乐的人体前面，他会掉过头去；他只愿意看伦勃朗的画，只爱听萧邦的音乐，只会念拉马丁或海涅的诗。群众的情形也一样，群众的趣味完全由境遇决定；抑郁的心情使他们只喜欢抑郁的作品，他们排斥快活的作品，对制作这种作

① 意大利文学家班里谷（1789—1854）以加入反抗奥国统治的烧炭党，被判死刑，后改为徒刑15年，实际幽禁七年（1824—1831），著有《狱中记》。法国烧炭党人安特里阿纳（1797—1863）在意大利策动反奥运动，被判死刑后改无期徒刑，实际幽禁八年，亦有《狱中回忆录》传世。

品的艺术家不是责备，便是冷淡。可是你们知道，艺术家从事创作必然希望受到赏识和赞美，这是他最大的雄心。可见除了许多别的原因之外，艺术家的雄心，连同舆论的压力，都在不断地鼓励他，推动他走表现哀伤的路，把他拉回到这条路上，同时阻断他描写无忧无虑与幸福生活的路。

由于这重重壁垒，所有想表现欢乐的作品的途径都受到封锁。即使艺术家冲破第一道关，也要被第二道关阻拦，冲破了第二第三道，也要被第四道阻拦。即使有些天性快活的人，也将要为了个人的不幸而变得抑郁。教育与平时的谈话把他们的脑子装满了悲哀的念头。辨别和扩大事物主要特征的那个特殊而高级的能力，在事物中只会辨别出阴暗的特征。别人的工作与经验，只有在阴暗的题材上给他们暗示，同他们合作。最有权威而声势浩大的群众，也只允许他们采用阴暗的题材。因此，凡是长于表达欢乐，表达心情愉快的艺术家与艺术品，都将销声匿迹，或者萎缩到等于零。

现在我们来考察一个相反的例子，一个以快乐为主的时代。比如那些复兴的时期，在安全，财富，人口，享受，繁荣，美丽的或者有益的发明逐渐增加的时候，快乐就是时代的主调。只要换上相反的字眼，我们以上所作的分析句句都适用。同样的推论可以肯定，那时所有的艺术品，虽然完美的程度有高下，一定是表现快乐的。

再以中间状态为例，那是普通常见的快乐与悲哀混杂的情形。把字眼适当改动一下，我们的分析可以同样正确地应用。同样的推论可以肯定，那里的艺术品所表现的混合状态，是同社会上快乐与悲哀的混合状态相符的。

由此可以得出结论，不管在复杂的还是简单的情形之下，总是环境，就是风俗习惯与时代精神，决定艺术品的种类；环境只接受同它一致的品种而淘汰其余的品种，环境用重重障碍和不断的攻击，阻止别的品种发展。

…………

九

诸位先生，这些都是彰明较著的例子，我认为足以肯定那个支配艺术品的出现及其特点的规律；规律不但由此而肯定，而且更明确了。我在这一讲开始的时候说过：艺术品的产生取决于时代精神和周围的风俗。现在可以更进一步，确切指出联系原始因素与最后结果的全部环节。

在以上考察的各个事例中，你们先看到一个总的形势，就是普遍存在的祸福，奴役或自由，贫穷或富庶，某种形式的社会，某一类型的宗教；在古希腊是好战与蓄养奴隶的自由城邦；在中世纪是蛮族的入侵，政治上的压迫，封建主的劫掠，狂热的基督教信仰；在17世纪是宫廷生活；在19世纪是工业发达，学术昌明的民主制度；总之是人类非顺从不可的各种形势的总和。

这个形势引起人的相应的“需要”，特殊的“才能”，特殊的“感情”；例如爱好体育或耽于梦想，粗暴或温和，有时是战争的本能，有时是说话的口才，有时是要求享受，还有无数错综复杂，种类繁多的倾向：在希腊是肉体的完美与机能的平衡，不曾受到太多的脑力活动或太多的体力活动扰乱；在中世纪是幻想过于活跃，漫无节制，感觉像女性一般敏锐；在17世纪是专讲上流人士的礼法和贵族社会的尊严；到近代是一发不可收拾的野心和欲望不得满足的苦闷。

这一组感情，需要，才能，倘若全部表现在一个人身上而且表现得很有光彩的话，就构成一个中心人物，成为同时代的人钦佩与同情的典型：这个人物在希腊是血统优良，擅长各种运动的裸体青年；在中世纪是出神入定的僧侣和多情的骑士：在16世纪是修养完美的侍臣；在我们的时代是不知厌足和忧郁成性的浮士德和维特。

因为这是最重要，最受关切，最时髦的人物，所以艺术家介绍给群众的就是这个人物，或者集中在一个生动的形象上面，倘是像绘画，雕塑，小说，史诗，戏剧那样的模仿艺术，或者分散在艺术的各个成分中，倘是像建筑与音乐一样不创造人物而只唤起情绪的艺术。艺术家的全部工作可以用两句话包括：或者表现中心人物，或者诉之于中心人物。贝多芬的交响乐，大教堂中的玫瑰花窗，是向中心人物说话的；古代雕像中的《梅莱阿格尔》和《尼奥勃及其子女》，拉辛悲剧中的阿伽门农和阿喀琉斯，是表现中心人物的。可以说“一切艺术都决定于中心人物”，因为一切艺术只不过竭力要表现他或讨好他。

首先是总的形势；其次是总的形势产生特殊倾向与特殊才能；再次是这些倾向与才能占了优势以后造成一个中心人物；最后是声音，形式，色彩或语言，把中心人物变成形象，或者肯定中心人物的倾向与才能：这是一个体系的四个阶段。第一阶段带出第二阶段，第二阶段带出第三阶段，第三阶段带出第四阶段；一个阶段略有变化，就引起以下各个阶段相应的变化，同时表明以前的阶段也有相应的变化，所以我们单凭推理就能向后追溯或向前推断[①]。据我判断，这个公式能

① 这个规则对于文学和各种艺术的研究同样运用。只要从第四阶段向第一阶段回溯上去，严格按照次序就可以了。

包括一切，毫无遗漏。假定在各个阶段之间，再插进改变后果的次要原因；假定为了解释一个时代的思想感情，在考察环境之外再考察种族；假定为了解释一个时代的艺术品，除了当时的中心倾向以外，再研究那一门艺术进化的特殊阶段和每个艺术家的特殊情感；那末不但人类幻想的重大变化和一般的形式，可以从我们的规律中找出来源，并且各个民族流派的区别，各种风格的不断的变迁，直到每个大师的作品的特色都能找出本源。采取这样的步骤，我们的解释可以完全了，既说明了形成宗派面貌的共同点，也说明了形成个人面貌的特点。我们将要用这个方法研究意大利绘画；那要费相当时间，也有不少困难，希望你们集中注意，使我能完成这件工作。

十

诸位先生，在下一步工作没有开始之前，我们可以从过去的研究中得出一个实用而对个人有帮助的结论。你们已经看到，每个形势产生一种精神状态，接着产生一批与精神状态相适应的艺术品。因为这缘故，每个新形势都要产生一种新的精神状态，一批新的作品。也因为这缘故，今日正在酝酿的环境一定会产生它的作品，正如过去的环境产生过去的作品。这不是单凭愿望或希望所作的假定，而是根据一条有历史证明，有经验为后盾的规则所得的结论。定律一经证实，既适用于昨天，也适用于明天；将来和过去一样，事物的关系必然跟着事物一同出现。所以我们不应当说今日的艺术已经到了山穷水尽之境，事实只是某几个宗派消亡了，不可能复活；某几种艺术凋谢了，将来的时代不会再供给它们所需要的养料。但艺术是文化的最早而最优秀的成果，艺术的任务在于发现和表达事物的主要特征，艺术的寿命必然和文化一样长久。至于将来的艺术是什么形式，五大艺术中哪一种能为将来的思想感情提供一个适当的模子，不在我们研究范围之内。但我们敢断定新形式必定会出现，模子必定会找到。只消放眼一看，就能发觉今日人的生活情况和精神状态变化的深刻，普遍，迅速，非任何时代可比。形成近代精神的三个因素继续在发生作用，力量越来越大。你们没有一个人不知道，实证科学的发现天天在增加；地质学，有机化学，历史学，动物学和物理学中的整整几个部门，都是现代的产物；实验的进步无穷；新发明的应用也无穷；在一切工作部门，在交通，运输，种植，手艺，工业各方面，人的威力扩大了，每年都有意想不到的发展。你们还知道政治机构也有所改善，社会变得更合理更有人性，它维持内部的和平，保护有才能的人，帮助弱者和穷人；总之，人在各个方面用各种方法培植他的聪明才智，改善他的环境。所以不能否认，人的生活，风俗，观念都在改变；也不能否认，客观形势与精神状态的更新一定能引起艺术的更新。这个发展的第一个时期，在 1830 年代促成了辉煌的法国派①，现在要看第二时期了：这是给你们施展雄心和发愤用功的机会。你们踏上前途的时候，大可对你们的时代和你们自己抱着希望：因为以上的研究已经证明，要创作优秀的作品，唯一的条件就是伟大的歌德早已指出过的，“不论你们的头脑和心灵多么广阔，都应当装满你们的时代的思想感情”，作品将来自然会产生的。

——选自丹纳：《艺术哲学》，傅雷译，人民文学出版社 1996 年版

【导读】

伊波利特·阿道尔夫·丹纳（Hippolyte Adolphe Taine，1828—1893），法国著名文艺理论家、史学家，1878 年当选法兰西学院院士。他著述丰富，涉及哲学、史学、文学、艺术学等多个领域，代表性著作有《拉封丹及其寓言》《19 世纪法国哲学家研究》《英国文学史》《意大利游记》《艺术哲学》及《现代法兰西的渊源》等，对后世有着极大的理论影响。

丹纳既是一位具有创造性的文论家、史学家，还是卓有成就的美学家，其美育思想也深刻地蕴藏在其理论著述之中。受 19 世纪自然科学、尤其是孔德实证主义哲学和达尔文进化论的影响，丹纳形成了以实验科学去探求规律、证明规律的方法，并以这个态度探析社会和人的精神生活及艺术欣赏问题，进而形成了一套独特的美学与美育思想体系。首先，丹纳提倡艺术美的“特征原则”，认为艺术的本质在于表现事物的主要特征，艺术的目的并非在于“正确的模仿”，而是力求形似地“连接各个部分的关系”，呈现事物的逻辑结构关系；杰出的艺术作品就在于抓住了“经久而深刻的特征”，这种“特征本身价值”的大小决定了作品价值的大小。其次，丹纳从“种族、环境、时代”三个原则出发，阐明了艺术作品产生的精神气候。他指出，艺术的产生取决于时代精神和周围的风俗，客观形势与精神状态的更新可以引起艺术的更新，而艺术的欣赏活动及其情感和趣味也与时代环境、风俗制度密不可分。正是由于种族、气质、教育的差别，艺术家对于事物特征及其观念的表现便有所不同，进而形成不同的艺术理想和种类。再次，丹纳提倡“典型”的艺术理想，认为艺术表现有深刻的、内在的，也有浮表的、外部的。艺术作品在表现艺术本质特征时，应创造“经久的典型”，将民族的精神气质深刻表现出来。第四，丹纳提出，艺术审美价值的标准在于特征的“重要程度”“有益程度”和“效果集中程度”。也就是说，越是占据最重要地位，越是表现有益的价值，越是集中了产生效果的元素，艺术便越接近其本质，其表现力量也

---

① 指文学艺术上的法国浪漫派。

越强。可以说，这四个维度既是丹纳美育思想的重要特点，同时也清晰地体现了他从社会学路径去探察与解释艺术审美奥秘的态度。

本选文较为集中地传达了丹纳独特的美育观念，特别是深刻阐明了艺术与“时代精神和周围风俗”的关系。对于丹纳来说，不同国别、不同时代的艺术流派忽而发展“理想的精神”，忽而发展“写实的精神”，原因就在于时代的趋向在其中起着统治性影响，因为无论在怎样复杂的情形下，总是“风俗习惯与时代精神，决定艺术品的种类”。为了阐明艺术作品的这一产生和发展规律，丹纳大量援引古希腊罗马以来艺术发展史上各个不同时期的雕塑、建筑、绘画及音乐等，进行了翔实生动的阐论。在此基础上，丹纳用“一个体系与四个阶段”对这一支配艺术品产生发展的规律予以总结，即“总的形势”“总的形势产生特殊倾向与特殊才能”“这些倾向与才能占了优势以后造成一个中心人物”“声音，形式，色彩或语言，把中心人物变成形象，或者肯定中心人物的倾向与才能”四个阶段前后逻辑关联；这些人类非顺从不可的“各种形势的总和”，引起人相应的“需要”、特殊的“才能”和“感情”，最终产生出一批与其精神状态相适应的艺术品。

丹纳有关艺术品与艺术流派的审美判断及其观念，为理解艺术的形成与发展提供了一条新的阐释路径。而他从种族、环境、时代三原则出发，对艺术作品产生及其规律的生动揭示，不仅令人信服，也为揭露艺术作品文本之外的宗教道德、政治制度、风俗人情等文化因素提供了较具实证性的研究路径。当然，由于丹纳实证主义的科学态度，导致他将艺术品和流派的产生局限于特殊的精神气候和社会环境之中，尤其是限于道德宗教、政治法律和风俗人情等上层建筑，在某种程度上陷入了过分倚重外部因素考察艺术现象的极端，忽视了对艺术家主观能动性及其创作个性、审美心理等的具体关注，这也导致后世部分美学家在实证主义研究路线上最终走向了机械唯物主义的窠臼。（李圣传 撰写）

论所谓的艺术(节选)

托尔斯泰

二

艺术究竟是什么呢?

为了回答这个问题,应该看看艺术的起源,看看我们称之为艺术的这项活动是从哪儿出现的。人们已经这样做了,正如这一对象的新近研究者所断言的那样,艺术的萌芽毫无疑问可以从动物那里看到,这些萌芽就是游戏,娱乐。

所有的美学理论家都公认,艺术的主要特征在于,艺术作品不以物质利益为目标。并非任何没有利益的工作都是艺术,并非任何艺术在物质方面必定没有利益,例如各种游戏,像网球、象棋、惠斯特等在物质方面没有利益可言,并且又是娱乐,它们却不是艺术。因此,只有某一种在物质方面没有益处而旨在娱乐的活动才是艺术。那么究竟是怎样的一种活动呢?

难道艺术真的只是娱乐、游戏和赏心乐事吗?习惯于以非艺术所固有的意义强加给艺术的人们会常不自禁地这么说,他们是根据黑格尔和鲍姆加登①的无聊的话,把艺术的意义与对真理的认识和美德等量齐观。只因习惯于把这种意义强加给艺术,我们才觉得,如果我们认为艺术的意义只在于娱乐,那就贬低了它。但这是不对的。艺术并不会因为我们给它以它实际所固有的意义而有所贬低。正像我们不再认为佛门领袖是达赖喇嘛而认为他是人,并不会贬低他一样。过去和现在艺术都被人加上一层含糊不清和过分夸张的意义,仿佛通过某种方式、出于某种原因艺术必定会使人的心灵变得高尚(请看所有美学论著)。可是,把这种意义加给艺术只是为了维护那些选择艺术家称号的人的作用,而谁也不会认真相信这种错误地加给艺术的意义。还有这么一些人(绝大部分劳动人民),他们不无理由地不相信加给艺术的那种意义,却又看不到别的意义,他们认为艺术干脆是油水太多的富人们的胡闹。

如果认为一个人是达赖喇嘛,或者君主,或者在某方面了不起的人物,这对

① 鲍姆加登(1714—1762),德国哲学家。他首先使用"美学"这一术语,把美看成一个特殊的哲学学科,即"感性认识的科学"。他被称为"美学之父",著有《美学》(1750)。

某些人可能是合适的，但在大多数人中间却会引起反对和愤慨，甚至想不承认这么抬高自己的人还有人格。一个人本来是什么就承认他是什么，要求给他以适合于人的地位和尊重，这不是更好更可靠吗？对于艺术也是如此。不要硬给它安上什么净化心灵和实现美的理想等等神秘的意义，而简单地承认它在现实中的本来面目，给予它本来应有的意义（这意义已经不小），不是更好吗？

艺术的娱乐？难道就那么渺小而不足道，以至可以藐视以艺术的娱乐为目的的活动？任何娱乐都是生活的必要条件。人生来是这样，他不应该停止生活，也就是说不应该停止活动。他应该活动的原因既在于他是动物，而动物应该饮食、躲避风雨，使自己和家人都有衣著；也在于他在生活里，像马在途中一样，不能不活动。他饮食、睡觉，而吃饱睡足的身体又要求活动。活动之所以需要是为了获得衣食住。劳动和饮食的这种循环在人身上不断进行。可是这种循环的进行使人疲倦，于是他需要休息，需要某种离开这一循环的东西。而离开这循环的休息也就是娱乐活动，如游戏与艺术。游戏是没有利益可言的活动，其目的不在于衣食住等等那样有益的劳动，而是相反，是劳动之余的休息，这样使用自己过剩的力量不是为了工作，而是为了表现灵巧、机智和发明等等能力。

艺术是劳动之余的另一种休息，是通过感染、被动地接受到人的感情而达到的。

在艺术领域里总是有两种人，一种人是制造艺术作品的，一种人是接受艺术作品的，即观众、听众。艺术家制造，而后者则只是接受。这也正是艺术有别于其他东西的一个特点，即艺术只能被动地被接受，享受艺术的娱乐的人，本身不需要做什么事，他只是看着，听着，并获得快感，觉得开心。他自己不作任何努力，而只听任艺术家支配，正是这一点使艺术传达方式有别于任何别的传达方式。为了理解科学的理论和别人的思想是需要努力的，而在艺术的接受中却丝毫不需要努力，需要的只是不作什么事，在艺术印象强烈时甚至连是否在作事也无所谓。音乐、歌唱、图画、故事中几句有感染力的话和语调等能深深吸引住观众和听众，甚至使他抛开手头的工作。

我看见檐前的雕刻就体验到那个构思并刻出这些花纹的匠师所体验到的对称感，他对这些花纹的兴趣和他的快感。同样我也体验到那个构思并完成航船上的雕刻的人的情感。当我听一个儿子讲他如何告别母亲并重复母亲的叮咛时，我也有同样的感觉。当我听到教堂的钟声和在木板上跳特列帕克舞的声音时情况也是如此。在我听匈牙利的恰尔达什舞曲或一部交响乐，阅读荷马[①]、狄更斯[②]的作品，观赏米开朗琪罗[③]的雕塑、巴特农神庙[④]以及其他任何艺术作品时都体验到这种感情。从艺术作品中得到娱乐和快感，是因为我直接体味到，不是通过别人讲述，而是通过直接感染体味到艺术家所体验的情感，没有他我是不会知道这种情感的。

如果说戏剧、小说、抒情诗、图画、雕像中含有某些被传达的信息，那么传达信息的这一部分不是艺术，而是艺术的材料或艺术的累赘。艺术本身在于传达感情。因此产生这样的情况，经常有在图画上十分详尽地描画出的情景，或者在小说、叙事诗里十分详尽地描述的事件，或者许许多多音的组合，但是其中却没有绘画的、文学的、音乐的艺术作品。

所以，艺术是一个人有意识地听任自己受艺术家所体验的那种感情的感染而得到的娱乐。这种娱乐的快感在于，人不作努力（不是全神贯注），不承受感情的一切实际后果，而体验到极其多样的感情，正是由于直接从艺术家那里感染这些感情，人可以毫不费力地享受和体验人生乐趣。这种快感几乎和梦的快感一样，只是更有连贯性。正因为人不会感受到生活中可能败坏或减少实际人生乐趣的一切摩擦，却能感受到构成人生的实质和魅力的生活中的各种波动，又复不受任何干扰，所以感受得更为强烈。多亏有艺术，缺腿或衰老的人在看跳舞的艺术家或艺人时也体验到跳舞的乐趣。住在北方的人，即使足不出户，在看画时也能体验到南方大自然的乐趣。软弱和温顺的人看画，读书，在剧院里观看文艺作品，或者听歌颂英雄的音乐时，也体验到坚强有力和权力在握的乐趣。冷漠无情、干燥乏味，从未有过怜悯心和爱心的人也能体验到爱和怜悯的乐趣。

艺术的娱乐就在于此。

游戏是小孩、青年的必要生活条件，也是安排生活休息日的人们的必要生活条件——当他们有多余的体力而不应用于物质活动的时候；艺术也是成年人和老人的必要生活条件——当他们的体力全部用于劳动，或者像在病中和老年常见的那样，当体力衰弱了的时候。前者和后者都是人为了离开劳动、睡眠和饮食

---

① 荷马是公元前古希腊著名诗人。

② 狄更斯（1812—1870），英国著名小说家。

③ 米开朗琪罗（1475—1564），意大利著名雕塑家、画家、诗人。

④ 巴特农神庙是雅典神庙，原建于公元前 480 年左右，在希波战争中毁于战火，重建于公元前 474 至 438 年间。建筑之美为雅典之最。

的循环以便获得休息所必需的，而人像任何动物一样，从生到死都在这循环圈中转。因此，人从开始生活起就一直有这两种娱乐，即游戏与艺术，而艺术并不像美学论著描述的那样是神秘地为美服务，它始终是人生的必要条件。

的确，对人说来，还有一种使他超越饮食、劳动和休息这种动物性的循环的高级活动，那就是精神活动。这种活动乃是人的最高使命，然而，这种高级活动的存在并无碍于艺术成为人类生活的重要和必要的条件。

艺术就是这样。艺术是一种娱乐，借助这种娱乐，人自己不活动，而只沉醉于他获得的印象，感受各种各样的人的感情，并以这种方法在现实生活中的劳动之余得到休息。艺术像睡眠一样，给予人以休息。正如人活着不能没有睡眠，人在生活中也不能没有艺术。

可是对此人们会说：难道艺术只有这种意义吗？我们知道，艺术在人的心中唤起最高尚的感情，因此不能把它的意义仅仅局限于劳动之余的休息。这样的见解部分地是对的。确实，艺术可以在人们心中激起最高尚的感情。但是，艺术可以激起最高尚的感情这一点并不能证明，艺术的使命就在于此。言论、书札、出版物都能传达最崇高的概念，但这并不能证明，言论、书札、出版物的使命就在于此。它也可以传达如何储存土豆或消除赘疣的知识。梦、梦景，像许多人所体验过的那样，可以给我们展示最崇高和最深刻的思想，也可以向我们呈现出任何荒唐无稽的事情。艺术也完全如此。

借助艺术可以传达最高尚和最善良的感情，也可以传达最卑鄙和最恶劣的感情。因此如果说艺术是被动地接受到人的感情，是使人在劳动之余获得休息的一种娱乐，这丝毫也不排斥通过艺术可以传达最高尚的感情；而可以传达这种感情这一点，也无损于艺术的定义——即艺术是使人在劳动之余获得休息的一种娱乐——的正确性。

六

祸者福之所倚。任何东西也没有像当代寄生者小圈子中的假艺术那样能阐明艺术的意义和使命的了。这种假艺术在死胡同里东闯西撞，无法挣扎出来。

看看我们的小圈子和当代的这种假艺术所达到的丑恶和疯狂程度，不仅可以知道艺术不应该是怎样的，也可以知道艺术应该是怎样的。

当今的艺术说，它是未来的艺术，人们还没有成熟到能理解它。假如说艺术是某种神秘的东西，是美的理念的实现等等，那倒是对的。而如果我们承认那不能不承认的事实，承认艺术是给予人们休息的一种娱乐，其途径是人在艺术的影响下无须努力就获得他所感染到的各种情感，——那么“你还不理解”这句话又有什么意义呢？“对不起，要知道我和同我在一起的千千万万人到这里来，或者说买了这本书，是为了获得艺术的享受，获得娱乐和休息。作为艺术家你的工作只在于提供这种娱乐和休息，可你说，你提供了，而我们什么也没有得到，是因为我们不理解，只有伊万·B．施米特先生和琼斯太太理解。为什么我就该相信，只有你和几个上等人理解真正的艺术，而我却是傻瓜，还得学习呢？第一，我不能认为自己和千百万类似我的人是傻瓜。我们大家都懂得某种艺术，也就是说，某种艺术能打动我们，这种艺术也是你承认的：能打动我们的有哥特式神庙的美，有描绘从十字架上放下耶稣的画，有荷马史诗，有民间歌谣，有匈牙利的恰尔达什舞曲，因此我们对艺术并非完全无知，只有你的艺术对我们不起作用。第二点也是主要的一点，如果艺术是在人们心中唤起艺术家所体验的情感，而你的艺术却不能使我产生这种情感，那么我就断定，它不是艺术。须知，只要假设过错不在你而在我，那就没有一种荒唐玩意儿（像目前在诗歌和音乐中出现的那样）不能冒充未来的艺术了。你说，能表明你所制造的作品是未来艺术的证据是，几十年前似乎是不可理解的东西，如贝多芬的晚期作品，现在有许多人在听。但这是不对的。贝多芬的晚期作品，在过去是大艺术家的无稽的音乐狂想，只有专家才感兴趣，现在也仍然是怪诞的音乐，不能成为艺术，因此不能在正常的听众、亦即劳动者的心中唤起任何情感。如果说贝多芬的晚期作品现在有越来越多的听众，这无非因为越来越多的人淫佚腐化，脱离了正常的劳动生活。同样的是，《浮士德》第二部和但丁的《神曲》也招致越来越多的读者。然而，只要还有精神健全的劳动者存在的时候，贝多芬的作品、《浮士德》第二部和但丁的《神曲》，以及所有当今的诗作、图画、音乐是不能在这些百姓心中唤起艺术用以感染他的那种情感的。

你说，你为美服务，你的作品是美的理念的体现云云。当你满足于含糊不清的词句时，这一切都很好；但只要去分析这些含糊的词句的涵义时，就会知道这种解释是多么拙劣，多么空洞。你为美服务。可是美是什么？不管你怎样努力给美下定义，你离不开包括你的全部看法在内的那种定义，即美是你所喜欢的东西。描写剥了皮的公牛或牛犊的身胴，在食肉者看来是美，在素食者看来却可恶。裸体的描写是美，而对许多人来说是可恶和可怕的。在声音方面又是怎样的呢？对于波斯人来说是噪音，是喧闹的东西，对于我们则是音乐，反之亦然。

因此，说什么东西是美，那只不过是表明自己偏爱某个对象的一种方式。因此，你们这些少数当寄生虫的艺术家竭力证明自己有从事艺术的权利，说你们是为美服务的时候，你们无非是用另一种话来说，你们所描写所传达的是你们和另一些人所喜欢的东西。而只要把话译成这种明确的语言，那就显然怎么也不能把某些人所喜欢的东西称为真艺术。只要把问题归结到这一点，人们就禁不住要问：到底是谁喜欢？而回答则是，少数不劳动的人喜欢。只消明白这一点，那就会了然，真正的艺术不会是特殊的少数人所喜欢的那一种，而是劳动者大多数人所喜欢、亦即对他们起作用的那一种。

艺术是使劳动者得到休息的一种娱乐，这种娱乐是：一个人无须努力就感受到从艺术感染到的各种心情、情感。艺术是给予劳动者以休息的一种娱乐，也就是给予那些总是处于全人类所固有的正常条件下的人们以休息的一种娱乐。因此，艺术家应该经常注意到全体劳动大众，亦即除少数人外的全人类，而不是某些游手好闲的人，他们只是例外，他们的情感（与观众或听众心中会产生的情感正好是完全不同的，而用以引起情感所必需的手段也是完全不同的。例如，在文学或绘画的艺术中，）如果他考虑到劳动者，即全人类，他的作品的内容会是一个样。如果他考虑的是特殊的少数人，作品的内容就会完全是另一个样。在前一场合，假如我们以绘画或诗歌为例，他的作品的内容将是描述同工作中的困难作斗争时的痛苦和欢乐，描述在评价自己的劳动成果时的痛苦和喜悦，描述饥渴和睡意得到缓解时的痛苦和喜悦，描述遇险和脱险所引起的情感，以及因家庭的不幸或欢乐、同动物接触、同亲人离别和重逢的痛苦和喜悦，描述因财富得失所产生的痛苦和喜悦等情感，像我们在所有民间诗歌里、从美少年约瑟的故事和荷马史诗直到现代那些符合要求的、罕有的艺术作品里所看到的那样。

而艺术家如果考虑的是不劳动的少数人，那么他的艺术作品的内容将是描述远离正常生活的人们相互间体验到的各种情感，而这类描写那是多种多样，极其复杂的。在这些情感中占主要地位的是形形色色的性爱，像目前在我们所有的小说、叙事诗、戏剧、歌剧和音乐作品里所存在的那样，只有少数例外。其实，性爱这东西作为艺术对象大多数劳动人民是不大感兴趣的，主要的是，他们完全是从另一角度来看待它，不是看作高级的快乐，而是看作灾难性的诱惑。因此，爱的描写对游手好闲的少数人说来是艺术的对象，并被用以感染观众和听众，而对大多数劳动人民说来却只是令人厌恶的坏东西。

总之，艺术为了成为真正的、严肃的、为人们所需要的艺术，应该考虑的不是少数特殊的游手好闲的人，而是全体劳动人民。艺术的内容就取决于这一点。

为了使艺术在形式上能适应自己的使命，它应该为最大多数人所理解。艺术感染人越多就越高级，越是艺术。

为求艺术能够影响最大多数的人，必须具备两个条件。

第一也是最主要的条件是，要使它表现不是处于特殊条件的人们的情感，相反，要表现一切人具有的本乎天性的情感。而一切人天性中秉有的情感是最高尚的情感。人的情感越是高尚，如属神的爱，就越为一切人所共同，反之亦然。

另一个条件是明白和朴素，也就是以最大的劳动达到的，使作品能为最大多数人所享受的东西。

因此，要使艺术尽美尽善，第一要越来越提高内容，以求它能为一切人所享受；第二，在表现它时，要淘汰一切赘余的，亦即使之尽可能明白和朴素。

艺术只有当它能使观众和听众为其情感所感染时，才成其为艺术。

艺术只有当它使用最朴素最简短的方式唤起人们共同的情感时，才是好的和高级的。而当它使用复杂、冗长和精致的方式唤起独特的情感时，它就是坏的。

艺术越是接近前者就越是高级，越是接近后者则越低劣。

——选自《列夫·托尔斯泰文集》第 14 卷，陈燊译，人民文学出版社 1992 年版

【导读】

列夫·托尔斯泰（Лев Николаевич Толстой，1828—1910），19 世纪俄国批判现实主义作家，代表作有长篇小说《战争与和平》《安娜·卡列尼娜》《复活》等，同时还是一位杰出的思想家、文艺理论家。

托尔斯泰的文艺思想主要汇聚在《艺术论》一书中。与将美视为艺术本质的传统主流美学观不同，托尔斯泰把艺术的本质视为情感的交流与传达，并以宗教性和世界性作为伟大作品的标准，在 19 世纪美学中可谓独树一帜。他晚年由贵族立场彻底转向平民立场，世界观、价值观与艺术观随之发生巨大转变。其对于社会平民的同情以及对于普通劳动者的艺术享有权的争取，在 1896 年写作的《论所谓的艺术》一文中显露无遗。

《论所谓的艺术》共六部分，主要探讨了艺术的定义与功能、艺术的服务对象与评判标准等问题。在文章的开篇，托尔斯泰由批判被很多人视为瓦格纳最佳作品的歌剧《尼伯龙根的指环》，切入到其对19世纪中后期欧洲整体文艺现实的研究与评判。在他看来，继现实主义、浪漫主义文艺思潮之后，包括音乐、绘画、诗歌、小说、戏剧等几乎所有艺术领域，出现了一种过度追求新颖独特而不求明白易懂的创作症候。而关于这一症候及其背后的美学主张之所以会存在巨大的意见分歧，甚至是相互对立的态度，关键就在于艺术定义的模糊。而托尔斯泰认为，要回答艺术是什么的问题，首先需要追溯和考察艺术的起源——游戏与娱乐，因为艺术与游戏一样，是一种“在物质方面没有益处而旨在娱乐的活动”。基于这种艺术本体观，托尔斯泰强调：“不要硬给它（艺术）安上什么净化心灵和实现美的理想等等神秘的意义，而简单地承认它在现实中的本来面目，给予它本来应有的意义（这意义已经不小），不是更好吗？”

表面上看，托尔斯泰似乎对鲍姆嘉通、黑格尔等美学家所建构的美学理论以及后来的美育思想持一种怀疑的态度。但实际上他并不否认艺术可以在人们心中唤起最高尚的感情，只是认为艺术的使命不止于此，因为“借助艺术可以传达最高尚和最善良的感情，也可以传达最卑鄙和最恶劣的感情”。所以，托尔斯泰采取了悬置艺术的宏大意义这一策略，甚至避而不谈艺术的审美功能，而单纯强调艺术的娱乐性。在他看来，与游戏类似，艺术作为人生的必需，是人们生活的基本需要，也是人类劳作之余的另一种休息。作为一种可以使人类超越饮食、劳动、睡眠等物质生活循环的精神活动，艺术具有普遍可传达性；人类通过体验不同艺术家的多样情感，实现着自己在日常劳作之余的放松与休憩。

在托尔斯泰那里，艺术的接受是完全被动的，即艺术接受者不需要做任何的努力，只须听凭艺术家支配，通过直接感染而体味艺术家所体验的情感，并从艺术作品中获得快感与娱乐。“艺术是一个人有意识地听任自己受艺术家所体验的那种感情的感染而得到的娱乐。”在这里，托尔斯泰所强调的，是人不仅可以通过艺术毫不费力地享受和体验到多样的人生乐趣，而且无需承受感情的一切实际后果。他之所以持这种看法，完全是为了给如下观点提供合理的支撑，即：艺术应服务于社会中占据多数且真正需要休息的劳动者阶层，而不是仅为少数“富裕的有闲阶级”服务。因而作为对其开篇所提问题的回应，他在论述中明确指出，艺术必须是最朴素、最动人、最明白易懂的东西，如此才能方便广大的劳动者接受。他同时对那种不关心劳动者需求的资产阶级精英艺术给予了严厉的批判和否定。

对于晚近的艺术创作为何越来越脱离劳动者，托尔斯泰认为，自宗教改革之后，以往艺术家与普通劳动者之间共同的感情基础慢慢地不存在了。艺术家为了满足自身寻欢作乐的私人趣味，以美作为艺术唯一的目的和内容，采取各种新奇怪诞的手法致力于艺术形式的革新与“美的形式”的追求。在托尔斯泰看来，这种所谓的纯粹艺术追求必定无法被劳动者所理解和接受，只能沦为“有闲阶层”之间自娱自乐、自吹自擂的工具。以美与不美作为判断真正艺术的标准，显然就是不可取的。只有当艺术使用“最朴素、最简短的方式唤起人们的共同情感”时，才成其为艺术，才是好的和高级的。

托尔斯泰的艺术观借鉴了马克思主义的艺术理论，带有明显的阶级立场和意识形态色彩。而其后的艺术发展史及其所论及的艺术家的后世地位，也证明了他的观点的时代局限性与有失偏颇之处。但即便如此，托尔斯泰在扭转当时“为艺术而艺术”的唯美主义倾向方面所起到的积极性作用，仍然不可否认。（李雷 撰写）

反盗版举报电话　(010) 58581999　58582371　58582488

反盗版举报传真　(010) 82086060

反盗版举报邮箱　dd@ hep. com. cn

通信地址　北京市西城区德外大街4号

高等教育出版社法律事务与版权管理部

邮政编码　100120

教学支持服务说明

资源访问与防伪查询说明

使用微信扫描本书内的二维码,输入封底防伪二维码下的20位数字进行微信绑定后即可免费访问相关资源。(只需输入一次,绑定后不必再次输入。注意:微信绑定只可操作一次,为避免不必要的损失,请您刮开防伪码后立即进行绑定操作!)

用户也可将防伪二维码下的20位数字按从左到右、从上到下的顺序发送短信至106695881280,免费查询所购图书真伪。

防伪客服电话

(010) 58582300